15주만에 완성되는 앱 이야기 I

안드로이드 APP 개발

전현민 · 김재완 공저

Hybrid Application을 이용하여

D.B.Info

머리말

Preface

21세기는 디지털과 정보화의 시대입니다. 모든 가정에는 한 대 이상의 개인용 컴퓨터가 이미 오래전에 자리했으며, 우리는 어렵지 않게 컴퓨터를 사용하고 있습니다. 많은 업무가 컴퓨터의 보급과 초고속 네트워크의 등장으로 전산화되었으며 아직 그렇지 않은 분야들도 점차 컴퓨터를 활용하는 쪽으로 변화하고 있습니다. 이렇듯 우리가 살고 있는 이 세상에서 컴퓨터는 단순히 계산기를 넘어 없어서는 안 될 정도로 매우 중요한 위치를 차지하고 있습니다. 또한 컴퓨터 공학은 매우 빠르게 발달하고 진화하고 있는 분야이며 하루가 멀다하게 신제품이 개발되고 신기술이 등장하고 있습니다. 그리고 이러한 과정에서 계속 컴퓨터의 소형화가 진행되었으며 우리는 이러한 컴퓨터 소형화의 대표적인 산물인 스마트폰을 사용하고 있습니다. 하루가 멀게 급변하는 정보화 시대에서 인간의 생활양식을 가장 크게 변화시킨 것은 여러 가지 요소가 있겠지만 그중에서 가장 큰 역할을 한 것은 스마트폰의 등장과 보급입니다. 처음 아이폰이 출시되었을 때가 기억나십니까? 그 작은 기기에서 컴퓨터처럼 인터넷도 사용하고 게임도 하며 영화를 볼 수 있다는 것은 그 자체만으로 혁명이었습니다. 그리고 이러한 아이폰의 등장하고 얼마 지나지 않아 오픈 소스 운영체제인 안드로이드가 구글(Google)社에 의해 개발되었고 이러한 안드로이드를 탑재한 스마트폰(Smart Phone)이 등장하게 됩니다. 그로부터 불과 몇 년 만에 스마트폰 시장은 전 세계적으로 급격하게 성장했습니다. 어린 아이부터 어르신들까지 스마트폰을 가지고 있으며 이를 활용하고 있습니다. 특히 우리 세대는 이미 이러한 스마트폰을 일상생활 대부분에서 사용하고 있으며 없으면 안 될 정도로 인간의 생활에 지대한 영향을 미치고 있습니다. 또한 필요한 기능이 있으면 스토어에서 검색하여 다운받음으로써 바로 활용할 수 있습니다. 매일매일 셀 수 없을 정도의 안드로이드 앱이 개발되어 스토어에 등록되고 있으며 그 분야는 게임, 교육, 도구, 유틸리티 등 굉장히 다

양합니다. 또한 스마트폰은 웹 브라우저가 기본적으로 내장되어 있어 컴퓨터 없이도 네트워크만 연결되어 있다면 언제 어디서나 인터넷에 접속하여 필요한 정보를 손쉽게 검색할 수 있으며 어느 곳에서나 멀티미디어 환경의 혜택을 누릴 수 있게 되었습니다.

물론 모바일에만 이러한 변화가 있었던 것은 아닙니다. 이제까지 폐쇄적이고 보수적이었던 디지털 시장은 이제 누구나 포털 사이트 등에서 검색만으로도 쉽게 정보를 얻고 공유할 수 있으며, 궁금하거나 개발이 난관에 부딪혔을 때 관련 사이트에서 질문하고 답변을 얻어 손쉽게 해결할 수 있도록 변화하였습니다. 즉 폐쇄적이었던 개발 환경이 개방적으로 변한 것입니다. 또한 많은 자료들이 오픈 소스(Open Source : 프로그램 소스 코드가 공개되어 있음)로 공개되고 있으며 이러한 오픈 소스의 혜택을 누린 사람 또한 자신이 개발한 것을 오픈 소스로 공개함으로써 누구나 손쉽게 다른 사람의 지식을 배워 자신의 것으로 얻을 수 있고, 또한 손쉽게 다른 사람에게 전할 수 있게 되었습니다. 즉 프로그램을 개발하기에 가장 좋은 시절이 도래했다는 뜻입니다.

이 책은 '안드로이드 애플리케이션을 개발하고 싶지만 막상 배우려고 하니 너무 어렵다' 또는 '개발은 하고 싶은데 어떻게, 무엇부터 시작해야 할지 모르겠다.'고 호소하는 분들을 위해 집필 되었습니다. 프로그램을 개발한다고 하는 것은 단순한 한 가지 지식만으로 할 수 있는 것이 아닙니다. 컴퓨터에 관한 깊은 지식, 프로그램 개발 능력 등이 종합적으로 융합되어 탄생하는 것입니다. 안드로이드 애플리케이션은 안드로이드(Android)라고 하는 운영체제(Operating System)에서 실행되는 프로그램을 뜻합니다. 하지만 그런 프로그램, 즉 애플리케이션을 직접 개발하려면 가장 먼저 '안드로이드(Android)란 무엇인가?'에서부터 시작하여 애플리케이션을 구성하는 모든 요소를 종합적으로 이해해야 하고 이들을 잘 조합하여 다루는 능력을 요구합니다.

따라서 많은 IT전공자와 비전공자들이 호기심에 들어섰다가 손쉽게 포기하곤 합니다. 아무리 간단한 애플리케이션이라고 하더라도 동작 원리와 기본 지식, 그리고 개발 능력이 없다면 만들 수 없기 때문입니다. 그리고 그러한 기본 지식이 바로 프로그래밍 범주에 들어가기 때문에 비전공자뿐만 아니라 전공자들 또한 어려운 것이 사실입니다. 이 책은 그러한 분들을 위해 집필 되었으며 하루 3시간씩, 15주만 투자하여 직접 나만의 안드로이드 애플리케이션(Android Application)을 개발하고 완성한 후, 구글 애드몹 광고를 넣고 구글 플레이스토어에 등록하여 직접 수익을 창출할 수 있는 방법을 알려줍니다. 또한 안드로이드 애플리케이션을 개발하기 위한 기반 지식을 IT비전공자가 어렵지 않게 이해할 수 있도록 필요한 최소한의 지식만을 담았으며 그 또한 최대한 이해하기 쉽도록 담았습니다.

안드로이드 애플리케이션은 크게 네이티브 애플리케이션(Native Application)과 하이브리드 애플리케이션(Hybrid Application)으로 분류됩니다. 이 책은 이중 하이브리드 애플

리케이션을 이용하여 안드로이드 애플리케이션을 개발하는 방법을 다루고 있습니다. 만약 독자 중 게임 개발이나 고성능을 요구하는 애플리케이션을 개발하려고 한다면 이 책을 추천하지는 않습니다. 물론 하이브리드 애플리케이션도 잘 개발하면 네이티브에 준하는 성능을 보이기도 하며, 각종 게임 개발에도 많이 사용되고 있습니다. 하지만 이를 위해서는 하이브리드 앱 개발 기술에 대해 많은 것을 알고 있어야 하며, 별도로 공부해야 할 정도로 그 내용이 방대합니다. 따라서 이 책에서는 그러한 내용을 다루지는 않습니다. 이에 대한 자세한 내용은 제1장에서 자세히 다루겠습니다.

아무쪼록 이 책을 읽고 공부하는 여러분께 큰 도움이 되기를 바라며 좋은 결실을 맺기를 기원합니다.

저자 씀

목차

Contents

Chapter 01

네이티브 애플리케이션 vs. 하이브리드 애플리케이션

네이티브 애플리케이션과 하이브리드 애플리케이션의 차이점과 장단점을 알아보고, 하이브리드 애플리케이션의 내용에 비중을 두어 학습한다.

1-1 안드로이드 애플리케이션이란?

여러분은 안드로이드 애플리케이션(Android Application)이란 무엇이라고 생각하나요? 흔히들 우리가 앱(App)이라고 부르는 것으로 스마트폰에서 실행되는 게임이나 유틸리티 같은 것을 통칭하는 말입니다.

안드로이드 애플리케이션은 쉽게 설명하자면 '안드로이드(Android)'라고 하는 운영체제(Operating System)에서 실행되는 전용 프로그램입니다. 그렇다면 운영체제란 무엇일까요?

운영체제(Operating System)라는 것은 간단히 말해 기계인 하드웨어(Hardware) 자원을 관리하고 사용자의 요청을 입력받아 처리해주는 인터페이스를 제공해주는 역할을 수행하는 특수한 프로그램입니다. 여기서 사용자의 요청이란 앱상에서 터치(Touch) 또는 스와이프(Swipe) 등의 동작 같은 것이라고 생각하면 됩니다. 여러분은 모바일 인터넷에서 웹 서핑을 할 때 터치를 하면 그곳으로 이동하고, 스와이프(Swipe) 등을 하면 다른 화면으로 전환되는 모습을 많이 보셨을 겁니다. 그러한 동작들을 파악해서 거기에 맞는 기능을 수행하도록 도와주는 역할을 운영체제에서 하게 됩니다. 즉 사용자가 터치(또는 탭)를 하면 운영체제가 이를 감지하고, 이를 웹 브라우저에게 알려주면 웹 브라우저에서 적절한 처리(페이지 이동 등)를 하게 되는 것입니다. 그리고 그 이외에 기계적인 요소들, 즉 중앙처리장치(CPU)나 메모리(Memory)와 같은 장치를 효율적으로 사용하기 위하여 프로그램과 하드웨어 사이에서 중개자 역할을 하고 필요하면 최적화 기능 등을 수행하여 모바일 환경을 보다 효율적으로 사용할 수 있도록 도와주는 역할을 합니다.

안드로이드 애플리케이션(Android Application)은 이러한 운영체제 중 모바일에 최적화된 운영체제인 안드로이드(Android)라는 운영체제에서 실행되도록 설계된 프로그램을 말하는 것입니다.

1-2 안드로이드 애플리케이션의 개발 과정

안드로이드 애플리케이션은 자바(Java)라고 불리는 프로그래밍 언어(Programming Language)를 통해 개발하게 됩니다. 프로그래밍 언어는 사용자가 기계에게 특정한 기능을 수행하도록 대화(명령)하는 것이며, 이러한 대화(명령)들이 모여서 프로그램(Program)이라고 불리게 됩니다. 그리고 이러한 프로그램을 만드는 것을 프로그래밍(Programming)이라고 하며, 이러한 것을 직업으로 삼는 사람들을 프로그램 개발자 또는 프로그래머

(Programmer)라고 부릅니다. 프로그래밍 언어는 크게 분류하면 저급 언어(Low Level Language)와 고급 언어(High Level Language)로 나뉘는데 저급 언어는 기계, 즉 컴퓨터가 직접 사용하는 언어(명령어)를 사용하여 대화하는 것이며 대표적으로 기계어(Machine Language)와 어셈블리어(Assembly Language) 등이 있습니다. 고급 언어는 기계보다는 사람이 이해하기 쉽도록 만들어진 프로그래밍 언어로써 C언어, Java, Python, Basic 등의 언어가 존재합니다. 많은 프로그래밍 언어들 중 안드로이드 애플리케이션 개발을 할 때에는 Java 언어로 개발을 하게 됩니다.

운영체제에 맞는 프로그램을 개발하려면 운영체제를 개발한 업체에서 제공하는 기능들, 즉 API(Application Programming Interface)가 필요합니다. 여러분이 사용하는 윈도우즈 운영체제에서 실행되는 프로그램을 개발하려면 마이크로소프트社에서 제공하는 윈도우즈 API를 사용해서 프로그램을 개발하여야 합니다. 마찬가지 안드로이드에서 애플리케이션을 개발하려면 구글社에서 제공하는 API를 사용해서 개발을 하게 됩니다. 구글 측에서는 이러한 애플리케이션 개발을 위하여 Android SDK(Software Development Kit : 소프트웨어 개발 도구)를 무료로 제공하고 있으며, 자바를 통해 안드로이드 애플리케이션을 개발할 수 있도록 제공하고 있습니다.

1-3 안드로이드 애플리케이션의 종류

이 책은 자바를 통해 안드로이드 애플리케이션을 개발하는 책이 아닙니다. 자바는 앞서 언급한 고급 언어에 속하는, 즉 사람이 이해하기 위해 설계된 언어지만 비전공자가 쉽게 접근할 수 있는 부분이 아닙니다. 그렇다면 대체 무엇으로 안드로이드 애플리케이션을 개발하게 된다는 뜻일까요?

안드로이드 애플리케이션은 크게 세 가지가 존재합니다.

첫째, 네이티브 앱(Native App)입니다. 이러한 네이티브 앱(또는 애플리케이션)은 그냥 앱이라고도 부릅니다. 네이티브 앱은 위에서 언급했던 자바(Java) 프로그래밍 언어를 통해 Android SDK를 이용하여 개발한 애플리케이션입니다. 바로 전통적인 애플리케이션 개발 방법입니다. 그렇다면 다른 애플리케이션은 무엇이 있을까요?

둘째, 웹 앱(Web App)입니다. 여러분은 아마 페이스북(Facebook)이라는 소셜 네트워크 서비스를 사용할 것입니다. 이중에 몇몇은 페이스북 애플리케이션을 사용하지만 인터넷 환경에서 페이스북으로 접속해 서비스를 이용하는 일부 이용자들이 있을 겁니다. 별

도로 앱을 설치하지 않고 웹 브라우저를 통해 페이스북 사이트에 접속하는 것이 페이스북 모바일 애플리케이션으로 페이스북을 이용하는 것과 크게 차이가 없기 때문입니다. 오히려 별도로 설치를 하지 않아도 되기 때문에 많은 사람들이 모바일 웹 브라우저를 통해 페이스북 서비스를 이용 중입니다. 이러한 현상이 나타나는 이유는 페이스북 모바일 웹 사이트는 모바일 기기에서 사용하기 편하도록 최적화되어있기 때문입니다. 따라서 애플리케이션과 거의 비슷한 모습을 띄게 되는데 이는 비단 페이스북에만 해당하는 것이 아니고 네이버(Naver), 다음(Daum)과 같은 대형 포털서비스에서도 제공하고 있습니다. 즉 웹 앱(Web App)이란 스마트폰이나 아이폰 같은 모바일 환경에서 그에 맞도록 최적화된 설계를 한 웹 사이트를 의미합니다. 하지만 이는 모바일에 최적화되어 있을 뿐, 웹 사이트에 불과합니다. 그렇다면 웹 앱 이외에 또 다른 애플리케이션은 무엇이 있을까요?

바로 셋째, 하이브리드 앱(Hybrid App)입니다.

하이브리드(Hybrid)는 무슨 뜻일까요? 하이브리드란 간단히 말해 서로 다른 두 가지 이상의 기술이 결합되어있다는 것을 뜻하는 영어 단어입니다. 자동차로 예를 들면, 기름으로 움직이는 자동차가 있고, 전기로 움직이는 차가 있으며, 이를 융합한 하이브리드 차가 있습니다. 이와 같이 하이브리드는 여러 가지 기술이 융합되어 있는 것을 뜻합니다. 하이브리드 애플리케이션은 앞서 언급했던 네이티브 앱(Native App)과 웹 앱(Web App)을 융합시킨 새로운 기술입니다. 즉 쉽게 말하자면 웹 앱(Web App) 형식으로 개발된 네이티브 앱(Native App)입니다.

그렇다면 왜 네이티브 방식으로 개발하지 않고 웹 앱 방식으로 개발을 하여 네이티브와 융합시키는 번거로운 과정을 거치는 것일까요?

앞서 언급했듯이 네이티브 애플리케이션(Native Application)은 자바 프로그래밍 언어와 Android SDK(Software Development Kit : 소프트웨어 개발 도구)를 이용하여 애플리케이션을 개발한다고 하였습니다. 즉 자바 언어에 대한 충분한 지식과 경험을 바탕으로, 안드로이드 운영체제의 동작 방식을 이해하고 Android SDK에 내장된 기능들을 활용하여 애플리케이션을 개발하게 됩니다.

하지만 이 과정은 간단한 애플리케이션을 개발하는 데도 많은 시간이 소모되며 IT 비전공자가 시도하기에 너무 장벽이 높다는 단점이 있습니다.

반면 웹 앱의 경우 웹사이트(홈페이지 등)를 개발할 때 사용되는 기술을 이용하여 개발을 하게 되는데 이 부분은 네이티브 애플리케이션을 개발하는 것보다 장벽이 훨씬 낮으며 여러 가지 도구들의 도움이 필요한 네이티브와 달리 별다른 도구 없이 간단하고 빠르게 개발할 수 있다는 장점이 있습니다.

따라서 이러한 웹 개발 기술을 활용해 안드로이드 애플리케이션을 개발하는 것이 하이브리드 애플리케이션(Hybrid Application)인 것입니다. 하이브리드 앱으로 개발을 할 경

우 간단한 애플리케이션을 개발할 때 네이티브 앱과 비교하여 굉장히 빠른 속도로 개발할 수 있기 때문에 생산성(Productivity) 부분에서 압도적인 우위를 점하고 있습니다. 따라서 간단한 앱이나 화려한 애니메이션, 고성능을 요구하는 앱이 아닌 경우 대부분 하이브리드 앱으로 개발되는 추세입니다.

결과적으로는 하이브리드 앱도 네이티브 앱을 통해 실행이 됩니다. 하지만 실질적인 애플리케이션 내부 동작들은 자바로 작성한 네이티브 코드(Native Code)가 아닌 웹 기술로 개발이 됩니다. 네이티브 코드는 단지 그러한 코드들을 실행할 수 있도록 중개자 역할을 담당하게 되는 것입니다.

여러분이 앞으로 배우게 될 안드로이드 애플리케이션은 이러한 하이브리드 애플리케이션을 개발하는 것입니다. 따라서 네이티브 애플리케이션과 관련된 내용이 아닌 웹 기술을 통해 모바일에 최적화된 웹 문서를 설계하는 방법을 배우게 될 것입니다.

Note

Chapter 02

HTML5, CSS3

하이브리드 애플리케이션의 기초인 HTML5와 CSS3에 대해 학습한다. CSS3는 고성능 애플리케이션을 개발하는 데 필수이므로 초급 개발자를 위해 여기서는 단순한 디자인 요소만 학습한다.

제1장에서는 안드로이드 애플리케이션이 어떻게 개발되는지 알아보았습니다. 제2장부터는 본격적으로 애플리케이션 개발에 필요한 기술을 직접 배우는 시간을 가지도록 하겠습니다. 일단, 가장 먼저 학습하게 될 것은 바로 HTML(Hyper Text Markup Language)과 CSS(Cascading Style Sheet)라는 기술입니다.

2-1 HTML

HTML은 Hyper Text Markup Language의 약자입니다. 직역하면 하이퍼텍스트 기술 언어로, 하이퍼텍스트(Hyper Text)라는 용어에 대해 먼저 이해할 필요가 있습니다. 하이브리드 애플리케이션은 웹 페이지를 개발하는 기술로 개발을 하는 것이라고 이전 장에서 언급했습니다. HTML은 이러한 웹 페이지를 개발할 때 사용하는 언어(Language)로써 하이퍼 문서의 구조를 기술하는 언어입니다. 그렇다면 하이퍼텍스트(Hyper Text)란 무엇일까요?

여러분은 문서(Document)라는 용어의 뜻을 잘 알고 계실 것입니다. 문서는 펜 등의 필기구로 종이에 작성이 되며 주로 문서 보관함 내 파일(File) 등에 철 되어 보관됩니다. 이러한 문서는 경우에 따라서 사람의 손을 많이 타고 주변 환경의 영향을 많이 받기 때문에 때로는 마모되거나 심하게 훼손되는 경우도 있습니다. 무엇보다 보관 중인 문서의 양이 많다면 필요한 문서를 찾는 데 시간도 많이 소요됩니다. 그리고 문서를 다른 부서에 전달하거나 다시 받으려면 직접 문서를 전달하고 받아와야 됩니다. 따라서 이를 대체하기 위해 개발된 기술이 바로 하이퍼텍스트(Hyper Text)로, 물리적 · 공간적 제약을 벗어나 단순히 클릭만으로 필요한 문서로 이동할 수 있게 되었습니다. 즉 하이퍼텍스트란 현실의 문서를 초월한 말 그대로 하이퍼(Hyper)텍스트인 것입니다. 그리고 HTML은 이러한 하이퍼텍스트(Hyper Text)의 구조를 작성할 때 사용되는 마크업 언어(Markup Language)입니다.

HTML은 태그(Tag)라고 불리는 것으로 문서의 구조를 기술합니다. 태그의 종류는 굉장히 많은데, 우리가 개발할 것은 웹 사이트가 아닌 모바일 애플리케이션이기 때문에 필요한 태그만 학습하도록 하겠습니다.

2-2 개발환경 구축

HTML을 개발하기 위해 필요한 개발 환경을 구축해보도록 합시다. 만약 본인이 사용중인 텍스트 편집기가 있다면 그것을 사용해도 무방합니다. HTML은 어떠한 도구로도 작성 가능하며 심지어 윈도우즈 기본 프로그램인 메모장으로 작성해도 아무런 문제가 없습니다.

대표적으로 웹 개발에 많이 쓰이는 도구들은 Microsoft Visual Studio 2013 Express for Web, Sublime Text, Editplus, Notepad++ 등이 있습니다. 이중에서 앞으로 학습을 진행할 때에는 Sublime Text 2라는 텍스트 편집 프로그램을 사용하도록 하겠습니다.

일단 웹 브라우저를 실행하고 http://www.sublimetext.com/2에 접속합니다.

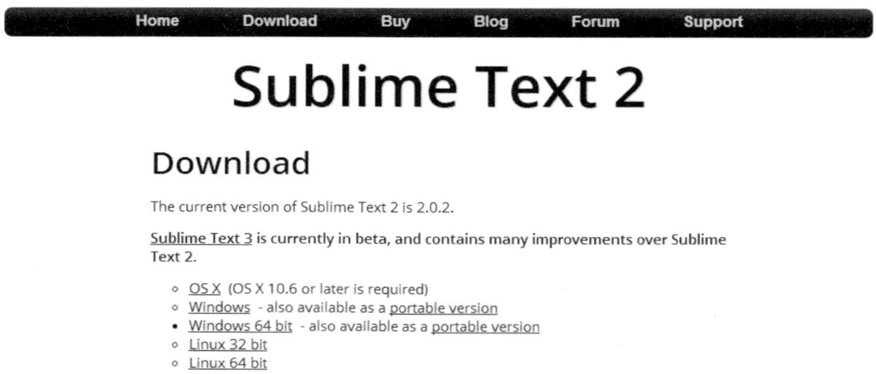

사이트에 접속 후 Sublime Text 2라는 큰 글자 아래에서 현재 작업 중인 PC의 운영체제에 해당 하는 글자를 클릭합니다. 본인의 OS가 32비트 환경이라면 Windows를, 64비트 환경이라면 Windows 64 bit를 클릭합니다. 클릭하면 다운로드가 진행됩니다.

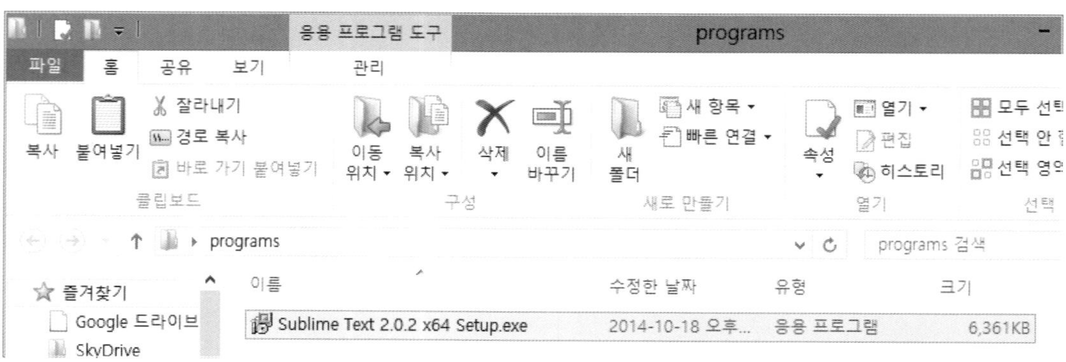

다운로드가 끝났다면 다운받은 파일을 실행해 설치를 진행합니다. 별다른 특이사항이 없으므로 Next를 계속 누르셔서 설치를 완료하면 됩니다.

설치가 완료되었다면 오른쪽과 같이 프로그램이 등록되어 있습니다. 화면의 컴퓨터 운영체제는 Windows 8.1로, 설치된 프로그램은 화면과 같이 나타나게 됩니다. Windows 7 이하의 운영체제에서는 [시작] - [모든 프로그램]에 바로가기 메뉴가 등록되어 있으므로 실행하면 됩니다.

화면과 같은 그림이 나온다면 제대로 설치가 진행된 것입니다. 이 상태에서 작업하는 것도 문제는 없지만 Sublime Text 2 에디터에는 많은 플러그인(Plug-in)들이 존재합니다. 이 플러그인들 중에서 웹 개발에 유용하게 사용되는 플러그인인 Emmet 플러그인을 설치하겠습니다. 이 플러그인의 설치는 원하지 않을 경우 생략해도 됩니다.

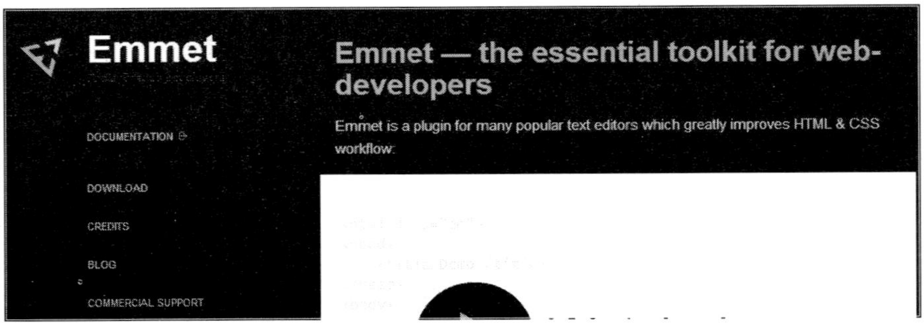

먼저 Emmet 공식 웹 페이지(http://emmet.io/)에 접속합니다. 접속 후 왼쪽 상단에 DOWNLOAD 글자를 누릅니다.

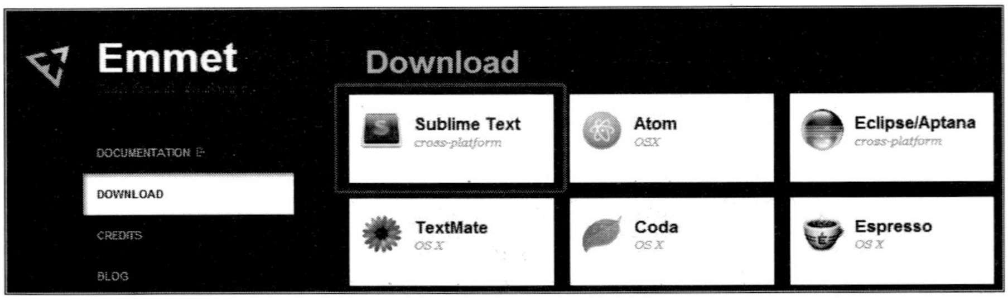

화면이 나타나면 여러 아이콘들이 나타나는 게 보일 것입니다. 이중 Sublime Text를 클릭합니다.

이동된 사이트에서 조금만 아래로 스크롤 하면 위와 같이 파란색 글자의 download 라는 글자가 보일 겁니다. 이 글자를 클릭합니다. 클릭하면 다운로드가 진행됩니다.

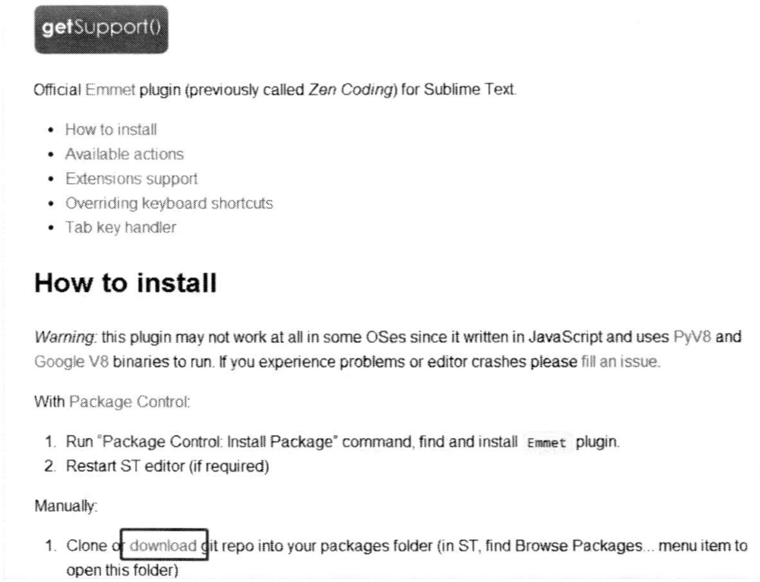

다운로드가 완료되면 해당 파일의 압축을 해제합니다. 압축을 해제하였다면 다시 Sublime Text 2 에디터로 돌아갑니다.

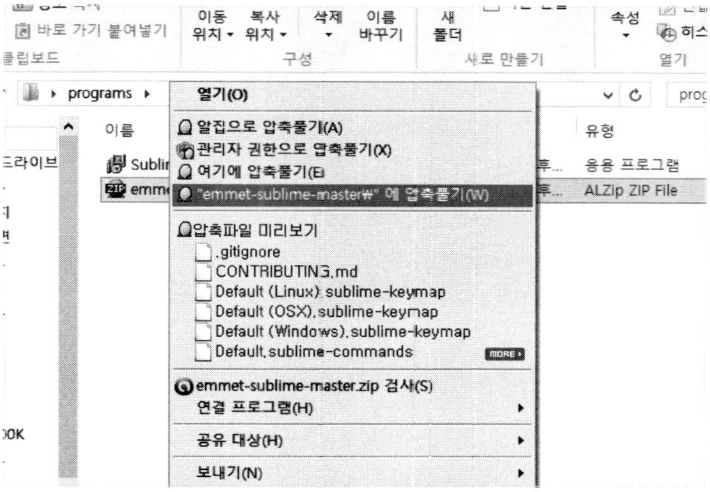

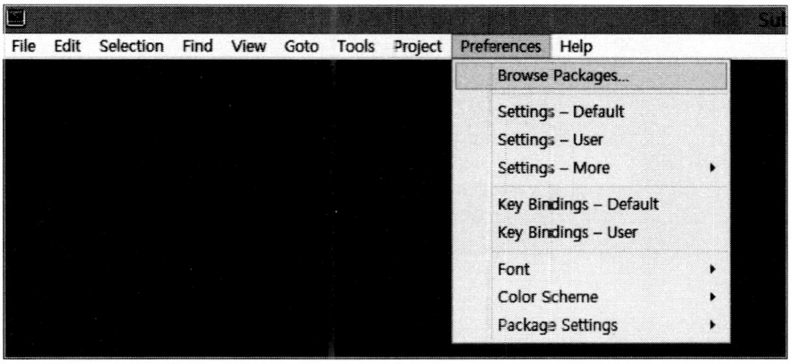

프로그램 상단에 [Preferences] -[Browse Packages…]를 클릭합니다.
그렇다면 다음과 같은 폴더 창이 나타납니다.

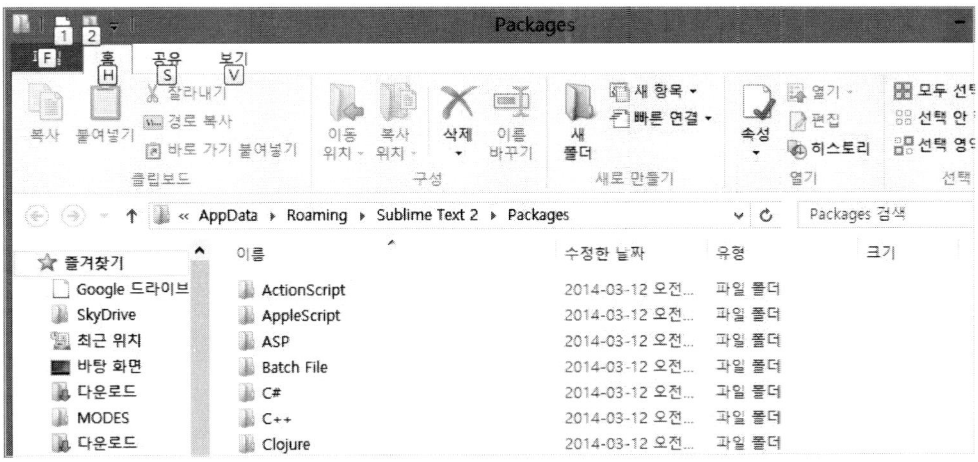

이곳에 먼저 압축을 풀어둔 emmet- sublime-master 폴더를 잘라내어 붙여 넣습니다. 폴더 내용물에 또 같은 이름의 폴더가 들어가 있는지 확인해주세요. 폴더를 열었을 때 안에 있는 파일들은 다음과 같아야 합니다.

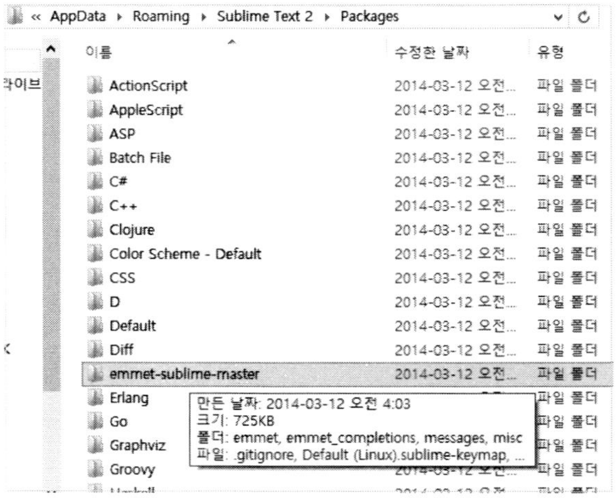

[Browse Packages…] 선택 시 폴더

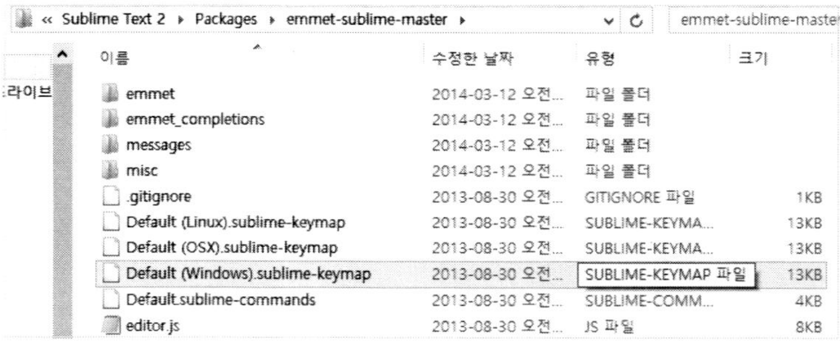

붙여 넣은 폴더 내부

이로써 플러그인 설치가 끝났습니다. Sublime Text 2 편집기를 종료하고 다시 실행합니다.

Emmet 플러그인은 HTML 태그를 손쉽고 빠르게 입력할 수 있도록 도와주는 플러그인입니다. 따라서 빠른 개발을 위해 설치를 하였습니다. 하지만 아직은 기초를 배워야 하는 단계이므로 당분간은 플러그인의 기능은 쓰지 않고 직접 모든 것을 입력하는 방법으로 하겠습니다. 직접 입력하는 것은 그 기능을 이해하는 데 훨씬 큰 도움을 줍니다. 설치한 플러그인은 나중에 실습 파트 부분에서 애플리케이션을 개발하면서 활용해보겠습니다.

2-2-1 Hello World

자, 이제 실제 예제를 작성해보겠습니다. Sublime Text 2 편집기를 실행하고 Ctrl + N을 눌러 새 텍스트 파일을 생성합니다.

그리고 아래와 같이 입력합니다.

```
<html>
  <head>
    <title>Hello World</title>
  </head>
  <body>
    <h1>Hello World</h1>
  </body>
</html>
```

입력이 끝나면 파일을 원하는 위치에 hello1.html이라는 이름으로 저장합니다.

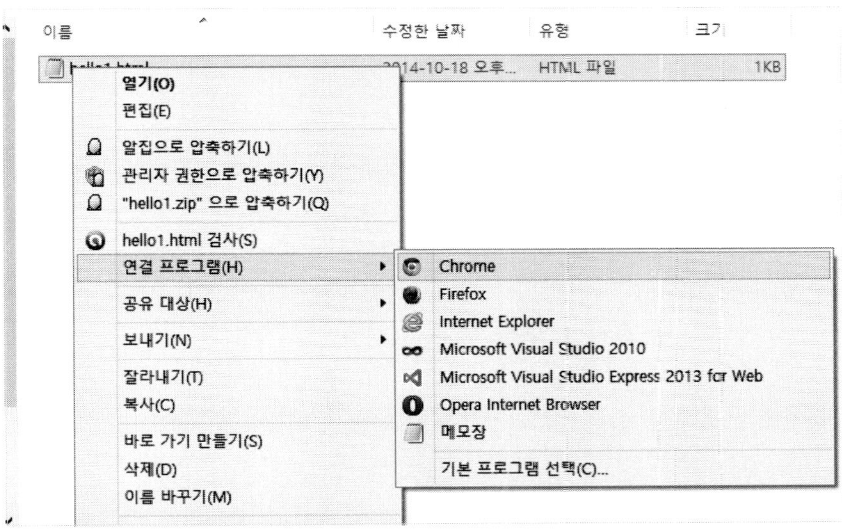

파일을 저장했으면 hello1.html 파일을 웹 브라우저를 통해 실행합니다. 저는 크롬(Chrome) 웹 브라우저를 사용했지만 본인이 원하는 다른 브라우저를 사용해도 문제가 없습니다.

위와 같은 화면이 나올 것입니다. 앞으로 이러한 방식으로 예제를 진행할 것이니 동일한 방법으로 예제를 진행하면 됩니다.

2-2-2 HTML 구조

앞의 예제에서 작성한 HTML 코드에 대해서 분석해보겠습니다.

```
<html>
    <head>
        <title>Hello World</title>
    </head>
    <body>
        <h1>Hello World</h1>
    </body>
</html>
```

〈html〉과 같은 것들을 바로 태그(Tag)라고 부릅니다. 위 예제 소스에는 html태그와 head태그, title 태그, body태그, h1 태그로 구성되어있습니다.

태그는 반드시 〈html〉〈/html〉과 같이 쌍으로 구성되어야하며, 태그 안에는 다른 태그를 넣을 수 있습니다. 위 예제에서는 html태그 사이에 head태그와 body태그가 있고, head태그 안에는 title태그가 있으며, body태그에는 h1태그가 삽입되어있습니다.

모든 태그가 위 태그들처럼 쌍으로 구성되는 것은 아닙니다. 후에 공부하게 되겠지만 그런 태그는 소수에 불가하며 대부분의 태그는 위와 같이 쌍으로 구성됩니다. 이때 앞부분을 여는 태그, 뒷부분을 닫는 태그라 부릅니다.

〈html〉태그는 html의 최상위 태그로 반드시 작성해주어야 합니다. 만약 작성자가 html 태그를 쓰지 않고 바로 내용을 쓰면 웹 브라우저에서 자동으로 〈html〉태그를 삽입하여 실행을 합니다.

〈head〉태그는 웹 사이트의 관련된 주요 정보를 기록합니다. 페이지와 관련된 설정 값을 조절하거나 필요한 외부 파일을 불러오는 등의 작업을 수행합니다. 이중 title태그는 웹 페이지에 접속했을 때 제목 표시줄에 출력되는 문자열을 정의하는 태그입니다. 실행 결과를 다시 보도록 하겠습니다.

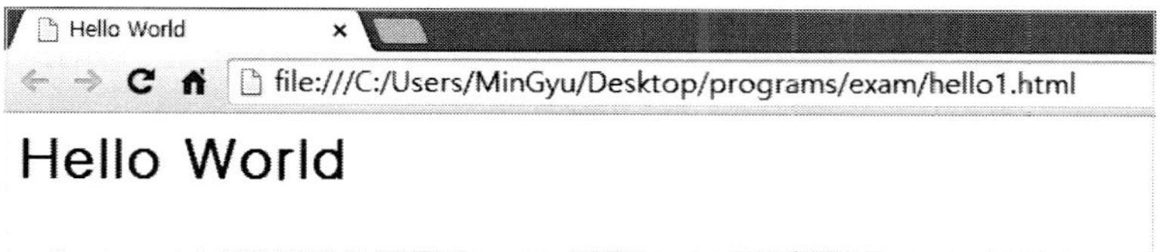

〈title〉 태그가 제목표시줄에 출력 되고 있습니다. 이처럼 title태그는 웹 페이지에 접속했을 때 제목 표시줄에 출력될 글자를 정의합니다.

body태그는 실제로 화면에 출력될 여러 가지 구성요소를 포함하는 최상위 태그입니다. h1태그는 큰 문자를 출력하는 태그이며, h1 ~ h6까지 있고 각각 크기가 다릅니다. h1은 가장 큰 문자열을 출력하고 h6는 가장 작은 문자열을 출력합니다.

정리해서, 위의 소스는 아래와 같이 설명할 수 있습니다.

"이 웹 페이지는 제목 표시줄에 'Hello World'라는 글을 출력하고(〈title〉Hello World〈/title〉) 본문에는 큰 사이즈의 글자로 'Hello World'라는 글이 출력된다(〈h1〉Hello World〈/h1〉)."

2-2-3 애플리케이션 개발에 주로 사용되는 태그

HTML의 태그는 셀 수 없이 다양합니다. 특히 최신 HTML 사양인 HTML5에서는 더 많은 태그가 추가되었으니 이를 모두 다루려면 별도의 책이 필요합니다. 하이브리드 애플리케이션에 모든 태그가 사용되는 것이 아니기 때문에 이 책에서는 모든 태그를 다루지 않고 주로 사용하는 태그만 다루게 됩니다. 만약 HTML 태그에 대해 더 자세한 정보를 얻고 싶은 독자는 별도의 서적을 구매하거나 웹에서 검색하셔서 따로 공부하기 바랍니다.

1) 〈p〉태그

〈p〉태그는 paragraph의 약자로, 단락을 의미하는 태그입니다. 아래와 같이 예제를 작성해봅시다.

```
<html>
  <head>
    <title>Paragraph</title>
  </head>
  <body>
    <h1>Paragraph Example</h1>
    <p>p 태그는 단락을 표시할 때 사용하는 태그입니다.</p>
```

```
    <p>이와 같이 단락이 종료되면 자동으로 줄띄움을 수행합니다.</p>
  </body>
</html>
```

2개의 p태그가 사용되었으며 문단이 종료될 때 자동으로 줄띄움(Line feed)이 수행됨을 확인할 수 있습니다. 만약 줄띄움이 잘 이해가 안 된다면 p태그 내부에 매우 긴 문장을 작성한 후에 예제를 실행해보세요. p태그 내부에서는 줄띄움이 발생하지 않음을 확인할 수 있습니다.

2) 〈h1〉 ~ 〈h6〉 태그

〈h1〉, 〈h2〉, 〈h3〉, 〈h4〉, 〈h5〉, 〈h6〉 태그는 중요한 글자나 문자열을 출력할 때 사용합니다.

h태그로 감싸진 글자는 각각의 h뒤 숫자에 따라 크기가 변경되며 숫자가 커질수록 글자의 크기가 작아집니다.

```
<html>
  <head>
    <title>H Exam</title>
  </head>
  <body>
    <h1>Hello World</h1>
    <h2>Hello World</h2>
    <h3>Hello World</h3>
    <h4>Hello World</h4>
    <h5>Hello World</h5>
    <h6>Hello World</h6>
  </body>
</html>
```

위 예제를 실행하면 다음과 같이 출력됩니다.

3) 〈img/〉 태그

img태그는 화면상에 이미지를 출력하는 태그입니다. img태그에서는 다른 태그와 다르게 속성(Attribute)이라는 기능을 사용하며 닫는 태그가 없는 특수한 태그 중 하나입니다.

사용법은 아래와 같습니다.

```
<img src="이미지 위치" />
```

이때 이미지 위치는 파일 경로를 의미하며 현재 경로의 경우 생략 또는 ./ 으로 표기하고 상위 폴더(이전 폴더)의 경우는 ../ 와 같이 표기를 합니다.

화면에 출력할 아무 이미지를 구해서 예제들을 보관한 경로에 붙여 넣습니다. 저는 meat.jpg이라는 고기 그림을 화면 출력에 이용하도록 하겠습니다. 파일이 준비되면 아래와 같이 예제를 작성합니다.

```
<html>
  <head>
    <title>Image Exam</title>
  </head>
  <body>
    <h1>Image Example</h1>
    <img src="meat.jpg" />
  </body>
</html>
```

예제파일을 저장하고 실행합니다. 이때 이미지와 위 파일이 같은 위치에 존재해야 합니다.

지정한 이미지가 화면에 출력됨을 확인할 수 있습니다.

4) <div> 태그

div태그는 화면 영역을 분할할 때 주로 사용되는 태그입니다. 이 태그는 모던 웹 사이트를 구축할 때 필수적으로 사용되는 태그이며, 후에 배우게 될 CSS 태그와 함께 하이브리드 애플리케이션 개발에 중심이 되는 태그입니다. 이 태그는 나중에 CSS 파트를 학습할 때 자세히 살펴보도록 합시다.

5) <input /> 태그

input태그는 사용자로부터 입력(input)을 받기 위한 태그입니다. input태그는 type속성에 따라 다양한 종류의 입력 형태로 변합니다.

```
<input type="text" />
```

위와 같은 형태로 사용하며, type속성을 명시하지 않으면 기본적으로 위와 같이 text타입이 적용되며 그 결과는 오른쪽과 같습니다.

위와 같이 텍스트를 입력받을 수 있는 상자가 나타납니다. 아래는 HTML에서 적용 가능한 input의 종류입니다. 사실 input은 아래보다 더 많은 종류가 있지만 모든 기능을 지원하지 않기 때문에 사용 가능한 종류만 나열하였습니다. 각 요소들은 직접 소스를 변경하여 실행하셔서 차이점을 꼭 알아두시기 바랍니다.

type = "password"

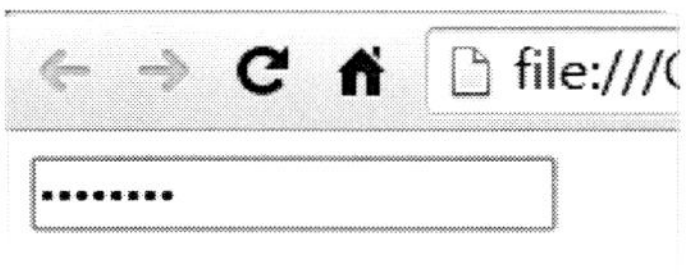

type = "checkbox"

type = "radio"

type = "button"

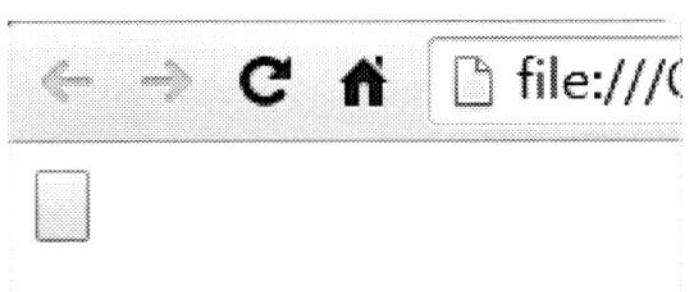

각 항목들은 조금씩 차이가 있습니다. text의 경우 value 속성에 값을 입력하면 기본값으로 나타나게 됩니다. 하지만 타입이 button일 경우 value 속성을 입력하면 버튼 위에 해당 글자가 나타납니다. input태그들에 대한 구체적인 사용방법은 나중에 직접 애플리케이션을 개발하면서 알아보도록 합시다. 지금은 단지 이러한 기능을 제공하고 있다는

것만 알아두면 됩니다.

6) 〈select〉 태그

이 기능은 위 input태그들과 마찬가지로 입력을 받는 데 사용되는 컨트롤입니다. 다만 input에 포함되어 있지 않은 특이한 태그입니다. 이는 예제와 결과를 직접 관찰하면 쉽게 이해할 수 있습니다.

```
<html>
  <head>
    <title>Input Example</title>
  </head>
  <body>
    <select>
      <option>1</option>
      <option>2</option>
      <option>3</option>
      <option>4</option>
      <option>5</option>
    </select>
  </body>
</html>
```

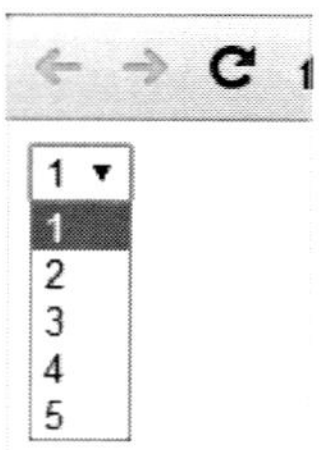

이상으로 애플리케이션 개발에 필요한 태그만 알아보았습니다. HTML에는 위보다 훨씬 많은 태그가 존재합니다. 하지만 하이브리드 애플리케이션 개발에서는 위 정도의 태그만 알고 있어도 크게 무리가 없습니다. 물론 다른 기능을 수행하는 태그들을 애플리케이션에 적용할 수 있으며 한 번 정도는 어떤 기능을 하는 태그들이 있는지 확인해보는 것도 나쁘지는 않습니다. 따라서 시간이 있으시면 태그들의 종류와 기능에 대해서 한번쯤 확인해보기 바랍니다.

다음은 하이브리드 애플리케이션 개발의 꽃, CSS(Cascading Style Sheet)에 대하여 알아보겠습니다.

2-3 CSS

CSS란 Cascading Style Sheet의 약자입니다. 줄여서 스타일 시트라고 많이 부릅니다. CSS가 등장하기 이전에 웹 문서를 작성할 때에는 디자인 요소가 필요한 경우 이미지 태그와 표 태그를 이용하여 레이아웃을 구성하거나 플래시(Flash)라는 기술을 사용했습니다. 하지만 이미지와 표를 이용할 경우 레이아웃 구성을 변경하기 어렵다는 단점이 있었으며 플래시는 너무 무거운데다가 플래시를 지원하지 않는 브라우저에서 동작하지 않는다는 치명적인 단점이 있었습니다. 특히나 가장 큰 문제는 HTML 본연의 역할인 웹 문서 구조의 기술이 디자인을 위한 기술로 변모했다는 것입니다. 이에 따라 웹 표준 위원회인 W3C에서 디자인 요소와 웹 문서 구조의 요소를 각각 HTML과 CSS로 분리하게 됩니다.

CSS는 웹 문서의 디자인 요소를 담당하게 되는데 HTML과 달리 표현상의 제약이 없어 디자인에 대한 자유도가 매우 높다는 큰 장점이 있습니다. 또한 웹 문서 구조와 디자인 요소의 분리로 인하여 각각의 목적에 충실할 수 있기 때문에 HTML문서 구조를 파악할 때 크게 도움이 된다는 장점이 있습니다.

특히나 최신사양인 CSS3에서는 기존의 CSS로는 할 수 없었던 고급 애니메이션 효과가 대폭 추가되고, 각종 멀티미디어를 재생할 수 있는 〈video〉, 〈audio〉, 〈canvas〉태그와 같은 각종 태그가 추가됨으로써 플래시를 대체할 강력한 기술로 각광받고 있는 추세입니다.

CSS는 〈style〉태그 내부에 기술하며, CSS자체의 문법에 맞춰서 작성해야 합니다. 〈style〉태그는 〈head〉태그 내부에 있어야 되며 외부에 있는 CSS파일을 불러올 때에는 〈link /〉태그를 사용합니다. 만약 외부에서 파일을 불러올 때에는 파일 순서에 유의하는 것이 좋습니다.

2-4 DOM(Document Object Model)

HTML에서와 마찬가지로, CSS에도 굉장히 많은 디자인 요소가 들어있습니다. 사실 HTML 태그 수와는 비교가 되지 않을 정도로 많은 디자인 요소가 들어있기 때문에 일일이 설명하는 것은 별도의 서적으로 나오는 분량이 나오게 되기 때믄에 이 책에서는 필요한 내용에 대해서만 설명하겠습니다.

HTML 소스를 기억하나요? 다음과 같은 구조였습니다.

```
<html>
  <head>
    <title></title>
  </head>
  <body>
    <h1></h1>
  </body>
</html>
```

HTML 태그에 대해 설명드릴 때 말씀을 드렸지만 태그는 태그 내부에 중첩되어 작성이 가능합니다. 사실 모든 html태그를 제외한 모든 태그는 다른 태그 안에 작성이 되어있습니다. 이러한 구조는 오른쪽과 같이 표현을 할 수 있습니다.

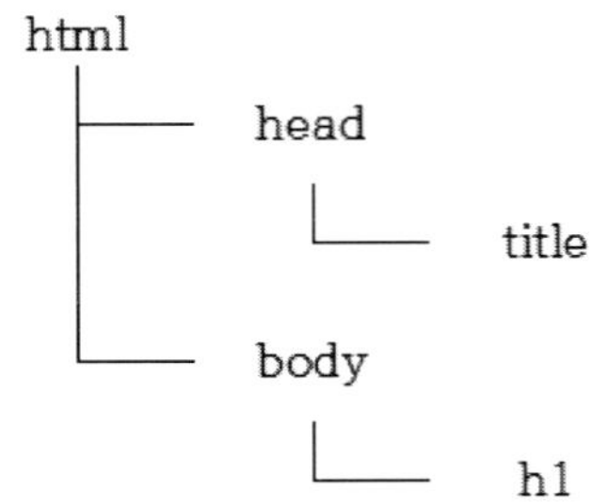

즉 〈html〉 태그 아래에 〈head〉태그와 〈body〉 태그가 있고, 각각은 〈title〉태그와 〈h1〉태그를 포함하고 있습니다. 이러한 관계 구조를 웹에서는 DOM(Document Object Model) 이라고 부릅니다. 그리고 〈html〉태그와 〈head〉태그의 관계에서 〈html〉태그를 부모 요소(Parent Element) 또는 부모 태그(Parent Tag), 〈head〉태그를 자식 요소(Child Element) 또는 자식 태그(Parent Tag)라고 부릅니다. 마찬가지 〈head〉태그와 〈title〉태그의 경우 〈head〉가 부모 요소가, 〈title〉태그가 자식 요소가 됩니다.

그리고 〈html〉태그와 〈title〉태그처럼 1:1로 상관관계가 지정된 것이 아닐 때, 즉 부모 요소의 부모 요소일 때 〈html〉태그는 선조 요소(Ancestor Element) 또는 선조 태그(Ancestor Tag), 〈title〉태그나 〈h1〉태그는 후손 요소(Descendant Element) 또는 후손 태그(Descendant Tag)라고 부릅니다. 또한 〈head〉태그와 〈body〉태그처럼 같은 위치에 있는 태그들을 형제 요소(Sibling Element) 또는 형제 태그(Sibling Tag)라고 부릅니다.

위 DOM 구조를 정리하면 아래와 같습니다.

- **최상위 HTML태그는 자식 요소로 head태그와 body태그를 가지고 있으며, 후손 요소로 title태그와 h1태그를 가지고 있습니다.**
- **head태그의 부모 요소는 html태그이며 형제 요소로 body를 가지고 있습니다. 자식**

요소로 title 태그를 가지고 있습니다.

- **body태그의 부모 요소는 html태그이며 형제 요소로 head를 가지고 있습니다. 자식 요소로 h1 태그를 가지고 있습니다.**
- **title태그의 부모 요소는 head태그이며 조상 요소는 html태그입니다.**
- **h1태그의 부모 요소는 body태그이며 조상 요소는 html태그입니다.**

이러한 DOM 구조는 나중에 배울 JavaScript에서도 중요하지만 지금 배울 CSS에서 굉장히 중요하게 사용되는 부분입니다. CSS에서는 디자인을 할 태그를 요소선택자(Element Selector)라는 것을 통해 스타일을 지정하게 되는데 이러한 요소선택자는 위와 같은 DOM구조로써 접근을 하게 됩니다. 따라서 위 DOM 구조에 대해서 반드시 이해하고 넘어오시길 바랍니다.

2-5 CSS 실습

자, 이제 CSS를 사용하는 데 필요한 선행 학습을 마치었으니 직접 예제를 작성해보도록 하겠습니다. Sublime Text 2 편집기를 실행하고 아래와 같이 예제를 작성합니다.

```
<html>
  <head>
    <title></title>
  </head>
  <body>
    <h1></h1>
  </body>
</html>
```

CSS는 〈style〉태그 내부에 기입한다고 언급했습니다. 그리고 〈style〉태그는 〈head〉태그 내부에 포함되어야 한다는 것도 말씀을 드렸었죠. 즉 다음과 같이 사용합니다.

```
<html>
  <head>
    <title></title>
    <style>

    </style>
  </head>
```

```
  <body>
    <h1></h1>
  </body>
</html>
```

CSS에서는 스타일을 적용할 대상을 명시해야 합니다. 스타일을 적용할 수 있는 것은 태그명(Tag Name), 클래스명(Class Name), 아이디(ID), 그리고 요소선택자입니다.

태그명(Tag Name)은 알겠는데 클래스명(Class Name)과 아이디(ID)는 뭘까요?

여러분, 〈img /〉태그에 대해서 기억이 나시나요? 다른 태그와 다르게 태그 안에 src라는 속성에 이미지 파일명(위치)을 기입했었습니다. 사실 img태그를 제외한 다른 태그들도 이와 같은 속성을 가지고 있는 경우가 많습니다. 단지, img태그를 제외한 다른 태그에서 속성 값을 지정하는 것은 웹 표준에서 더 이상 사용을 자제하고 CSS를 이용하는 것을 권장하기 때문입니다. 하지만 예외로 클래스명과 ID, 그리고 사용자 정의 속성(User defined attribute) 세 가지는 문제가 없는데, 이러한 클래스명과 ID를 통해 요소를 탐색하기 때문입니다. 사용자 정의 속성은 추후에 JavaScript 파트에서 공부하겠습니다.

클래스명은 태그 안에 class="" 같은 식으로, ID는 태그 안에 id=""와 같은 식으로 입력합니다. 아래의 〈p〉태그를 봅시다.

```
<p class="textBold" id="myParagraph">Hello World!</p>
```

위 p태그는 textBold 클래스를 가지고 있으며 id는 myParagraph입니다. 위와 같이 선언된 p태그는 CSS에서 아래와 같은 방법으로 접근이 가능합니다.

1) 태그명으로 접근

```
p {

}
```

2) 클래스명으로 접근

```
.textBold {

}
```

3) ID로 접근

```
#myParagraph {

}
```

위 세 가지 방법 모두 p태그를 선택하는 데 사용되는 방법입니다. 유의해서 보실 점은 태그명으로 선택할 때에는 바로 태그명을 기입했지만 클래스명은 .을 통해, ID는 #을 통해 접근했다는 점입니다. 위와 같은 방법으로 태그를 선택했다면 { } 내에 적용할 스타일을 기입합니다. 위의 p태그를 이용하여 간단한 예제를 만들어보겠습니다.

```
<html>
  <head>
     <title></title>
     <style>
                  .textBold {
                              font-weight: bold;
                          }
     </style>
  </head>
  <body>
     <p>저는 평범한 p 입니다.</p>
                    <p class="textBold">저는 굵은 p 입니다.</p>
  </body>
</html>
```

예제를 실행해봅시다.

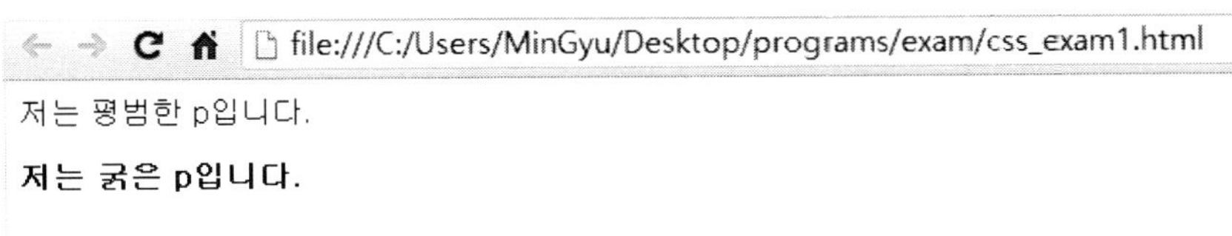

클래스명으로 textBold를 지정한 p가 굵어졌음을 알 수 있습니다. 이번엔 위의 P태그에 ID를 지정하고 스타일을 적용해보겠습니다.

```
<html>
  <head>
     <title></title>
     <style>
                  .textBold {
                              font-weight: bold;
                          }
          #myParagraph{
              text-decoration: underline;
          }
```

```
    </style>
  </head>
  <body>
                  <p id="myParagraph">저는 평범한 p 입니다.</p>
                    <p class="textBold">저는 굵은 p 입니다.</p>
  </body>
</html>
```

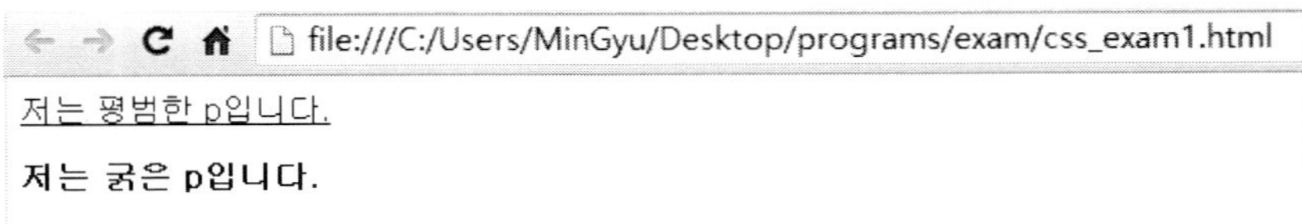

ID로 myParagraph를 지정한 P태그에 밑줄이 추가되었습니다. 이와 같이 Class와 ID를 이용하여 스타일을 적용할 요소를 선택하는 방법이 많이 사용됩니다. 그렇다면 ID를 사용해서 선택할 수도 있고, Class를 사용해서 선택할 수도 있는 것일까요?

ID와 Class는 두 가지 차이점이 있습니다.

❶ 한 개의 태그는 반드시 하나의 ID만을 가질 수 있습니다. 반면 클래스의 개수는 제한이 없습니다.

❷ ID는 HTML 상에서 유일해야합니다. 즉 myParagraph라는 ID가 중복되면 안 됩니다. 반면 클래스는 중복이 되어도 상관이 없습니다.

위 예제에서 2개의 p 모두 myParagraph라는 ID를 지정해주어도 잘 동작이 됩니다. 하지만 문제는 JavaScript 부분에서 발생하는데, CSS에서 요소선택기로 요소(태그)를 탐색하듯이 JavaScript에서도 DOM 구조를 탐색하게 됩니다. 이때 ID명, 클래스명, 태그명 등으로 탐색을 할 수 있는데 ID명의 경우 중복된 ID가 있더라도 제일 처음 ID가 사용된 요소만 선택이 됩니다. 반면 Class명의 경우에는 해당 클래스가 적용된 모든 요소가 반환됩니다. 즉 ID가 여러 개 있더라도 한 개만 인식을 하게 되는 것입니다.

위와 같은 이유 때문에 ID보다는 클래스가 더 많이 사용되는 편입니다. 디자인을 하다보면 같은 스타일을 적용해야 할 때가 많은데, 이때 자주 쓰는 스타일을 클래스로 정의해두고, 필요한 요소에 모두 적용시킬 때 사용합니다. 이렇게 되면 작성도 편하고 용량도 줄어들며 무엇보다 수정이 용이해지며 가독성도 좋아지게 됩니다. 또한 클래스는 하나의 태그에서 여러 개를 지정할 수 있습니다. 단지 클래스명을 각각 공백으로 구분하면 됩니다.

이제 마지막으로 요소를 선택하는 방법 중 상관관계, 즉 부모 자식관계를 통해 요소를 선택하는 방법에 대해 알아보겠습니다.

아래 예제를 봅시다.

```
<html>
  <head>
    <title></title>
    <style>

    </style>
  </head>
  <body>
    <h1>나는 h1 태그입니다.</h1>
    <div>
      <p>나는 p 태그입니다. 제 부모는 div 태그입니다.</p>
      <p>저도 p 태그입니다. 저는 위의 p 태그의 형제입니다.</p>
    </div>
  </body>
</html>
```

앞으로 예제를 설명할 때에는 body태그 내부의 내용만 설명하겠습니다. 현재 h1태그와 div태그가 있으며 div태그는 안에 2개의 p태그를 포함하고 있습니다.

위 상황을 정리하면 다음과 같습니다.

- **div태그는 h1태그의 형제이고, h1태그는 div태그의 형제이다.**
- **p태그는 div태그의 자식이고 div는 p태그의 부모이다.**
- **p태그는 형제 요소로 p태그를 가지고 있다.**

정리된 위 내용을 바탕으로 스타일을 적용해보겠습니다.

```
<html>
  <head>
    <title></title>
    <style>
      h1 {
        color: Red;
      }
```

```
      h1 + div {
        background-color: Blue;
      }
      div > p {
        font-weight: bold;
      }
      p + p {
        background-color: Yellow;
      }
    </style>
  </head>
  <body>
    <h1>나는 h1 태그입니다.</h1>
    <div>
      <p>나는 p 태그입니다. 제 부모는 div 태그입니다.</p>
      <p>저도 p 태그입니다. 저는 위의 p 태그의 형제입니다.</p>
    </div>
  </body>
</html>
```

아래는 실행 화면입니다.

스타일을 분석해보겠습니다.

```
h1 {
  color: Red;
}
```

위 스타일은 모든 h1태그에게 폰트 색상(Color)을 빨간색으로 지정합니다.

```
h1 + div {
  background-color: Blue;
}
```

위 스타일은 h1의 형제 요소 중 태그명이 div인 요소의 배경색(Background Color)을 푸른색으로 지정합니다. 여기서 사용된 + 기호는 형제 요소를 선택할 때 사용되는 기호입니다.

```
div > p {
font-weight: bold;
}
```

위 스타일은 div태그의 자식 요소 중 p태그를 선택하여 폰트의 굵기(Weight)를 굵게(Bold)로 설정합니다. 여기서 사용된 기호인 〉는 자식 요소를 선택할 때 사용되는 기호입니다.

```
p + p {
  background-color: Yellow;
}
```

위 스타일은 p태그의 형제 요소들 중 태그가 p인 요소의 배경색(Background Color)을 노란색(Yellow)으로 설정합니다.

여기서 사용된 〉와 +의 역할을 주의 깊게 보셔야 됩니다. 하지만 한 가지 유의해야 할 점이 있는데, 하이브리드 애플리케이션으로 아이폰 애플리케이션을 개발할 경우 + 선택자(형제 선택자)가 제대로 인식이 되지 않습니다. 이는 아이폰에 내장된 웹 브라우저에서 + 선택자를 제대로 지원하지 않기 때문입니다. 따라서 별도의 수정 없이 모든 기기에서 실행 가능한 하이브리드 앱을 개발하고자 할 경우 + 선택자의 사용을 자제하는 것이 좋습니다.

위와 같이 태그, 클래스, ID없이 DOM 구조로써 요소를 선택해 스타일을 지정하는 것 또한 가능합니다. 위 네 가지 방법은 모두 자주 사용되는 방법이니 각 방법에 대한 사용법을 이해하는 것이 중요합니다. 하지만 이해가 되지 않는다고 좌절할 필요는 없습니다. 실제로 개발하면 금방 이해할 수 있기 때문입니다. CSS의 사용법은 이 정도만 아셔도 애플리케이션 개발하는 데 지장은 없습니다. 마지막으로 자주 사용되는 CSS의 스타일 종류만 알아보고 제2장을 마치겠습니다.

2-6 자주 사용되는 CSS 스타일

2-6-1 폰트 관련 스타일

color : 폰트의 색상을 변경합니다. 입력되는 값은 색상 문자열(Red, Green, Blue 등…) 또는 16진수의 RGA값(#FF0000, #000000 등…)입니다.

ex)

```
p {
  color: #FF0000;          /* 색상을 빨간색으로 지정 */
}
```

font-size : 폰트의 사이즈를 변경합니다. 입력되는 값은 px수치 등입니다.

ex)

```
p {
  font-size: 24px;
}
```

font-weight : 폰트의 굵기를 지정합니다. 입력되는 값은 정수 또는 굵기 문자열입니다.

ex)

```
p {
  font-weight: bold;
}
```

font-family : 폰트를 변경합니다. 입력되는 값은 시스템에 설치된 폰트명입니다.

ex)

```
p {
  font-family: '맑은 고딕', sans-serif, Arial; /* 폰트를 맑은 고딕으로 변경한다. 없으
면 sans-serif, sans-serif 도 없으면 Arial 로 변경한다. */
}
```

text-decoration : 글자를 꾸밉니다. 주로 underline속성을 사용합니다.

ex)

```
p {
  text-decoration: underline;
}
```

2-6-2 부피, 여백 관련 스타일

width : 태그의 너비를 지정합니다. px과 %로 지정 가능합니다.

ex)

```
div {
 width: 300px;
}
```

height : 태그의 높이를 지정합니다. px과 %로 지정 가능합니다.

ex)

```
div {
 height: 300px;
}
```

background-color : 배경색을 지정합니다.

ex)

```
div {
 width: 300px;
 height: 300px;
 background-color: #FF0000;
}
```

background-image : 배경에 이미지를 삽입합니다.

ex)

```
body {
 background-image: url('meat.jpg');  /* 이때 이미지와 CSS가 포함된 파일이 동일
                                      한 경로에 있어야 합니다. */
}
```

border : 태그에 경계선을 지정합니다. 형식은 border: [굵기] [종류] [색상] 순입니다.

ex)

```
div {
 width: 300px;
 height: 300px;
 background-color: #FF0000;
 border: 1px solid #000;
}
```

※ border에 지정 가능한 종류는 dotted, dashed, solid 등이 있으며 solid 부분을 변경

하여 확인해보세요.

padding : 태그 내부에 여백을 지정합니다. px이나 %로 지정합니다.
ex)

```
p {
  border: 1px solid #000;
  padding: 8px;
}
```

margin : 태그 외부에 여백을 지정합니다.
ex)

```
p {
  border: 1px solid #000;
  margin: 8px;
}
```

※ border, padding, margin 속성은 각각 명칭-top, 명칭-left, 명칭-right, 명칭-bottom 등으로 위, 왼쪽, 오른쪽, 아래만 부분적으로 적용할 수도 있습니다.

2-6-3 Display

display : 화면에 나타나는 방식을 결정합니다. none, block, inline, inline-block 방식 등이 있습니다.
※ 이 예제들은 div태그 옆에 p태그 같은 다른 태그들을 배치해보시면 쉽게 이해할 수 있습니다.

display: none; : 화면에 나타나지 않습니다.
ex)

```
div {
  width: 200px;
  height: 200px;
  background-color: yellow;
  display: none;
  padding: 8px;
  margin: 8px;
}
```

display: block;   : 화면에 Block 형식으로 나타납니다. Block 형식은 별도로 지정하지 않으면 화면 전체 너비에 맞춰 너비가 조절되며, 태그가 종료되면 줄띄움이 발생하고 margin과 padding 속성의 영향을 받습니다. 이 형식의 대표적인 태그는 h시리즈 태그와 p태그, 그리고 div태그입니다.

ex)

```
div {
  width: 200px;
  height: 200px;
  background-color: yellow;
  display: block;
  padding: 8px;
  margin: 8px;
}
```

display: inline; : 화면에 Inline 형식으로 나타납니다. Inline 형식은 모든 여백을 무시하며 태그의 크기는 별도로 지정하지 않으면 태그 안에 있는 요소들의 크기만큼만 크기가 조절되며 margin과 padding등의 여백 값은 무시됩니다. 태그가 종료되면 또 다른 inline 형식의 태그가 바로 옆에 붙어서 나타납니다. 이 형식의 대표적인 태그는 a태그와 strong태그, em태그, 그리고 span 태그입니다.

ex)

```
div {
  width: 200px;
  height: 200px;
```

```
  background-color: yellow;
  display: inline;
  padding: 8px;
  margin: 8px;
}
```

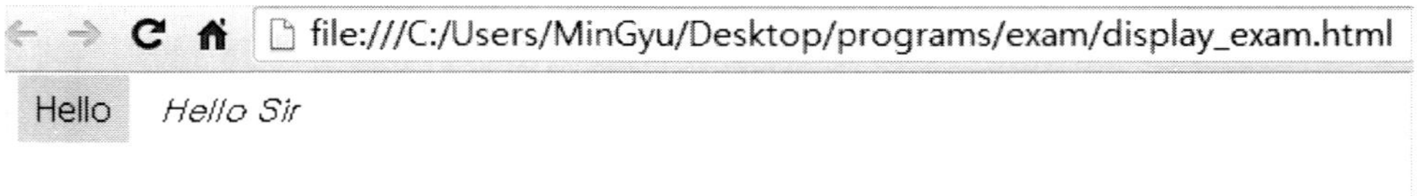

display: inline-block; : 화면에 요소를 Inline-block 형식으로 나타냅니다. 이름에서 유추할 수 있듯이 inline과 block이 결합된 것으로, 각각의 요소는 높이, 너비, 여백 등을 지정할 수 있지만 줄띄움은 발생하지 않고 옆으로 붙게 됩니다.

```
div {
  width: 200px;
  height: 200px;
  background-color: yellow;
  display: inline-block;
  padding: 8px;
  margin: 8px;
}
```

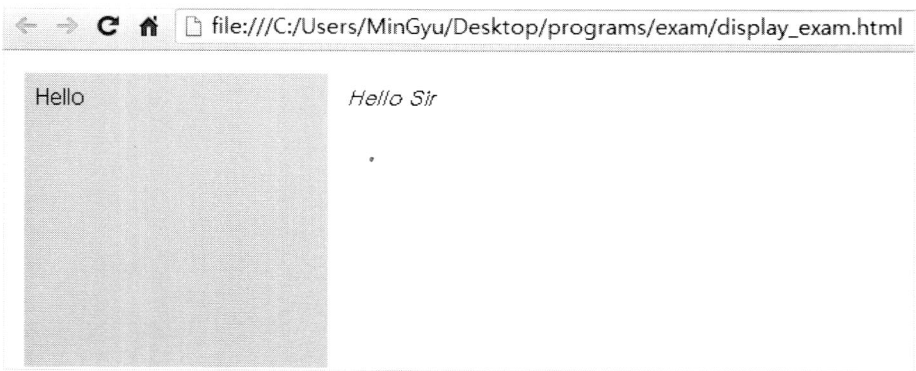

2-6-4 position

position 속성은 DOM 요소의 위치를 지정하는 스타일입니다. 기본적으로는 위쪽에서 아래로 작성한 태그가 순서대로 화면에 출력이 되지만 이 position 속성을 이용하여 다른 위치로 이동시키는 등의 디자인을 할 수 있습니다. position 속성은 absolute(절대좌표) 방식과 relative(상대좌표) 방식 두 가지가 있습니다. 예제를 통하여 이 방식들에 대해 알아봅시다.

1) position: absolute

absolute 방식은 절대좌표 방법으로 DOM 요소를 이동시키는 스타일 요소입니다. 여기서 잠깐, 절대좌표(Absolute Coordinate)란 무엇일까요? 아래 그림을 봐주세요.

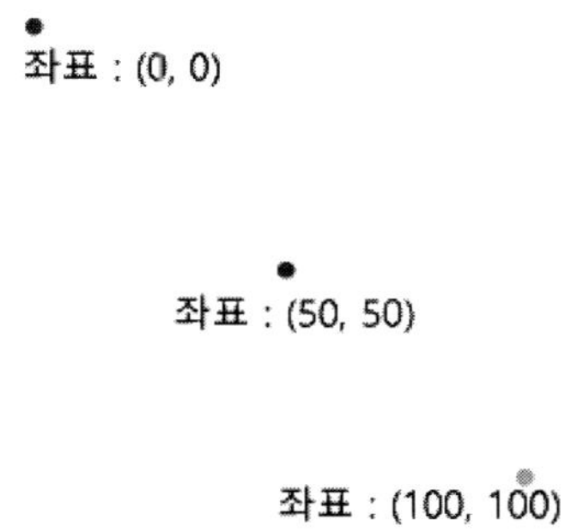

그림을 보시면 3개의 점이 찍혀있습니다. 빨간색 점과 파란색 점, 그리고 초록색 점입니다. 위 점들은 각각 XY 좌표계에서 (0, 0), (50, 50), (100, 100) 이렇게 위치합니다. 절대좌표라는 것은 위와 같은 좌표, 즉 원점좌표인 (0, 0)으로부터 얼마나 떨어졌는지를 나타내는 좌표입니다. 이를 HTML로 표현해보도록 하겠습니다.

```
<html>
  <head>
    <title></title>
    <style>
      p {
        position: absolute;
        font-size: 12px;
      }
      .pt1 {
        top: 0;
        left: 0;
      }
      .pt2 {
        top: 0;
        left: 50px;
      }
      .pt3 {
        top: 50px;
```

```
            left: 50px;
        }
        .pt4 {
            top: 0;
            left: 100px;
        }
        .pt5 {
            top: 100px;
            left: 50px;
        }
        .pt6 {
            top: 100px;
            left: 100px;
        }
    </style>
  </head>
  <body>
    <p class="pt1">(0, 0)</p>
    <p class="pt2">(50, 0)</p>
    <p class="pt3">(50, 50)</p>
    <p class="pt4">(100, 0)</p>
    <p class="pt5">(50, 100)</p>
    <p class="pt6">(100, 100)</p>
  </body>
</html>
```

실행결과입니다.

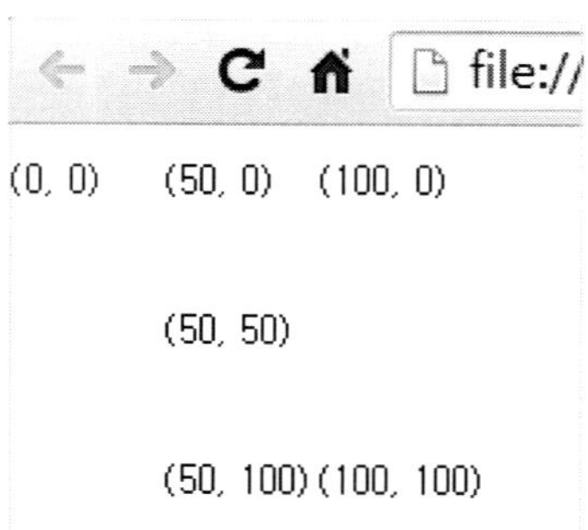

이렇듯 position: absolute 속성은 해당 DOM 요소의 좌표를 절대좌표를 기준으로 이동시킵니다. top속성은 위에서부터 얼마나 떨어져있는지를 뜻하며 left는 왼쪽부터 얼마나 떨어져있는지를 뜻합니다. 'px'은 단위인데 1px은 하나의 점을 의미합니다. 즉 50px이라는 말은 50개의 점이 차지하는 크기라고 생각하면 됩니다. top, left 이외에 반대 역할을

하는 right 속성과 bottom 속성이 있으니 직접 위 예제를 변경하셔서 확인해보시기 바랍니다.

2) position: relative

위 absolute 속성이 절대 좌표를 기준으로 한다면, relative속성은 상대 좌표를 기준으로 합니다. 이전에 보았던 그림을 상대 좌표로 표현하면 이렇게 표현할 수 있습니다.

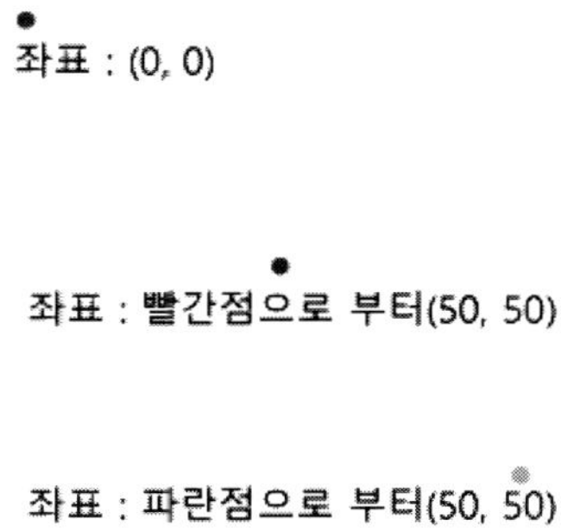

보시다시피 파란 점은 절대 좌표인 (0, 0)을 기준으로가 아닌 빨간색 점의 좌표인 (0, 0)을 기준으로 (50, 50) 위치에 이동합니다. 그리고 초록색 점은 파란색 점의 좌표로 부터 (50, 50) 위치에 떨어져 있습니다. 이와 같이 좌표를 표현하는 방법을 상대 좌표라 부르며, 절대 좌표와 달리 정해진 특정 위치를 기준으로 얼마만큼 떨어져있느냐에 대한 좌표를 나타냅니다. 상대 좌표는 절대 좌표와 달리 크게 사용되는 경우가 없습니다. 다만, 자식 태그 중에 position속성이 absolute가 있는 경우, 부모 태그에 position: relative가 있다면 부모태그의 xy좌표(시작지점)을 (0, 0)으로 잡고 이동하게 됩니다. 이를 예제를 통해 알아보도록 합시다.

```
<html>
  <head>
    <title></title>
    <style>
      *{
        margin: 0;
        padding: 0;
      }
      div {
        background-color: yellow;
        border: 1px solid black;
        width: 300px;
        height: 300px;
      }
      .pointers {

      }
      p {
        position: absolute;
```

```
            font-size: 12px;
        }
        .pt1 {
            top: 0;
            left: 0;
        }
        .pt2 {
            top: 0;
            left: 50px;
        }
        .pt3 {
            top: 50px;
            left: 50px;
        }
        .pt4 {
            top: 0;
            left: 100px;
        }
        .pt5 {
            top: 100px;
            left: 50px;
        }
        .pt6 {
            top: 100px;
            left: 100px;
        }
    </style>
  </head>
  <body>
    <div></div>
    <div class="pointers">
        <p class="pt1">(0, 0)</p>
        <p class="pt2">(50, 0)</p>
        <p class="pt3">(50, 50)</p>
        <p class="pt4">(100, 0)</p>
        <p class="pt5">(50, 100)</p>
        <p class="pt6">(100, 100)</p>
    </dv>
  </body>
</html>
```

실행결과에 주목해주세요. 위 예에는 2개의 div태그가 있고, 두 번째 div태그 안에 p태그들이 있습니다. 그런데 문제는 분명이 두 번째 div태그 안에 p태그들이 들어있는데 첫 번째 div태그 안으로 출력이 되었습니다. 왜 그럴까요? 바로 position: absolute는 절대좌표를 기준으로 하기 때문입니다. 따라서 p태그들은 자신의 부모가 누구이든지 신경 쓰지 않고 무조건 절대 좌표 (0, 0)을 기준으로 이동이 된 것입니다. 그렇다면 이러한 p태그들을 부모 위치 안에서 이동시키고 싶다면 어떻게 해야 할까요? 바로 이럴 때 position: relative를 사용합니다. 부모태그에 position: relative가 지정되어있을 경우 자식 태그의 원점 좌표는 (0, 0)이 아닌, 부모태그의 좌표가 됩니다.

위 스타일 시트에서 .pointers의 스타일을 다음과 같이 변경합니다.

```
.pointers {
  position: relative;
}
```

실행해보겠습니다.

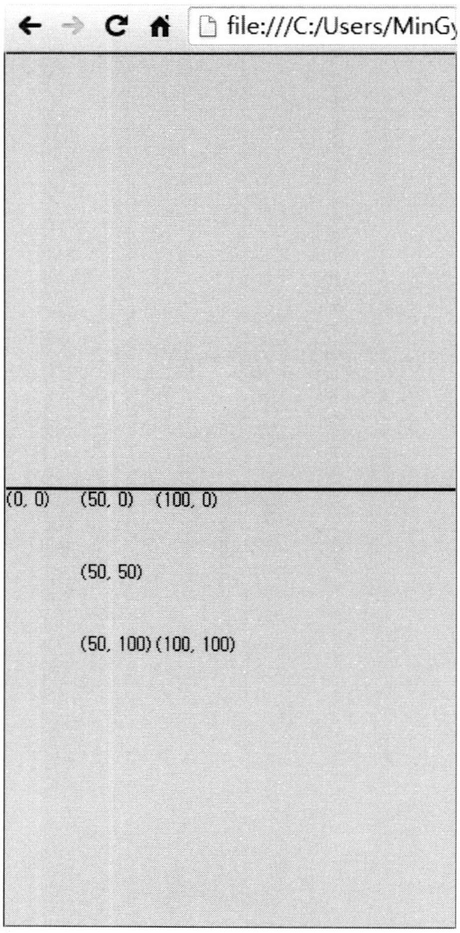

어떤가요? 부모태그의 위치를 절대 좌표로 삼아서 이동하는 것이 보이실 겁니다. 이처럼 position: relative는 위와 같은 방법에서 많이 사용되는 방법입니다. 이 방법은 매우 많이 사용되는 기법이므로 반드시 이해하고 숙지하기 바랍니다.

지금까지 간단히 많이 사용되는 CSS 기능들에 대해 살펴보았습니다. 각 스타일들의 자세한 사용법은 HTML과 마찬가지로 직접 애플리케이션을 개발하면서 알아보도록 합시다. 아직까지는 그렇다할 디자인 요소가 없어서 CSS에 대해 기대에 못 미친다고 생각할 수

있습니다. 하지만 이 부분은 맛보기라고 말씀 드릴 수조차 없을 정도로 기초적인 부분이며, CSS만으로도 대부분의 디자인이 작업이 가능합니다. CSS를 이용한 맛깔스런 디자인은 나중에 애플리케이션을 직접 개발하면서 맛보도록 합시다. 단약 이해가 잘되지 않으시는 분들은 '각각의 스타일 요소가 이런 식으로 태그를 꾸미는 구나' 정도로만 이해하고 넘어가시면 됩니다.

Chapter 03

자바스크립트 1

하이브리드 애플리케이션의 핵심인 자바스크립트에 대해 학습한다. 웹킷과 각종 다른 브라우저에 대한 역사부터 모바일에서 실행되는 기본 브라우저까지 차근차근 학습한다.

3-1 자바스크립트

자바스크립트(JavaScript)는 웹 페이지를 구성하는 요소 중 화면의 동작을 제어하며 사용자(Client) 측에서 실행되는 프로그래밍 언어입니다. 초창기의 웹 사이트는 주로 문서 형태로 작성되었지만 기술이 발달하면서 문서보다는 정보의 전달을 의한 요소가 많이 추가되었습니다. 자바스크립트는 처음에는 회원가입 등에서 유효한 데이터가 입력되었는지 검사하는 등의 목적으로 개발되었습니다. 초창기의 웹 환경은 지금과 달리 매우 열악했기 때문에 서버로 가는 부하를 최소한으로 하기 위함이었습니다. 그 후 자바스크립트는 계속해서 발전했습니다. 그러나 자바스크립트는 설계상 매우 우수한 언어이지만 스크립트 언어라는 특성상 진지하게 매달리는 개발자가 없었고 이름에서 보다시피 Java(자바)언어의 열화판으로 보였기에 더더욱 그러한 현상이 심했습니다. 자바스크립트를 이렇게 이름 지은 이유는 자바의 문법과 비슷하기 때문이라고 하지만 사실 마케팅의 일환으로 보는 시각이 더 많습니다. 어찌되었든, 이러한 특성들 떠문에 자바스크립트는 개발된 지 한참이 지나서도 뚜렷한 발전이 없었습니다. 특히나 당시 웹 브라우저는 마이크로소프트社의 인터넷 익스플로러(Internet Explorer)가 독점한 상태였고 IE에서 자바스크립트 실행 속도는 굉장히 느렸습니다.

하지만 2008년, 구글에서 크롬 웹 브라우저를 발표하면서 웹에서 새로운 바람이 불게 됩니다. 바로 구글 측에서 개발한 V8이라는 이름의 자바스크립트 해석엔진이 엄청난 성능을 보여주면서 자바스크립트의 성능이 비약적으로 발전했기 때문입니다. 구글 크롬이 등장하면서 웹 환경의 판도는 순식간에 뒤집어졌으며, 현재 대부분의 나라에서 IE보다 구글 크롬의 점유율이 앞서고 있습니다. 다만 국내에서는 여러 가지 요인으로 인해 IE가 많이 쓰이고 있는 실정입니다.

어찌 되었건, 이러한 크롬의 등장으로 그동안 침체기였던 많은 웹 브라우저들이 다시 부상하기 시작했고(FireFox, Opera 등…) IE가 독점하던 웹 시장이 다시 활기가 돌기 시작합니다. 그러면서 각각의 웹 브라우저 개발사들은 사용자들을 유치하기 위하여 좀 더 빠르고 편하고 부가기능을 추가하기 시작했습니다. 또한 각자의 고속 자바스크립트 해석 엔진을 개발하여 웹 애플리케이션 개발에 청신호가 밝혀졌습니다.

현재 웹의 시장은 이렇습니다. 특히나 이러한 고속의 자바스크립트 엔진이 개발되고 CSS3와 같은 각종 고속 애니메이션 기능이 추가되면서 모바일에서 웹 서비스를 구축하는 사례도 기하급수적으로 증가하고 있습니다. 우리가 개발할 하이브리드 앱은 이러한 과정 중에 만들어진 산물이며, 위와 같은 기술을 네이티브 기술과 결합하여 애플리케이션으로 개발하는 것입니다.

자바스크립트는 프로그래밍 언어입니다. 따라서 컴퓨터 비전공자는 어려울 수도 있습니다. 따라서 이 책은 복잡한 알고리즘이나 프로그램의 기능적인 부분보다는 애플리케이션 개발에 필요한 문법과 함수, 기능에 대해서만 알아보도록 하겠습니다. 다소 어렵더라도 차근차근 유심히 보시어 이번 파트를 반드시 이해하고 넘어가시길 바랍니다.

3-2 예제 작성하기

이번에는 직접 자바스크립트를 이용하는 방법에 대하여 예제를 통해 알아보는 시간을 갖도록 하겠습니다. Sublime Text 2 편집기를 실행하고, 아래와 같이 소스를 입력해주세요.

```
<html>
  <head>
    <title></title>
    <script>
      window.onload = function(){
        window.alert("Hello JavaScript!");
      };
    </script>
  </head>
  <body>
    JavaScript Example
  </body>
</html>
```

실행화면입니다. 위와 같이, 자바스크립트는 〈script〉태그 사이에 기술하며 CSS처럼 별도의 문법에 맞춰서 작성하는 것이 원칙입니다.

위의 예제를 실행하면 사진과 같이 창이 뜨면서 입력한 글이 나오는 것을 볼 수 있습

니다. 자바스크립트는 스크립트 언어이지만 프로그래밍 언어이기 때문에 어느 정도 프로그래밍에 대한 개념을 필요로 합니다. 위의 예제는 아직 이해하기가 어려울 수 있으므로 필요한 선행지식부터 학습하도록 합시다.

3-3 변수와 함수

3-3-1 변수

프로그래밍에서는 변수(Variable Number)와 함수(Function)라는 용어가 중요합니다. 수학적인 의미로 봤을 때와 컴퓨터 공학에서의 의미는 거의 비슷하지만 결정적인 차이점이 있습니다. 수학에서의 함수란 주어진 인자를 통해 산출된 결과를 반환하지만 프로그래밍에서의 함수는 결과 값을 반환하는 게 목적이 아닌 특정한 기능을 수행하는 것을 목적으로 하기 때문입니다. 물론, 합계를 구한다든지 형식의 수치적 함수도 많이 사용됩니다.

그렇다면 변수(Variable Number)이란 무엇일까요? 변수란 '변하는 수'라는 뜻으로 말 그대로 계속 수치가 변하는 수를 말합니다. 변수의 반대말은 상수(Constant Number)이며 이 수는 절대로 변하지 않는 수를 말합니다. 용어를 보면 이렇게 간단합니다. 그렇다면 프로그래밍 언어에서 변수란 무엇을 뜻할까요? 일단 원래의 뜻인 변하는 수라는 정의도 부합합니다. 하지만 컴퓨터에서의 변수란 특정한 메모리에 할당된 공간을 뜻하며, 이 메모리 공간 내부에 데이터가 기록됩니다. 만약 A라는 이름의 변수가 있다면 A라는 이름을 가지는 메모리의 특정 구역을 할당받는 메모리 영역이 바로 변수 A가 되는 것입니다. 컴퓨터에서 수치를 처리하기 위해서는 반드시 어느 구역에 수치가 저장되어 있어야 합니다. 우리가 수식을 계산할 때 1+1을 계산한다면 1이라는 숫자와 1이라는 숫자를 머리에 기억하고 그 값을 더해져야 2가 나온다는 것을 알 수 있습니다. 마찬가지로 프로그램에서도 1+1을 계산하면 우선 앞쪽의 1과 뒤 쪽의 1을 어느 메모리 공간에 할당을 하고 그 숫자의 합을 계산하여 다른 어딘가에 저장하여야 합니다.

물론 이렇게 내부적인 개념까지 알 필요는 없습니다. 단지 프로그램에서 변수를 선언하고 그 안에 값을 넣고 더하는 과정을 좀 더 쉽게 이해할 수 있도록 간단하게 부가 설명을 드린 것입니다.

자, 그럼 이제 컴퓨터가 어떻게 연산을 하는지 배웠으면 실제로 작성해보아야 하겠죠? 위에서와 같이 1+1을 수행하여 화면에 출력해보도록 하겠습니다. 앞선 예제에서 했던 소스를 이용하면 되며, 앞으로는 간결하게 나타내기 위하여 〈script〉태그 내부 자바스크립

트 코드만 싣도록 하겠습니다.

```
<script>
 window.onload = function(){
       var gap1 = 1;
         var gap2 = 1;
         var hap = gap1 + gap2;
         window.alert(hap);
 };
</script>
```

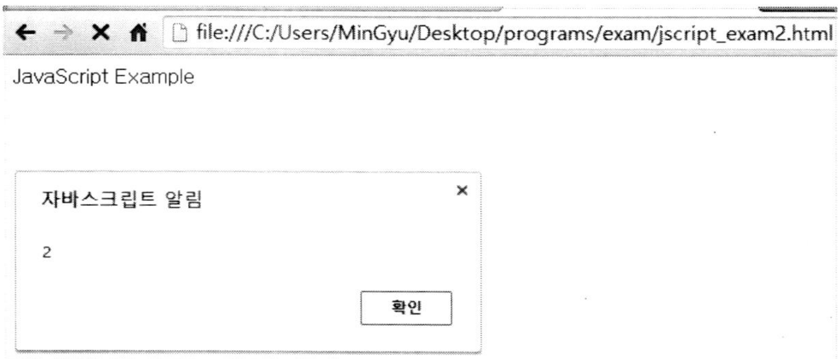

자바스크립트에서 변수를 선언할 때에는 키워드(Keyword) var을 사용합니다. 변수를 선언한다는 말은 짐작하다시피 메모리 공간을 할당한다는 의미입니다. 키워드라는 용어는 프로그래밍 언어에서 특정한 문법이나 기능에서 사용하기 위하여 미리 정의해둔 단어를 말합니다. 키워드는 변수나 함수 이름 등으로 사용할 수 없으며 위의 var 등이 이에 해당합니다.

위 예제에서는 3개의 변수 gap1, gap2, hap을 선언하고 gap1과 gap2에 각각 1을, 그리고 hap에 gap1과 gap2의 합계를 계산하여 넣은 후 화면에 출력하고 있습니다.

var gap1 = 1;을 통해서 gap1이라는 변수를 메모리 공간에 할당하여 1이라는 숫자를 넣고, var gap2 = 1;을 통해서 gap2이라는 변수를 메모리 공간에 할당하여 1이라는 숫자를 넣은 다음, var hap = gap1 + gap2;을 통해서 hap이라는 변수를 메모리 공간에 할당하고 gap1안에 데이터와 gap2안에 데이터를 더하여 hap에 넣습니다.

위의 var 변수이름 = 값; 의 과정을 통해 이루어집니다. 보시다시피 = 은 변수에 숫자를 대입하는 연산자(Operator)입니다. 연산자란 +(더하기), -(빼기), ×(곱하기), ÷(나누기) 등을 의미하는데 컴퓨터에서 곱하기 연산은 *(별표)와 /(슬래시)를 통해 수행합니다. 숫자를 대입한다는 뜻은 할당받은 메모리에 숫자를 집어넣는 다는 뜻입니다. 이 말은 달

리하면 변수에 데이터를 대입한다는 것은 할당받은 메모리에 데이터를 기록한다고 볼 수 있습니다.

이렇게 변수에 할당된 수치들은 +, -, *, / 등의 사칙연산을 수행할 수 있습니다. 수치 연산에서 1+1은 2이므로 hap에는 2의 결과가 들어가게 됩니다.

앞서 위에서 학습했을 때 연산을 위해서는 모든 데이터가 메모리에 할당되어야한다는 말을 기억하나요? 물론 맞는 말이지만, 사실 변수에 할당하는 것은 조금 다릅니다. 물론 내부적으로는 모두 메모리에 할당이 되고 더해진 결과가 또 다른 메모리에 할당되는 것은 동일하지만 실제로 프로그램을 짤 때에는 좀 더 간략하게 작성을 할 수 있습니다. 이는 프로그래밍 언어별로 다르게 지원되기 때문에 언어를 공부할 때 언어의 특징에 대해서 잘 알아두어야 하는 이유가 되기도 합니다.

위의 예제에서는 3개의 변수를 사용했지만 아래와 같은 방법도 동일하게 작동합니다.

```
var gap1 = 1;
var gap2 = 1;
window.alert(gap1 + gap2);
```

바로 화면에 출력할 때 즉석으로 계산을 하는 것입니다. 이렇게 되면 변수를 2개만 사용해서 동일한 결과를 도출할 수 있습니다. 물론 내부적으로는 언어자체가 스스로 다른 저장 공간을 할당받고, 그곳에 gap1과 gap2의 합계를 계산하여 대입하는 과정이 발생합니다. 하지만 겉으로는 위와 같이 짧고 간결하게, 편하게 작성할 수 있습니다.

3-3-2 변수에서 표현할 수 있는 자료

변수에 넣을 수 있는 자료, 즉 표현할 수 있는 자료를 일컬어 자료형(Data Type)이라고 부릅니다. 자바스크립트 자료형은 아래와 같은 것들이 있습니다.

```
정수(Integer) : 음수, 0, 양수
부동소수(Floating Value) : 소수
문자열(String)
부울린(Boolean)
함수(Function)
배열(Array)
객체(Object)
```

이 중 함수와 배열, 그리고 객체는 좀 더 뒤에 알아보도록 합시다. 정수는 우리가 앞서 배웠던 1과 2같은 일반적인 수를 말합니다. 이러한 수는 음수와 0도 포함됩니다.

부동소수(Floating Value)는 소수를 의미합니다. 물론, 양수와 음수 모두 표현됩니다. 즉 1.3이나 2.5555와 같은 수는 정수가 아닌 소수입니다.

부동(Floating)이라는 용어에 대해 궁금해 할 수 있는데, 이는 컴퓨터에서 어떻게 소수점을 처리하는가에 대한 방식이라고만 이해하면 됩니다. 컴퓨터는 기본적으로 부호(양수나 음수)가 없는 정수만 처리할 수 있습니다. 따라서 소수점을 처리하기 위한 여러 방법들이 개발되었는데 그 중 하나가 바로 부동소수점 방식입니다. 또 다른 방법으로는 고정소수점 방식(Fixed Point Value)가 있지만 표현 가능한 범위가 작아서 대부분은 부동소수점 방식을 사용합니다.

문자열은 말 그대로 문자열입니다. 여러분이 보고 있는 이 글자들이 바로 문자열입니다. 문자열은 작성 시 주의해야 할 점이 있는데, 변수에 대입할 때 큰따옴표(")나 작은따옴표(')로 문자임을 명시해주어야 한다는 점입니다. 말로 설명하는 것보다 보는 게 더 이해가 쉬울 것입니다.

```
var myString = "이렇게 문자는";
var myString2 = '따옴표로 감싸주어야 합니다. 반드시 같은 따옴표로 닫아야합니다.';
```

그리고 Boolean이라는 것은 데이터가 참(true) 또는 거짓(false)만 가지는 자료형입니다. 이 자료형은 대개 플래그 변수(Flag Variable)이라는 것에 많이 사용되는데 간단하게 설명하면 특정 동작이 성공했는지 실패했는지, 또는 특정 상태가 활성화되었는지 비활성화되었는지 점검할 때 많이 사용합니다. 한 가지 알아두셔야 할 점은 true와 false가 아닌 다른 수치가 들어갈 경우인데, 이때에는 변수의 값이 들어있지 않거나 0이 들이었을 경우 false를, 그 이외에는 true를 나타냅니다.

3-3-3 사칙연산(Arithmetics)

이러한 변수를 선언하는 방법과 표현 방법을 알게 되었으니, 이제 변수 안에 데이터를 직접 가공해보아야겠지요? 자바스크립트에서는 아래와 같은 사칙연산자를 제공합니다.

+ (더하기) : 앞의 피연산자와 뒤의 피연산자의 합을 구합니다.
- (빼기) : 앞의 피연산자와 뒤의 피연산자의 차를 구합니다.
* (곱하기) : 앞의 피연산자와 뒤의 피연산자의 곱을 구합니다.
/ (나누기) : 앞의 피연산자와 뒤의 피연산자를 나눈 몫을 구합니다.
% (나머지) : 앞의 피연산자와 뒤의 피연산자를 나눈 나머지를 구합니다.

예제를 통해 알아보겠습니다.

```
window.onload = function(){
    window.alert("10 + 5 = " + ( 10 + 5 ));
    window.alert("10 - 5 = " + ( 10 - 5 ));
    window.alert("10 * 5 = " + ( 10 * 5 ));
    window.alert("10 / 5 = " + ( 10 % 5 ));
    window.alert("10 % 5 = " + ( 10 / 5 ));
};
```

결과를 통해 각 연산자의 의미를 이해하세요. 한 가지 주의해야 할 점은 수치 연산에서 + 기호는 덧셈을 의미하지만 문자열에서의 + 기호는 문자의 결합을 의미합니다. 만약 더해지는 두 값이 10과 5가 아닌, A와 B라면 두 값의 합은 "AB"가 됩니다. 그 외 다른 연산자는 문자열과 사용할 수 없으니 유의해주세요.

3-3-4 함수

앞에서 (컴퓨터 공학 측면에서) 함수(Function)란 특정한 기능을 수행하는 것이라고 하였습니다. 말 그대로 특정한 기능을 수행하는 단위를 프로그래밍에서는 함수라고 부릅니다. 자바스크립트의 경우 특히 함수의 사용법이 중요한데 그 이유는 언어가 함수적 프로그래밍이라는 구조를 따르고 있기 때문입니다. 즉 쉽게 말해 프로그램이 함수라는 단위가 모여서 실행된다는 뜻입니다. 그렇다면 함수라는 건 어떻게 쓰는 것이고 왜 쓰는 것일까요?

이제까지 자바스크립트 예제를 쓰면서 **window.alert( )**라는 표현을 보셨을 것입니다. 이 표현은 화면에 글상자를 띄우고 내용을 출력하라는 지시를 내리는 **함수(Function)**입니다. 보시다시피 이렇게 특정한 기능을 지시하는 게 바로 함수이며, 프로그래머는 자신의 프로그램에 맞는 함수를 작성하여 프로그램 내부에서 사용할 수 있습니다.

자, 예제를 통해 함수를 직접 만들어보고 호출해보겠습니다. 함수를 실행(Execute)할 때에는 종종 **호출(Call)한다**고도 표현합니다.

```
window.onload = function(){
        function AddSum(gap1, gap2){
          return gap1 + gap2;
};
          window.alert(AddSum(10, 5));
};
```

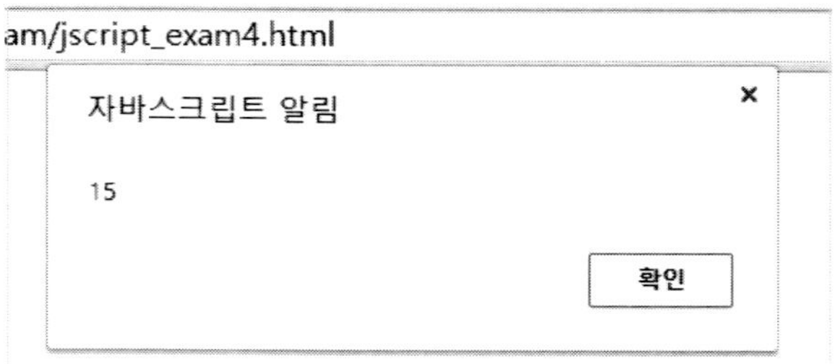

함수는 위와 같이 **function**이라는 키워드를 통해 선언합니다. function키워드 옆에 사용자가 원하는 함수의 이름을 작성하고 ( ) 괄호를 열고 닫습니다. 괄호 내부에는 함수에서 사용할 데이터를 넘겨받습니다. 위에서는 gap1과 gap2라는 변수에 데이터를 넘겨받도록 하고 있습니다.

return은 함수를 끝내면서 데이터를 반환하는 역할을 합니다. 즉 위 함수 AddSum에서는 gap1과 gap2를 넘겨받아 그 둘의 합계를 계산하여 반환합니다. 이렇게 사용된 함수는 특정한 기능을 수행하는 것이 목적이 아니라 데이터를 넘기고 가공하여 값을 반환받는 수학적 함수에 가깝습니다.

어찌되었든, 예제에서 AddSum함수는 10과 5를 넘겨받으므로 이의 합인 15를 반환하고, 이 15의 값은 또다시 window.alert 함수에게 전달됩니다. 따라서 window.alert함수는 화면에 15를 출력하게 됩니다.

위와 같이 함수에 값을 돌려주는 것을 값을 반환(Return)한다고 표현하며, AddSum함수의 gap1과 gap2를 매개변수(Parameter) 또는 인자(Argument)라고 부릅니다. 즉 위 함수를 프로그래밍적인 표현으로 나타내면 다음과 같습니다.

"AddSum함수는 매개변수로 gap1과 gap2를 넘겨받아 그 합계를 계산하여 반환한다."

자바스크립트는 이러한 방법으로 함수를 선언하고 사용합니다. 사실 자바스크립트에서 함수를 선언하는 방법은 총 세 가지가 있습니다. 하지만 그러한 부분들은 아직 접근하기엔 이르기 때문에 나중에 알아보도록 하겠습니다.

3-3-5 입력, 출력, 처리

입력, 출력, 처리(Input, Output, Process)는 컴퓨터 시스템의 기본 3요소입니다. 우리는 왜 컴퓨터를 사용할까요? 특정한 무언가를 하기 위해서입니다. 그것이 업무일수도 있고, 게임을 하는 것일 수도 있고, 영화를 보는 것일 수도 있죠. 하지만 궁극적으로는 컴퓨터

입장에서 업무를 보건, 게임을 하건, 영화를 보건 사용자로부터 요청을 받아 그것을 처리하여 화면에 나타내는 것일 뿐입니다. 즉 우리는 우리도 모르는 사이 컴퓨터의 기본 3요소를 활용하고 있는 것이지요.

프로그램 또한 마찬가지입니다. 프로그램은 컴퓨터에서 실행할 명령어를 모아둔 집합체라고 이전에 말했습니다. 결국 컴퓨터의 기본 3요소는 그대로 프로그램에 적용됩니다. 프로그래머는 프로그램이 사용자로부터 입력을 받고 그것을 이용해 뭔가를 처리한 다음 필요한 방법으로 출력을 하게 됩니다. 예를 들면 한글과 같은 워드 프로세서 프로그램에서는 사용자가 키보드를 통해 글자를 치면 그 글자를 입력받아 어딘가에 저장하고 화면에 누른 글자를 출력하게 됩니다. 이처럼 프로그램에서 입력, 출력, 처리는 필수 요소입니다.

자 그럼 이 부분을 그대로 자바스크립트로 옮겨봅시다. 우리는 이제까지 입력, 출력, 처리를 모두 수행했습니다.

```
<script>
    window.onload = function(){
            var gap1 = 1;
            var gap2 = 1;
            var hap = gap1 + gap2;
            window.alert(hap);
    };
</script>
```

위의 예에서 gap1과 gap2에 1을 대입하는 과정이 바로 입력(Input)부분이며 hap에 gap1과 gap2의 합을 계산하여 넣는 과정이 바로 처리(Process), 그리고 window.alert를 통해 화면에 hap을 내보내는 것이 바로 출력(Output)에 해당합니다.

단지, 위 예제에서 입력부분은 사용자가 아닌 프로그램 설계자가 프로그램 내부적으로 대입하게 됩니다. 따라서 위 부분은 사용자로부터 입력을 받도록 수정되어야합니다. 이를 위해서는 아래와 같은 함수를 사용합니다.

```
window.prompt('화면에 출력할 내용')
```

위 window.prompt함수는 alert처럼 화면에 창을 띄우고 인자로 넘어온 문자열을 출력합니다. 다른 점은 사용자가 값을 입력할 수 있는 영역이 추가되고, 확인 버튼을 누르면 해당 결과가 반환된다는 점입니다. 즉 아래와 같이 사용합니다.

```
var gap1 = window.prompt('첫 번째 값을 입력하세요.');
```

위의 것들을 토대로 예제를 아래와 같이 고쳐봅시다.

```
<script>
 window.onload = function(){
   var gap1 = window.prompt('첫번째 값을 입력하세요');
   var gap2 = window.prompt('두번째 값을 입력하세요');
   var hap = gap1 + gap2;
   window.alert(hap);
 };
</script>
```

아래는 실행결과입니다.

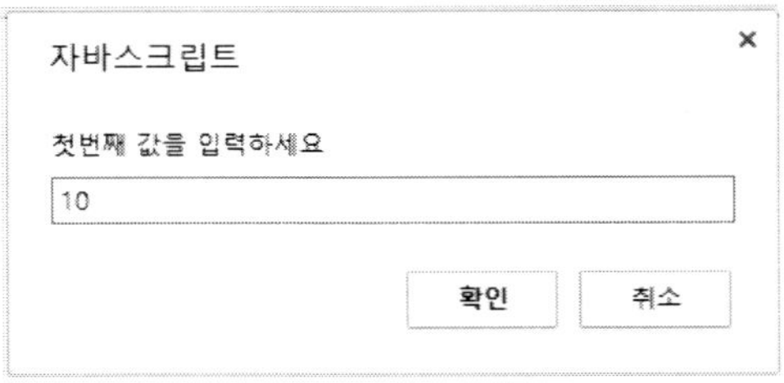

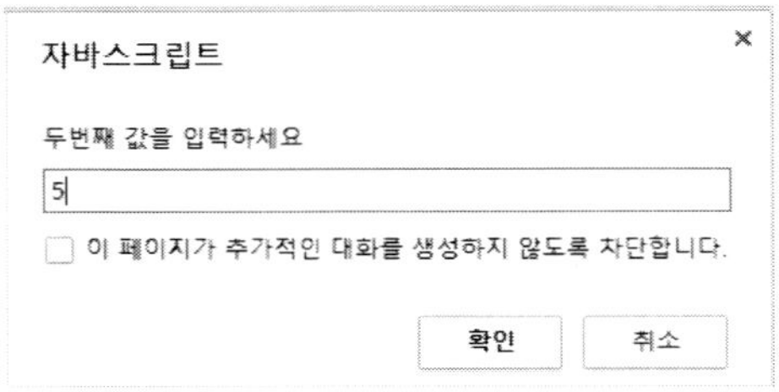

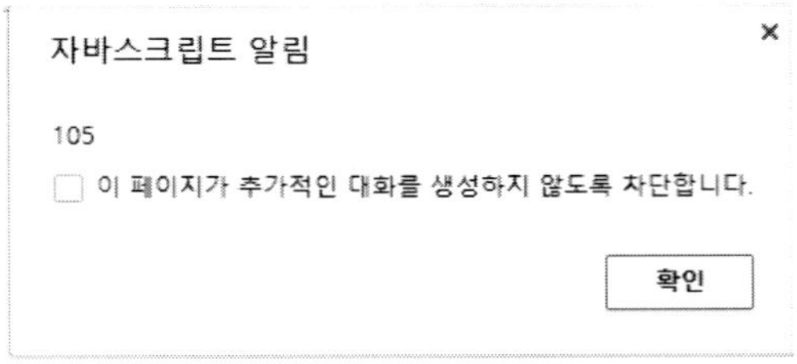

두 수를 사용자로부터 입력받고 합계를 구하여 화면에 출력합니다.

근데 어딘가 이상합니다. 결과가 15가 아니고 105가 나왔습니다. 왜 이런 결과가 나온 것일까요?

눈치가 빠른 독자라면 눈치채셨을지도 모르겠습니다. 일단, 앞서 변수의 사칙연산에 대해 설명 드렸을 때, + 연산자는 두 숫자를 더한다고 말씀드렸습니다. 하지만 추가로 문자열에 대하여 + 연산자를 수행하면 두 문자열을 결합한다고도 말씀을 드렸었습니다.

즉 **window.prompt( )**함수를 통해 입력받은 두 숫자 10과 5를 '문자열'로 해석하여 이러한 일이 발생한 것입니다. 즉, 문자열 "10"과 문자열 "5"를 더했으므로 두 문자를 결합하여 "105"가 나온 것입니다. 이러한 점은 버그가 아니고, 프로그램 입장에서는 사용자가 입력한 숫자가 숫자인지 문자인지 구별을 못하기 때문에 그냥 문자열로 처리하기

때문에 발생하는 현상입니다.

따라서 이럴 때는 입력받은 데이터를 문자에서 숫자로 변환해주어야 합니다. 자바스크립트에서는 이러한 변환을 수행하는 함수를 미리 정의해 놓았습니다.

```
parseInt("숫자가 포함된 문자열");
parseFloat("숫자가 포함된 문자열");
```

위 두 함수는 인자로 넘어온 문자열 중 숫자를 추출하여 수치로 변환합니다. 즉, 위 상황에서 매우 적절한 함수가 됩니다. 두 함수의 차이점은 반환 값이 정수(Integer)이냐, 소수점(Floating Point)이냐의 차이뿐입니다. 만약 문자열이 "1.5"와 같다면 parseInt의 결과는 1이 될 것이고 parseFloat의 결과는 1.5가 될 것입니다.

위 함수를 사용해 예제를 수정하겠습니다.

```
<script>
  window.onload = function(){
     var gap1 = parseInt(window.prompt('첫 번째 값을 입력하세요'));
     var gap2 = parseInt(window.prompt('두 번째 값을 입력하세요'));
     var hap = gap1 + gap2;
     window.alert(hap);
  };
</script>
```

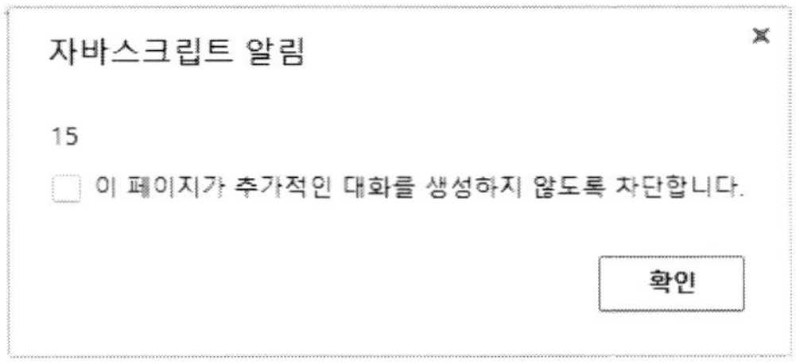

결과가 정상적으로 출력되었습니다.

3-3-6 프로그램의 흐름과 분기

프로그램은 컴퓨터에게 특정한 기능을 수행하라는 명령의 집합이라고 말씀드렸습니다. 컴퓨터는 프로그램을 실행하면 그 프로그램이 지시한 기능을 순차대로 처리합니다. 즉,

사용자가 작성한 명령문 순서대로 실행을 합니다. 이 말은 프로그램의 흐름이 위에서 아래로 흐른다는 뜻이 됩니다.

전통적인 프로그램에서는 이는 매우 당연한 것입니다. 명령어를 아래에서 위에서 수행한다면 결코 프로그래머가 의도한대로 실행되지 않습니다. 하지만 프로그램을 작성하다 보면 여러 가지 난관에 부딪힐 때가 있습니다. 대표적인 예가 바로 사용자의 입력에 따른 다른 처리를 요구할 때 입니다.

사용자로부터 주민등록번호를 입력받아 성별을 구별해야한다고 가정해보겠습니다. 주민등록번호 뒷번호의 첫 번째 자리가 1이거나 3이면 남성, 2이거나 4이면 여성입니다. 이를 프로그램에서 구현하려면 어떻게 해야 할까요? 이제까지 배운 방법에서는 마땅한 해결책이 없습니다. 이때 필요한 것이 바로 분기입니다. 분기란 흐름이 나뉜다는 뜻인데, 위의 상황에서는 당연히 남성인지 여성인지 판별하는 방법이 다르므로 다르게 처리를 해야 합니다. 즉 주민등록번호 뒷번호의 첫 번째 자리를 점검하여 다른 결과를 출력해야한다는 뜻입니다.

이를 자바스크립트 코드로 옮기려면 조건문(Condition)이라는 것을 필요로 합니다. 자바스크립트에서는 이러한 조건문으로 if문, if-else문, switch-case문, 삼항연산자라는 방법을 제공합니다.

1) if문

가장 간단한 if문을 통해 위 예제를 구현해보겠습니다. 일단 주민등록번호는 앞번호가 아닌 뒷번호의 첫 번째 자리만 입력받는 것으로 가정하겠습니다.

```
<script>
 window.onload = function(){
   var input = window.prompt('주민번호 뒷자리의 첫 번째 자리를 입력하세요.');
   var number = parseInt(input);

   if(number == 1)
     window.alert('남자입니다.');
   else
     window.alert('여자입니다.');
 };
</script>
```

위의 예제를 실행하고 1이나 2를 입력하면 1일 경우 남자, 그렇지 않을 경우 2를 출력합니다. 하지만 우리가 설계했던 주민등록번호 처리는 3과 4도 포함이 됩니다. 즉 조건을 점검해야하는 부분이 두 부분 더 있다는 뜻이 됩니다.

```
<script>
  window.onload = function(){
    var input = window.prompt('주민번호 뒷자리의 첫 번째 자리를 입력하세요.');
    var number = parseInt(input);

    if(number == 1)
      window.alert('남자입니다.');
    else if(number == 2)
      window.alert('여자입니다.');
    else if(number == 3)
      window.alert('남자입니다.');
    else if(number == 4)
      window.alert('여자입니다.');
  };
</script>
```

위의 예제는 사용자가 입력받은 값이 1이거나 3이면 '남자입니다'를, 2이거나 4이면 '여자입니다'를 출력합니다. 위와 같이, if문은 이렇게 사용합니다.

```
if(조건) 처리;
```

조건이라는 것은 말 그대로 처리한 결과를 말합니다. ==는 피연산자의 동등 여부를 파악하는 비교연산자(Comparison Operator)로 ==는 앞의 피연산자와 두 피연산자가 같음을 의미합니다.

number에는 사용자가 입력한 값이 들어있는데 그 값을 각각 1, 2, 3, 4와 비교하여 같은 곳의 명령문을 처리하는 것입니다.

if문은

```
if(조건) 처리;
else if(조건) 처리;
else 처리;
```

와 같이 구성되지만 else문과 else if문은 필수가 아닙니다. 다만, else if와 else문은 반드시 if문 뒤에 와야 합니다. 즉 단독으로 올 수가 없습니다.

만약 if문 안에 2줄 이상의 명령문이 들어와야 한다면 { } 괄호를 써서 묶어줍니다. 즉 아래와 같이 사용합니다.

```
if(number == 1) {
    //처리 1
    //처리 2
    //처리 n
}
```

한 가지 유의할 점은 if ~ else까지 조건 검사부분은 한 문장으로 처리된다는 점입니다. 즉 위의 예에서 number == 1이 사실이면 그 아래에 있는 모든 else if와 else문은 처리되지 않고 생략합니다.

따라서 만약 조건을 검사하되 중복이 되어 실행되어야하는 부분이 있다면 if문을 여러 개 사용하여 처리하면 됩니다.

하지만 단순히 조건 1개만을 처리하기 때문에 주민번호가 1또는 3인 경우와 2또는 4인 경우는 같은 처리임에도 불구하고 별도로 흐름이 분리되어있습니다. 이를 위해서 자바스크립트에서는 &&(And) 와 ||(Or) 연산자를 통해 조건을 연결할 수 있도록 제공하고 있습니다.

&&(And)는 And연산자라고 부르며 앞의 조건식과 뒤의 조건이 모두 참(True)일 때 실행을 합니다. 조건식이라는 것은 앞선 예제에서 (number == 1), 즉 number와 1이 같은지 묻는 것이 바로 조건식입니다. 사용자가 1을 입력했다면 number는 1이므로 1 == 1 입니다. 따라서 조건은 사실(참)이 되기 때문에 해당 if로 흐름을 타게 됩니다. 즉 명시한 조건에 적합할 때 이를 참(True)라고 하며 적합하지 않을 때 이를 거짓(False)라고 부릅니다. number가 1이면 (number == 1)은 참이지만 (number == 2)와 (number == 3), (number == 4)는 거짓이 됩니다.

이러한 식을 And연산자를 통해 결합하면 아래와 같습니다.

```
if( (number == 1) && (number == 3) ) 처리;
```

And연산자는 앞의 식과 뒤의 식이 모두 참(True)이어야 합니다. 둘 중 하나라도 거짓이 발생하면 실행하지 않습니다.

이 예제에서 number는 1 ~ 4의 값인데 number는 1과 3을 동시에 가질 수 없으므로 이 예제에서 사용하는 것은 잘못된 것입니다.

'즉 사용자가 입력한 값이 1 그리고 3이면 수행한다'가 아닌, '즉 사용자가 입력한 값이 1 이거나 3이면 수행한다'가 되어야하며, 이럴 때 사용하는 것이 바로 OR연산자입니다.

사용방법은 And연산자와 동일하지만, 연산자 기호가 &&가 아닌 ||로 다릅니다.

즉 아래와 같이 사용합니다.

```
if( (number == 1) || (number == 3) ) 처리;
```

이 문장은 이렇게 해석할 수 있습니다.

"사용자가 입력한 number변수의 값이 1이거나 3이면 처리한다."

2와 4도 마찬가지로 표현할 수 있습니다. 단지, 문장은 한 번만 처리되어야하므로 if와 else if를 사용하는 것이 맞겠죠.

```
if( (number == 1) || (number == 3) )
 window.alert('남자입니다.');
else if(  (number == 2) || (number == 4) )
  window.alert('여자입니다.');
```

예제를 보면서 이해하셨겠지만, else if문은 전의 if문이나 else if문이 참이 아닐 때 점검하는 부분입니다. 앞선 if나 else if가 참이 되어 수행되면 이후의 else if문과 else문은 생략합니다.
else문은 if나 else if 중 그 어느 것도 해당되는 것이 없을 때 수행합니다. 즉 if와 else를 모두 쓰면 둘 중 하나는 반드시 실행되게 됩니다. 물론 앞서 갈했지만 else if와 else는 생략이 가능한 문장 구조입니다.

"위의 예에서 1과 3만 체크하고 나머지를 else로 체크하면 되지 않을까요?"

이렇게 생각할 수도 있습니다. 물론 가능합니다. 단지 사용자가 1~4 이외의 데이터, 즉 문자나 다른 숫자를 입력할 경우에도 else부분이 처리되므로 여자로 출력되는데 이는 상황에 따라 잘못된 동작을 야기할 수 있기 때문에 이런 케이스에서 바로 else를 사용하여 사용자가에 잘못된 입력을 알리거나 프로그램에게 다른 등작을 지시하는 것입니다.

이제 예제를 완성해보겠습니다.

```
window.onload = function(){
  var input = window.prompt('주민번호 뒷자리의 첫 번째 자리를 입력하세요.');
  var number = parseInt(input);

  if( (number == 1) || (number == 3)) window.alert('남자입니다.');
  else if( (number == 2 ) || (number == 4)) window.alert('여자입니다.');
```

```
  else window.alert('잘못된 값을 입력하셨습니다.');
};
```

2) switch-case문

switch-case문은 if문과 함께 대표적인 분기구조에 사용되는 조건문입니다. switch-case문은 if문과 사용방법이 다르기 때문에 상황에 따라 if문을 사용할지 switch-case문을 사용할지는 전적으로 프로그래머가 판단하여야 됩니다.

switch-case문은 아래와 같이 사용합니다.

```
switch(수식) {
  case '조건 1':
     //처리 1
     break;
  case '조건 2':
     //처리 2
     break;
  default :
     //처리 3
     break;
}
```

switch( ) 안에 조건식을 작성합니다. 단, if문과 다른 점은 이 수식의 결과가 참/거짓이 아닌 특정한 값일 수도 있다는 점입니다. case는 이러한 결과 값을 점검하여 case 뒤 값과 동일하면 아래 문장을 수행합니다. 유의해서 보실 점은 바로 case 뒤에 :(콜론)과 아래쪽에 break; 입니다.

case '조건' : 에서 case '조건'을 레이블(Label)이라고 부릅니다. 그리고 break;는 특정한 구문을 더 이상 수행하지 않고 빠져나갈 때 사용되는 예약어입니다.

만약 break;를 사용하지 않으면 case에 따른 조건을 처리하고 switch-case문을 빠져나가지 않고 아래의 case문을 계속해서 점검할 것입니다. 대부분의 상황에서 이는 잘못된 설계가 되지만 특정 상황에서는 그러한 방법을 이용하기도 합니다.

default 레이블은 위의 case에 해당하는 것이 없을 때 수행됩니다.

앞서 if문으로 작성했던 예제는 switch case문으로 아래와 같이 변경할 수 있습니다.

```
<script>
 window.onload = function(){
    var input = window.prompt('주민번호 뒷자리의 첫 번째 자리를 입력하세요.');
```

```
    var number = parseInt(input);

    switch(number){
      case 1 :
        window.alert('남자입니다.');
        break;
      case 2 :
        window.alert('여자입니다.');
        break;
      case 3 :
        window.alert('남자입니다.');
        break;
      case 4 :
        window.alert('여자입니다.');
        break;
      default :
        window.alert('잘못된 값을 입력하셨네요.');
        break;
    }
  };
</script>
```

switch-case문은 if문을 이해했다면 쉽게 이해할 수 있을 것입니다. 굳이 설명을 드리자면 number의 값이 1이면(case 1) '남자입니다'를 출력하고 값이 2이면(case 2) '여자입니다'를 출력합니다. 3과 4도 마찬가지입니다.

앞서 언급했지만 break문을 고의로 빼고 아래 case까지 점검하는 경우도 있습니다. number의 값은 동시에 두 가지의 값을 가질 수 없으므로 값은 1, 2, 3, 4, 그 외 이렇게 다섯 가지로 국한됩니다.

즉 위의 switch case문은 아래와 같이 더 간략하게 표현이 가능합니다.

```
<script>
  window.onload = function(){
    var input = window.prompt('주민번호 뒷자리의 첫 번째 자리를 입력하세요.');
    var number = parseInt(input);

    switch(number){
      case 1 :
      case 3 :
        window.alert('남자입니다.');
        break;
      case 2 :
      case 4 :
```

```
            window.alert('여자입니다.');
            break;
        default :
            window.alert('잘못된 값을 입력하셨네요.');
            break;
    }
  };
</script>
```

switch-case문과 if문은 이처럼 사용법에 따른 차이가 있으며 조건 형태에 따라 어떤 조건문을 사용할 것인지를 잘 분석하여 알맞은 조건문을 쓰는 것이 좋습니다.

3) 삼항연산자

마지막으로 알아볼 조건문은 바로 삼항연산자입니다. 삼항연산자는 위와 같이 키워드를 쓰지 않고 아래와 같은 방법으로 사용합니다.

조건 ? 참일 때 수행 : 거짓일 때 수행;

조건 부분은 앞의 if문처럼 조건을 작성합니다. 그리고 ? 오른쪽에 참일 때 수행할 명령문, 그리고 그 옆에는 : 과 함께 거짓일 때 수행할 명령문을 작성합니다.
if문과 switch case문과 다른 점은 삼항연산자는 자체적으로 여러 개의 조건을 점검하는 기능이 없으며 하나의 문장만 실행할 수 있다는 점입니다. 따라서 조건을 괄호로 감싸고 And연산자(&&)와 OR연산자(||)를 사용하여 여러 개의 조건을 지정할 수 있습니다.

위 주민번호 예를 들면 아래와 같이 사용합니다.

```
<script>
  window.onload = function(){
    var input = window.prompt('주민번호 뒷자리의 첫 번째 자리를 입력하세요.');
    var number = parseInt(input);

    (number == 1 || number == 3) ? window.alert('남자입니다.') : window.alert('여자입니다');
  };
</script>
```

한 가지 안타까운 점은 한 번에 두 형태의 조건을 점검할 수 없다는 것입니다. (number == 1)과 (number == 3)이라는 두 가지의 조건은 한 번에 점검할 수 있지만 2

와 4는 점검할 수가 없습니다.

위와 같이 삼항연산자는 제약이 많기 때문에 간단한 조건 검사에서 많이 사용됩니다. 다른 조건문과 같이 삼항연산자도 상황에 따라 적절하게 판단하여 사용하면 됩니다.

위의 삼항연산자 조건문은 아래와 같이도 표현할 수도 있습니다.

```
window.alert((number == 1 || number == 3) ? '남자입니다.' : '여자입니다');
```

위와 같이 삼항연산자는 간단한 조건검사에 주로 사용합니다.

3-3-7 반복구조(순환구조)

이번엔 반복구조에 대해 알아보도록 합시다. 반복구조는 말 그대로 똑같은 구문이 반복되는 구조를 뜻합니다. 같은 표현으로 순환구조라고도 불리며 반복구조는 위의 조건문과 같이 굉장히 많이 쓰이는 프로그래밍 주요 요소 중 하나입니다. 조건문에서 대표적으로 if, switch-case문이 있듯이 반복문(반복을 수행하는 문장)에도 for, while 등의 조건문이 있습니다. 자, 그럼 각각 하나씩 알아보도록 하겠습니다.

1) for문

for문은 대표적인 자바스크립트의 반복문으로 순환에 필요한 변수를 선언, 조건 점검, 연산 등을 자동으로 수행해주는 편리한 순환 구조문입니다. 일반적으로 순환구조라는 것은 순환(Recursive), 즉 다시 실행하게 되는데 만약 순환이 계속 지속된다면 프로그램은 끝없이 처리만 하게 될 것입니다. 따라서 순환을 종료하기 위해서 특정 상황에 도달하면 종료를 해야 하며, 이를 위해서는 보통 변수의 값을 증가시키거나 감소시키는 등으로 하여 특정 값에 도달하면 종료를 하는 식으로 많이 쓰게 됩니다. for문의 사용 문법은 아래와 같습니다.

for(변수선언문; 조건식; 연산식)

for문의 각 항목은 세미콜론(;)으로 구분하며 첫 번째 항목은 순환에 사용할 변수를 지정하는 것입니다. 두 번째 항목은 조건식으로, for문 구성형태에 따라 최종값이라고도 부릅니다. 이곳에서는 순환 구조가 언제까지 지속될 것인지에 대한 조건이 들어갑니다. 마지막 항목인 연산식은 순환이 한번 완료될 때마다 실행하는 구문인데 주로 이곳에서

첫 번째 항목에 정의된 변수에 대하여 증가나 감소 등의 작업을 지시합니다. 따라서 i라는 변수를 사용하는 for문은 아래와 같이 사용합니다.

```
for(var i = 0; i < 10; i = i + 1)
```

위 문장을 분석해보겠습니다. 순환 구조를 위한 변수 i를 선언하고 0으로 초기화하였습니다. (변수를 선언하고 처음 값을 대입할 때, 또는 선언과 동시에 값을 대입할 때 이를 초기화한다고 부릅니다) 그리고 이 i변수는 i의 값이 10 미만(10보다 작음)일 때까지 반복 수행을 하며 한 번 반복이 끝날 때 마다 i의 값을 1씩 증가시킵니다.

조금 더 쉽게 표현하면 아래와 같이 표현할 수 있다.

"i는 0부터 시작해서 i가 10일 때까지 i를 1씩 증가시킨다."

따라서 위 프로그램은 총 9번의 순환 구조를 실행합니다(i값이 내부에서 변경되거나 도중에 명시적으로 탈출을 지시하면 도중에 실행이 종료될 수 있습니다).

위의 for문의 세 번째 항목을 보시게 되면 i = i + 1이라는 문법을 통해 i의 값을 1씩 증가시키고 있습니다. 표현적으로는 아무런 문제가 없지만 자바스크립트에서는 위를 더 간결하게 표현할 수 있는 방법을 제공합니다. 즉 아래 세 문장은 i = i + 1과 완전히 동일한 결과를 수행합니다.

```
I += 1;
i++;
++i;
```

첫 번째인 i += 1은 i = i + 1을 단순히 줄인 표현입니다. 이는 다른 연산자인 *, /, %에도 사용 가능합니다.

두 번째인 i++; i의 값을 1 증가 시키는 표현입니다.

세 번째인 ++i; 도 마찬가지 i의 값을 증가 시키는 표현입니다.

왜 이렇게 세 가지나 되는 방법을 제공하여 헷갈리게 하는 것일까요? 물론, 다 이유가 있습니다.

첫 번째인 i+=1;의 경우 1을 제외한 다른 숫자를 더할 수 도 있습니다. 즉, i = i + 100;이라면 i+=100;과 같이 표현이 가능합니다. 하지만 아래 두 개의 문법은 정확히 1만

증가 시킵니다. 이를 사용하는 이유는 보통 두 가지로 표현할 수 있습니다.

❶ 순환구조상에서 주로 순환에 사용되는 변수는 1씩 증가하는 일이 많다.
❷ 명시적으로 1씩만 증가한다는 것을 나타낸다.

그리고 결정적으로, i++과 ++i는 큰 차이점이 있습니다. 둘 다 모두 i의 값을 1 증가 시키는 문법이지만 값을 증가 시키는 시간이 다릅니다.
프로그램은 위에서 아래로 흐르는 구조입니다. 즉, 윗 문장이 시행되고 아래 문장이 시행되는 구조입니다. i++의 경우 프로그램이 해당 위치에 왔을 때 i를 더하지 않고 해당 문장이 끝남과 동시에 i의 값을 1 증가 시킵니다. 반면 ++i는 프로그램의 흐름이 자신의 위치로 오자마자 i의 값을 1씩 증가 시킵니다. 따라서 해당 위치를 지났을 때에는 둘 다 모두 1씩 값을 증가 시키지만 i++의 경우 실행 중일 때는 증가하기 전의 원래 값으로 사용되게 됩니다. 이는 매우 중요한 원칙이니 꼭 차이점을 이해하기 바랍니다.

자, 그럼 이제 간단하게 for문을 이용하여 1부터 10까지 합계를 구하여 출력하는 프로그램을 작성해보겠습니다.

```
<script>
  var sum = 0;

  for(var i = 1; i <= 10; i++) sum = sum + i;

  window.alert('1 부터 10 까지의 합계는 ' + sum + '입니다.');
</script>
```

실행결과는 아래와 같습니다.

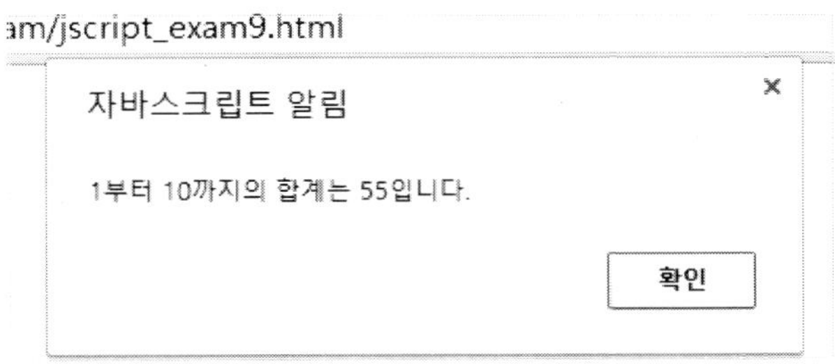

sum 변수는 합계를 저장하기 위해 선언된 변수로 0으로 초기화되었습니다. 그리고 바로 아래 for문에서는 순환을 위해 변수 i를 선언하여 1로 초기화하고 i의 값이 10보다 같

거나 클 때 까지 i의 값을 1씩 증가 시킵니다. 그리고 증가 시키면서 sum의 값에 i의 값을 더합니다. sum은 처음에는 0이지만 1인 i와 더해져 1이 되고, 그 다음은 2로 증가한 i와 더해져 3이 됩니다. 그리고 그 다음에는 3으로 증가한 i와 더해져 6이 되고 이 과정은 i가 10이 되어 종료될 때 까지 반복됩니다.

이렇듯이 반복문은 말 그대로 반복되는 문장입니다. 위 예제에서는 i가 sum에 더해지는 과정이라는 한 가지 작업만 처리되었지만 if문과 같이 문장을 { }으로 감싸면 여러 문장도 수행 가능합니다.

2) while문

while문은 for문과 달리 단순히 조건식의 결과 값만으로 반복적으로 문장을 수행합니다. 따라서 조건문을 만족하는 경우에는 무한 루프를 돌기 때문에 프로그래머가 명시적으로 조건을 빠져나가게 하거나 조건에 사용되는 변수의 값이 변하도록 프로그램을 작성하여야 합니다. 이때 명시적으로 반복구조를 탈출 할 때에 사용하는 키워드는 break; 입니다.

while문은 다음과 같이 사용합니다.

```
while( 조건 ) {
  // 처리 1
  // 처리 2
  // 처리 n
}
```

위와 같이 조건만 while( ) 안에 기술하며 이는 if문이나 for문의 두 번째 항목처럼 조건식을 기재해야합니다. while( ) 문은 해당 조건이 참(True)이면 계속해서 작업을 수행합니다.

그렇다면 for문으로 작성한 합계를 구하는 프로그램을 while문을 이용하여 작성하도록 하겠습니다.

```
<script>
  var sum = 0;
  var i = 0;

  while(true) {
     i = i + 1;
     sum = sum + i;

     if(i >= 10) break;
```

```
}

  window.alert('1 부터 10 까지의 합계는 ' + sum + '입니다.');
</script>
```

출력결과는 for문과 동일하므로 별도로 싣지는 않겠습니다. for문과의 차이점은 순환을 위한 변수 i가 sum 변수 선언 아래에 별도로 선언되었고 while문 내부에서 i = i + 1; 을 통해 수행되고 있다는 점입니다. 그리고 i가 10 이상이 될 경우 while문에서 탈출하도록 if문을 통해 점검하여 break; 를 수행하고 있습니다.

한 가지 유의하실 점은 while( ) 안의 조건식에 true(참)이 들어간 것인데요, 앞서 말씀드렸지만 while문은 ( ) 안의 조건식이 참인 동안에만 반복해서 수행한다고 하였습니다. 따라서 참인 식은 참이기 때문에 위 while( ) 문은 일단 무한반복을 수행하게 됩니다. 따라서 i의 값을 일일이 점검하여 탈출할 수 있는 탈출 포인트를 심어두었습니다. true값 이외에도, 0과 false를 제외한 모든 값은 조건식에서는 true로 인식하기 때문에 while(1)과 같은 문장도 수행 가능합니다.

3) do while문

do while문은 while문과 매우 흡사합니다. while문처럼 do while( )의 괄호 안에 조건식을 명시합니다. 일반 while문과 다른 점은 while문은 내부에 문장을 수행하기 전에 조건식을 점검하여 참인 동안에만 수행하지만 do while은 조건식이 참이건 거짓이건 일단 수행(Do)하고 맨 아래에서 조건식을 점검합니다. 즉 아래와 같이 사용합니다.

```
do {
  // 처리 1
  // 처리 2
  // 처리 n
} while ( 조건식 )
```

예제를 통해 확인해봅시다. 마찬가지 위의 합계를 구하는 예제를 do while문을 통해 수행하도록 수정해보겠습니다.

```
<script>
  var sum = 0;
  var i = 0;

  do {
    i = i + 1;
```

```
    sum = sum + i;

    if(i>=10) break;
  } while( true );

  window.alert('1 부터 10 까지의 합계는 ' + sum + '입니다.');
</script>
```

결과는 위와 동일하니 생략하도록 하겠습니다. 여기서 잠깐, while과 do while문을 이해하신 독자는 위 예제의 이상한 점을 이해하셨을 지도 모르겠습니다. 즉,

왜 while문이나 do while자체의 조건에 i 〉= 10을 명시하지 않고 번거롭게 if문을 작성하여 탈출했나요?

물론 그렇게 할 수 있고 그렇게 하는 게 맞습니다. 즉 while (i 〈 11)과 같이 i가 11보다 작을 때 까지라는 조건을 지정할 수 있습니다. 하지만 이렇게 하지 않은 이유는 조건식 비교는 for문을 통해 배웠으므로 충분히 이해하셨으리라 생각하여 break;문을 통해 강제로 순환구조를 중지시킬 수 있음을 보여드리기 위함이었습니다. 여러분이 실제로 자바스크립트로 프로그램을 개발할 때에는 위처럼 while이나 do while내부에 직접 조건을 지정하는 것이 좋습니다.

왜 for문을 쓰면 되는데 while이나 do while같은 반복 구조를 지원하나요? for문은 순환에 사용할 변수를 선언하고 조건을 명시하고 증감하는 모든 작업을 한 줄로 나타낼 수 있어서 읽기도 더 편한데요?

프로그램을 작성하다보면 여러 가지 상황에 마주치게 됩니다. 위와 같이 명확하게 순환에 사용할 변수가 있고 매번 순환마다 값이 변화하여 그 값을 점검하여 순환 구조를 탈출하는 구조라면 for문을 쓰는 것이 가독성 측면에서도, 편리함 측면에서도 적절한 선택입니다. 하지만 실제로 프로그램을 작성하다 보면 순환 구조를 위한 변수가 필요 없는 경우도 있고 탈출을 위한 조건식이 여러 개가 되는 경우도 많습니다. 이런 상황에서는 오히려 for문이 가독성을 떨어뜨릴 수도 있습니다. for문을 사용할 것인지 while문을 사용할 것인지에 대한 선택은 조건문인 if와 switch-case처럼 프로그래머 본인이 판단하여 작성하여야 됩니다.

이상으로 반복 구조에 대한 설명이 끝났습니다. 반복 구조는 조건 분기처럼 프로그램에서 매우 중요한 요소 중 하나이며 이에 대한 활용법은 무궁무진합니다. 특히나 곧이어 배울 배열(Array)와 함께 굉장히 자주 쓰이게 되는 문법이니 위 예제들을 통해 사용법을 숙지하길 바랍니다.

Note

Chapter 04

자바스크립트 2

자바스크립트의 핵심 내용인 배열과 객체, 그리고 JSON과 JSONP를 통한 데이터 표기법을 학습한다.

자바스크립트는 프로그래밍 범주에 속하기 때문에 다른 파트보다 많은 지식이 요구됩니다. 따라서 배열과 객체, 그리고 JSON를 이 단원 자바스크립트 2에서 배우게 됩니다.

4-1 배열

배열(Array)이라는 것은 대표적인 컴퓨터 자료구조(Data Structure) 중의 하나입니다. 자료구조라는 것은 컴퓨터상에서 데이터를 저장할 때 어떻게 하면 효율적으로 데이터를 보관하고 탐색할 수 있는지에 관한 연구 결과라 할 수 있습니다. 배열은 데이터 메모리 공간이 연속적으로 할당되어있는 자료구조 중 하나로써 자료구조의 가장 기본적인 형태임과 동시에 대부분의 프로그래밍 언어에서 지원하는 기본적인 자료저장 방법입니다.

자바스크립트는 특히 더욱 배열과 밀접한 관련이 있는 언어입니다. 대부분의 프로그래밍 언어에서 배열의 필요성은 거듭 말할 필요가 없지만 대부분의 언어는 선언과 접근을 제외하고는 별 다른 기능을 제공하지 않기 때문에 필요한 기능은 프로그래머가 직접 구현해야 했습니다. 그리고 그러한 것도 제약이 많아 자유롭게 배열을 수정하는 작업은 거의 불가능에 가까웠습니다.

그러나 자바스크립트에서는 이러한 배열의 제약을 벗어나 아주 간단하고 쉽게 배열을 조작할 수 있는 여러 기능을 제공합니다. 기본적으로 배열을 하나의 자료형으로 간주하여 필요한 여러 속성(Property)이나 메서드(Method) 등을 제공하고 있습니다. 여기서 속성(Property)과 메서드(Method)에 관련된 부분은 객체(Object)와 관련된 부분이기 때문에 객체에 대하여 학습할 때 자세히 알아보도록 하겠습니다.

자바스크립트의 배열 아래와 같은 여러 가지 방법이 있습니다.

❶ 배열을 new 연산자로 생성

```
var myArray = new Array();
```

❷ [ ]를 사용하여 초기값과 함께 배열 생성

```
var myArray = [ 5, 4, 3, 2, 1 ];
```

❸ 다른 배열로 부터 배열을 복제

```
var myArray = [ 5, 4, 3, 2, 1];
var myArray2 = myArray;
```

대부분의 상황에서 2번과 같이 초기값과 동시에 배열을 생성하는 방법을 많이 쓰게 됩니다. 하지만 배열의 데이터가 고정된 것이 아닌 동적으로 생성되는 경우에는 주로 1번 방법을 사용해 빈 배열을 만들고 그 안에 데이터를 직접 삽입하는 방식을 사용합니다.

[ ] 연산자는 단순히 배열을 선언하는 용도로만 사용하는 것이 아니라 배열의 요소에 접근할 때에도 사용이 됩니다. 앞서 배열은 연속된 데이터 공간이라고 말씀드렸는데 배열은 내부에 들어있는 요소의 수만큼 메모리를 확보합니다. 즉 일반적인 변수는 하나의 메모리 공간만을 할당받지만 3개의 요소를 포함한 배열은 3개의 메모리 공간을 연속적으로 할당받고 하나의 변수처럼 취급합니다. 따라서 각각의 메모리 공간에 접근하기 위해서는 [ ] 연산자를 이용해 접근을 합니다. 사용법은 아래와 같습니다.

```
var temp = myArray[0]; //myArray 배열의 첫 번째 메모리 공간 데이터에 접근
var temp = myArray[1]; //myArray 배열의 두 번째 메모리 공간 데이터에 접근
```

주의하실 점은 첫 번째 메모리 공간에 접근하기 위한 숫자가 1이 아닌 0이라는 점입니다. 그리고 다음의 메모리 공간에 접근하기 위해서는 1을 더해주면 됩니다.

이 문법은 자바스크립트뿐만이 아닌 대부분의 프로그래밍 언어에서 다루는 배열 방법과 동일합니다. 단지 자바스크립트에서는 한 가지 더 특이한 방법으로 배열을 다룰 수 있는데, 바로 "**연관 배열**(Associative Array)"입니다.

위와 같이 배열의 요소에 0, 1과 같이 숫자로 접근할 경우 위 배열을 **스칼라 배열**(Scalar Array)라 부릅니다. 스칼라란 연속적이라는 뜻을 가지고 있으며, 말그대로 연속적으로 배열에 접근하는 것을 의미합니다. 이와 반대로 자바스크립트에서는 **연관 배열**이라는 것을 허용하는데, 이는 배열의 요소를 번호가 아닌 문자열로 접근할 수 있게 해줍니다. 이 말은 아래와 같은 방법으로 배열의 요소를 추가하고 접근할 수 있다는 뜻입니다.

```
var myArray = new Array();
myArray["A"] = "A";
myArray["B"] = "B";
```

```
window.alert(myArray["A"]);
```

위 예제에서는 [ ] 연산자를 통해 배열의 요소에 접근하되, 문자를 써서 접근하고 있습니다. 위 예제에서 오류가 나지 않을까 하고 생각하는 분이 계실 것입니다. 왜냐하면 빈 배열에서 "A" 위치의 배열 요소와 "B" 위치의 배열 요소에 값을 대입하고 있기 때문입니다. 다른 언어에서 이러한 방법은 배열의 요소를 벗어나기 때문에 오류를 발생시키지

만 자바스크립트의 경우에는 위와 같은 상황에서는 자동으로 "A"라는 요소 이름을 가진 공간을 할당합니다. 즉, 위는 단순한 접근이 아닌 배열에 공간을 할당하는 작업이 됩니다. 그리고 아래쪽에서는 똑같이 "A"를 통해 배열의 요소에 접근하고 있습니다. 자바스크립트의 이러한 배열 다루기는 다른 언어에서 찾아보기 힘들 정도로 유연하며 작성을 용이하게 합니다. 그러나 오히려 이러한 것이 독이 되는 경우가 있는데, 배열이 사용자가 의도하지 않게 동작하거나 의도치 않은 데이터가 들어있을 때 이를 추적하기가 힘들다는 것입니다. 이는 양날의 검과 같이 편리함에 따른 대가입니다. 따라서 배열을 사용할 때에는 다소 주의할 필요성이 있습니다.

자, 그렇다면 이러한 배열을 왜 사용하는 것일까요? 지금까지 우리가 예제로 작성해본 자바스크립트 애플리케이션들은 매우 단순한 기능만 내포하고 있었습니다. 단순히 입력받고 처리하여 화면으로 출력할 뿐이었습니다. 하지만 연습이 아닌 실제 프로그램을 작성할 때에도 이렇게 간단할까요? 여러 가지 많은 이유가 있겠지만 프로그램을 사용하는 가장 큰 이유는 정확하고 빠른 연산 때문입니다. 물론 여러분은 이렇게 말씀할 수 도 있습니다.

"게임을 하려고 컴퓨터를 사용합니다."
"음악을 들으려고 컴퓨터를 사용합니다."
"과제를 하기 위하여 컴퓨터를 사용합니다."

예, 모두 맞는 말입니다. 저도 그런 용도로 자주 사용하고 있습니다.

하지만 이전에도 말씀드렸지만 내부적으로는 모든 것이 입력받고 처리하고 출력하는 과정의 반복일 뿐입니다. 단지 그 결과가 우리에게 보이는 것이 게임으로 동작을 하고, 노래를 재생하고, 과제 작성을 위해 도움을 줄 뿐입니다. 그리고 그러한 상황에서는 우리가 예제로 작성했던 것 보다 훨씬 더 많은 입력을 받을 것이고 상상할 수 없을 정도의 데이터를 처리할 것이며 셀 수 없을 정도의 출력을 반복하게 됩니다. 이러한 상황 속에서, 제한된 자원을 이용하여 일을 처리하려면 굉장한 제약이 따를 것입니다. 배열과 같은 요소들은 이러한 상황에서 제한된 자원을 최대한으로 활용할 수 있도록 도와줍니다.

실질적인 예를 들어보겠습니다. 여러분이 다른 사람의 성적을 관리하는 성적 관리 프로그램을 개발 의뢰를 받았습니다. 여러분은 앞서 배운 변수 선언과 조건문, 반복문을 모두 활용하여 프로그램을 개발하게 됩니다. 하지만 한 가지 난관에 부딪히고 맙니다. 바로 사람마다 다른 이름을 가지고 있으며 몇 명의 사람을 관리하게 될지 알 수 없다는 것입니다. 게다가 1명의 사람을 대상으로 개발한다면 아무런 문제가 없지만 2명, 3명, 10명, 100명 사람의 수가 늘어날수록 변수의 수는 늘어납니다. 이름을 name, 나이를

age, 점수를 score 등으로 한다면 아래와 같은 상황이 발생하는 것입니다.

```
var name1, name2, name3, name4, … name100;
var age1, age2, age3, age4, … name100;
var score1, score2, score3, score4, … score100;
```

즉 이름을 위해 100개의 변수를 선언해야 하고, 나이를 위해 100개의 변수를 선언해야 하고, 점수를 위해 100개의 변수를 선언해야 합니다. 여기까지는 그나마 양호합니다. 위에서 고작 3개의 데이터에 대하여 300개의 변수가 나오는데 실제로 인적관리를 하려면 엄청나게 많은 데이터를 저장해야합니다. 주소나 연락처는 물론이고, 회사에 따라서 직급이나 연봉, 입사일이나 생일, 이메일 주소 등 그 수는 헤아릴 수가 없죠. 그러한 각각의 요소에 따라 일일이 변수를 선언하는 것은 말도 안 되는 일입니다. 게다가 100명을 관리하기 위해 100개의 변수를 만들었지만 꼭 100명을 관리한다고 장담할 수도 없습니다. 만약 10명의 사람만 관리하게 된다면 90×데이터종류 수에 따른 메모리 공간을 그냥 낭비하는 것입니다. 그리고 개개인의 데이터에 접근하기 위해서는 일일이 if문 같은 조건문을 사용해서 접근해야 하므로 if문이 수백 개가 만들어질 것입니다. 이런 것을 과연 프로그램이라 말 할 수 있을까요?

이러한 상황에서 바로 배열을 사용하는 것입니다. 몇 명이 사용할지, 데이터의 종류가 얼마나 되는지는 언어 측에서 자동으로 필요한 만큼 메모리에서 확보하며 프로그래머는 단지 이용만 하면 됩니다. 그리고 각각의 요소는 [ ] 연산자를 통해 순차적으로 접근이 가능하므로 for문 같은 반복문을 이용하여 순환에 사용되는 변수를 통해 [ ]를 접근하면 간단하게 모든 데이터에 접근이 가능해집니다. 따라서 변수는 필요한 만큼 생성될 것이고 변수 선언도 1개로 끝낼 수 있을 뿐만 아니라 접근도 간단하고 if문으로 일일이 점검할 필요도 없습니다. 그리고 사용될 프로그램이 100명을 대상으로가 아닌 1,000명, 10,000명, 아니 수십만 명을 대상으로 이용하여도 문제없이 작동할 것입니다(물론, 자바스크립트로 이렇게 많은 데이터를 직접 보관하는 것은 매우 비효율적입니다. 컴퓨터 메모리에는 한계가 있고 많은 메모리 소모는 컴퓨터의 성능을 저하시킵니다. 이러한 경우에는 데이터베이스를 사용하거나 파일 형태로 저장하여 불러오는 방식을 사용해야 합니다).

배열의 필요성을 위해 간단한 예를 들어 설명해드렸습니다. 하지만 읽는 것만으로는 잘 와 닿지 않을 지도 모릅니다. 따라서 직접 위의 상황에 맞게 인적자원관리 프로그램을 개발해보도록 하겠습니다.

물론 위의 프로그램을 1 : 1로 작성하는 것은 시간도 오래 걸리고 다소 난해할 수 있으므로 대폭 축소하여 작성하겠습니다. 관리할 사람의 수는 정해져 있지 않고 데이터의 종류는 이름만 받도록 하겠습니다(여러 개의 자료를 한 단위로 보관하려면 다차원 배열에

대한 지식이 필요한데, 이 예제에서는 생략하겠습니다. 이 예제가 끝나면 다차원 배열에 대해 알아보겠습니다).

버튼을 입력해 새로운 자료를 입력받고, 다른 버튼을 이용해 입력된 모든 자료를 출력해보도록 하겠습니다. 이를 위해 HTML을 사용할 것이며, 아래 소스는 HTML과 자바스크립트를 모두 포함하고 있습니다.

```
<html>
  <head>
    <title></title>
    <script>
      var userData = new Array();

      function addUser() {
        var name = window.prompt('이름을 입력');
        userData.push(name);
      }
      function printAll() {
        var datas = userData.length;

        if(datas == 0) {
          window.alert("등록된 데이터가 없습니다.");
        }
        else{
          window.alert("총 데이터 수는 : " + datas);

          for(var i = 0; i < datas; i++)
              window.alert("데이터 " + ( i + 1 ) + " : " + userData[i]);

        }
      }
    </script>
  </head>
  <body>
    <input type="button" onclick="addUser()" value="추가" />
    <input type="button" onclick="printAll()" value="출력" />
  </body>
</html>
```

오른쪽 그림은 예제를 실행했을 때 화면입니다.

[출력] 버튼을 누르면 등록된 데이터가 없다고 알려줍니다.

[추가] 버튼을 누르면 사용자로부터 입력을 받기 위한 창이 나타나며, 값을 입력하고 확인을 누르면 내부적으로 데이터가 저장됩니다.

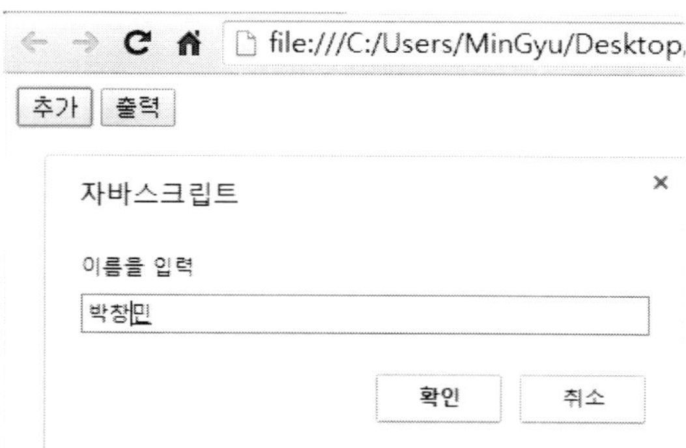

데이터를 어느 정도 입력 후 다시 [출력] 버튼을 누르면 등록된 데이터가 출력 됩니다.

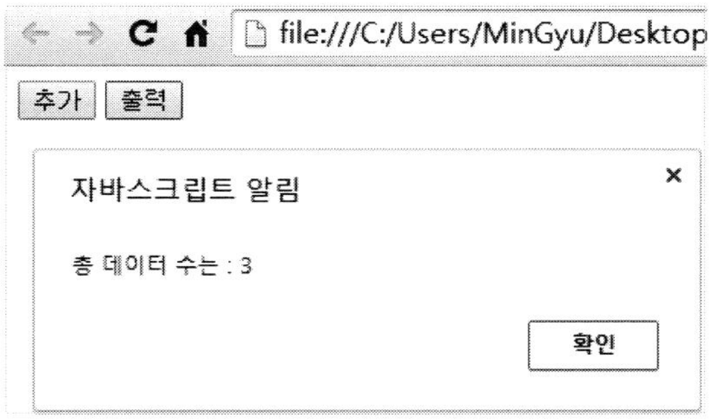

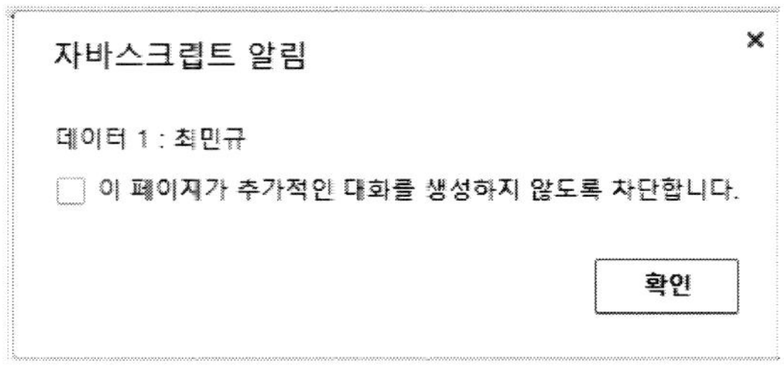

등록된 데이터 수만큼 화면에 출력 되는 것을 확인할 수 있습니다.

위 예제에서 이전에 배웠던 input[type=button]을 사용하였습니다. 그리고 새로운 속성 onclick을 보셨을 텐데, 이는 이벤트(Event)라고 불리며 버튼을 클릭했을 때 실행할 자바스크립트 코드를 명시합니다. 이벤트에 관련된 부분은 객체 이후에 살펴보도록 하고, 위에서는 단순히 "**마우스로 버튼을 클릭하면 위 함수를 실행하는 구나~**" 하고 넘어가시기 바랍니다.

위 예제를 통해서 배열이 얼마나 중요한 문법인지 이해하셨으리라 생각합니다. 배열의 활용성은 무궁무진하며 배열을 잘 활용하면 다양한 데이터를 효과적으로 관리할 수 있습니다. 그럼 마지막으로 다차원 배열에 대해서 알아보고 배열에 대한 설명을 마치겠습니다.

다차원 배열(Multi-Dimension Array)이란 용어를 알기 위해서는 배열의 차원(Dimension)에 대해 이해하는 것이 필요합니다. 이제까지 우리가 예제를 통해 사용한 배열은 1차원 배열이라 불리는 것으로, 다음과 같이 표현할 수 있습니다.

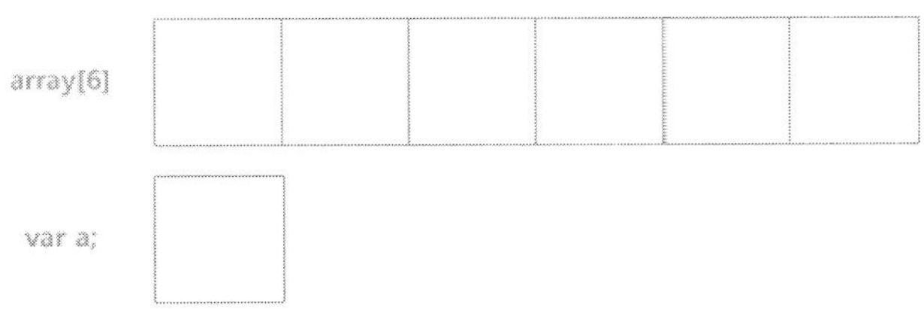

위 그림은 변수에 할당된 메모리를 그림으로 표현한 것입니다. array는 6개의 연속된 메모리 공간을 할당받은 배열이고, a는 그냥 변수입니다. 위와 같은 그림이 배열의 구성 형식입니다. 실제 메모리도 위와 같이 선형으로 구성되어있기 때문에 1차원 배열의 구조는 메모리 구조와 완전 일치합니다.

2차원 배열이라는 것은 위와 같은 배열이 한쪽으로만 구성된 것이 아닌 양쪽으로 구성

되어있는 것입니다.

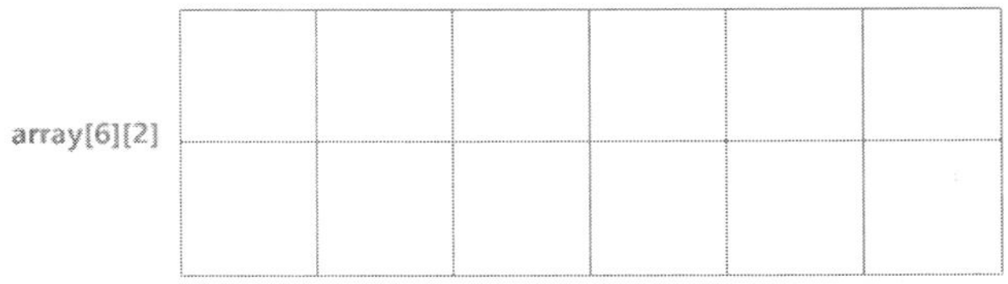

이런 식으로 배열의 방향이 2개 이상일 경우에 이를 다차원 배열이라고 부릅니다. 한 가지 안타까운 점은 자바스크립트에서는 다차원 배열을 지원하지 않는다는 점입니다. C 언어 같은 언어에서는

```
int myArray[10][10];
```

위와 같은 방법으로 2차원 배열을 선언할 수 있지만 자바스크립트에서는 배열을 특수한 형태의 객체로 취급할 뿐 위와 같이 다차원 배열을 사용할 수 있는 기능을 제공하지 않습니다.

그렇다면 방법이 없는 것일까요? 그렇지 않습니다. 자바스크립트의 특징은 변수가 어떤 자료라도 담을 수 있다는 것입니다. 그 데이터가 수치인 정수나 소수, 문자열일 수도 있으며 배열이나 객체일 수도 있는 것입니다. 대부분의 고급 언어에서는 변수의 데이터 타입을 변수 선언 시 지정하고, 다른 데이터 타입을 저장할 수 없도록 합니다. 즉, a라는 변수가 정수형 변수이면 문자열을 담을 수 없다는 소리입니다. 이는 컴퓨터에서 일반적인 정수와 실수, 그리고 문자열을 처리하는 방법이 다르고 요구되는 메모리 공간이 다르기 때문인데, 자바스크립트에서는 이러한 부분을 언어 내부적으로 자동으로 처리하기 때문에 아무런 제약 없이 변수 안에 데이터 타입을 변경할 수 있습니다.

이해하셨나요? 즉, 배열의 각 요소에 배열을 넣을 수 있다는 뜻이 됩니다. 이러한 특성은 C언어나 자바와 같은 언어에서는 꿈도 꾸지 못할 일입니다. 쉽게 그림으로 표현하자면 아래와 같습니다.

위와 같이 선언된 배열 안에 배열은 C언어와 같은 고급 언어의 다차원 배열 접근과 동일하게 접근할 수 있습니다. 즉 array[0][2]와 같은 방법으로 접근이 가능하다는 것입니다.

한 가지 주의해야 할 점은 자바스크립트의 배열 크기는 데이터가 들어있으면 자동으로 변경되며 존재하지 않는 요소에 접근할 시 자동으로 데이터를 추가한다는 점입니다. 즉, 모든 배열 요소가 3개의 요소만을 갖는 배열로 설계를 하더라도 존재하지 않는 요소에 데이터를 삽입하거나 접근하려고 하면 각 배열의 요소별로 다른 크기의 배열이 잡힐 수가 있습니다. 이는 배열 초기 설명 시 드렸던 배열 사용 시 유의점 중에 하나입니다.

이리하여 자바스크립트에서도 다른 언어와 같이 다차원 배열을 사용할 수 있습니다. 게다가 자바스크립트는 접근 지시자로 문자열을 허용하기 때문에 아래와 같이 배열 요소를 추가하고 접근할 수 있습니다.

```
var userData = new Array();
userData["rico345100"] = new Array();
userData["rico345100"]["name"] = "최민규";
userData["rico345100"]["age"] = 23;
userData["rico345100"]["tell"] = "010-1111-1111";
```

```
userData["steal97"] = new Array();
userData["steal97"]["name"] = "이주환";
userData["steal97"]["age"] = 23;
userData["steal97"]["tell"] = "010-1111-1111";
```

위를 숫자를 이용한다면 아래와 같이 됩니다.

```
var userData = new Array();
userData[0] = new Array();
userData[0][0] = "최민규";
userData[0][1] = 23;
userData[0][2] = "010-1111-1111";
```

```
userData[1] = new Array();
userData[1][0] = "이주환";
userData[1][1] = 23;
userData[1][2] = "010-1111-1111";
```

문자로 표현한 것과 숫자로 표현한 것 중 어느 것이 이해하기도 쉽고 작성하기도 편한지는 굳이 설명을 드리지 않아도 이해하리라 생각합니다. 참고로, 위의 표현은 자바스크립트에 어떤 자료형이라도 담을 수 있다는 특징을 활용하여 아래와 같이 표현 할 수 있습니다.

```
var temp;
var userData = new Array();
userData[0] = new Array();
```

```
temp = userData[0];
temp[0] = "최민규";
temp[1] = 23;
temp[2] = "010-1111-1111";
```

```
userData[1] = new Array();
```

```
temp = userData[1];
temp[0] = "이주환";
temp[1] = 23;
temp[2] = "010-1111-1111";
```

이상으로 배열에 관한 설명을 모두 마치겠습니다. 사실 자바스크립트 배열의 진면목은 배열이 가진 속성과 메서드들에 있습니다. 물론 위와 같은 특성들도 배열을 편하게 사용할 수 있게 해주지만 배열을 조작하는 방법을 제공하지는 않습니다. 이는 바로 다음에 배울 객체(Object)에 대한 학습이 끝나고 "자주 사용하는 함수 모음" 부분을 통해 알아보도록 하겠습니다.

4-2 객체

객체(Object)란 무엇일까요? 쉽게 이해할 수 있도록 실생활의 예를 들어보도록 합시다. 우리 주변에는 많은 사물들과 비사물들이 산재해있습니다. 사물들의 예를 들면 사람, 핸드폰, 시계, 책, 서적 등이 있고 비사물들은 사람들 간의 대화, 금전거래, 어디로 이동하는 비사물 등이 있습니다. 프로그램에서 객체(Object)라고 불리는 것은 이러한 사람, 핸드폰, 시계, 대화, 음식을 먹는 행동 등을 표현한 것을 말합니다. 그리고 이러한 객체(Object)들을 조합하여 프로그램을 개발하는 프로그래밍 기법을 객체지향프로그래밍(OOP : Object Oriented Programming)이라고 부릅니다. 자바스크립트는 이러한 객체지향프로그래밍 기법을 적용한 언어 중 하나입니다. 혹시 이 책을 보시는 독자 중에 C++이나 자바, 또는 C# 언어를 배우셨던 독자가 있을지도 모를 텐데, 자바스크립트는 일반적인 객체지향언어와 많이 다릅니다. C++, C#, Java와 같은 객체지향 프로그래밍 언어는 클래스기반 객체지향언어라고 부르며 자바스크립트는 프로토타입기반 객체지향언어라고 불립니

다. 위 용어들을 이해하지 못하는 분들은 크게 걱정할 것 없습니다. 앞서 설명 드렸지만 이 책은 비전공자를 위해 만들어진 책이기 때문에 앱 개발에 필요한 지식만 습득할 수 있도록 하고 있습니다. 만약 본인이 객체지향 프로그래밍에 흥미가 있다면 포털 사이트에 검색하면 쉽게 정보를 얻을 수 있습니다.

4-2-1 객체의 선언

자바스크립트의 변수는 모든 자료형을 담을 수 있다고 하였습니다. 즉 자바스크립트에서의 객체도 그러한 자료형 중에 하나입니다. 이러한 객체를 표현할 수 있는 방법은 여러 가지가 있는데 그러한 방법들에 대해 알아봅시다.

❶ { } 를 사용해 객체를 생성

```
var myObject = { };
```

배열(Array)에서 [ ] 연산자를 사용했던 것이 기억나시나요? 객체는 { }를 통해 생성합니다. 위 문법은 변수 myObject에 빈 객체를 생성합니다.

❷ 생성자 함수와 new 연산자를 이용해 생성

```
function Car( ) {
}
```

```
var myCar = new Car( );
```

위 문법은 생성자 함수(Constructor)라고 불리는 함수와 new 연산자를 통해 객체를 생성하는 기법입니다. 위 방식은 전통적인 클래스기반 객체지향언어와 유사하게 자바스크립트를 사용할 수 있게 해줍니다. 객체를 생성할 때 반드시 new 연산자를 사용하여야 합니다.

객체가 가지는 가장 큰 특징은 내부적으로 별도의 변수와 함수를 가질 수 있다는 점입니다. 이제까지 우리가 작성한 프로그램은 해당 프로그램에 선언된 변수와 함수였습니다. 그러나 객체는 이러한 프로그램과 별도로 자신만의 변수와 함수를 가집니다. 이때 객체가 소유한 변수를 속성(Property), 함수를 메서드(Method)라고 부릅니다.

역시 예제를 통해 알아보도록 하겠습니다. 한 개의 변수와 그 변수를 출력하는 메서드를 가진 객체를 위 두 가지 방법 모두 사용해보도록 하겠습니다.

```
<script>
  var myObject = {
    name: 'My name is myObject',
    speak: function() {
      window.alert(this.name);
    }
  };

  myObject.speak();
</script>
```

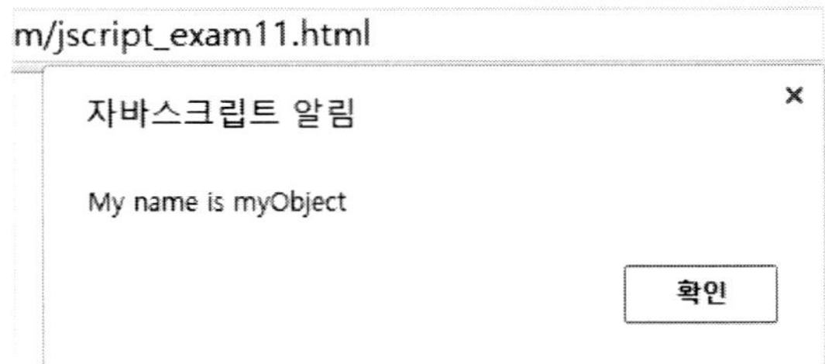

위 방법은 { } 를 사용하여 객체를 직접 생성하는 방법입니다. myObject라는 객체를 생성하였으며 name이라는 속성과 speak이라는 메서드를 가지고 있습니다. name 속성은 'My name is myObject'라는 문자열 데이터를 가지고 있으며 speak 메서드는 그 이름을 출력하는 기능을 담당합니다. 한 가지 유의할 점은 속성을 사용하기 위해 this라는 것을 사용했다는 점입니다. 이 this는 현재 수행중인 범위의 객체를 반환하는데, 위의 문맥에서는 현재 객체, 즉 myObject를 가리킵니다. this 다음에 점(.)이 찍혀 있는데, 이는 객체 내부의 속성이나 메서드에 접근할 때 사용합니다. 만약 myObject의 speak메서드에 접근한다면 이는 myObject.speak이 될 것이며 이는 객체 외부에서 호출할 때 사용되었습니다. 따라서 this.name은 myObject.name을 뜻하게 되기 때문에 speak 메서드는 'My name is myObject'라는 문자열을 화면에 출력하게 됩니다. 이제까지 window.alert와 window.prompt를 사용했던 이유를 짐작할 수 있겠죠? 이는 window라는 객체의 alert라는 메서드와 prompt라는 메서드를 호출하는 것입니다.

```
var input = window.prompt('값을 입력하세요.');
window.alert(input);
```

이번에는 생성자 함수를 사용해 객체를 생성해봅시다.

```
<script>
  var objectMaker = function () {
    this.name = "My name is myObject";
    this.speak = function () {
      window.alert(this.name);
    };
```

```
  };

  var myObject = new objectMaker();
  myObject.speak();
</script>
```

위에서 objectMaker는 객체를 생성할 때 사용되는 생성자 함수로, 객체의 모양을 정의합니다. 그리고 아래 myObject에서는 new 연산자를 이용해 objectMaker 생성자 함수에서 정의된 객체의 모양을 바탕으로 객체를 생성합니다.

자바스크립트 배열의 특성 중 존재하지 않는 요소는 자동으로 생성한다는 부분을 기억하나요? 이 부분은 객체에도 그대로 적용됩니다. 즉 this.name = "값"; 을 통해 자동으로 name이라는 속성을 추가하고 이 안에 값을 대입하게 되고 이는 아래 메서드인 speak도 마찬가지 입니다.

이 두 가지 방법 중 어떤 방법을 쓰는 것이 좋을까요? 분석해보면 { } 연산자를 사용한 방법이 훨씬 간단하다는 사실을 알 수 있습니다. 반면 생성자 함수를 사용하게 되면 생성자 함수 코드 부분과 별개로 객체 생성을 위한 부분이 별도로 필요하기 때문에 상대적으로 코드가 조금 길어지게 됩니다. 이 들 중 어느 방법을 사용하는지는 프로그래머의 자유입니다. { } 연산자는 주로 간단한 형태의 객체나 애플리케이션 내부에서 해당 타입의 객체가 한 가지만 필요할 때 주로 사용하며 생성자 함수는 같은 형태의 객체를 여러 개 생성할 때 주로 사용됩니다. 따라서 상황에 따라 프로그래머가 판단하여 적절한 형태의 객체를 생성하면 됩니다.

객체에 대한 내용은 책을 별도로 한 권 낼 수 있을 정도로 양이 방대합니다. 따라서 우리가 개발할 애플리케이션 객체는 활용하지만 객체지향 방식으로 애플리케이션을 개발하지는 않겠습니다. 따라서 위의 객체의 생성과 사용법에 대해서만 숙지해주시기 바랍니다.

4-3 이벤트

이벤트(Event)란 무엇일까요? 여러분은 실생활에서도 이벤트라는 단어를 많이 접해보셨을 겁니다. 대형마트에서 할인 이벤트라든지, 쇼핑몰 등에서 우수고객감사 이벤트와 같은 예가 바로 그렇습니다. 프로그래밍에서의 이벤트도 그와 비슷합니다. 특정 조건을 만족할 때 발생하는 것이 바로 이벤트입니다. 위 예를 들어 대형마트의 할인 이벤트는 주로 몇 주년 때마다 발생하고 우수고객감사 이벤트는 소비자가 물품을 많이 구매했을 때 발생하게 됩니다. 이와 마찬가지로, 웹에서는 마우스의 클릭이나 키보드를 치는 등의 행

동을 했을 때 이벤트가 발생합니다. 이벤트의 종류는 적용범위에 따라 다르지만 이벤트를 적용하는 방법은 동일합니다. 이 책에서는 하이브리드 앱 개발에 필요한 이벤트의 종류에 대해서만 알아보도록 하겠습니다. 일단 그 전에 앞서, 이벤트를 적용하는지 알아보도록 하겠습니다. 이벤트를 적용한다는 것을 프로그래밍에서는 이벤트를 연결한다, 또는 이벤트 핸들러를 연결한다고 부릅니다.

```
<html>
  <head>
     <title></title>
     <script>
        function hey() {
           window.alert('hey!');
        };
     </script>
  </head>
  <body>
     <input type="button" onclick="hey()" value="클릭" />
  </body>
</html>
```

버튼을 클릭하면 아래와 같이 문자열이 출력됩니다.

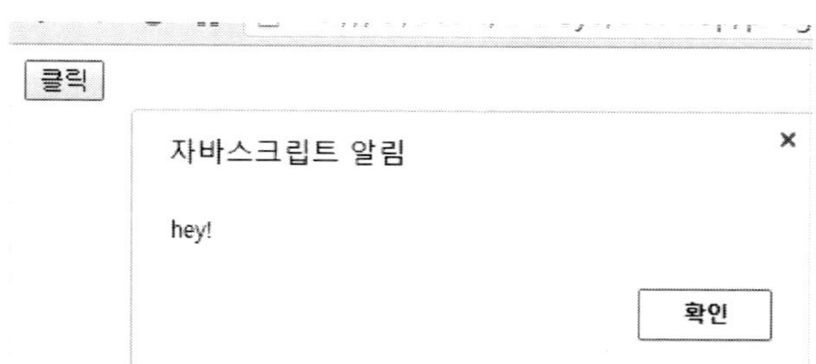

위 예제에서는 버튼을 클릭할 때 hey함수를 호출하여 화면에 'hey!'라는 문자열을 출력하고 있습니다. 이와 같이 onclick과 같은 것을 이벤트라고 부르며 onclick에 연결된 hey() 함수를 이벤트 핸들러(Event handler) 또는 이벤트 리스너(Event Listener)라고 부릅니다. 위의 방법은 HTML상에서 사용할 이벤트를 명시하는 방법이며 잘 사용되는 방법이 아닙니다. 주로 사용되는 방법은 자바스크립트에서 직접 이벤트를 연결하는 작업인데 이는 아래와 같이 사용합니다.

```
<html>
  <head>
    <title></title>
    <script>
      window.onload = function() {
        function hey() {
          window.alert('hey!');
        };

        var button = document.getElementById("mybutton");
        button.onclick = hey;
      };

    </script>
  </head>
  <body>
    <input id="mybutton" type="button" value="클릭" />
  </body>
</html>
```

실행화면의 위와 동일하므로 생략하도록 하겠습니다. 일단 HTML 부분을 보면 onclick 속성이 제거된 것을 확인할 수 있습니다. 그리고 자바스크립트 코드에서 모든 부분을 처리하도록 작성이 되었습니다. window.onload는 화면을 모두 불러온 후에 발생하는 이벤트입니다. 이전 예제와 달리 이번에 이 이벤트 안에 이러한 동작을 기술한 이유는 자바스크립트는 위에서 아래로 수행되기 때문에 〈input /〉 태그보다 자바스크립트 코드보다 위에 있으면 〈input /〉 태그가 만들어지기 이전 상태이기 때문에 〈input /〉태그에 대한 조작 시 실행되지 않습니다. 따라서 이때에는 해당 태그 아래에 〈script〉태그를 삽입하여 처리하거나, 위처럼 모든 화면을 불러온 이후에 코드를 실행하는 방법이 많이 사용됩니다. 자바스크립트에서는 함수도 하나의 자료형으로 취급되기 때문에 변수에 바로 함수를 대입할 수 있습니다. 따라서 window라는 객체의 onload라는 속성에 함수를 대입할 수 있습니다. 이 속성은 이벤트 속성(Event Property)라고 하여, 함수가 지정되어있을 때에는 자동으로 호출되게 되어있습니다.

그리하여 클릭 이벤트(Click Event)를 처리하기 위하여 document.getElementById라는 함수를 통해 id속성이 mybutton인 〈input /〉태그를 찾아 이벤트 속성을 추가하고 있습니다. 이때, 자바스크립트상에서 〈input /〉태그와 같은 요소를 부를 때 DOM요소(DOM Element, DOM에 관한 정보는 제3장 CSS 참조)라고 부릅니다. 이와 같이 DOM요소를 검색하는 방법은 세 가지가 있습니다.

```
document.getElementById : ID 명을 기준으로 DOM 요소를 탐색한다.
document.getElementsByClassName : 클래스명을 기준으로 DOM 요소를 탐색한다.
document.getElementsByTagName : 태그명을 기준으로 DOM 요소를 탐색한다.
```

위 예제에서는 ID를 통해 DOM 요소를 탐색하고 있습니다. 그리고 탐색한 요소의 click이벤트에 hey() 함수를 대입함으로써, 최종적으로 버튼을 클릭했을 때 hey() 함수가 호출이 됩니다.

이벤트를 직접 연결하지 않고 번거롭게 탐색하여 지정하는 것이 다소 어렵게 느껴지실 수 있습니다. 하지만 이 방법이 여러 가지 장점이 많기 때문에 가장 일반적으로 쓰이는 방법이므로 이해하고 넘어가시기 바랍니다.

이벤트의 종류는 굉장히 많습니다. 그리고 적용되는 범위에 따라 이벤트도 달라집니다. 모든 이벤트에 대해 설명하면 많은 시간이 소모되고, 하이브리드 앱 개발 시 사용되는 이벤트의 종류는 많이 않기 때문에 추후에 앱을 직접 개발하면서 필요한 이벤트에 대해 알아보도록 합시다. 그리고 다음 단원에서 배울 jQuery를 사용하면 더 쉽게 이벤트를 관리할 수 있습니다.

다음으로 JSON과 JSONP에 배워보겠습니다. JSON과 JSONP는 PHP 파트에서 기재할 계획이었으나 자바스크립트 문법이기 때문에 자바스크립트 파트에 기재하는 편이 문맥상 맞다고 생각하여 실었습니다. JSON과 JSONP는 특별한 기술은 아니고 자바스크립트를 이용하여 자료를 표현하는 방법 중 하나입니다. 원래 이 부분은 AJAX라는 자바스크립트 기술을 이용할 때 많이 사용하지만, AJAX 기술은 PHP를 배운 후에 사용이 가능하기 때문에 우선적으로 JSON에 대한 내용을 싣게 되었습니다. 그럼 JSON이 무엇인지 알아보도록 하겠습니다.

4-4 JSON(JavaScript Object Notation)

위의 약자 풀이를 통해 짐작할 수도 있겠지만 JSON이란 '자바스크립트 객체 표기법'을 의미합니다. 즉 제3장의 객체 파트에서 배우셨던 객체를 표기하는 방법으로 데이터를 표현한다는 뜻입니다. JSON의 장점은 가볍고 표현력이 넓으며 XML에 비해 비약적으로 용량이 적다는 큰 장점이 있습니다. 따라서 원래 대부분의 메타데이터(Meta Data, 데이터를 표현하기 위한 데이터를 메타데이터라고 부름)는 XML을 이용하였으나 현대에서는 JSON이 무섭게 그 자리를 쫒아오고 있습니다. 특히나 웹상에서는 자바스크립트와는 떼래야 뗄 수 없는 필수불가결 관계이기 때문에 JSON은 더더욱 많이 사용되고 있습니다.

JSON의 표기법은 간단합니다. 객체의 표기법과 동일합니다. 단지 몇 가지 차이점이 있는데 함수(Function)을 표현할 수 없고 키 값이 반드시 큰따옴표(")로 감싸고 있어야 한다는 점입니다. 즉 JSON은 아래와 같이 표시됩니다.

```
{
  "data" : "some data",
  "others" : "other data"
}
```

우리가 이전에 배웠던 객체 표기법과 동일한 것을 보실 수 있습니다. JSON은 자바스크립트 객체 표기법이기 때문에 객체 안에 또 다른 객체를 넣는 것도 가능합니다.

```
{
  "objectData" : {
    "data" : "some data",
    "others" : "other data"
  },
  "others" : "other data"
}
```

그리고 배열 또한 가능합니다.

```
{
  "objectDatas" : [
    "1",
    "2",
    "3"
  ]
}
```

그리고 배열 안에 객체를 담을 수도 있습니다.

```
{
  "objectDatas" : [
    {
      "name" : "objectName1",
      "data" : "1"
    },
    {
      "name" : "objectName2",
```

```
        "data" : "2"
      }
    ]
}
```

JSON은 자바스크립트 객체 표기법이기 때문에 자바스크립트에서 바로 사용할 수 있다는 또 다른 장점이 있습니다. 따라서 앞으로 배우게 될 AJAX 기술을 사용할 때 JSON 방식이 많이 사용됩니다.

AJAX(Asynchronous JavaScript And XML, 비동기식 자바스크립트와 XML문서)라는 용어는 자바스크립트를 이용하는 하나의 기술인데, 웹상에서 새로 고침 없이 서버와 교신을 할 수 있습니다. 대표적인 예가 바로 페이스북(Facebook)인데, 페이스북의 경우 화면 이동 없이 모든 동작이 수행되는 것을 확인할 수 있습니다. 이러한 페이스북이 바로 AJAX를 적극 활용한 대표적인 사례라고 들 수 있습니다.

하지만 우리가 사용하는 하이브리드 앱에서 AJAX 기술을 사용하면 JSON 방식으로 교신할 수가 없습니다. 왜냐하면 크로스 도메인 규약(Cross Domain Interoperability)이라는 것이 있기 때문인데, 크로스 도메인 규약은 간단히 설명하면 동일하지 않은 도메인에서 AJAX를 통한 교신을 금지한다는 규약입니다. 쉽게 설명하면 동일한 서버(컴퓨터) 환경에 있는 웹 페이지 간에서만 통신을 허용한다는 것입니다. 이러한 제약이 존재하는 이유는 제3자가 AJAX를 통해 교신하는 것을 막기 위함입니다. 즉 보안설계를 위함인데, 이 때문에 서버 컴퓨터와 별도로 핸드폰에서 실행되는 하이브리드 앱은 동일 도메인에 속해있지 않아 크로스 도메인 규약에 어긋나기 때문에 교신을 할 수 없습니다. 하지만 하이브리드 앱을 개발하려면 서버와 교신을 하는 것이 반드시 필요합니다. 서버에 있는 데이터베이스에 새로운 데이터를 기록하고 받아오려면 서버와 교신 기능은 필수이기 때문입니다. 그리하여 개발된 새로운 대안이 바로 JSONP입니다.

4-5 JSONP

JSONP(JSON with Padding)는 JSON 기술과 거의 동일합니다. 다른 점은 콜백(Callback)이라는 인자를 받아 객체를 감싼다는 점입니다. 즉 JSONP는 아래와 같은 모습을 가집니다.

```
callback(
  {
    "data" : "1",
```

```
    "other" : "2"
  }
)
```

callback( ) 이라는 문자열 안에 JSON이 들어가는 것을 보실 수 있습니다. 보시다시피 한 가지 빼고는 표현법이 똑같이 때문에 JSON의 장점을 그대로 가집니다. 이러한 JSONP 방법의 또 다른 장점 중 하나는 바로 크로스 도메인 규약에 어긋나지 않는 다는 점입니다. 왜냐하면 이 방법은 자바스크립트 소스를 불러오는 방법이기 때문입니다. 즉, 〈script〉태그를 써서 외부에 있는 자바스크립트의 파일을 불러오는 방법을 이용하여 데이터를 불러오는 방법입니다. 외부에 있는 자바스크립트, 특히 다른 서버에 있는 자바스크립트를 불러오는 것은 아무런 문제가 되지 않기 때문에 가능한 일입니다. 따라서 서버에 데이터를 실어 요청을 보내면 서버는 필요한 요청을 처리하고, 자바스크립트 형태로 결과를 반환하기 때문에 브라우저 입장에서는 단지 외부 자바스크립트 파일을 불러온 것으로 인식하여 크로스 도메인 규약에 어긋나지 않게 통신이 가능한 것입니다. 우리가 앞으로 사용할 애플리케이션에서는 이러한 JSONP방식을 이용해 서버와 교신하게 될 것입니다. 따라서 앞으로 실습 때 개발할 애플리케이션에서는 JSONP를 이용한 AJAX 요청을 처리할 것입니다.

4-6 자바스크립트 내장 객체

마지막으로 자바스크립트를 이용해 앱을 개발할 때 가장 많이 사용하는 객체와 속성, 메서드들에 대해서 알아보고 이번 장을 마치겠습니다.

1) window객체

alert(문자열) : 웹 브라우저에 문자열을 창으로 출력합니다.

ex)

```
window.alert('hello world!');
```

confirm(문자열) : alert창과 비슷하지만 "확인", "취소" 버튼 2개가 나타나며 확인 클릭 시 참을 반환, 취소 클릭 시 거짓을 반환합니다.

ex)

```
if(window.confirm('계속 하시겠습니까?')) doSomething();
```

prompt(문자열) : 사용자로부터 값을 입력받고, 이를 반환합니다.

ex)

```
var userInput = window.prompt("값을 입력해주세요.");
```

innerHeight : 현재 사용 중인 기기에서 웹 브라우저의 높이를 반환합니다.

innerWidth : 현재 사용 중인 기기에서 웹 브라우저의 너비를 반환합니다.

ex)

```
window.alert("현재 너비 : " + window.innerWidth + " , 현재 높이 : " +
window.innerHeight);
```

2) location객체

href : 현재 웹 페이지의 주소입니다. 변경 시 변경된 주소로 이동하기 때문에 이동 구현 시 사용합니다.

ex)

```
location.href = "http://www.naver.com";  //네이버로 이동
```

3) document객체

document객체는 DOM과 관련된 속성과 메서드를 제공합니다. 하지만 곧이어 배울 jQuery를 통해 DOM을 제어할 것이기 때문에 이 책에서는 깊게 다루지 않습니다.

Note

Chapter 05

jQuery

하이브리드 애플리케이션의 장점은 바로 생산성이다. jQuery는 극단적인 생산성을 보장해주는 전 세계적인 JavaScript라이브러리이며, 이 jQuery를 이용해 애플리케이션을 개발하는 방법을 학습한다.

jQuery는 자바스크립트로 작성된 라이브러리(Library)입니다. 라이브러리란 무엇일까요? 직역하면 라이브러리는 도서관인데, 주로 프로그래밍 언어에서 여러 가지 함수나 데이터들을 정의하여 사용할 수 있도록 묶어서 제공하는 것을 라이브러리라고 부릅니다. 이제까지 예제에서는 CSS와 자바스크립트를 같은 파일 내부에서 작성하였지만 CSS와 자바스크립트 파일은 별도로 작성하여 불러올 수 있습니다. 사실 대부분은 이런 식으로 파일을 분리하여 많이 사용합니다. 그리하여 많은 자바스크립트용 라이브러리나 플러그인, 프레임워크(Framework) 등이 개발되어있는데 그중 가장 대표적인 라이브러리는 바로 jQuery라 할 수 있습니다.

jQuery write less, do more.

그렇다면 왜 jQuery를 사용할까요? 위 jQuery의 로고를 보면 **write less, do more.** 이라고 쓰인 파란색 글자가 보이실 것입니다. 바로 jQuery의 슬로건으로, 말 그대로 적게 쓰고 더 많은 기능을 수행할 수 있도록 하기 위해 개발되었습니다. 앞서 말씀드렸지만 초창기의 자바스크립트는 단순히 유효성 검사 등을 위해 개발되었다고 말씀을 드렸습니다. 그리고 시간이 지나면서 DOM을 다룰 수 있는 기능이 추가되었습니다. 근데 이러한 과정에서 여러 가지 문제가 생겼는데 바로 웹 브라우저 간 호환성이 결여되었다는 점입니다. 즉 Internet Explorer와 Google chrome, Firefox, Opera 등등 모든 브라우저가 각기 다른 기능을 제공하고 문법이 차이가 나기 시작한 것입니다. 그러다보니 똑같은 작업을 하는데도 그 기능이 지원하는지 안하는지 일일이 체크하여 작성하는 비효율적인 코드가 등장하게 됩니다. 따라서 이러한 크로스 브라우징 문제(이러한 문제를 크로스 브라우징 문제라고 합니다)를 해결도 하면서 동시에 좀 더 쉽게 자바스크립트 코드를 작성하고자 하여 탄생한 것이 바로 jQuery라고 보시면 됩니다. 앞으로 예제에서는 계속 jQuery를 사용할 것입니다. 따라서 곧이어 배울 jQuery를 불러오는 방법을 반드시 숙지하기 바랍니다. 이 방법은 jQuery뿐 아니라, 별도로 분리한 자바스크립트 파일을 불러오는 용도로도 사용하므로 꼭 이해하고 넘어가시길 바랍니다.

일단 jQuery를 다운받아보도록 하겠습니다. jQuery의 공식 홈페이지 http://jquery.com/으로 접속합니다.

접속한 후에 좌측 상단 로고 아래 Download를 클릭합니다.

jQuery는 계속해서 업데이트되고 있습니다. 우리는 웹 사이트를 구축하는 것이 아닌 하이브리드 앱을 개발하므로 최신버전을 이용하는 것이 좋습니다. 최신버전의 jQuery는 일부 브라우저와 호환성 문제가 발생하지만 최적화가 우수하기 때문에 더 빠른 속도로 동작합니다.

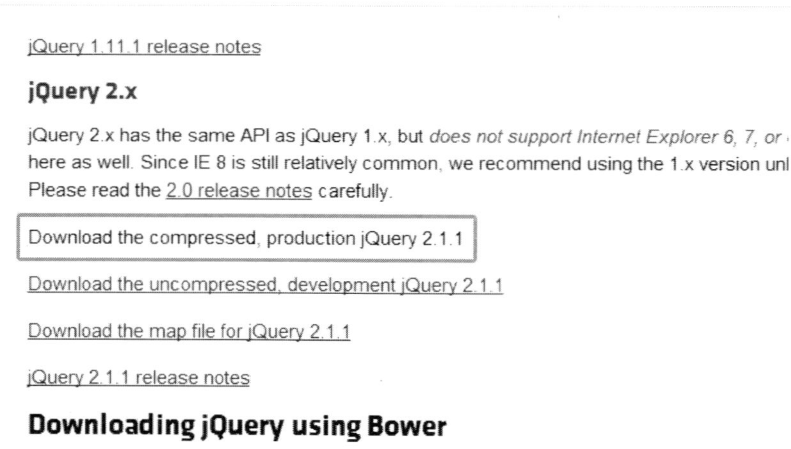

jQuery 2.x를 찾아 "Download the compressed, production jQuery 2.1.1"을 클릭해 다운로드합니다. 아래 uncompresed는 압축되지 않은 버전으로, 주로 어떻게 동작하는지 연구하는 목적으로 다운로드합니다.

다운받은 파일은 js 확장자를 가집니다. 이는 자바스크립트 확장자를 의미합니다. 그럼 다운받은 파일을 불러오도록 하겠습니다. 아래와 같이 빈 예제를 작성합니다.

```
<html>
  <head>
    <title>jQuery 예제</title>
  </head>
  <body>
    jQuery 예제
  </body>
</html>
```

외부의 자바스크립트를 불러오기 위해서는 〈script〉태그 내부에 자바스크립트 코드를 작성하지 않고 src속성을 이용해 자바스크립트 파일을 불러오면 됩니다. 앞서 다운받은 jQuery 파일(jquery-2.1.1.min.js)을 위 예제를 만든 폴더에 같이 위치시킵니다.

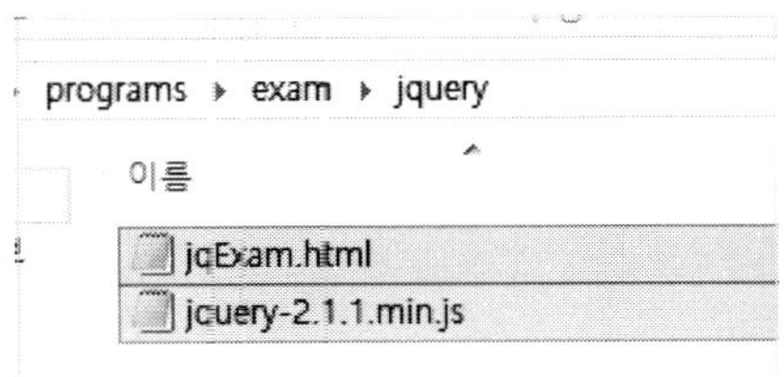

그리고 아래와 같이 〈script〉태그를 추가합니다.

```
<html>
  <head>
    <title>jQuery 예제</title>
    <script src="jquery-2.1.1.min.js"></script>
  </head>
  <body>
    jQuery 예제
  </body>
</html>
```

실행하여도 화면에는 아무런 변화가 없습니다. jQuery는 라이브러리이기 때문에 불러와도 별 다른 출력이 없기 때문입니다. 간단하게 jQuery를 사용하는 예제를 작성해보도록 하겠습니다.

```
<html>
  <head>
    <title>jQuery 예제</title>
    <script src="jquery-2.1.1.min.js"></script>
    <script>
      $(document).ready(function(){
        window.alert('Hello World!');
      });
    </script>
  </head>
  <body>
    jQuery 예제
  </body>
</html>
```

다음은 실행 화면입니다.

위 소스를 보면 아직까지 자바스크립트와 다른 점이 크게 느껴지지 않습니다. 사실 jQuery의 가장 큰 강점은 손쉬운 애니메이션 효과 구현과 DOM 구조의 탐색, 손쉬운 AJAX 요청 등인데 아직까지는 그러한 기능을 사용해보지 않아서 그렇습니다. 따라서 위와 같은 예제에서는 jQuery를 이용하지 않아도 크게 문제가 없습니다. 단지 $라는 표현을 잘 봐주세요. 바로 이 $가 jQuery의 시작이자 끝입니다. 앞으로 이 $를 이용하여 손쉽게 애플리케이션을 다루는 방법을 배우도록 하겠습니다.

5-1 DOM 탐색

아래와 같이 HTML 예제를 작성합니다.

```
<html>
  <head>
    <title>jQuery 예제</title>
    <script src="jquery-2.1.1.min.js"></script>
    <script>

    </script>
  </head>
  <body>
    <div>
      <h1>저는 H1 입니다.</h1>
      <h2>저는 H2 입니다.</h2>
      <h3>저는 H3 입니다.</h3>
      <h4>저는 H4 입니다.</h4>
      <h5>저는 H5 입니다.</h5>
      <h6>저는 H6 입니다.</h6>
    </div>
  </body>
</html>
```

다음은 실행화면입니다.

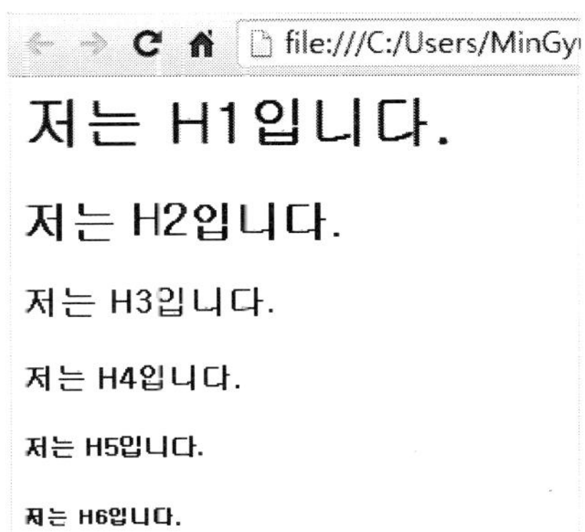

간단히 H1 ~ H6까지 출력해보았습니다. 그럼 위 각각의 H태그를 JavaScript와 jQuery로 각각 DOM 요소를 탐색하여 스타일을 변경시켜보겠습니다. 일단 순수한 자바스크립트를 할 경우 아래와 같이 할 수 있습니다.

```
<script>
  window.onload = function(){
    var t = document.getElementsByTagName('h1');
    t[0].style.color = "#FF0000";
  };
</script>
```

앞장에서 배웠던 document객체의 DOM 요소 검색 메서드들의 종류에 대해 알아봤었습니다.

```
document.getElementById : ID 명을 기준으로 DOM 요소를 탐색한다.
document.getElementsByClassName : 클래스명을 기준으로 DOM 요소를 탐색한다.
document.getElementsByTagName : 태그명을 기준으로 DOM 요소를 탐색한다.
```

이중 세 번째인, 태그명으로 DOM을 탐색하였습니다. 검색할 태그는 h1태그이며, HTML 내부에는 한 개가 아닌 여러 개의 h1태그가 있을 수 있기 때문에 자바스크립트는 이러한 DOM요소를 배열(Array)로 반환합니다. 따라서 변수 t에 h1태그를 대입하는데 배열로 반환되기 때문에 [ ] 연산자를 써서 첫 번째 h1태그의 style속성의 color속성을 "#FF0000"으로 변경합니다. 자바스크립트 배열 파트에서 배웠듯이 배열의 첫 번째는 0으로 시작하기 때문에 t[0]과 같이 사용하였으며, 반환되는 h1태그는 DOM요소의 객체(Object)로 반환됩니다. 즉 해당 태그와 관련된 모든 정보가 반환되는데 그 속성들 중 style이라는 속성은 CSS 속성을 나타내며, style 속성 내부에는 color라는 속성이 있으며 이 속성은 폰트의 색상(CSS의 color 참조)을 나타냅니다. 그리고 그곳에 대입된 "#FF0000"은 RGB색상의 16진수 값입니다. #뒤에는 0~F 사이의 문자가 들어가며 앞의 두 개는 빨간색(Red), 가운데 두 개는 녹색(Green), 마지막 두 자리는 파란색(Blue)을 뜻하며 이를 RGB 색상이라고 부릅니다. 각각의 숫자는 00에서 FF까지 나타내는데 수치가 높을수록 해당 색상이 뚜렷해집니다. 즉 FF0000이라는 표현은 빨간색은 최대로 진하고 나머지 두 색은 없다는 뜻이 되므로 빨간색이 됩니다. #이라는 것을 붙인 이유는 16진수라는 것을 표현하기 위하여 사용되는 일종의 약속입니다.

위 예제의 실행 결과는 오른쪽과 같습니다.

그렇다면 나머지 태그들도 전부 색상을 적용해 보겠습니다.

```
<script>
  window.onload = function(){
    var t1 = document.getElementsByTagName('h1');
    t1[0].style.color = "#FF0000";

    var t2 = document.getElementsByTagName('h2');
    t2[0].style.color = "#00FF00";

    var t3 = document.getElementsByTagName('h3');
    t3[0].style.color = "#0000FF";

    var t4 = document.getElementsByTagName('h4');
    t4[0].style.color = "#FF00FF";

    var t5 = document.getElementsByTagName('h5');
    t5[0].style.color = "#666666";

    var t6 = document.getElementsByTagName('h6');
    t6[0].style.color = "#888888";
  };
</script>
```

오른쪽은 실행 결과입니다.

자 그렇다면 이번 예제를 jQuery를 통해 적용해 보겠습니다. 먼저 h1의 색상을 변경해보겠습니다.

```
<script>
  $(document).ready(function(){
    $('h1').css('color', '#FF0000');
  });
</script>
```

결과는 순수 자바스크립트를 이용했을 때와 동일합니다. 하지만 훨씬 간결하고 직관적입니다. h1태그의 css속성 중 color속성을 #FF0000으로 변경한다는 뜻입니다. 보시다시

피 모든 것의 시작은 $로 시작하고 있습니다. 이 $( ) 안에 작성되는 것이 선택자이며 이는 앞서 배웠던 CSS와 동일하게 선택할 수 있습니다. 태그명은 그냥 태그명을, 클래스명은 .을, ID는 #을 통해 접근합니다. 예제가 상당히 직관적이므로 설명은 생략하겠습니다. 이번엔 h1 ~ h6 태그 모두 색상을 바꿔봅시다.

```
<script>
  $(document).ready(function(){
    $('h1').css('color', '#FF0000');
    $('h2').css('color', '#00FF00');
    $('h3').css('color', '#0000FF');
    $('h4').css('color', '#FF00FF');
    $('h5').css('color', '#666666');
    $('h6').css('color', '#888888');
  });
</script>
```

어떤가요? 자바스크립트보다 훨씬 작성이 쉬울 뿐더러 가독성 측면에서도 매우 보기 좋고 이해하기도 쉽습니다. 다음으로는 Query의 또 다른 장점, 바로 손쉬운 이벤트 연결에 대해 알아보겠습니다.

이번 예제에는 버튼을 하나 배치하고, 그것을 클릭하면 문자를 화면에 띄워보겠습니다.

```
<html>
  <head>
    <title>jQuery 예제</title>
    <script src="jquery-2.1.1.min.js"></script>
    <script>

    </script>
  </head>
  <body>
    <input type="button" id="myButton" value="출력!" >
  </body>
</html>
```

일단 자바스크립트로 OnClick(클릭 시 발생하는 이벤트) 이벤트를 연결해보겠습니다.

```
<script>
  window.onload = function() {
    var button = document.getElementById('myButton');
```

```
    button.onclick = function() {
      window.alert('Hello world!');
    };
  };
</script>
```

다음은 실행결과입니다.

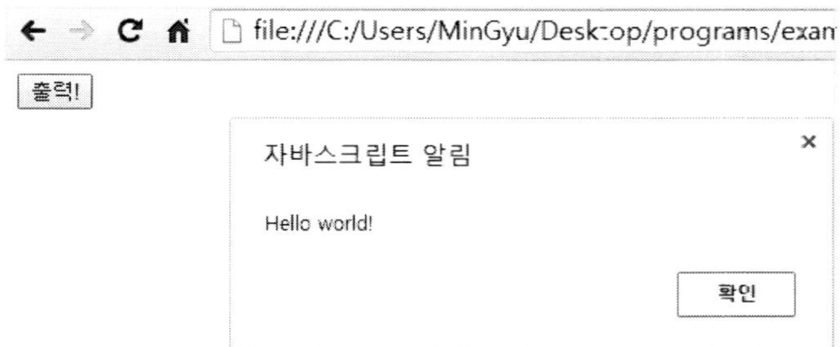

자 그럼 같은 동작을 jQuery로 작성해봅시다. click이벤트를 연결하는 부분을 주목해서 봐주시기 바랍니다.

```
<script>
  $(document).ready(function(){
    $('#myButton').click(function(){
      window.alert('Hello world!');
    });
  });
</script>
```

ID를 통해 접근할 때는 #을 이용해서 접근합니다. 그리고 그렇게 접근(가져온) 버튼의 click이벤트를 연결하고 있습니다. 이와 같이 jQuery는 이벤트 이름에서 on을 뺀 이름으로(위 예에서는 OnClick이므로 click) 접근할 수 있습니다. 이벤트 이름을 .을 찍고 명시한 다음 ( )를 쓰고 안에 매개변수로 함수(Function)을 넘겨주면 됩니다. 자바스크립트의 변수는 어떤 값이라도 가질 수 있다고 하였죠? 위와 같이 매개변수로 함수를 직접 넘길 수도 있는데 자바스크립트에서는 주로 비동기 요청의 콜백 함수(Callback Function)을 넘길 때 자주 사용하는 기법입니다. 비동기 요청이라는 용어와 콜백 함수라는 용어는 나중에 알아보도록 하고, 위에서는 단지 어떻게 click이벤트를 처리하였는지에 대해 주목해주세요.

자 그럼 이제 좀 더 발전된 예제를 만들어보겠습니다. 사용자로부터 하나의 값을

HTML상에서 입력받아 화면에 출력해보겠습니다.

```
<html>
 <head>
    <title>jQuery 예제</title>
    <script src="jquery-2.1.1.min.js"></script>
    <script>

    </script>
 </head>
 <body>
    <input type="text" id="userInput" />
    <input type="button" id="sendButton" value="전송" />
<p>입력결과 : </p>
 </body>
</html>
```

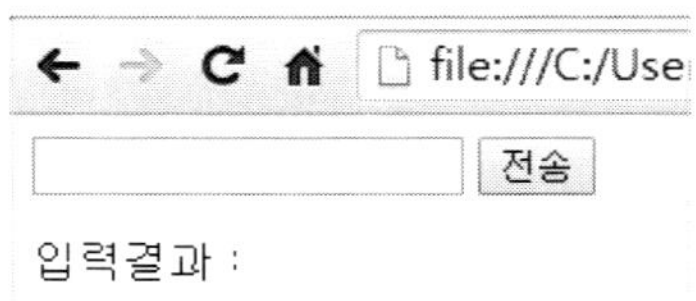

p태그를 통해 입력결과를 출력해보겠습니다. 자, 그럼 이제 자바스크립트로 동작을 제어(Control)하겠습니다.

```
<script>
window.onload = function() {
    var userInput = document.getElementById('userInput');
    var sendButton = document.getElementById('sendButton');
    var p = document.getElementsByTagName('p');

    sendButton.onclick = function() {
       var inputValue = userInput.value;
       p[0].innerText = "입력결과 : " + inputValue;
    };
 };
</script>
```

값을 입력하고 "전송" 버튼을 누르면 p태그의 내용이 변경되는 것을 확인할 수 있습니

다. 위 예제가 어렵다면 이해하지 못하셔도 괜찮습니다. 다만 jQuery를 통해 제어하는 방법은 반드시 이해해주세요. 위 코드를 jQuery로 바꿔보겠습니다.

```
<script>
  $(document).ready(function(){
     $('#sendButton').click(function(){
        var userInput = $('#userInput').val();
        $('p').text('입력결과 : ' + userInput);
     });
  });
</script>
```

#sendButton, 즉 ID가 sendButton인 DOM 요소를 클릭(Click)했을 때, userInput이라는 변수에 val() 메서드를 이용해 입력된 데이터를 가져와 대입하고, 마지막으로 태그명이 p인 태그의 text를 변경합니다. val( ) 메서드는 input 종류의 태그에 입력된 값(value)를 가져오는 함수입니다. val( ) 함수에 아무런 인자도 넣지 않으면 해당 DOM 요소에 입력된 값을, 인자로 데이터를 넘기면 그 값으로 속성을 변경(Update)합니다. 그리고 text함수는 태그의 내부 텍스트(innerText)를 변경하거나 가져오는 메서드입니다. 위와 같이, jQuery에서는 대부분의 함수가 두 가지 역할을 합니다. 인자로 아무런 값을 넘기지 않으면 해당 값을 가져오고, 값을 넘기면 그 값으로 변경하는 것입니다. 이렇듯, jQuery를 쓰면 훨씬 쉽게 자바스크립트 코드를 작성할 수 있으며 수정하기도 편하고 가독성도 높아 다른 사람도 쉽게 이해할 수 있는 장점이 있습니다.

이제 슬슬 jQuery를 왜 써야 하는지에 대한 감이 오시나요? 이것은 jQuery를 다루는 기초일 뿐입니다. jQuery의 목표는 손쉬운 사용입니다. 따라서 단순히 기본적인 기능들만 단순화하여 제공할 뿐만 아니라, 자바스크립트를 통해 만들어내는 각종 기술들 또한 손쉽게 제어할 수 있게 도와줍니다. 다음으로는 그러한 기술 중에 하나인 애니메이션 기술에 대해 알아보겠습니다.

5-2 애니메이션

본래 자바스크립트에서는 애니메이션(Animation)을 위한 기능을 전혀 제공하지 않습니다. 따라서 일정시간동안 지연(Delay)을 주고, 좌표를 서서히 변경하는 방식으로 애니메이션 효과를 구현하였습니다. 하지만 jQuery에서는 자체적으로 애니메이션을 쉽게 구현

하고 제어할 수 있도록 animate( )라는 메서드를 제공합니다. 이 메서드를 쓰면 골치 아픈 자바스크립트 애니메이션 구현을 손쉽게 처리해줍니다.

jQuery의 애니메이션 효과를 구현하기 위해서는 어떻게 애니메이션이 동작하는지에 대한 이해가 필요합니다. jQuery의 애니메이션 효과는 CSS를 이용하는데 현 상태에서 새로 지정한 CSS로 애니메이션을 수행합니다. 예를 들자면 어떤 그림 요소(〈img /〉)가 화면에 나타나있고, 이 그림이 왼쪽에 있는데 오른쪽으로 서서히 이동하는 애니메이션을 넣으려고 한다면 기존 left속성에서 일정 시간마다 left값을 증가시키면 왼쪽에서 오른쪽으로 점점 이동하는 것처럼 보이게 됩니다. 비슷한 방법으로 top의 값을 점점 증가시키면 위에서 아래로 내려 오는듯한 모습으로 보이게 됩니다. 바로 이러한 것이 애니메이션 효과의 원리입니다. 100번 말로 듣는 것보다 직접 보는 게 효과적입니다. 다음 예제를 작성해주세요.

```
<html>
  <head>
    <title>jQuery 예제</title>
    <script src="jquery-2.1.1.min.js"></script>
    <script>

    </script>
    <style>
      .Playground {
        position: relative;
        width: 300px;
        height: 300px;
        background-color: yellow;
        border: 1px solid black;
      }
      .Rectangle1 {
        position: absolute;
        top: 0;
        left: 0;
        width: 64px;
        height: 64px;
        background-color: #00FF00;
        text-align: center;
      }
    </style>
  </head>
  <body>
    <div class="Playground">
      <div class="Rectangle1"></div>
    </div>
```

```
  </body>
</html>
```

오른쪽 그림의 초록색 사각형을 클릭하면 왼쪽으로 이동하는 애니메이션을 만들어보겠습니다.

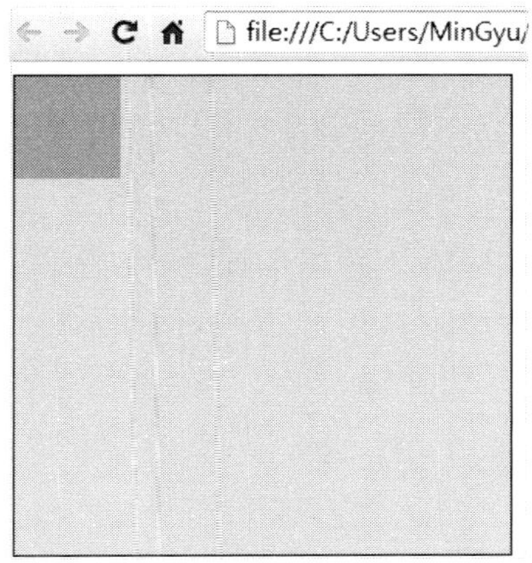

자바스크립트를 아래와 같이 작성합니다.

```
<script>
  $(document).ready(function(){
    $('.Rectangle1').click(function(){
      $(this).animate({'left' : '200px'});
    });
  });
</script>
```

초록색 사각형을 눌러봅시다. 사각형이 오른쪽으로 매끄럽게 이동하는 것을 확인할 수 있습니다. 애니메이션을 구현할 때에는 animate 메서드를 사용하며 인자로는 객체({ })를 넘기되, 객체의 속성은 css속성을 지정하면 됩니다. 위에서는 left라는 속성을 200px로 이동한다고 명시하고 있습니다. 초기에는 left 속성이 0px이며 클릭 시 200px 이동합니다.

그럼 위 예제를 간단히 변경해봅시다. 왼쪽에서 오른쪽으로 이동하는 것이 아닌, 위쪽에서 아래쪽으로 내려가는 것으로 변경해보겠습니다.

```
<script>
  $(document).ready(function(){
    $('.Rectangle1').click(function(){
      $(this).animate({'top' : '200px'});
    });
  });
</script>
```

이번에는 위 두 가지의 애니메이션을 한 가지로 합쳐보겠습니다.

```
<script>
  $(document).ready(function(){
    $('.Rectangle1').click(function(){
      $(this).animate({
        'top' : '200px',
        'left' : '200px'
      });
    });
  });
</script>
```

위와 같이 여러 가지 속성을 지정해주면 jQuery에서 알아서 애니메이션을 수행합니다. 기본적으로 애니메이션이 진행되는 속도, 즉 애니메이션 시작부터 종료될 때까지의 시간은 600밀리 초, 즉 0.6초입니다. 만약 속도를 변경하고 싶다면 animate 메서드의 두 번째 인자로 시간을 명시하면 됩니다. 만약 2초 동안 애니메이션이 실행되고 싶다면 아래와 같이 변경합니다.

```
<script>
  $(document).ready(function(){
    $('.Rectangle1').click(function(){
      $(this).animate({
        'top' : '200px',
        'left' : '200px'
      }, 2000);
    });
  });
</script>
```

속도를 너무 낮게 잡으면 눈에 띄지 않으므로 가능하면 1초 내외로 애니메이션을 지정하는 것이 좋습니다.

애니메이션이 진행 중이다가, 중지를 해야 한다면 어떻게 해야 할까요? 자바스크립트로 애니메이션을 직접 구현한다면 중간에 중지하는 로직을 추가하면 되지만 jQuery에서는 jQuery 스스로 애니메이션을 내부적으로 처리하기 때문에 중간에 개발자가 난입할 수 없습니다. 따라서 jQuery에서는 이러한 애니메이션을 중지시킬 수 있는 stop메서드를 제공합니다. 위 예제에 중지를 위한 버튼을 추가하고, 애니메이션 속도를 늦춰보겠습니다.

```
<html>
  <head>
    <title>jQuery 예제</title>
    <script src="jquery-2.1.1.min.js"></script>
    <script>
      $(document).ready(function(){
        $('.Rectangle1').click(function(){
          $(this).animate({
                'top' : '200px',
                'left' : '200px'
          }, 4000);
        });

        $('.BtnStop').click(function(){
          $('.Rectangle1').stop();
        });
      });
    </script>
    <style>
      .Playground {
        position: relative;
        width: 300px;
        height: 300px;
        background-color: yellow;
        border: 1px solid black;
      }
      .Rectangle1 {
        position: absolute;
        top: 0;
        left: 0;
        width: 64px;
        height: 64px;
        background-color: #00FF00;
        text-align: center;
      }
    </style>
  </head>
  <body>
    <div class="Playground">
      <div class="Rectangle1"></div>
    </div>
    <input type="button" class="BtnStop" value="중지" />
  </body>
</html>
```

변경된 부분은 빨간색으로 색칠해두었습니다. 예제를 실행하면 초록색 사각형이 천천히 이동합니다. 그리고 새로 추가한 버튼을 클릭하면 이동하던 사각형이 즉시 중지합니다. 이렇듯, jQuery는 애니메이션을 제어할 수 있는 다양한 방법을 제공합니다.

애니메이션 기술은 사용자와 애플리케이션이 소통할 수 있는 효과적인 방법 중 하나입니다. 적절한 애니메이션의 사용은 사용자에게 신선함과 재미를 부여하여 사용자를 지속적으로 붙잡아 둘 수 있는 효과를 발생시킵니다. 하지만 너무 화려하고 과도한 애니메이션은 자칫 복잡해질 수 있으므로 주의하는 게 좋습니다.

jQuery 애니메이션은 모바일에서 실행할 시 퍼포먼스가 상당히 떨어지는 단점이 있습니다. 따라서 아직까지는 하이브리드 애플리케이션 개발 시에는 크게 사용되지 않는 실정입니다. 그러나 모바일 기기의 성능이 점차 향상 되고 있으므로 속도에 대한 부분은 곧 해결될 것입니다. 따라서 지금 당장은 사용하지 않더라도 미리 배워두면 조만간 사용할 수 있을 것입니다.

5-3 DOM 구조 탐색

jQuery의 또 다른 강점은 바로 손쉬운 DOM 구조 탐색입니다. CSS와 자바스크립트 파트를 거치면서 우리는 어떻게 DOM 요소를 탐색하여 선택하는지에 대하여 알아보았습니다. 문제는 자바스크립트에서 DOM 요소를 선택하는 방법이 조금 복잡한 편이며, 프로그래밍에 대한 지식이 얕은 비전공자에게는 상당히 어려울 수 있습니다. 따라서 jQuery는 CSS와 동일한 선택방법을 제공하고 있으므로 훨씬 더 쉽게 선택할 수 있습니다.

앞서 이제까지의 jQuery를 배워오면서 $('')를 통해 선택하는 것을 익혀왔습니다. 태그명은 단순히 태그명을 기입하고 클래스명은 .클래스명, ID는 #ID와 같이 접근하였습니다. 어디서 많이 사용한 방법이지 않나요? 네, 바로 CSS의 선택방법과 동일합니다. 이뿐만이 아닙니다. CSS와 동일한 형제/자식/후손 선택자를 지원합니다. 즉 아래와 같은 HTML 소스가 있다면,

```
<div>
  <h1>H1 입니다.</h1>
  <p>P 입니다.</p>
</div>
```

h1태그에 CSS를 적용하려면 다음과 같은 방법이 있습니다.

❶ h1 태그에 직접 스타일 적용

❷ div태그의 자식인 h1 태그에 스타일 적용
즉 아래와 같습니다.

```
h1 {
  color: red;
}
```

또는

```
div > h1 {
  color: red;
}
```

위와 동일하게, jQuery 선택자로 선택할 수 있습니다.

```
$('h1').css('color', 'red');
```

또는

```
$('div > h1').css('color', red');
```

P를 선택한다면 어떨까요?

❶ p태그를 직접 지정

```
p {
  color: blue;
}
```

❷ div태그의 자식태그인 p태그

```
div > p {
  color: blue;
}
```

❸ h1태그의 형제인 p태그

```
div > h1 + p {
  coor: blue;
}
```

jQuery에서도 동일하게 선택할 수 있습니다.

```
$('p').css('color', 'blue');
$('div > p').css('color', 'blue');
$('div > h1 + p').css('color', 'blue');
```

이러한 선택자 이외에도 jQuery에는 많은 DOM 탐색 메서드들이 존재합니다. 부모를 선택하는 parent() 메서드, 자식을 선택하는 children() 메서드, 특정 조건에 만족하는 후손을 찾는 find() 메서드, 형제 메서드를 선택하는 sibling() 메서드, 이전 형제를 선택하는 prev() 메서드, 다음 형제를 선택하는 next() 메서드 등 매우 많은 기능을 제공하고 있기 때문에 손쉽게 DOM 조작이 가능합니다. 위 언급한 메서드들은 모두 앱을 직접 개발하면서 직접 배워보도록 하겠습니다. 이와 같이 jQuery는 복잡한 DOM구조를 굉장히 편하고 쉽게 탐색할 수 있게 지원을 합니다.

자, 지금까지 jQuery의 기능에 대해 간략히 살펴보았습니다. 자바스크립트를 손쉽게 제어할 수 있기 때문에 자바스크립트 부분보다 이해하기가 수월하셨을 겁니다. 물론 아직 제대로 이해하지 못하셨을 수도 있고 헷갈리실 수도 있습니다. 하지만 이해가 가지 않는 것에 대해 크게 상심할 필요는 없습니다. 원래 프로그래밍 언어를 배운다는 것 자체부터가 쉬운 일이 아닌데다가, 비전공자라면 충분히 난이도가 높기 때문입니다. 걱정하실 것 없습니다. 가장 좋은 방법은 바로 직접 실습을 통해 실전 감각을 기르는 것이며, 여러분들은 나중에 직접 애플리케이션을 개발하면서 이해를 하게 될 것입니다. 그리고 모든 것을 외우려고 하신다면 그러실 필요가 전혀 없습니다. 사람의 기억력은 한계가 있기 때문입니다. 프로그래머들도 절대로 언어의 모든 부분을 암기하지 않습니다. 기본적인 문법과 사용 방법만 습득하고 필요한 기능들은 책이나 인터넷을 통해 검색하여 알아봅니다. 따라서 여러분도 직접 애플리케이션 개발을 진행하다가 막힐 때 다시 이전 파트로 돌아와 읽으시면 이전 보다 훨씬 깊게 이해할 수 있을 것입니다.

이제까지는 클라이언트 단에서 이루어지는 작업에 대하여 학습해보았습니다. 클라이언트(Client)란 사용자, 즉 PC나 모바일 등을 통해 웹 페이지에 접근하는 사용자라고 보시면 됩니다. 하이브리드 앱 측면에서 보자면 앱을 다운받아 실행하고 있는 사용자가 됩니다. 즉 이제까지 우리가 개발한 모든 예제는 사용하는 사람의 컴퓨터에서 직접 처리되게 됩니다. SNS와 같은 서비스는 네트워크 서비스이기 때문에 클라이언트 처리만으로는 구현이 불가능합니다. 따라서 서버 측의 처리가 필요합니다. 다음 장부터는 서버의 개념과 대표적인 서버 프로그래밍 언어인 PHP를 배워보겠습니다.

Note

Chapter 06

PHP

하이브리드 애플리케이션에서 서버와 교신을 하기 위해서는 서버단의 처리가 요구된다. 애플리케이션 작업에 필요한 DB핸들링과 간단한 데이터 조작에 대해서 학습한다.

6-1 PHP란?

PHP란 PHP Hypertext Preprocessor의 약자로, 대표적인 서버 스크립트 언어입니다. 서버 스크립트 언어라는 용어에 대해 이해하기 위해선 서버(Server)와 클라이언트(Client)라는 용어에 대해 먼저 알아야 합니다.

여러분은 일상생활에서 서버라는 용어를 한 번 쯤은 들어보셨을 겁니다. 쉽게 설명하자면 서버는 원격지(다른 장소)에 설치된 컴퓨터 정도로 이해하면 됩니다. 우리는 네트워크 환경을 이용해 현재 컴퓨터(또는 스마트폰)에서 다른 컴퓨터(서버)로 접속해 서비스를 이용하고 있습니다. 가장 대표적인 분야가 바로 웹 분야, 그리고 게임 분야 등입니다. 서버는 이러한 웹 사이트나 게임 서버 등 접속한 사용자의 요청을 해석하고 그에 맞는 응답(서비스)을 제공합니다. 우리가 이제까지 배운 자바스크립트는 클라이언트 쪽에서 동작합니다. 따라서 자바스크립트를 클라이언트 사이드(Client Side : 클라이언트 측) 언어라고 부릅니다. 반대로, 위에서 배운 서버 쪽에서 사용자의 요청을 해석하고 응답하는 역할을 하는 언어가 바로 서버 사이드 언어(Server Side : 서버 측)이며 대표적인 서버 사이드언어가 우리가 이제 배우려고 하는 PHP입니다.

PHP는 자바스크립트처럼 C언어의 문법을 따르고 있습니다. 따라서 자바스크립트와 비슷한 점이 굉장히 많습니다. 단지 처리하는 분야가 다르기 때문에 문법 자체는 비슷하지만 코드는 완전히 다릅니다. 우리는 이 PHP를 이용해 사용자가 요청한 네트워크 서비스를 구현할 것입니다.

서버 사이드 언어를 사용하려면 서버가 필요합니다. 단순히 PHP 자체만을 공부하기 위한 목적이라면 현재 사용 중인 컴퓨터에 웹 서버를 설치하고 데이터베이스를 설치하면 되지만 애플리케이션을 실제로 개발하려면 다른 네트워크에서 접속하여 처리할 수 있어야 됩니다. 특히 웹 서버와 데이터베이스가 필요한데 서버 구축은 비용이 많이 소모됩니다. 따라서 이 책에서는 무료 호스팅(Free Hosting)을 이용하여 서버 측에서 서비스를 구현할 것입니다. 무료 호스팅 제공 업체는 많이 있기 때문에 서버가 없으신 독자는 포털 사이트에서 검색을 통해 필요한 호스팅을 구하기 바랍니다. 참고로 아무 호스팅을 구하는 게 아닌, PHP와 MySQL을 지원하는 호스팅 이어야 합니다. 대부분의 무료 호스팅은 PHP를 기반으로 하기 때문에 크게 문제될 점은 없습니다.

호스팅을 구했다면 서버에 파일을 전송할 수 있어야 합니다. 파일을 서버에 전송하려면 FTP 프로그램이라는 것을 사용하여야 하는데, 이 또한 여러 가지 무료 프로그램이 많으므로 적절히 필요한 프로그램을 활용해 진행하면 됩니다. 대표적인 FTP 프로그램으로는 Xftp, 알FTP, 파일질라 등이 있습니다. 이 책에서는 Xftp를 이용하고 있습니다.

그 외, PHP를 작성할 때에는 이제까지와 마찬가지로 Sublime Text 2 편집기를 사용할 것입니다.

6-2 Hello PHP

준비가 다 되셨으면 Sublime Text 2로 새 파일을 생성하고 아래와 같이 입력합니다.

```
<?php
  echo "<h1>Hello PHP</h1>";
?>
```

주의하실 점은 저장 후에 파일 확장자를 html이 아닌 PHP로 하여야 한다는 점입니다. 파일을 작성했으면 FTP 프로그램을 이용하여 파일을 서버에 전송합니다.

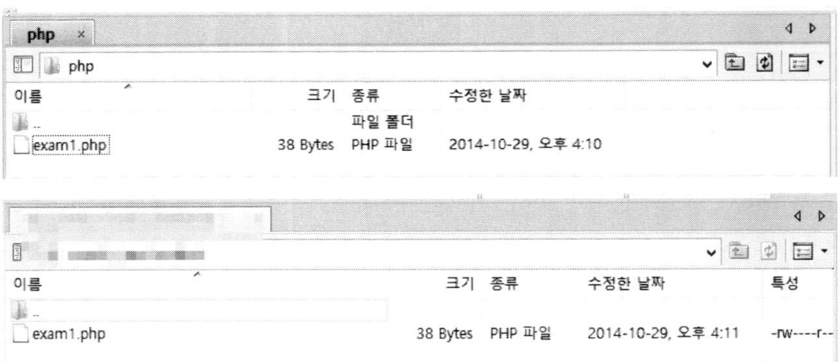

서버에 파일을 업로드 했다면 웹 브라우저를 실행하여 접속해보도록 하겠습니다. 웹 브라우저는 인터넷 익스플로러(Internet Explorer), 구글 크롬(Google Chrome) 등이 있으며 어느 브라우저를 사용해도 문제없습니다. 저는 파일 이름을 exam1.php로 작성하였으며 publish라는 디렉터리(폴더)를 생성하여 그곳에 이동시켜 두었습니다.

실행하면 화면에 h1태그로 Hello PHP가 출력되는 모습을 확인할 수 있습니다. 그렇다면 어떤 원리로 이렇게 동작하는 것일까요? 이를 이해하기 위해서는 웹 서버(Web Server)가 어떻게 동작하는지에 대해 이해할 필요가 있습니다.

우선 이와 같이 클라이언트(사용자)와 서버가 있습니다. 위 사용자는 www.example.com 이라는 사이트에 접속하여 서비스를 받고자 합니다. 따라서 웹 브라우저를 실행하고 주소창에 www.example.com을 입력합니다.

그러면 웹 브라우저는 www.example.com이라는 웹 서버에 응답을 요청합니다. www.example.com은 서버에 접속하기 위한 주소입니다.

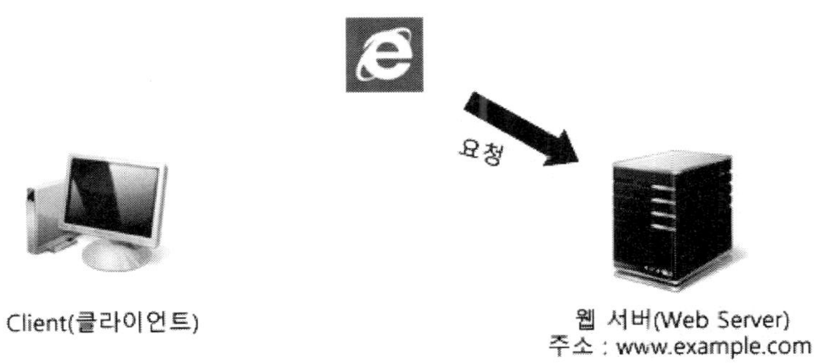

서버는 웹 브라우저의 요청을 받아 해당하는 응답을 반환합니다. 따라서 www.example. com은 기본 파일로 설정된 웹 문서(주로 index.html이나 index.php, index.asp 등이 해당합니다)를 웹 브라우저에게 반환합니다.

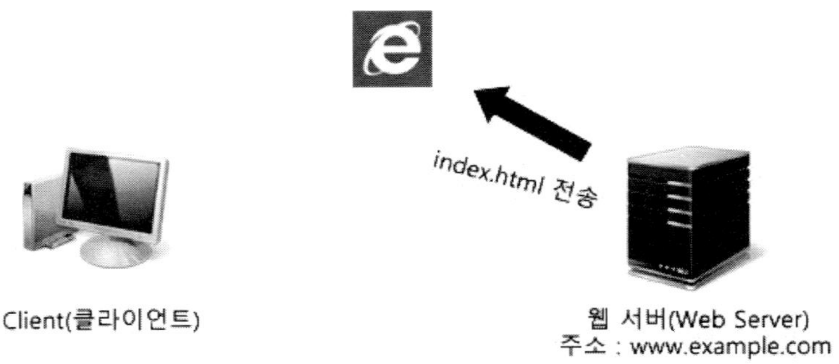

마지막으로 웹 브라우저는 서버로 부터 전달받은 HTML 파일을 클라이언트의 화면, 즉 웹 브라우저의 화면에 출력합니다.

최종적으로 사용자는 웹 서버에 있는 index.html을 보게 되는 것입니다. 위 화면은 전형적인 HTML 문서에 대한 교환을 나타낸 것입니다. 실제 웹 서비스를 구현할 때는 지금 배우고 있는 PHP와 같은 서버 사이드 언어를 이용하게 되는데, 예제를 통해 보셨다시피 HTML과는 완전 다른 모습입니다. 하지만 결과물은 HTML과 동일하게 나타납니다. 왜 이렇게 되는 걸까요?

사실 PHP와 같은 서버 사이드 언어가 사용되면 위 과정에서 몇 가지 단계가 추가됩니다. 위에서 작성한 PHP 예제를 예를 들어 설명해보겠습니다. 만약 접속하려는 경로(여러분이 구축하신 서버 아니면 사용 중인 호스팅 주소)가 www.example.com 이라고 가정하고, 업로드한 PHP 파일이 publish라는 폴더 안에 exam1.php라고 가정하겠습니다. 그

리고 사용자가 해당 exam1.php 위치에 접근한다고 가정하겠습니다. 즉, 웹 브라우저의 주소창에 http://www.example.com/publish/exam1.php 라고 입력한 것입니다.

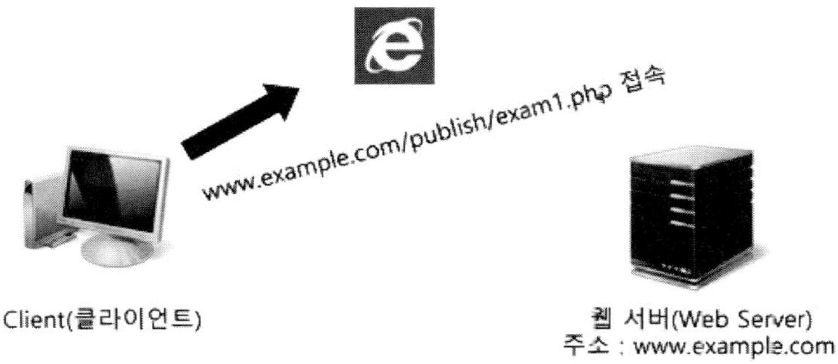

그러면 웹 브라우저는 이전처럼 www.example.com에 있는 publish라는 경로에 있는 exam1.php 파일을 요청합니다. 아까 예제에서는 단순히 www.example.com이라고 지정하였는데, 이런 경우는 주로 웹 서버에서 지정한 기본 파일(기본설정은 index.html 또는 index.php 등입니다)을 반환합니다. 따라서 아까는 index.html을 반환하였습니다. 이번에는 직접 요청할 파일을 명시를 하였습니다.

지금까지는 이전과 동작이 동일합니다. 하지만 지금부터는 동작이 다릅니다. 웹 서버는 /publish/exam1.php 파일에 대한 요청을 확인하지만 바로 반환하지 않습니다. 대신 /publish/exam1.php 파일을 열어서 해석을 하여 HTML 파일로 변환합니다.

예제에서는

```
<?php
  echo "<h1>Hello PHP</h1>";
?>
```

이와 같이 작성하였습니다. echo는 문자를 출력하는 함수로, 이 함수를 통해 웹 서버는 빈 HTML 파일을 만들고 **〈h1〉Hello PHP〈/h1〉**라는 문자열을 기록합니다. 그리고 작성되지 않은 HTML태그, Body태그, Head 태그 등은 모두 자동으로 생성하여 반환합니다. 즉 아래와 같이 변환됩니다.

```
<html>
  <head></head>
  <body>
    <h1>Hello PHP</h1>
  </body>
</html>
```

그리고 이렇게 만든 파일을 다시 웹 브라우저에게 반환합니다. (이를 응답한다고 표현하기도 합니다)

그러면 웹 브라우저는 전달받은 HTML 파일을 자신의 화면(웹 브라우저의 화면)에 출력하여 사용자에게 보여주게 됩니다.

이와 같은 과정을 통해 PHP문서가 화면에 출력되게 됩니다. 위 예제에서는 단순히 H1 태그만 출력하였지만 단순히 HTML 문서를 출력하는 것 이외에도 많은 것을 처리할 수 있습니다. 대표적인 예가 바로 로그인(Login) 기능을 구현하거나 데이터베이스에 작업을 요청하는 것입니다.

전자의 경우는 주로 쿠키(Cookie)나 세션(Session)이라는 기술을 이용해 구현을 하는데, 이 책은 PHP를 학습하기 위한 책이 아니므로 넘어가겠습니다. 그리고 데이터베이스에 작업을 요청하는 작업은 다음 장인 데이터베이스 파트에서 배울 것입니다. 따라서 우리는 직접 서비스를 개발하는 것이 아니고 PHP에 대한 기초 문법을 습득할 것입니다.

6-3 PHP 기초문법

PHP로 작성한 파일을 앞으로 PHP 문서(PHP Document)라고 부를 것입니다. PHP문서는 반드시 〈?php로 시작하고 ?〉으로 끝나야 됩니다. 예제에서 보시면 첫 번째 줄에 〈?php, 그리고 마지막 줄에 ?〉으로 끝나는 것이 보일 겁니다. PHP 문서는 보통 HTML과 혼합하여 작성됩니다. 앞서 배운 예제에서는 PHP 코드 이외에는 별 다른 코드가 들어가지 않았습니다. 하지만 우리는 최종적으로 HTML문서로 변환된다는 사실을 배웠습니다. 하지만 아래와 같이 HTML 문서와 섞어서 PHP 코드를 사용할 수 있습니다.

```
<html>
  <head>
```

```
    <title>Hello PHP</title>
  </head>
  <body>
<?php
  echo "<h1>Hello PHP</h1>";
?>
  </body>
</html>
```

실행결과는 이전 예제와 동일합니다. 이렇듯이 PHP는 HTML코드와 섞어서 사용되는 게 대부분입니다. echo 함수는 문자열을 문서에 출력하는 함수입니다. 따라서 위 부분은 〈body〉태그 내부에 〈h1〉Hello PHP〈/h1〉가 출력되므로 최종적으로 변환된 코드는 〈h1〉Hello PHP〈/h1〉가 들어간 코드가 되게 됩니다.

한 가지 유의해야 할 점은 echo 함수의 사용방법입니다. PHP는 C언어의 문법을 따른다고 하였고, 자바스크립트도 C언어의 문법을 따르면 함수를 호출할 때 echo( )와 같이 호출하는 것이 맞습니다. 네, PHP에서 함수를 호출하는 방법은 echo( )와 같이 하는 것이 맞습니다. 하지만 echo 함수만 예외적으로 ( ) 대신에 출력할 대상을 바로 지정할 수 있습니다. 그것이 변수라면 echo($p); 와 echo $p; 는 동일하게 동작합니다. 만약 그것이 상수 문자열이라면 echo "Hello PHP";와 echo("Hello PHP");도 마찬가지 동일하게 작동합니다. 이러한 것에 대하여 혼란스러워하실 필요는 없습니다. 유일하게 echo함수만 위와 같은 문법이 허용됩니다.

6-4 변수 선언과 자료형

변수(Variable Number)와 자료형(Data Type)에 대한 개념은 자바스크립트를 하면서 이미 배웠습니다. 만약 잘 기억이 나지 않는 분들은 자바스크립트 파트로 돌아가 한번 정도 다시 읽어보고 오시길 추천 드립니다. PHP도 자바스크립트처럼 변수와 자료형이 존재합니다. 하지만 PHP는 변수를 선언하지 않아도 사용이 가능한 특별한 언어입니다. 사실 이는 자바스크립트도 지원되는 기능이고, 대부분의 스크립트 언어(또는 매크로 언어)에서 제공하는 기능이기 때문에 PHP만의 특성이라고만은 볼 수 없습니다. 변수를 선언하지 않아도 된다는 점은 장점도 있지만 또한 단점도 있습니다. 일단 단점부터 살펴보면 주의해서 사용하지 않으면 보안에 허점이 생길 수 있다는 점입니다. 선언되지 않은 변수나 상수에 대한 기능 동작을 허용하게 되면 공격자가 비정상적인 방법으로 생성한 동작

을 실행할 수 있게 되기 때문입니다. 또 다른 단점은 오류나 버그 발생 시 어디서 문제가 되었는지 알기가 힘들다는 점입니다. 특히 오타가 났을 경우 분명히 값을 지정했는데 한 글자를 빠뜨렸거나, 대문자를 소문자로 적어서 다른 변수로 인식할 경우, C언어나 다른 언어에서는 컴파일 시 오류가 발생하지만 스크립트 언어에서는 그 이름으로 새로 변수를 만들어버립니다. 따라서 이러한 부분은 변수를 선언하지 않는 언어의 대표적인 단점으로 떠오르는 점들입니다.

그렇다면 장점은 무엇이 있을까요? 가장 큰 장점은 변수에 대한 수명을 생각하지 않아도 된다는 점입니다. 단지 필요할 때마다 즉각적으로 변수를 만들 수 있다는 점입니다. 즉 변수 선언(Variable declaration)이라는 형식으로 부터 자유롭게 벗어날 수 있다는 점입니다. 또 다른 장점은 PHP로 개발한 PHP 애플리케이션(PHP로 개발한 웹 애플리케이션을 PHP 애플리케이션이라고 부릅니다)을 모듈화, 즉 기능별로 분할하고 불러올 때, 변수가 중복 사용되더라도 아무런 문제가 발생하지 않습니다. C언어와 같은 언어에서는 변수를 중복해서 선언할 때 오류가 발생하며, 반대로 선언하지 않고 사용하면 선언되지 않은 변수에 접근하기 때문에 오류가 발생합니다,

하지만 대부분 변수의 선언 없이 사용하는 점을 허락하는 이 기능은 다소 편할지 모르더라도 위험한 측면이 많습니다. 특히 PHP에서 처리될 데이터 중 사용자로부터 입력받은 데이터 같은 경우 공격자가 위험한 공격(주로 코드를 무력화시키는 코드를 전송하는 등)을 시도할 수 있기 때문에 이런 것에 대한 대비책을 세우지 않으면 쉽게 공격당할 수 있다는 큰 단점이 있습니다. 따라서 이러한 점에 대해서는 적절한 방어선을 세워 사전에 공격을 방지하는 것이 중요합니다. 이러한 부분은 나중에 실제로 애플리케이션을 개발할 때 직접 알아보도록 합시다.

또 다른 PHP의 장점은 자바스크립트처럼 자료형에 얽매이지 않는다는 점입니다. 이 부분은 자바스크립트와 유사한 점이 많습니다. 한 가지 유의해야 할 점은 문자열과 문자열을 결합할 때 자바스크립트처럼 + 연산자를 사용하면 안 된다는 점입니다. PHP에서는 이러한 상황에서 . 연산자를 사용합니다. 즉 아래와 같이,

```
$a = "My ";
$b = "name is ";
$c = "MinGyu.";
```

3개의 문자열 변수인 $a, $b, $c를 하나의 문자열로 합치기 위해서는

```
$str = $a + $b + $c;
```

가 아닌

```
$str = $a . $b . $c;
```

와 같이 사용을 해야 합니다. 이외에도 자바스크립트와 다른 점이 몇몇 있습니다. 그러한 점들은 나중에 차근차근 배워보도록 하겠습니다. 자바스크립트처럼 PHP에서 처리할 수 있는 자료형은 정수(숫자), 실수(소수점), 문자, 그리고 부울린(Boolean) 등이 있습니다.

PHP에서는 변수 선언을 할 필요가 없습니다. 아니, 사실 변수 선언을 위한 문법 자체가 없습니다. 만약 미리 사용할 변수를 지정해놓고 싶다면 단순히 빈 문자나 0같은 값을 대입하면 됩니다. 가장 중요한 점은 이제까지 변수의 이름을 보셨다면 아시겠지만 변수의 이름 앞에 반드시 $를 붙여주어야 한다는 점입니다.

```
$tempStr = "";
$i = 0;
```

그렇게 되면 자동으로 변수가 할당이 되고 자유롭게 사용을 할 수 있습니다. 변수의 이름에 $를 붙이는 것은 펄(Perl)이라는 프로그래밍 언어에서 따온 개념입니다. 이렇게 변수 이름이 $를 붙이지 않으면 오류가 발생하기 때문에 변수를 사용할 때에는 반드시 $를 붙이도록 하여야 합니다.

6-5 함수

프로그래밍에서 함수(Function)는 매우 중요한 개념입니다. 그리고 PHP 또한 당연히 이러한 함수의 사용을 지원합니다. 자바스크립트에서는 각종 메서드들이 객체 안에 존재하지만 PHP에서는 대부분의 함수가 어느 곳에서든 사용할 수 있게 제공됩니다. 즉 특정 객체에 속해있지 않는 다는 점입니다. PHP에서의 함수 선언은 아래와 같이 사용됩니다.

```
function Add($a, $b) {
  return $a + $b;
};

$value = Add(10, 50);
```

자바스크립트와 코드가 거의 유사함을 알 수 있습니다. 변수와 달리 함수의 이름 앞에는 $를 붙이지 않습니다. 한 가지, 자바스크립트와 크게 다른 점은(사실 이 부분은 자바스크립트만이 가지는 특성이긴 하지만) 변수에 함수를 대입할 수 없다는 점입니다. PHP

는 자바스크립트처럼 현재의 자료에 따라 자료형이 유동적으로 변하는 약타입 언어이지만 함수는 자료형으로 취급하지 않기 때문에 대입 자체가 불가능합니다. 이 점은 유의하셔야 됩니다. (PHP, 자바스크립트와 같이 변수의 자료형을 엄격하게 따지지 않는 언어를 약타입 언어, 반대로 C나 Java처럼 자료형을 엄격하게 검사하는 언어를 강타입 언어라고 합니다)

자 그럼 이제까지 배운 예제를 토대로 화면에 직접 출력하는 예제를 만들어봅시다. 변수 2개를 더하고 화면에 출력하는 예제입니다. 만약 위 예제를 이해했다면 스스로 풀어보실 수 있을 것입니다. 가능하다면 스스로 해결해보세요. 그러한 행동은 프로그래밍 실력을 향상 시키는 데 매우 좋은 습관이 됩니다.

```
<?php
  function Add($gap1, $gap2) {
    return $gap1 + $gap2;
  };

  $gap1 = 50;
  $gap2 = 25;
  $hap = Add($gap1, $gap2);

  echo "<p>" . $gap1 . " + " . $gap2 . " = " . $hap . "</p>";
?>
```

실행결과는 오른쪽과 같습니다.

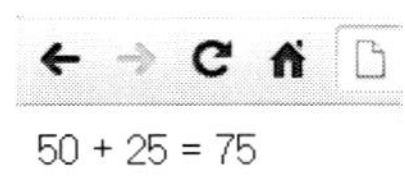

자바스크립트와 유사한 점이 많죠? 자바스크립트 파트를 이해했다면 PHP의 기초문법은 쉽게 이해할 수 있습니다.

6-6 배열

배열(Array)은 자료 구조(Data Structure)의 가장 기본적인 형태 중 하나입니다. 자바스크립트와 마찬가지로 PHP 또한 굉장히 유연하게 편하게 배열을 다룰 수 있는 언어입니다. 배열을 자유롭게 다룰 수 있다는 것은 다시 말해 많은 양의 데이터를 쉽게 제어할 수 있다는 점입니다.

PHP에서 빈 배열을 선언하는 방법은 array메서드를 사용하는 것입니다.

```
$myArray = array();      //빈 배열을 생성
$myArray2 = array(0 => 0, 1 => 1, 2 => 2, 3 => 3, 4 => 4);
```

배열을 선언과 동시에 값을 대입하는 방법이 조금 특이하므로 눈여겨보시기 바랍니다. => 연산자를 기준으로 왼쪽이 위치이며 오른쪽이 값입니다. 즉, 위의 데이터들은 아래와 같이 접근합니다.

```
$myArray2[0];  //0
$myArray2[1];  //1
$myArray2[2];  //2
```

자바스크립트와 마찬가지로, PHP에서도 배열은 하나의 자료형으로 취급됩니다. 따라서 아무 변수에나 쉽게 옮겨 담을 수 있으며 배열의 크기에 따라 자동으로 메모리를 할당하고 제거합니다. 또한 접근할 때에도 마찬가지 [ ] 연산자를 사용해 접근합니다. 아래 예제를 생성하여 서버에 업로드하고 실행해보세요.

```
<?php
  $myArray = array(0 => 0, 1 => 1, 2 => 2, 3 => 3, 4 => 4);

  for($i = 0; $i < sizeof($myArray); $i++)
    echo '$myArray[' . $i . "] = " . $myArray[$i] . "<br />";
?>
```

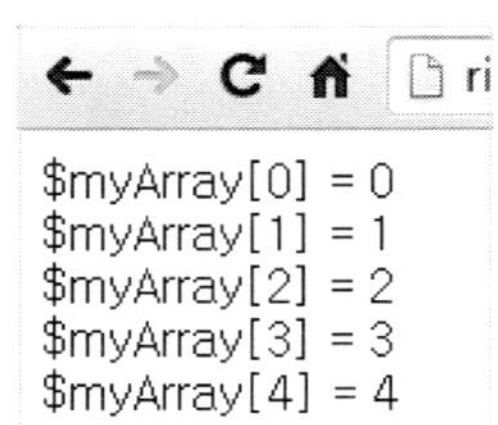

자바스크립트처럼 PHP에서도 문자를 표현할 때에는 큰 따옴표(") 와 작은따옴표(')모두 사용가능합니다. sizeof함수는 배열의 길이를 반환합니다. 이는 자바스크립트의 length속성과 동일한 역할을 합니다. 〈br /〉태그는 HTML태그 중에 하나로써, 줄띄움을 나타내는 태그입니다. 위 예제를 실행하면 오른쪽과 같이 출력됩니다.

PHP는 배열에 관한 엄청나게 다양한 메서드를 제공합니다. 자바스크립트는 PHP처럼 배열 처리가 쉽지만 제공되는 메서드는 많지 않습니다. 하지만 PHP에서 제공되는 배열 관련된 함수는 그 수를 셀 수 없을 정도로 다양합니다. PHP에서 제공하는 배열 관련 함수가 어떤 것이 있는지 알고 싶으신 분들은 PHP 공식 홈페이지에 있는 문서 도큐멘테이션(http://php.net/manual/en/book.array.php)을 참조하세요. Array Functions라고 쓰인 글자 밑이 전부 배열 관련된 함수입니다.

PHP의 배열 또한 자바스크립트처럼 연관 배열을 지원합니다. 즉 숫자로만 배열을 접근

할 수 있는 것이 아니라 배열의 위치를 문자로 접근할 수 있다는 점입니다.

```
$people = array();
$people['MinGyu'] = "최민규";
$people['JuHwan'] = "이주환";
```

즉 위와 같이 사용이 가능합니다. 그리고 2차원 배열 같은 다차원 배열도 가능합니다.

```
$array = array();
$array[0] = array();
$array[0][0] = 0;
$array[0][1] = 1;
$array[1][0] = 2;
$array[1][1] = 3;
```

이러한 연관 배열과 다차원 배열은 많이 쓰이는 부분입니다. 나중에 애플리케이션을 직접 개발할 때 많이 보게 될 것입니다.

PHP의 기초문법은 이정도만 알아도 충분합니다. PHP에서 가장 중요한 점은 어떤 지점에서 어떻게 처리되는지를 파악하는 점입니다. 즉 서버 사이드 언어가 언제 처리되고 무엇을 처리하는지를 파악하는 점입니다. 우리는 앞의 예제들을 통해 PHP를 이용하여 데이터를 가공하고 출력하는 것까지 배웠습니다. 하지만 이러한 점들은 PHP를 사용하는 법이라고 부를 수가 없습니다.

그렇다면 PHP는 어떻게, 또 어떤 것을 처리해야하는 것일까요? PHP는 서버 사이드 언어라고 말씀드렸습니다. 즉 클라이언트 측에서 해석되고 동작되는 자바스크립트와 달리 서버 측에서 해석되는 언어입니다. 실제적인 결과는 물론 클라이언트에게 반환이 되지만 모든 처리는 서버 측에서 일어나게 됩니다. 그렇다면 서버 측에서 일어나는 처리란 무엇일까요? 대표적으로 사용자가 입력하여 전송한 데이터를 서버에 기록하거나 클라이언트에서 처리할 수 없는 기능들을 처리하는 것들이 있습니다. 대표적인 예가 회원가입이나 로그인, 그리고 파일 업로드 등입니다. 이러한 것들을 배우려면 PHP뿐만 아니라 데이터베이스에 대한 지식도 필요합니다. 따라서 이러한 것들은 데이터베이스 파트에서 배울 것입니다.

Chapter 07

데이터베이스

데이터베이스를 통해 데이터를 저장하고 추출하는 방법을 학습한다.

7-1 데이터베이스

데이터베이스(Database)란 데이터의 저장소입니다. 컴퓨터는 기본적으로 모든 데이터를 메모리에서 처리하는데 메모리 용량에는 한계가 있기 때문에 대용량의 정보를 저장하기 위해 저장장치(Storage Device, 보조기억장치라고도 불림)가 개발되었습니다. 저장장치를 사용할 경우 파일시스템(FileSystem)이라고 불리는 개념을 통해 정보를 저장하게 됩니다. 파일(File)이라는 말에 대해서는 굳이 설명을 드리지 않아도 여러분에게는 익숙한 것 일 것입니다. 간단히 설명하면 파일은 파일시스템에서 다루는 정보의 단위라고 생각하면 됩니다. 하지만 파일시스템을 이용하여 체계화된 정보를 저장하고, 수정하고, 보관하는 것은 불편함이 많았습니다. 예를 들어 특정 회사에서 인사관리 프로그램을 개발했을 때, 처음 설계 시에는 이름과 나이, 직급, 주소, 이메일 주소 등만 관리를 하였다면 나중에 프로그램이 수정되어 연락처, 가정 정보와 관련된 데이터를 추가로 저장할 필요가 있어진 것입니다. 아니면 개인정보 지침이 변경되어 이메일과 주소를 보관할 수 없게 되었다고 가정하겠습니다. 프로그램을 짤 때, 이러한 데이터를 분명 File로 저장할 것입니다. 이러한 파일에 저장할 때 지정한 구분자에 의해 데이터를 차례차례 보관했을 것입니다. 이러한 정보를 담고 있는 파일을 A.dat라고 가정하였을 때 아래와 쓰인 것입니다.

```
최민규,23,사원,경남 김해
이주환,23,어시,경기 수원
김원제,34,백수,대한 민국
```

사람 한 사람 한 사람에 대한 정보는 줄띄움(Line feed), 그리고 각 사람에 대한 상세한 정보는 콤마(,)로 구분되어있습니다. 따라서 프로그램에서 이러한 데이터를 불러온 후 콤마와 줄띄움 문자를 바탕으로 데이터를 분리하여 필요한 데이터를 얻을 수 있을 것입니다. 이 상태에서 새로운 정보를 추가해야한다면 콤마 뒤에 정보를 추가로 작성하면 되지만 문제는 프로그램이 그것을 인식하지 않는 다는 점입니다. 그리고 모든 데이터를 읽은 후 구분하는 것이 아닌, 단위별로 즉 콤마 전까지 문자열을 단계적으로 읽는 경우 문제가 될 수 있습니다. 따라서 프로그램 자체를 대폭 수정해야합니다. 특히나 중간에 새로운 데이터가 삽입되는 경우는 최악의 경우로 단순히 추가를 하는 것이 아닌 읽는 코드 전체를 수정해야 합니다. 이렇게 되면 프로그램 확장성이 굉장히 떨어지며 추후에 실수로 빠뜨린 부분이 있다면 언제 터질지 모르는 폭탄을 안고 있는 셈입니다. 그리고 또 다른 문제는 중복성입니다. 기본적으로는 같은 데이터가 저장되는 것을 점검하지 않기 때문에 같은 데이터가 여러 번 들어갈 수가 있습니다. 그리고 또 다른 문제는 데이터를

다른 사람과 실시간으로 공유할 경우 문제가 발생할 수 있다는 점입니다. 쉽게 말하면 동시에 두 사람이 이전에 작업한 파일을 열고 각각 다른 시간에 작업을 하여 저장할 경우 먼저 저장한 사람의 데이터는 늦게 저장한 사람의 데이터에 의해 완전히 덮어씌워지게 됩니다. 즉 이전에 먼저 저장한 사람이 불필요하거나 반드시 없애야할 데이터를 없애고 필요한 데이터를 기록한 후에 저장하였는데, 그 전에 이 파일을 불러온 다른 사람이 그 데이터에 새로운 데이터를 추가하고 저장한다면 이전 사람이 지웠던 데이터가 멀쩡히 살아있을 뿐만 아니라 새로 추가한 데이터 또한 삭제되어있을 것입니다.

이러한 문제점을 해결하기 위하여 데이터베이스라는 것이 고안되었습니다. 데이터베이스 자체는 프로그램입니다. 그리고 내부적으로는 파일시스템을 이용해 정보를 기록합니다. 하지만 사용자는 데이터베이스 자체에 데이터를 저장하고 수정하고 조회함으로써 실제로 데이터가 어떻게 저장되는지는 의식하지 않은 채 데이터베이스가 관리하는 데이터에 접근할 수가 있습니다. 데이터베이스는 위에서 제공한 모든 문제점을 해결해줍니다. 중간에 데이터를 추가하거나 삭제하는 일, 중복된 데이터를 저장하는 것을 방지하는 일, 그리고 공유된 파일이 불일치를 나타내게 되는 일 모두를 자체적으로 제어하기 때문에 사용자들은 안전하고 편하게 데이터를 보관하고 사용할 수 있게 되는 것입니다. 이러한 데이터베이스를 이용하기 위해선 데이터베이스에서 어떻게 데이터를 저장하고 관리하는지에 대하여 알아야 됩니다. 데이터베이스는 단순한 프로그램이 아니며 오랫동안 고안되어 만들어진 개념을 토대로 설계된 고용량의 저장소입니다.

7-2 데이터베이스, 테이블, 필드

데이터베이스에서 정보를 다루는 기본 단위는 필드(Field)입니다. 이러한 필드는 이름, 나이, 직업 등과 같이 한 개의 정보를 나타내는 단위가 됩니다. 그리고 이러한 필드들이 모여 한 개의 큰 데이터를 나타낼 때, 이것을 레코드(Record)라고 부릅니다. 예를 들면 사람에 대한 정보를 저장하고자 한다면 이름, 나이, 직업이 있을 것인데 이들이 각각 필드에 해당합니다. 그리고 이름이 "홍길동", 나이는 23, 직업은 "의적"이라면 ("홍길동", 23, "의적") 이것이 레코드가 됩니다. 그리고 필드와 레코드들이 모여 테이블(Table)이 됩니다. 테이블은 각종 필드에 대한 정보와 실제로 기록된 레코드가 기록되어있습니다. 쉽게 말하면 필드는 데이터를 표현하기 위한 구조를 나타내고 레코드는 실제 데이터를 나타내며, 테이블은 이 모두를 포함하고 있는 것입니다. 그리고 이러한 테이블(Table)들이 모여 있을 때 이것을 데이터베이스라고 부릅니다. 그리고 이러한 데이터베이스를 다루는 프로그램을 데

이터베이스 관리 시스템(Database Management System, DBMS)이라고 부릅니다. 그리고 이러한 데이터베이스 관리 시스템을 이용해 데이터베이스를 직접 조작하는 사람을 데이터베이스 관리자(Database Administrator, DBA)라고 부릅니다. 즉 데이터베이스는 데이터를 저장하는 기술에 대한 용어도 됨과 동시에 그러한 데이터베이스 기술을 처리하는 데이터베이스 관리 시스템에서 보관하는 최고의 데이터 보관 단위가 되는 것입니다.

즉 다음과 같습니다.

한 개의 데이터베이스 내에는 여러 개의 데이터베이스가 존재할 수 있습니다. 용어에 대해 헷갈리실 수 있는데 전자의 데이터베이스는 이러한 데이터베이스들을 관리하는 개념을 의미하며 후자의 데이터베이스란 테이블들을 보관하는 하나의 단위일 뿐입니다. 그렇다면 이러한 데이터베이스를 조작(데이터베이스나 테이블을 만들고, 필드를 만들고, 레코드를 삽입하는 등)하는 것이 필요하겠죠? 그러한 역할을 하는 것이 바로 SQL(Structured Query Language)입니다.

7-3 SQL

SQL은 Structured Query Language의 약자로 직역하면 구조화된 질의 언어라고 볼 수 있습니다. 즉 구조화된 데이터(데이터베이스)에 데이터를 요청(질의 : Query)하는 언어입니다. 프로그램을 작성하는 것이 프로그래밍 언어(Programming Language)라면 데이터베이스를 조작하는 언어가 바로 구조화된 질의 언어(Structured Query Language)인 것입니다. 실제로 데이터베이스를 연습해보려면 데이터베이스 프로그램(MySQL, SQL Server, Oracle, MongoDB 등)을 서버나 컴퓨터에 설치하고 터미널(Terminal) 프로그램을 통해 직접 조작을 하여야 되지만 이 책은 그러한 과정을 모두 생략하도록 하겠습니다. 그리고 PHP를 이용해 직접 데이터베이스를 조작해보도록 하겠습니다.

PHP는 기본적으로 MySQL을 다룰 수 있는 기능을 제공합니다. 이게 무슨 뜻이냐면, 보통 프로그래밍 언어에서 데이터베이스를 다루려면 데이터베이스 연결을 위한 과정이 필요합니다. 흔히 드라이버(Driver)라고 불리는 것인데, 이것을 설치하고 적절한 공급자를 통해 연결과정을 거치게 됩니다. 하지만 PHP는 내부적으로 MySQL에 관하여 이러한 과정을 모두 자동으로 처리해줍니다. 그렇기 때문에 손쉽게 데이터베이스를 조작할 수 있게 해줍니다.

Sublime Text 2 에디터를 실행하고 아래와 같이 예제를 작성하겠습니다. 우선 데이터를 저장하기 위해서 테이블을 생성하도록 하겠습니다.

```
<?php
  $connection = mysqli_connect("localhost", "여러분의 아이디를 입력하세요", "여러분의 비밀번호를 입력하세요", "여러분의 데이터베이스를 입력하세요");

  mysqli_query($connection, "CREATE TABLE MYTABLE( name CHAR(50), age INT )");

  echo("MYTABLE 을 생성");

  mysqli_close($connection);
?>
```

mysqli_connect함수의 두 번째, 세 번째, 네 번째 인자는 여러분의 아이디, 비밀번호, 그리고 데이터베이스 명을 입력해야합니다. 이는 호스팅 업체에서 문의해보셔야 되는데 대부분은 아이디와 비밀번호를 해당 호스팅 업체 가입 시 지정한 아이디와 패스워드로 지정하고 데이터베이스 이름은 여러분의 아이디를 지정합니다.

한 가지 아셔야 될 점은 공유 호스팅을 사용할 경우에는 데이터베이스 미만의 단위만

조작할 수 있다는 점입니다. 공유 호스팅은 다른 사용자들과 같이 사용하는 구조이므로 데이터베이스 전체에 대한 조작 권한을 부여하지 않습니다. 따라서 해당 사용자 명으로 데이터베이스를 만들고, 그 데이터베이스에 대한 권한만 해당 유저에게 부여합니다.

테이블 만을 이용해도 충분하기 때문에 예제는 테이블로만 진행하겠습니다. mysqli_connect함수는 주어진 정보를 토대로 연결을 시도하고 연결에 성공할 경우 연결된 리소스(Resource)를 반환합니다. 만약 실패할 경우 false를 반환합니다.

mysqli_query는 SQL을 직접 실행합니다. 첫 번째 인자로 SQL문을 실행할 리소스를, 두 번째 인자로 실행할 SQL문을 지정합니다. 앞으로는 이러한 SQL문을 쿼리문(Query)라고 부를 것입니다.

그리고 마지막으로 mysqli_close함수는 인자로 전달된 리소스를 해제합니다. 이 과정은 빠져도 오류는 발생하지 않지만 이 작업을 수행하지 않을 경우 데이터베이스에 대한 연결이 유지된 채로 프로그램이 종료되므로 서버 자원이 낭비됩니다. 따라서 반드시 닫는 과정이 필요합니다.

쿼리문에 대하여 설명하겠습니다.

```
CREATE TABLE MYTABLE( name CHAR(50) , age INT )
```

위 쿼리문은 테이블을 생성하는 쿼리문으로, **CREATE TABLE 테이블명(구조)**와 같이 사용합니다. 구조에는 필드 명과 필드의 데이터 타입, 크기 등이 들어가며 위에서는 2개의 필드인 name과 age필드를 생성하는데 name 필드는 문자타입(CHAR : Character)의 50개를 저장할 수 있는 필드이고 age필드는 정수(INT : Integer)를 저장할 수 있는 필드입니다. 즉 다음과 같은 테이블을 여러분의 데이터베이스에 생성하는 것입니다.

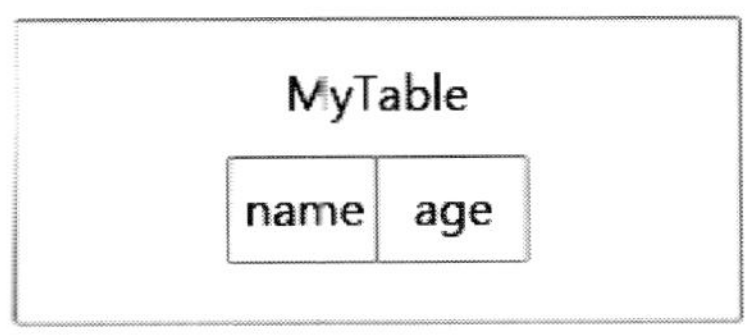

테이블을 생성했으니 테이블이 제대로 만들어졌는지 확인부터 해야 할 것입니다. 일부 이용자들 중에 오류가 발생하는 분이 있으실 수가 있는데 이런 경우는 오타가 났거나 mysqli_connect에 잘못된 인자를 넘겼거나 잘못된 쿼리문을 요청했기 때문입니다. 따라서 정확한 데이터로 수정하면 됩니다. 또한 일부 사용자는 오류가 발생해도 아무런 표시가 나타나지 않고 정상적으로 처리될 수가 있습니다. 이는 보안 관련된 사항으로, 오류가 발생하더라도 화면에 출력하지 않도록 설정하였기 때문입니다. 이를 확인하는 방법은 제대로 만들어졌는지 확인하는 것이겠죠.

가장 간단한 방법은 phpMyAdmin을 사용하는 것입니다. phpMyAdmin은 PHP로 개발된 웹 애플리케이션인데 MySQL을 웹 브라우저에서 관리할 수 있도록 해줍니다. 호스팅 환경에서는 터미널에 직접 접속할 수가 없기 때문에 SQL문으로 직접 요청하는 방법밖에 없지만 phpMyAdmin을 사용하면 간단하게 데이터베이스를 제어할 수 있습니다.

phpMyAdmin은 호스팅업체에서 제공하기 때문에 제공업체에 문의하여야 합니다. 대부분의 호스팅 환경에서는 phpMyAdmin을 제공하므로 제공되는 URL을 통해 접속하면 됩니다.

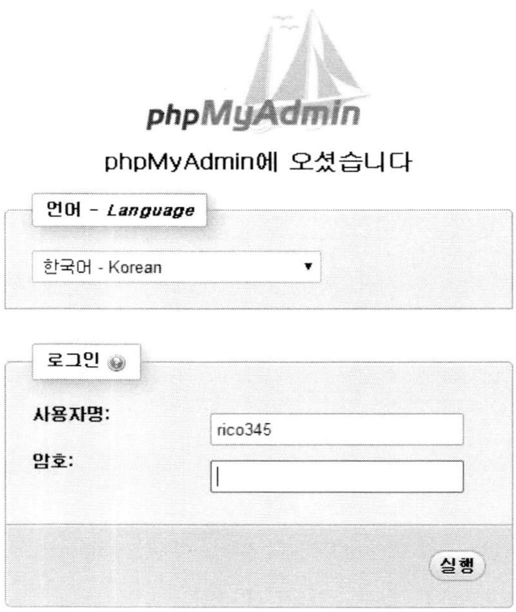

로그인 후에 좌측 화면에서 데이터베이스를 선택합니다.

누르면 테이블 목록이 나열됩니다. 그곳에 MYTABLE이라는 테이블이 존재하는지 확인

해주세요. 테이블이 없다면 제대로 생성되지 않은 것입니다. 이런 경우 ID, 비밀번호, 데이터베이스 이름을 잘못 입력하였거나 쿼리문에 오타가 발생한 것이므로 쿼리문을 다시 한 번 점검해보기 바랍니다.

테이블이 생성되었다면 데이터를 삽입해야겠죠? 데이터를 집어넣어야 출력을 할 수 있기 때문입니다.

아래 예제를 작성합니다. exam5와 동일하지만 쿼리문만 변경되었습니다.

```
<?php
  $connection = mysqli_connect("localhost", "여러분의 아이디를 입력하세요", "여러분의 비밀번호를 입력하세요", "여러분의 데이터베이스를 입력하세요");

  mysqli_query($connection, "INSERT INTO MYTABLE(name, age) VALUES('최민규', 23)");

  echo("MYTABLE 에 데이터를 삽입");

  mysqli_close($connection);
?>
```

서버에 PHP 문서를 업로드하고 실행해봅시다. 실행 후에 phpMyAdmin에서 MYTABLE을 누르면 현재 입력된 데이터 목록을 보여줍니다.

쿼리문을 분석해보겠습니다. 테이블에 레코드를 삽입할 때 사용하는 SQL은 INSERT문

이라고 합니다. 형태는 아래와 같습니다.

```
INSERT INTO 테이블명(필드명, 필드명) VALUES(데이터, 데이터)
```

테이블명은 레코드를 삽입할 테이블의 이름이며 필드명은 데이터를 넣을 필드 이름입니다. 테이블명만 적고 (필드명)은 생략할 수 있는데, 이러한 경우에는 모든 필드에 데이터를 넣어야합니다. 그렇지 않을 시 오류가 발생합니다. 그리고 VALUES( ) 안에는 해당 필드에 넣을 데이터를 입력합니다. 주의할 점은 문자일 시 반드시 작은따옴표(')로 문자열을 감싸야한다는 점입니다. 이 예제를 실행하여도 위와 같이 데이터 삽입이 되지 않은 경우는 오타가 난 것이므로 예제를 자세히 보시고 어디가 다른지 잘 확인해주세요.

자, 이제 데이터를 삽입했으니 화면에 출력할 시간입니다. 화면에 출력하기 위해서는 데이터가 필요한데 이 데이터는 데이터베이스에 들어가 있습니다. 그러므로 당연히 데이터베이스에서 데이터를 추출해야하는데, 이럴 때 사용하는 쿼리문은 바로 SELECT 문입니다.

```
<?php
  $connection = mysqli_connect("localhost", "여러분의 아이디를 입력하세요", "여러분의 비밀번호를 입력하세요", "여러분의 데이터베이스를 입력하세요");

  $result = mysqli_query($connection, "SELECT * FROM MYTABLE");

  $data = mysqli_fetch_array($result);

  $name = $data['name'];
  $age = $data['age'];

  echo("삽입된 데이터 : " . $name . " , " . $age);

  mysqli_close($connection);
?>
```

위 예제는 PHP에서도 작업이 요구됩니다. 일단 SELECT문은 아래와 같이 사용합니다.

```
SELECT 필드명, 필드명 FROM 테이블명
```

위 예에서는 필드명이 아닌 *(Asterisk)를 입력하였는데, 이러한 경우 모든 필드를 불러옵니다. 위 쿼리문은 해당 테이블에 있는 모든 레코드를 불러와 결과 리소스로 반환합니다. 따라서 이를 반환받기 위해서 쿼리문 요청 시 $result = mysqli_query($connection, "SELECT * FROM MYTABLE");와 같이 사용한 것입니다. 반환된 리소스는 바로 사용할 수 없고 인출(fetch)이라는 과정이 필요합니다. 이때 사용된 것이 바로 mysqli_fetch_array( ) 함수로, 결과물을 배열(Array)로 인출(Fetch)해주는 함수입니다.

반환된 배열은 각각의 요소를 필드명으로 접근합니다. 필드명은 name과 age이므로, 배열명['name']과 배열명['age']으로 접근이 가능합니다.

위 예에서는 반환된 배열이 $data에 삽입되므로 $data['name']과 $data['age']로 접근이 가능합니다. 이렇게 접근한 데이터를 각각 $name변수와 $age 변수에 대입하고 최종적으로 화면에 출력하고 있습니다.

자 여기까지가 데이터베이스를 PHP로 제어하는 기초적인 부분입니다. 애플리케이션을 개발하기 위해서는 이것으로 충분하므로, 데이터베이스 파트는 이것으로 마치도록 하겠습니다. 데이터베이스에서 사용할 수 있는 SQL은 위에서 배운 것 말고도 많이 있습니다. 그러므로 관심이 있는 독자분들은 SQL문에 대해 한번쯤 조사해보시는 것이 좋습니다.

자 그럼 이제까지 배운 것들을 종합하여 다음 파트에서는 AJAX라는 기술에 대하여 배울 것입니다. AJAX기술은 자바스크립트와 PHP, 데이터베이스가 모두 종합된 기술이기 때문에 처음 접할 경우 다소 복잡할 수 있습니다. 그러므로 정신 바짝 차리시고 잘 따라와 주시기 바랍니다.

Chapter 08

AJAX

하이브리드 애플리케이션은 로컬 환경에서 실행되는 웹 페이지이다. 따라서 서버와 교신을 하기 위해서는 또 다른 방법이 필요한데 AJAX를 통해 이를 학습한다. 또한 크로스 도메인 규약에 따라 하이브리드 애플리케이션에서만 사용할 수 있는 JSONP 교신 방법에 대해서 학습한다.

8-1 AJAX

AJAX란 Asynchronous JavaScript And XML의 약자로, 자바스크립트를 이용하는 기술 중에 하나입니다. 직역하면 '비동기 자바스크립트와 XML'이 되는데, XML이란 데이터를 표현하기 위한 방법 중 하나입니다. 왜 XML이 포함되는 이유는 위 기술이 처음에는 XML 문서를 통해 데이터를 교환하였기 때문입니다. XML은 장점도 있지만 단점도 크고, 하이브리드 앱상에서 사용할 수 없기 때문에 이 책에서는 다루지 않습니다. 대신 우리는 JSONP라는 형식으로 데이터를 교환하게 됩니다. 이미 JSON과 JSONP에 학습을 했습니다. 만약 잘 기억이 나지 않는다면 제3장으로 돌아가 JSON과 JSONP 파트 부분을 다시 한 번 읽어보고 오세요.

8-2 jQuery AJAX

AJAX를 통해서 서버와 비동기적으로 교신을 하는 방법은 꽤나 복잡합니다. 따라서 jQuery에서 제공하는 ajax메서드를 통해 손쉽게 AJAX를 이용할 것입니다. jQuery는 다양한 방법의 AJAX 요청과 데이터 타입을 제공하는데, 우리가 사용할 수 있는 AJAX 요청 방식은 GET방식(QueryString 방식이라고도 하며, 변수와 데이터를 웹 URL 주소(URL주소란 쉽게 말하면 http://www.naver.com과 같은 것을 말합니다)에 실어서 보내는 방식입니다. GET방식은 URL의 뒤에 ?와 &를 사용하여 변수와 데이터의 쌍으로 데이터를 실어 보냅니다. 만약 a라는 변수에 5라는 값과 b라는 변수에 6을 실어서 전송한다면 URL 주소는 아래와 같습니다.

http://www.exam.com?a=5&b=6

이외에도 POST, DELETE, PUT과 같은 많은 방식이 있지만 하이브리드 앱에서는 GET 방식밖에 사용할 수가 없습니다. 따라서 GET방식을 이용합니다. 그리고 서버로 부터 응답받는 데이터는 JSONP로 돌려받게 됩니다. JSONP를 사용하려면 원래 GET방식으로 콜백 키(Callback key)를 넘겨야 되지만 이 부분은 jQuery가 스스로 하기 때문에 별도로 할 필요는 없습니다.

jQuery의 ajax 메서드는 다음과 같이 사용합니다.

```
$.ajax({
  url: 'http://www.exam.com',
  data:{
     value1: 5,
     value2: 6
  },
  dataType: 'jsonp',
  success: function(data){
  },
  error: function(){
  }
});
```

인자로 객체를 넘겨받는데 url속성은 AJAX를 요청할 경로입니다. 우리는 이곳에 PHP 파일의 위치를 입력할 것입니다. data속성은 전송할 데이터입니다. GET방식으로 전송됩니다. dataType속성은 서버로부터 돌려받는 데이터 형식입니다. xml, json, jsonp등이 있지만 우리는 JSONP를 사용할 것이므로 앞으로 계속 'jsonp'를 사용할 것입니다. success는 AJAX 요청 성공 시 호출되는 콜백 함수이며 결과를 첫 번째 인자에 반환합니다. error는 AJAX 실패 시 호출되는 콜백 함수이며 에러에 대한 정보를 첫 번째 인자에 실어서 보냅니다. AJAX 실패는 잘못된 URL이나 네트워크 오류 등 여러 원인으로 인하여 발생할 수 있으므로 반드시 에러 처리를 통해 잘못된 결과가 나오지 않도록 사전에 방지해야 합니다.

자 그럼 jQuery의 ajax메서드를 통해 직접 AJAX를 구현해보겠습니다. 일단 클라이언트 페이지부터 작성하겠습니다.

```
<html>
  <head>
     <title>AJAX 예제</title>
     <script src="jquery-2.1.1.min.js"></script>
     <script>
        $(document).ready(function(){
           $('#ButtonRequest').click(function(){
              $.ajax({
                    url: '여러분의 URL 주소/php1.php',
                    data:{
                              myData: "Hello"
                    },
                    dataType: 'jsonp',
                    success: function(data){
                              $('.Response').text('서버로 부터의 응답 : ' + data.result);
                    },
                    error: function(){
```

```
                    $('.Response').text('오류가 발생하였습니다.');
                }
            });
        });
    });
    </script>
  </head>
  <body>
    <div class="Response"></div>
    <input type="button" id="ButtonRequest" value="AJAX 시작" />
  </body>
</html>
```

url속성의 URL주소는 여러분의 주소를 넣어주시면 됩니다. 저는 해당 위치에 publish/ajax라는 디렉터리를 만들고, 그 안에 php1.php를 생성하였습니다. 잠시 후 작성할 PHP 파일 위치를 지정해주면 됩니다. 데이터는 myData라는 변수명으로 "Hello"라는 문자열을 넘겨주었습니다. PHP에서 이 값을 받아 그대로 돌려줄 것입니다. AJAX 교신이 성공하면 Response라는 클래스 명을 가진 div태그에 서버로 부터 받은 데이터를 출력할 것이고 오류가 발생하면 오류가 발생하였다는 글을 띄워줄 것입니다.

자 그렇다면 이번엔 PHP를 작성할 시간입니다. JSONP방식으로 출력을 할 것입니다.

```
<?php
  $result = array();
  $callback = $_GET['callback'];
  $myData = $_GET['myData'];

  $result = array('result' => $myData);

  echo $callback . "(" . json_encode($result) . ")";

  mysqli_close($connection);
?>
```

JSONP로 출력을 할 때에는 반드시 콜백을 출력해야합니다. 하지만 jQuery에서 콜백을 알아서 처리한다고 했죠? jQuery에서는 자동으로 콜백을 callback이라는 이름으로 생성하여 GET방식 데이터들과 함께 실어 보냅니다. PHP에서 GET방식으로 넘어온 데이터는 $_GET이라는 이름의 배열로 접근을 할 수 있으며, 배열의 요소(index)는 넘긴 변수의 이름인 문자열입니다. PHP에서도 연관 배열이 가능하다는 점이 기억하기 바랍니다. 따라서 $_GET['변수명'] 으로 넘어온 데이터를 가져올 수 있습니다. 그 데이터를 $myData변수에

대입하고 있습니다. PHP에서는 배열을 JSON 형식으로 출력하는 json_encode라는 함수를 자체적으로 지원합니다. 따라서 어렵게 파싱(Parsing, 형식에 맞도록 변환하는 것을 말합니다) 작업을 전혀 할 필요가 없습니다. 하지만 우리가 받는 데이터 타입은 JSON이 아닌 JSONP이므로 JSON을 콜백 함수로 감싸주어야 합니다(이 부분에 대하여 잘 이해되지 않으신다면 자바스크립트 파트의 JSONP 부분을 다시 한 번 읽어보세요).

최종적으로 위 PHP파일은 아래와 같은 출력을 합니다.

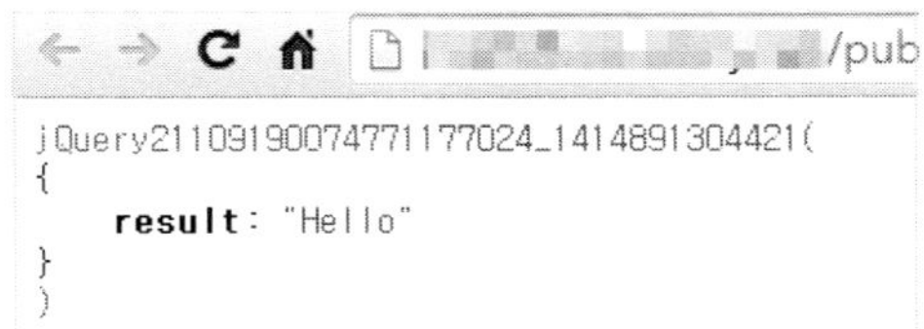

jQuery + 숫자로 이루어진 부분이 콜백이며, jQuery가 스스로 만들어냅니다.

작성한 PHP파일을 서버에 업로드하고 앞서 작성한 HTML파일을 실행하여봅시다. HTML파일은 로컬에서 실행하여야 합니다.

오른쪽은 실행화면입니다. 아직 버튼을 누르기 전입니다.

버튼을 눌러봅시다. 아래와 같은 결과가 나온다면 성공적으로 AJAX교신이 된 것입니다.

결과가 제대로 나오지 않는다면 URL을 잘못 입력하셨거나 오타가 발생한 것입니다. 실행결과가 다르게 나오시는 분은 위 사항들을 점검해보세요.

8-3 AJAX로 데이터베이스의 데이터 조회하기

우리는 데이터베이스 파트에서 PHP를 통해 데이터베이스에 접근하여 데이터를 불러오는 방법을 배웠습니다. 이번엔 AJAX를 통하여 PHP에서 조회한 데이터베이스의 자료를 자바스크립트로 불러와 화면에 출력해보도록 합시다. 다소 복잡하게 느끼실 수 있지만 막상 해보면 생각만큼 어렵지 않습니다.

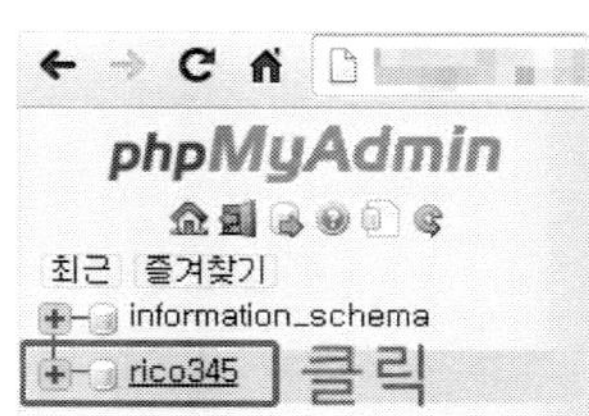

일단 데이터를 보관할 테이블이 필요합니다. phpMyAdmin에 접속합니다. PHP나 데이터베이스 터미널에서 조작할 필요 없

이 phpMyAdmin을 쓰면 손쉽게 데이터베이스를 조작할 수 있습니다. 접속 후 데이터베이스 이름을 클릭해 데이터베이스를 선택합니다.

클릭 후에 SQL 탭을 클릭합니다.

SQL탭을 클릭하면 SQL문을 직접 입력하여 실행할 수 있는 입력창이 나타납니다. 이곳에 테이블 생성 명령어를 입력합니다.

```
CREATE TABLE Person(
PNAME CHAR(50),
AGE INT
);
```

명령어를 입력하고 실행버튼을 누르면 아래와 같이 나타납니다.

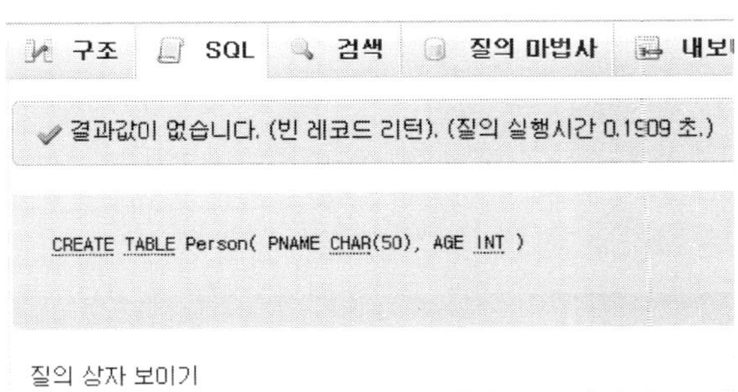

만약 아래와 같이 오류 상자가 나타나면 SQL문에 문제가 있는 것입니다. 만약 Person

이라는 이름의 테이블이 이미 존재한다면 다른 테이블 이름으로 생성하면 됩니다.

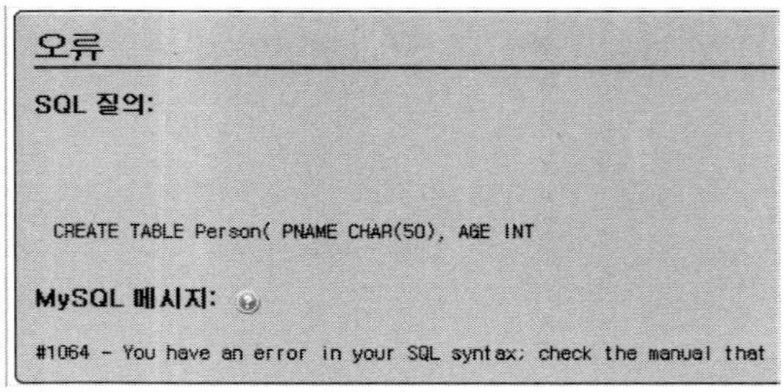

테이블이 생성되었는지 확인하려면 좌측에 테이블 목록에서 방금 생성한 Person 테이블이 있는지를 확인합니다.

자, 이제 데이터를 보관할 테이블이 생성되었으니 직접 데이터를 집어넣겠습니다. phpMyAdmin을 쓰면 손쉽게 데이터를 추가할 수 있습니다. 테이블을 클릭하고 삽입 탭을 누릅니다.

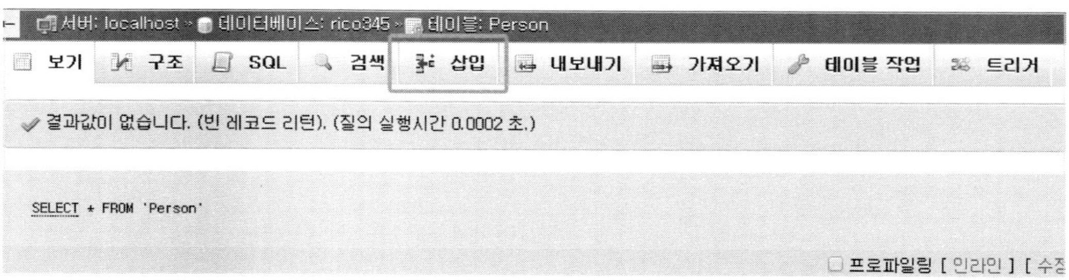

삽입 탭을 누르면 데이터를 입력할 수 있는 화면이 나타납니다.

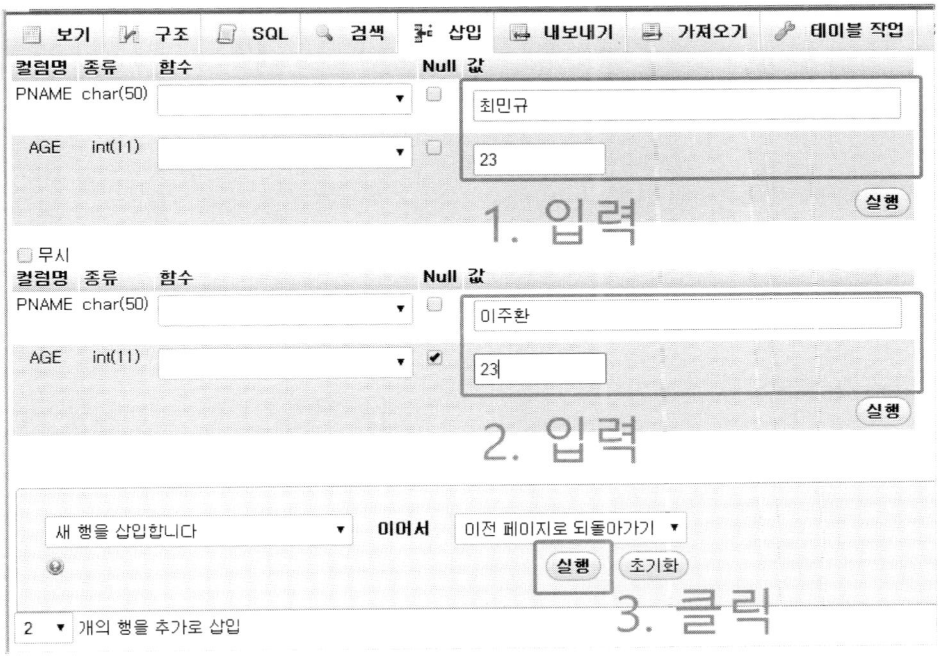

데이터를 입력하고 바로 아래에 실행을 누르면 그 데이터만 저장되므로, 여러 개의 데이터를 입력하고 제일 아래의 실행을 누릅니다. 그림의 좌측 하단에 [2개의 행을 추가로 삽입] 부분에 Select태그를 눌러 동시에 입력할 수 있는 데이터 량을 늘일 수 있습니다.

필요한 만큼 데이터를 삽입을 합니다. 작업이 끝났으면 Sublime Text 2로 돌아와 아래 예제를 작성합니다.

```
<html>
  <head>
    <title>AJAX Example</title>
    <script src="jquery-2.1.1.min.js"></script>
    <script>
      $(document).ready(function(){
        $('.BtnRequest').click(function(){
          var output = $('.output').empty();

          $.ajax({
              url: '여러분의 URL 주소를 입력하세요/publish/ajax/php2.php',
              data:{ },
```

```
                dataType: 'jsonp',
                success: function(data){
                        var cnt = data.length;

                        for(var i = 0; i < cnt; i++){
                                $('<p>이름 : ' + data[i].pname + '</p>').appendTo(output);
                                $('<p>나이 : ' + data[i].age + '</p>').appendTo(output);
                        }
                },
                error: function(){
                        $('.output').text('오류가 발생하였습니다.');
                }
            });
        });
    });
  </script>
 </head>
 <body>
  <input type="button" class="BtnRequest" value="데이터 불러오기" />
  <div class="output"></div>
 </body>
</html>
```

화면에는 하나의 버튼과 output이라는 클래스를 가진 div 태그가 있습니다. 버튼을 클릭하면 서버에 AJAX로 요청하여 받은 데이터를 화면에 출력합니다. 반환 값은 배열이므로 length속성으로 길이를 구할 수 있습니다.

다음은 PHP 소스 코드입니다.

```
<?php
 $result = array();
 $callback = $_GET['callback'];
 $connection = mysqli_connect("localhost", "여러분의 ID", "비밀번호", "데이터베이스");
 $query = mysqli_query($connection, "SELECT * FROM Person");

 $person = array();
 $dataCnt = mysqli_num_rows($query);              //Get how many records are

 for($i = 0; $i < $dataCnt; $i++){
   $idx = sizeof($person);

   //Get record
   mysqli_data_seek($i);
```

```
    $record = mysqli_fetch_array($query);

    $person[$idx] = array();
    $person[$idx]['pname'] = $record['PNAME'];
    $person[$idx]['age'] = $record['AGE'];
  }

  mysqli_close($connection);

  echo $callback . "(" . json_encode($person) . ")";
?>
```

$connection은 연결된 리소스를 담고 있는 변수이며, $query변수는 쿼리문을 실행한 결과를 보관하고 있는 변수입니다. $person변수는 결과물(데이터 목록)을 담아두기 위해 배열로 선언하였으며 $dataCnt 변수는 쿼리문 실행결과가 몇 개의 레코드를 담아두고 있는지 저장하고 있습니다. mysqli_num_rows( ) 함수는 인자로 쿼리 결과를 넘겨받아 반환된 레코드의 개수를 반환합니다. 이렇게 얻은 레코드 개수를 토대로 레코드를 한 줄씩 인출하기 위하여 for문을 사용했습니다. mysqli_data_seek( ) 함수는 특정 위치의 레코드로 이동하는 함수입니다. mysqli_data_seek( )으로 레코드 위치로 이동하여 데이터를 배열로 인출합니다(mysqli_fetch_array 함수). 그리고 빼낸 데이터를 $person 배열에 집어넣습니다. 그리고 JSONP 형태로 출력합니다.

오른쪽은 실행 모습입니다. 아직 버튼을 누르기 전에 모습입니다.

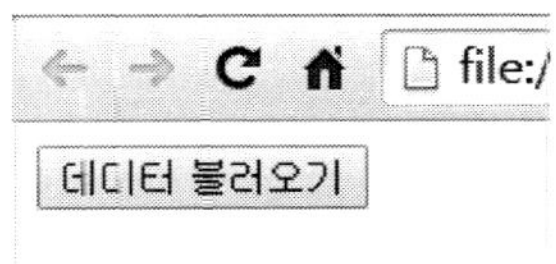

버튼을 누르면 오른쪽과 같이 데이터베이스에 있는 데이터가 화면에 출력됩니다.

자 이렇게 AJAX를 사용하여 비동기적으로 서버에 요청을 하고 응답을 받는 방법을 실습을 통해 배워보았습니다. jQuery를 이용하면 이토록 쉽게 AJAX를 구현할 수 있습니다. 이제 우리는 하이브리드 앱에 개발한 모든 지식을 습득하였습니다. 하지만 여러분이 네트워크 서비스를 구현하는 게 아니라면 AJAX와 데이터베이스, PHP는 없어도 됩니다. 하지만 그렇게 되면 데이터를 저장할 수 없는 문제가 생깁니다. 그렇다고 애플리케이션 내에 데이터를 기록하려고 위와 같이 서버에 설치된 데이터베이스에 접속하여 데이터를 저장하고 불러오자니 뭔가 너무 과도한 조치 같습니다. 그럼 방

법이 없는 걸까요? 아닙니다. 바로 localStorage라는 기술입니다. 이 기술은 네트워크를 사용하지 않고 클라이언트(사용자) 측에 데이터를 기록하고 불러올 수 있는 HTML5의 신기술입니다. 다음 장에는 바로 이 localStorage 기술에 대하여 알아보도록 하겠습니다.

Note

Chapter 09

로컬 스토리지

모바일 웹 브라우저는 HTML5를 지원한다. 로컬 스토리지는 클라이언트 단에 정보를 저장할 수 있는 기술이며, 서버에 데이터를 기록할 필요가 없이 사용자가 데이터를 보관할 수 있는 기술이다. 이를 활용해 애플리케이션 내의 데이터를 저장하는 방법에 대하여 학습한다.

9-1 로컬 스토리지란?

로컬 스토리지(localStorage)는 HTML5 사양에서 추가된, 클라이언트 쪽에 데이터를 저장할 수 있도록 하는 신기술입니다. HTML은 사양(버전)이 있는데 이중 HTML 5가 현재 최신사양이며 아직 표준을 제정하고 있는 단계입니다. 하지만 대부분의 웹 브라우저들은 HTML5의 기능을 미리 구현하여 제공하고 있으므로 대부분의 기능을 사용할 수 있습니다. localStorage 또한 이러한 신기술 중 하나입니다.

9-2 로컬 스토리지 생성과 확인

로컬 스토리지는 요청할 때에만 생성이 됩니다. 새로운 로컬 스토리지를 생성하는 방법은 아래와 같이 두 가지 방법이 있습니다.

❶ 배열처럼 생성하는 방법

```
localStorage['mySave'] = 1234;
```

❷ 메서드로 생성하는 방법

```
localStorage.setItem('mySave', 1234);
```

위 두 방법 중 본인이 편하다고 생각하는 방법을 사용하면 됩니다. 필자는 첫 번째 방법을 선호합니다.
로컬 스토리지를 생성하는 방법을 배웠으니 예제를 통해 알아보겠습니다.

```
<html>
  <head>
    <title>localStorage Exam</title>
    <script>
      window.onload = function() {
        alert(localStorage['mySave']);

        localStorage['mySave'] = "Hello localStorage!";
      };
    </script>
  </head>
  <body>
```

```
  </body>
</html>
```

아래는 실행화면입니다. 아직 'mySave'라는 영역이 생성되지 않았으므로 undefined가 출력됩니다.

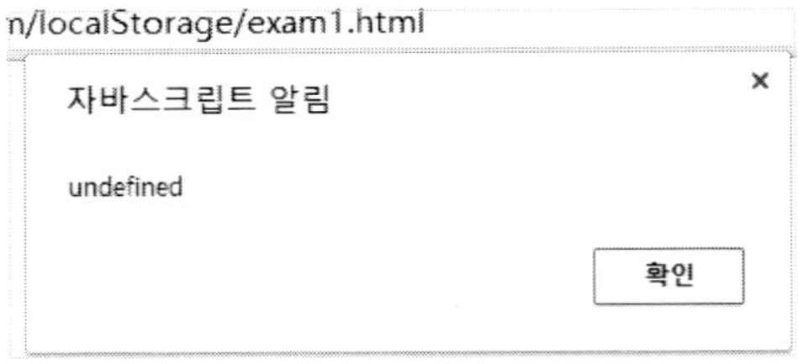

자, 그럼 예제를 F5를 눌러 다시 불러와 보시기 바랍니다. 아까와는 달리 undefined가 아닌 데이터가 출력되는 것을 보실 수 있습니다.

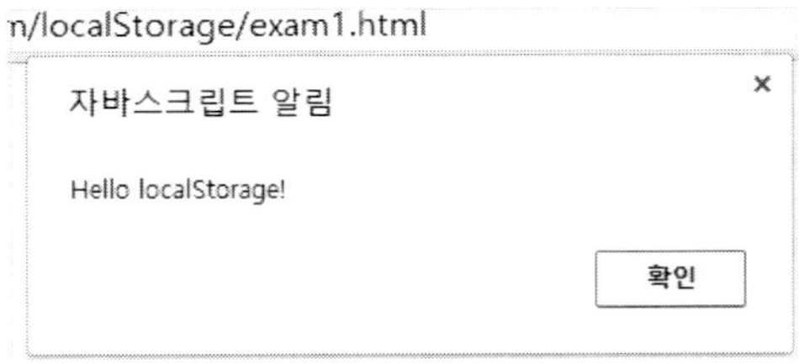

보시다시피 로컬 스토리지는 이렇게 간단하게 사용할 수 있습니다. 저장된 로컬 스토리지를 확인하는 방법은 위와 같이 직접 출력해보는 방법밖에 없습니다. 하지만 만약 여러분이 구글 크롬 웹 브라우저를 사용하고 계신다면 직접 로컬 스토리지를 확인할 수 있습니다.

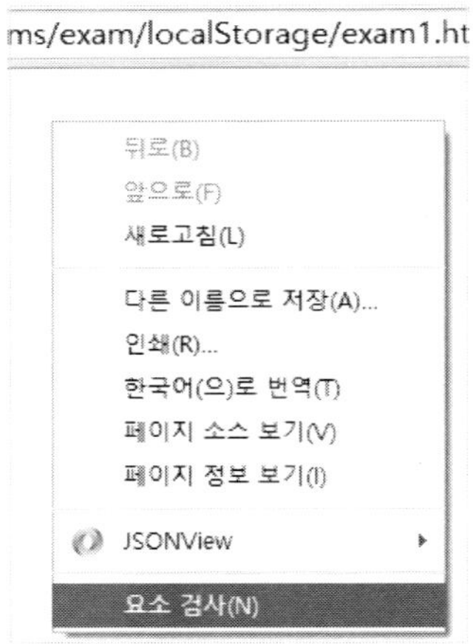

❶ 빈 영역에 마우스 오른쪽을 클릭하고 "**요소 검사(N)**"를 클릭합니다.

❷ 나타난 창에서 **[Resources]**를 클릭합니다.

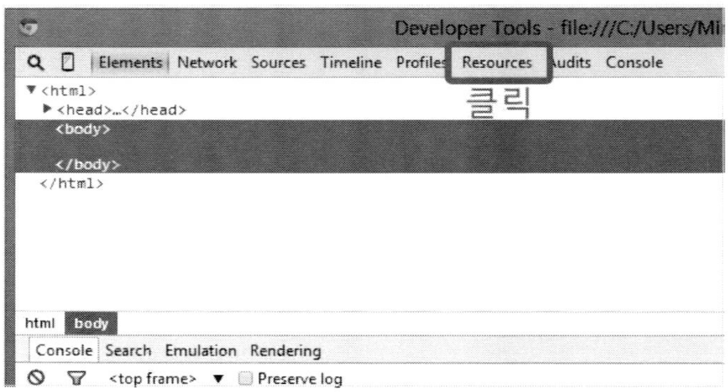

❸ 왼쪽에 있는 [Local Storage]를 클릭합니다.

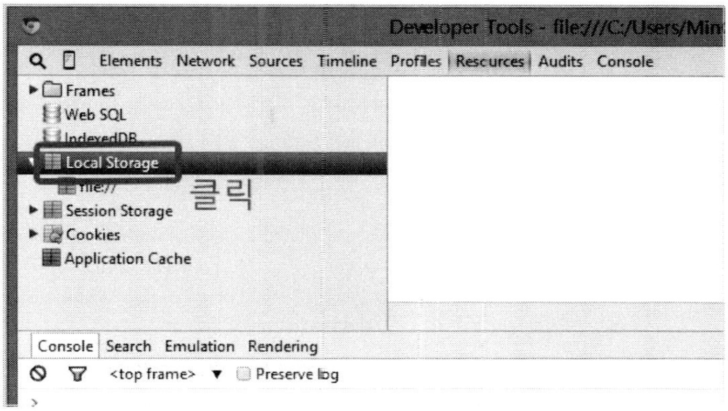

❹ 여러분은 현재 로컬로 테스트 중이기 때문에 [file://]을 클릭합니다. 클릭하면 설정된 모든 로컬 스토리지가 출력되는 것을 확인할 수 있습니다.

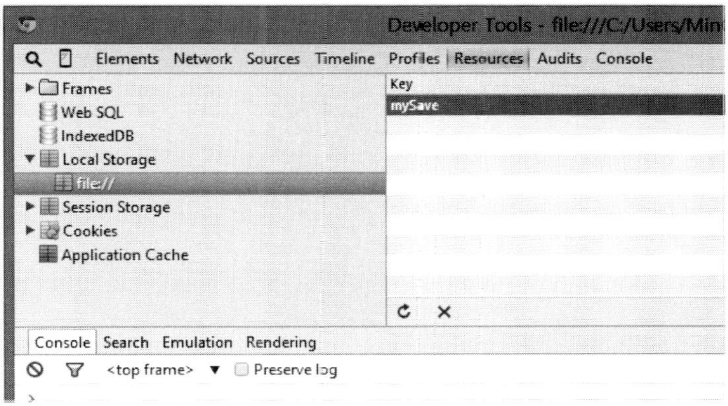

하단의 ↻ 기호를 사용하면 로컬 스토리지를 새로 불러옵니다. 옆에 × 기호를 클릭하면 선택한 로컬 스토리지 데이터를 삭제할 수 있습니다. 로컬 스토리지는 변경이 되어도 자동으로 갱신(Refresh)을 하지 않기 때문에 데이터 변동을 확인하려면 새로 고침 기호를 클릭하여야 합니다.

로컬 스토리지는 이처럼 간단하게 데이터를 기록하고 불러올 수 있기 때문에 하이브리드 앱 개발 시 굉장히 유용하게 사용됩니다. 다만 단점으로 용량 제한이 있기 때문에 큰 용량의 데이터를 저장할 수 없다는 단점이 있습니다. 용량 제한은 웹 브라우저별로 다르지만 대부분 2MB 정도의 용량을 한계치로 지정하고 있습니다. 따라서 대용량의 데이터

를 저장해야한다면 localStorage가 아닌 WebSQL이나 indexedDB와 같은 기술에 대해 공부하기 바랍니다. 이 책은 WebSQL과 indexedDB에 대한 내용은 기재하지 않습니다. 다소 난이도가 있는 기술이므로 자바스크립트와 데이터베이스와 관련한 지식을 어느 정도 쌓으신 후 도전하기 바랍니다.

9-3 인적관리 프로그램

자 그럼 localStorage를 어떻게 다루는지 배웠으니 직접 예제를 만들어보도록 하겠습니다. 이제까지 단편적으로 만들었던 인적관리 프로그램(Personnel Management Program)을 localStorage와 자바스크립트를 통해 만들어보겠습니다. 쉽게 개발하기 위하여 jQuery를 사용하도록 하겠습니다.

일단 먼저 프로그램 틀을 잡도록 하겠습니다. HTML과 CSS를 이용하여 프로그램 레이아웃을 생성합니다.

```
<html>
 <head>
   <title>localStorage Exam</title>
   <script src="jquery-2.1.1.min.js"></script>
   <script>
     $(document).ready(function(){

     });
   </script>
   <style>
     * {
       margin: 0;
       padding: 0;
       font-family: 'Malgun Gothic', sans-serif;
     }
     .program{
       margin-top: 10px;
       margin-left: 10px;
       padding: 8px;
       width: 800px;
       height: 400px;
       border: 1px solid #000;
     }
     .output{
```

```
        width: 780px;
        height: 200px;
        border: 1px solid #000;
        padding: 4px;
        overflow: scroll;
      }
.item > div {
        display: inline-block;
        text-align: center;
        width: 25%;
      }

    </style>
  </head>
  <body>
    <div class="program">
      <h3>인적관리 프로그램</h3>
      <p>직원 정보를 입력하고 버튼을 누르십시오.</p>
      <br /><hr /><br />

      <input type="text" class="txtName" placeholder="이름" />
      <input type="text" class="txtAge" placeholder="나이" />
      <input type="text" class="txtPos" placeholder="직급" />
      <input type="text" class="txtDep" placeholder="부서" />
      <input type="button" class="btnAdd" value="등록하기" />
      <br /><br /><hr /><br />

      <p class="personCnt">현재 등록된 직원 수 : 0 명</p>
      <div class="output">

      </div>
    </div>

  </body>
</html>
```

<hr />태그는 아래쪽에 수평으로 된 줄을 긋는 태그이며,
태그는 줄을 한 줄 띄우는 태그입니다. 이를 실행한 모습은 다음과 같습니다.

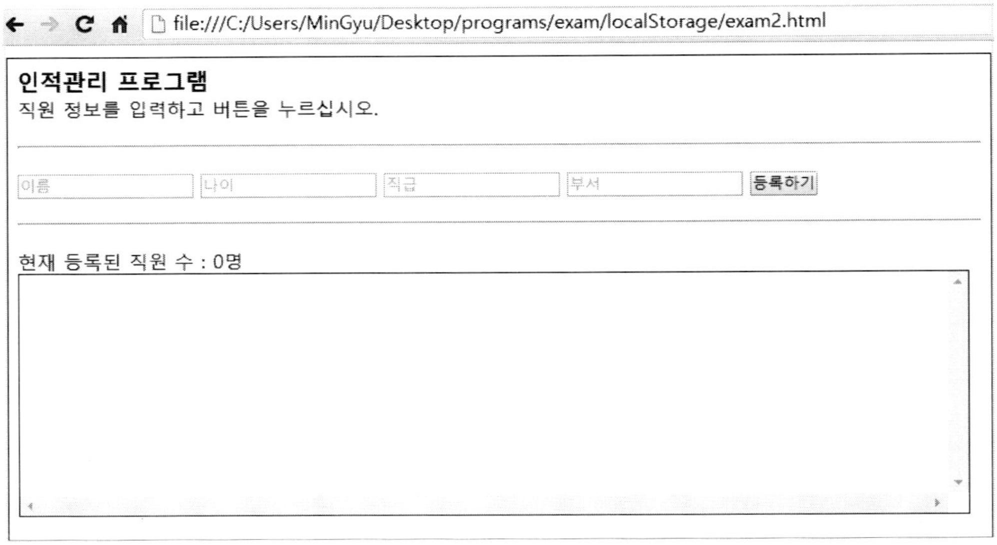

자 그럼 이제 자바스크립트 코드를 작성하겠습니다.

```
<script>
 $(document).ready(function(){
    //로컬 스토리지 초기화
    //만약 초기화가 안 되어있다면 초기화를 합니다.
    if(!localStorage['init']){
       localStorage['init'] = "true";
       localStorage['cnt'] = 0;
    }

    //버튼 클릭 이벤트
    $('.btnAdd').click(function(){
       var tName = $('.txtName').val();
       var tAge = $('.txtAge').val();
       var tPos = $('.txtPos').val();
       var tDep = $('.txtDep').val();

       //미 입력 데이터가 있을 시 통보하고 데이터를 등록하지 않습니다.
       if(!tName){
          window.alert('이름을 입력하세요!');
          return false;
       }
       else if(!tAge){
          window.alert('나이를 입력하세요!');
          return false;
```

```
      }
      else if(!tPos){
         window.alert('직급을 입력하세요!');
         return false;
      }
      else if(!tDep){
         window.alert('부서를 입력하세요!');
         return false;
      }

      //전체 데이터 개수를 가져옵니다.
      var cnt = parseInt(localStorage['cnt']);
            localStorage[cnt + '_name'] = tName;
      localStorage[cnt + '_age'] = tAge;
      localStorage[cnt + '_pos'] = tPos;
      localStorage[cnt + '_dep'] = tDep;

      //전체 데이터 개수를 증가시킵니다.
      localStorage['cnt'] = cnt + 1;

      //새로 출력을 합니다.
      Refresh();

//이전에 입력한 데이터를 지웁니다.
      $('.txtName').val('');
      $('.txtAge').val('');
      $('.txtPos').val('');
      $('.txtDep').val('');
   });

   //새로 영역을 출력하는 함수
   function Refresh(){
      //output 영역을 초기화합니다.
      $('.output').empty();
      //전체 데이터 개수를 불러옵니다.
      var cnt = parseInt(localStorage['cnt']);

      for(var i = 0; i < cnt; i++){
         //데이터를 불러옵니다.
         var tName = localStorage[i + '_name'];
         var tAge = localStorage[i + '_age'];
         var tPos = localStorage[i + '_pos'];
         var tDep = localStorage[i + '_dep'];

         //새로운 div 태그를 생성하고 내용을 출력합니다.
```

```
            var item = $('<div></div>').addClass('item');
            $('<div></div>').text(tName).appendTo(item);
            $('<div></div>').text(tAge).appendTo(item);
            $('<div></div>').text(tPos).appendTo(item);
            $('<div></div>').text(tDep).appendTo(item);

            //div 태그를 출력부분에 붙입니다.
            item.appendTo($('.output'));
        }

        //아래쪽에 명수를 출력합니다.
        $('.personCnt').text('현재 등록된 직원 수 : ' + i + '명');
    };

    //실행 시 한 번 호출하여 출력부분을 갱신합니다.
    Refresh();
  });
</script>
```

코드가 다소 길지만 별 어려운 내용은 없습니다. 위에서 부터 차근차근 설명하겠습니다.

```
//로컬 스토리지 초기화
//만약 초기화가 안 되어있다면 초기화를 합니다.
if(!localStorage['init']){
  localStorage['init'] = "true";
  localStorage['cnt'] = 0;
}
```

이 부분은 처음 데이터를 설정하는 부분입니다. 맨 처음 웹 애플리케이션을 실행하면 localStorage['init']에는 아루먼 데이터가 없으므로 false가 되고, if문 내부를 수행하게 됩니다. 그리고 이곳 내부에서는 localStorage['init']에 값을 넣고("true") 애플리케이션에서 사용할 스토리지 cnt를 생성합니다. 앞으로 이 cnt라는 이름의 저장소에는 현재 저장된 데이터의 개수를 보완하게 됩니다.

버튼 클릭 이벤트를 보기 전에, 그 아래에 있는 Refresh 함수를 먼저 보겠습니다. 이 함수는 output이라는 클래스를 가진 태그(〈div class="output"〉〈/div〉)의 내용을 지우고 (empty) 새로 데이터를 불러와 출력하는 함수입니다.

```
//새로 영역을 출력하는 함수
function Refresh(){
  //output 영역을 초기화합니다.
```

```
  $('.output').empty();
  //전체 데이이터 개수를 불러옵니다.
  var cnt = parseInt(localStorage['cnt']);

  for(var i = 0; i < cnt; i++){
    //데이터를 불러옵니다.
    var tName = localStorage[i + '_name'];
    var tAge = localStorage[i + '_age'];
    var tPos = localStorage[i + '_pos'];
    var tDep = localStorage[i + '_dep'];

    //새로운 div 태그를 생성하고 내용을 출력합니다.
    var item = $('<div></div>').addClass('item');
    $('<div></div>').text(tName).appendTo(item);
    $('<div></div>').text(tAge).appendTo(item);
    $('<div></div>').text(tPos).appendTo(item);
    $('<div></div>').text(tDep).appendTo(item);

    //div 태그를 출력부분에 붙입니다.
    item.appendTo($('.output'));
  }

  //아래쪽에 명수를 출력합니다.
  $('.personCnt').text('현재 등록된 직원 수 : ' + i + '명');
};
```

empty( ) 메서드는 모든 자식 요소를 제거합니다. 즉 빈 태그가 됩니다. 그리고 localStorage에 저장된 cnt 저장소에서 현재 저장된 데이터 개수를 불러옵니다. 그리고 이 데이터는 문자이므로 숫자로 변환(parseInt 함수)하고, for문을 이용하여 데이터의 개수만큼 반복합니다. 반복을 하는 내용은 로컬스토리지에 저장된 각 데이터들을 불러와 div태그를 생성하고 그 안에 데이터를 출력한 다음 output클래스인 태그에 붙이는 것입니다. 이 애플리케이션에는 한 명의 사람 데이터를 localStorage에 아래와 같이 기록합니다.

```
0_name : 이름
0_age : 나이
0_pos : 직급
0_dep : 부서
```

이때 0은 고정된 값이 아닌, 계속적으로 변하는 부분입니다. 즉 for문은 아래와 같이 로컬 스토리지에 접근합니다.

i가 0일 때,

```
0_name
0_age
0_pos
0_dep
```

i가 1일 때,

```
1_name
1_age
1_pos
1_dep
```

자바스크립트에서 +연산자를 문자열과 사용하면 하나의 문자열로 합치게 됩니다. 따라서

```
var tName = localStorage[i + '_name'];
```

위와 같은 문장은 i가 0이면

```
var tName = localStorage['0_name'];
```

i가 1이면

```
var tName = localStorage['1_name'];
```

과 같이 됩니다. 이렇게 불러온 데이터를 div태그를 생성해 데이터를 집어넣고 최종적으로 output클래스를 가진 태그에 집어넣습니다.

```
//새로운 div 태그를 생성하고 내용을 출력합니다.
var item = $('<div></div>').addClass('item');
$('<div></div>').text(tName).appendTo(item);
$('<div></div>').text(tAge).appendTo(item);
$('<div></div>').text(tPos).appendTo(item);
$('<div></div>').text(tDep).appendTo(item);
```

위는 아래와 같은 DOM 요소를 만들어냅니다.

```
<div class="item">
  <div>이름</div>
  <div>나이</div>
  <div>직급</div>
  <div>부서</div>
</div>
```

이렇게 만들어진 DOM 요소는 아래 문장을 만나 output이라는 클래스의 태그에 붙습니다(append).

```
item.appendTo($('.output'));
```

즉 아래와 같이 됩니다.

```
<div class="output">
<div class="item">
  <div>이름</div>
  <div>나이</div>
  <div>직급</div>
  <div>부서</div>
</div>
</div>
```

그리고 마지막으로 personCnt 클래스를 가진 태그에 현재 기록된 데이터 수를 출력합니다. 자 그렇다면 마지막으로 버튼 클릭에 대한 소스를 보겠습니다.

```
//버튼 클릭 이벤트
$('.btnAdd').click(function(){
  var tName = $('.txtName').val();
  var tAge = $('.txtAge').val();
  var tPos = $('.txtPos').val();
  var tDep = $('.txtDep').val();

  //미 입력 데이터가 있을 시 통보하고 데이터를 등록하지 않습니다.
  if(!tName){
     window.alert('이름을 입력하세요!');
     return false;
  }
  else if(!tAge){
     window.alert('나이를 입력하세요!');
     return false;
  }
  else if(!tPos){
     window.alert('직급을 입력하세요!');
     return false;
  }
  else if(!tDep){
     window.alert('부서를 입력하세요!');
     return false;
```

```
    }

    //전체 데이터 개수를 가져옵니다.
    var cnt = parseInt(localStorage['cnt']);
    localStorage[cnt + '_name'] = tName;
    localStorage[cnt + '_age'] = tAge;
    localStorage[cnt + '_pos'] = tPos;
    localStorage[cnt + '_dep'] = tDep;

    //전체 데이터 개수를 증가시킵니다.
    localStorage['cnt'] = cnt + 1;

    //새로 출력을 합니다.
    Refresh();

    //이전에 입력한 데이터를 지웁니다.
    $('.txtName').val('');
    $('.txtAge').val('');
    $('.txtPos').val('');
    $('.txtDep').val('');
});
```

일단 각각의 변수, tName 부터 tDep을 선언하여 input에 입력된 각각의 값들을 불러옵니다(val메서드를 사용).

만약 입력을 하지 않고 버튼을 누르면 데이터는 false가 됩니다. 따라서 if문을 통해 값이 false이라면 데이터를 입력하지 않은 것으로 간주하고 화면에 알려준 후에 함수를 빠져나갑니다(return false).

그리고 아무런 문제가 없다면 전체 데이터 개수를 가져온 후 새로운 저장소를 만들고 데이터를 넣습니다. 그리고 전체 데이터 개수를 증가시킨 후에 Refresh( ) 함수를 호출하여 새로 화면에 출력합니다. 그리고 버튼 클릭 전에 입력한 데이터를 모두 초기화시켜 다시 입력할 수 있게 해줍니다.

다음은 실행화면입니다. 첫 실행 시에는 아무런 데이터가 없습니다.

그럼 데이터를 입력해보겠습니다. 각 input태그에 데이터를 작성하고 [등록하기]버튼을 누릅니다.

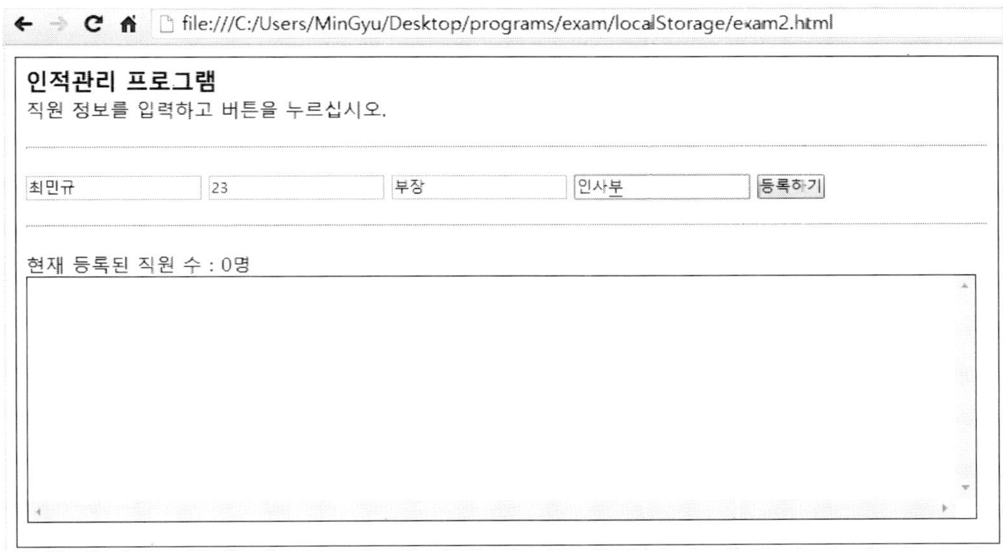

버튼을 누르면 아래와 같이 데이터가 기록이 되고 화면에 출력이 됩니다.

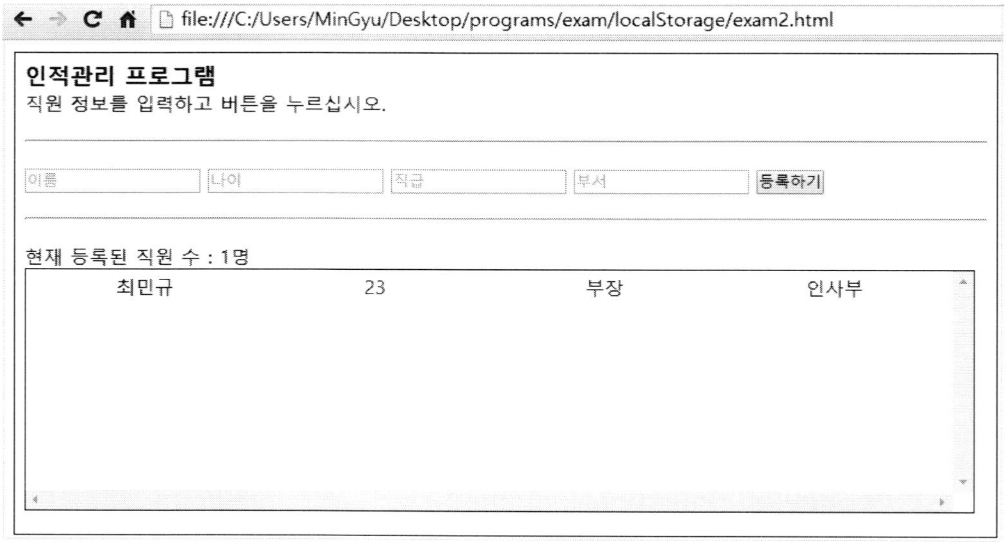

만약 모든 데이터를 작성하지 않고 [등록하기] 버튼을 누르면 다음과 같은 오류가 발생합니다.

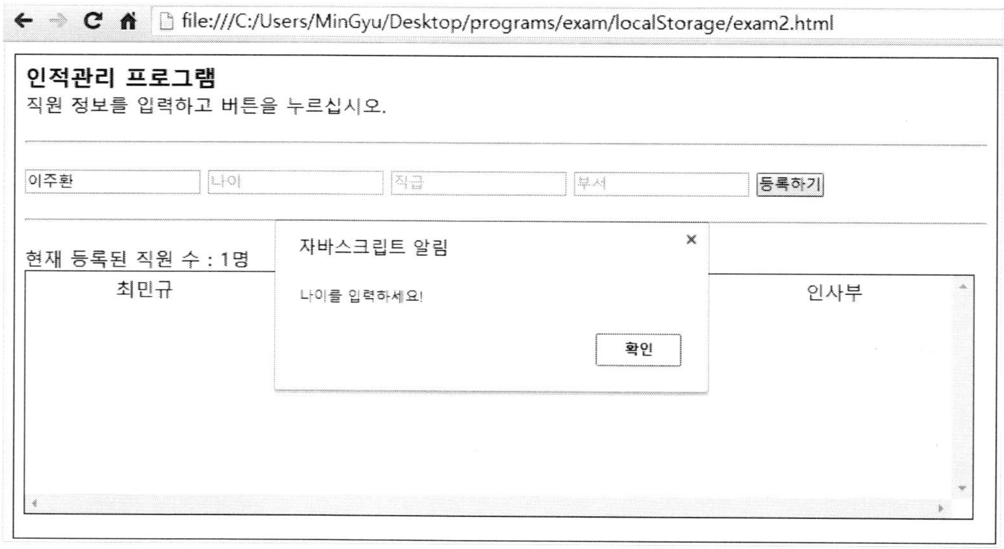

F5를 눌러 페이지를 새로 불러와도 데이터가 여전히 저장되어있음을 확인할 수 있습니다.

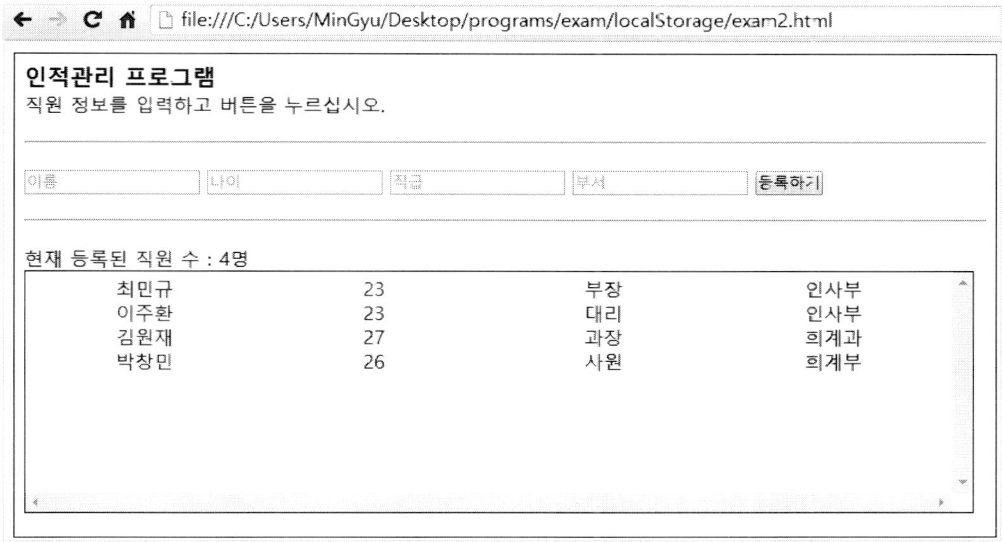

웹 브라우저를 종료한 후 다시 실행해보시기 바랍니다. 데이터는 여전히 남아있습니다.

자, 우리는 이제까지 배운 지식들을 활용해 간단한 인적관리 프로그램을 개발해보았습니다. 이제야 뭔가 프로그램 같은 무언가가 개발해보니 이제껏 배운 것이 재미가 느껴지실 겁니다. 우리가 앞으로 예제를 통해 학습하게 될 하이브리드 앱 개발은 위와 같은 기술을 모바일 형태로 바꾼 것에 불과합니다. 그러므로 크게 부담 가지시지 마시고 편안하게 즐겨주시기 바랍니다. 이상으로 제9장 로컬 스토리지를 마치고 다음 장으로 진행하겠습니다.

Chapter 10

Apache Cordova

Apache Cordova를 통해 안드로이드 프로젝트를 생성하고, 만들어놓은 웹앱을 하이브리드 앱으로 포팅하는 방법에 대하여 학습한다. 이클립스와 Android SDK 설치부터 프로젝트 생성 후 모바일에 직접 연결하여 실행해본다.

10-1 Apache Cordova

Apache Cordova(이하 코르도바)는 안드로이드 운영체제의 네이티브 자원들을 웹상에서 접근할 수 있도록 도와주는 일종의 프레임워크입니다. 여기서 말하는 안드로이드의 네이티브 자원이라 함은 주소록이나 갤러리, 사진 촬영과 음성 녹음 등 안드로이드의 여러 가지 기능들을 의미합니다. 원래 이러한 것들은 자바 언어를 이용한 네이티브 애플리케이션 개발에만 사용하는 것이지만 코르도바를 사용하면 이러한 것들을 하이브리드 애플리케이션에 사용할 수 있도록 해줍니다. 한 가지 안타까운 점은 코르도바에서 모든 기능을 제공하지 않는 다는 점입니다. 하지만 대부분의 기능을 제공하고 있으며 계속해서 업데이트를 통해 기능을 추가하고 있습니다. 그리고 다른 사용자들이 만든 각종 플러그인을 사용해 기능을 추가하여 사용할 수도 있습니다.

옛날에 코르도바는 폰갭(Phonegap)이라고 불렀습니다. 이 명칭은 아직도 코르도바와 혼용하여 사용됩니다. 그러나 후에 Adobe社가 폰갭을 인수하고 오픈 소스로 공개하면서 이름을 코르도바로 변경하였습니다. 그리고 이렇게 변경하는 과정에 배포 과정을 변경했는데, 이 전에는 웹 사이트에서 다운받아 포함시키는 형식이었으나 지금은 npm이라고 불리는 패키지 배표 형식을 통해 직접 내려 받는 형식으로 변경이 되었습니다. 이것을 위해서는 node.js라는 것을 알아야 되는데 이 책은 node.js를 공부하는 책이 아니므로 node.js의 npm을 통해 cordova를 내려 받는 과정만 알아보도록 하겠습니다. 한 번만 내려 받으면 자동으로 설치되기 때문에 재설치가 필요 없어 node.js에 대해서는 깊게 모르셔도 됩니다. node.js는 자바스크립트를 이용해 서버를 개발하기 위한 일종의 프레임워크인데 네트워크 서비스를 구현하고 싶은 독자는 별도로 책을 구매하셔서 공부하는 것도 좋습니다.

본론으로 돌아와서, node.js를 설치하는 과정부터 알아보겠습니다.
일단 http://www.nodejs.org/에 접속합니다.

[INSTALL] 이라고 쓰인 초록색 버튼을 클릭합니다. 다운로드가 시작됩니다. 다운로드가 끝나면 파일을 실행합니다.

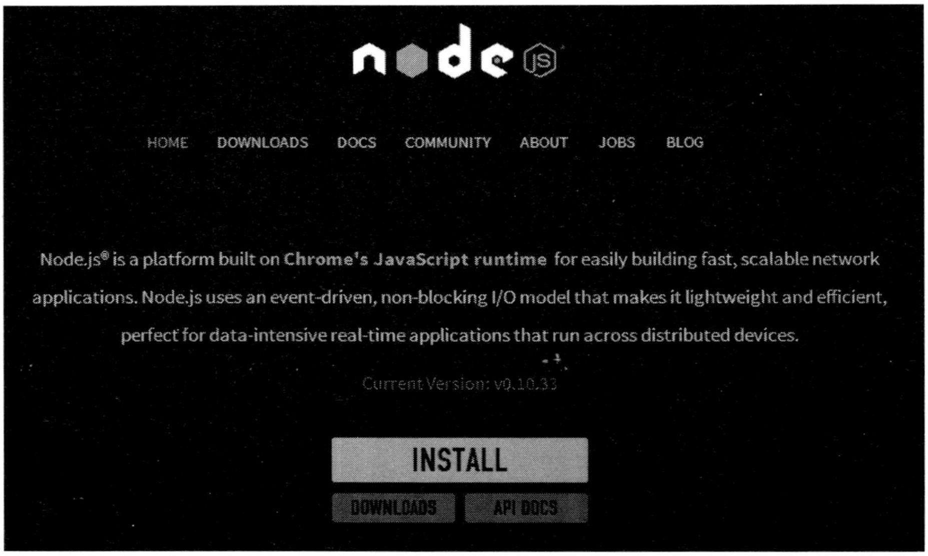

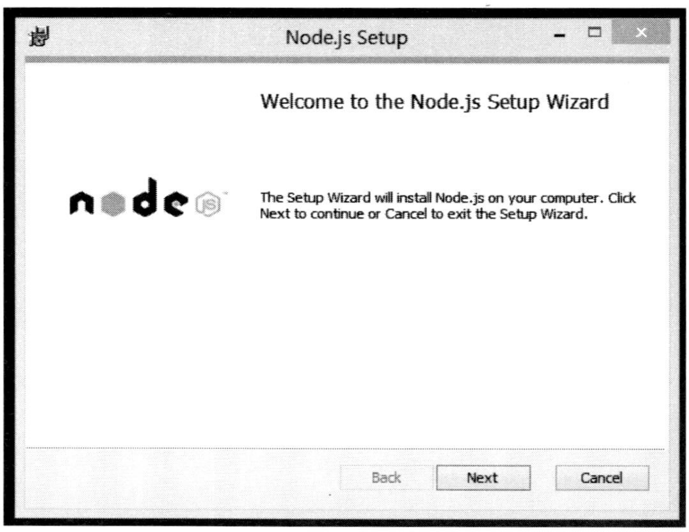

별다른 특이사항은 없으므로 계속 [Next]를 누르고 설치를 진행합니다. 설치가 완료되면 아래와 같이 파일이 추가됩니다. 윈도우 7 이하에서는 시작 메뉴의 모든 프로그램에 새로 설치된 프로그램으로 나타납니다.

자 이렇게 되면 node.js 설치가 완료된 것입니다. 그 다음은 코르도바를 설치할 차례입니다. 이는 매우 간단한데, 일단 명령 프롬프트(Command Prompt)를 실행합니다. 이는 키보드 자판에 윈도우 로고가 그려진 버튼과 R버튼을 동시에 누르면 실행창이 뜨는데, 이곳에 cmd라고 입력하면 됩니다.

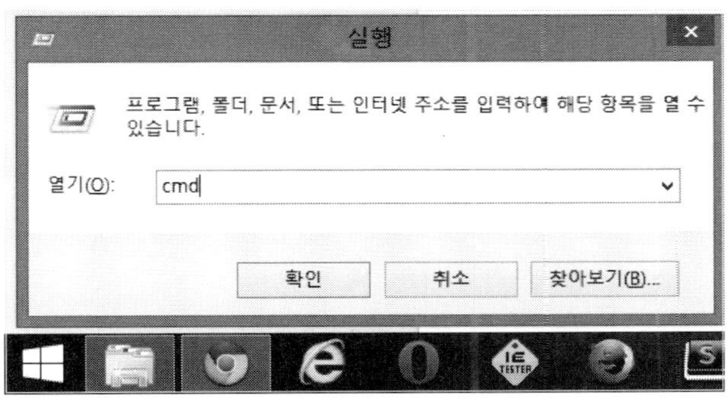

확인을 누르거나 엔터를 치면 아래와 같은 창이 나타납니다. 이 창을 명령 프롬프트 창이라고 부릅니다.

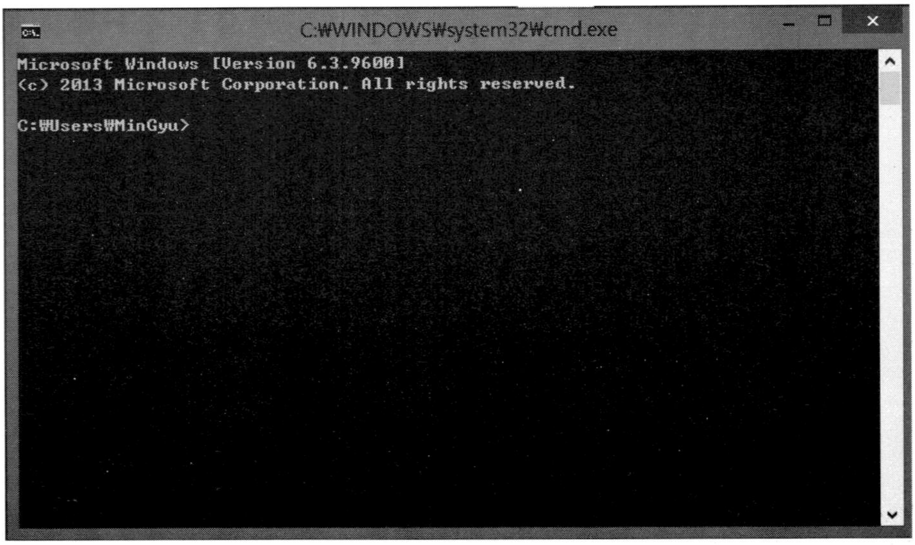

이곳에 아래의 명령어를 똑같이 타이핑합니다.

```
npm install -g cordova
```

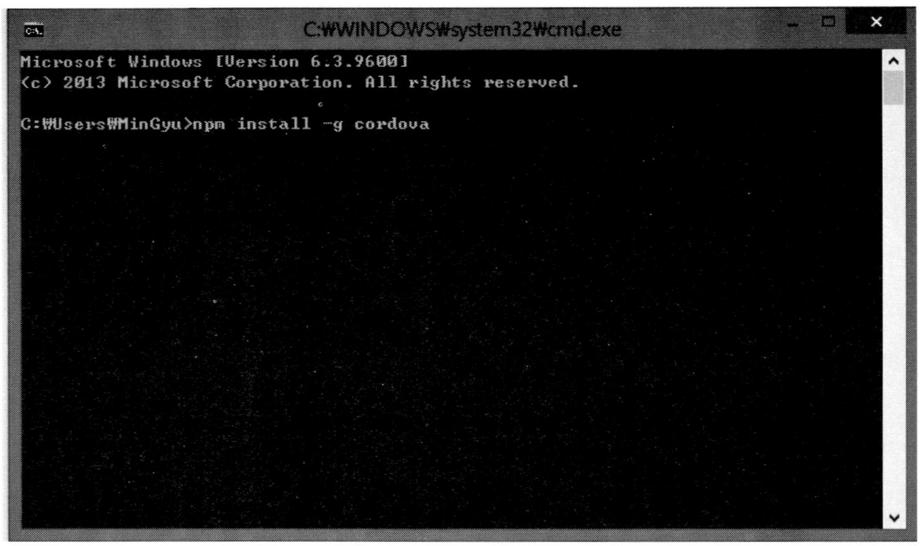

타이핑을 치면 글자들이 나타나며 설치가 진행됩니다. 아래와 같이 다시 입력할 수 있는 상태가 될 때까지 기다립니다.

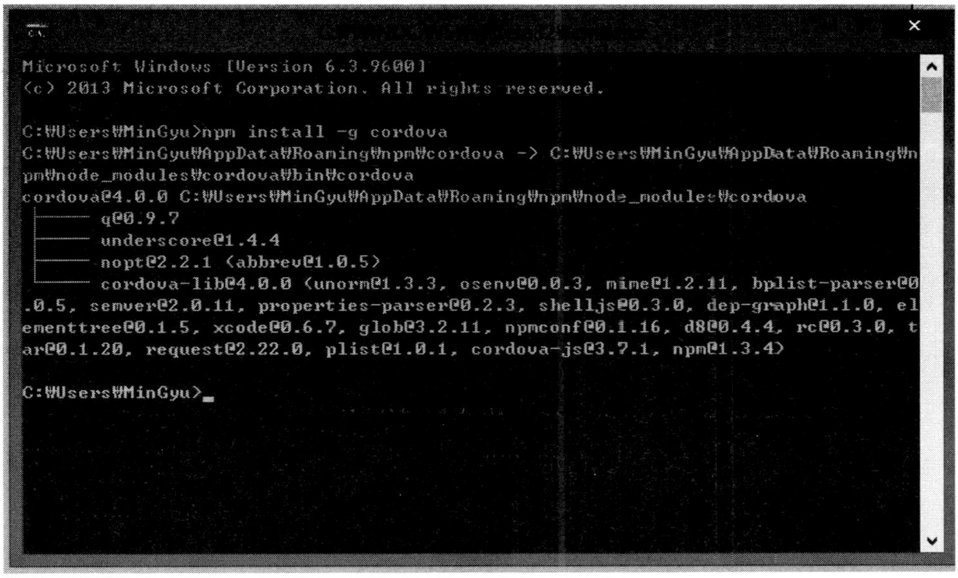

자, 이제 설치가 완료되었습니다. 이제부터는 cordova 명령어를 통해 하이브리드 앱을 생성할 수 있습니다. 하지만 cordova가 생성하는 하이브리드 앱은 자체적으로 실행하거나 앱으로 만들 수 없습니다. 바로 그 이유는 cordova가 생성하는 것은 실제 앱이 아니라 앱 개발을 위한 프로젝트(Project)이기 때문입니다. 그리고 이 프로젝트는 네이티브 앱을 개발할 때 사용되는 이클립스(Eclipse)라는 통합개발환경(IDE : Integrated Development Environment)에서 다루는 프로그램의 단위입니다. 즉 이클립스를 설치해야합니다. 또한 본래 이클립스는 안드로이드 앱 개발을 위한 환경이 아닌, 자바 언어로 프로그램을 개발하기 위한 환경이기 때문에 기본적으로 안드로이드 앱 개발 기능이 내장되어있지 않습니다. 따라서 구글에서 배포하는 Android SDK를 설치하고 불러와야합니다. 다행인 점은 최신 Android SDK는 내부에 이클립스를 자체적으로 포함하고 있어서 별도로 설치할 필요 없이 Android SDK만 설치하면 된다는 점입니다.

https://developer.android.com/sdk/index.html?hl=i에 접속합니다.

접속 후 화면에 [Download Eclipse ADT with the Android SDK for windows]를 클릭해 다운로드를 합니다.

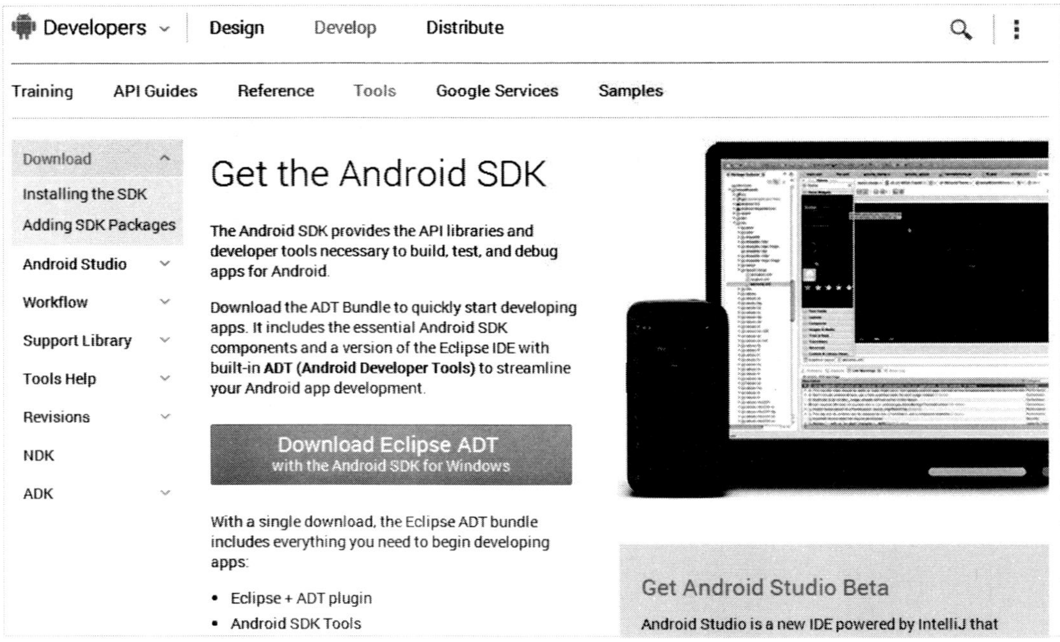

다운로드가 끝나면 C:\에 압축을 풉니다. 압축을 풀면 아래와 같은 파일들이 보이실 겁니다.

첫 번째 폴더인 eclipse 안에는 안드로이드 앱 개발에 특화된 이클립스가 들어있고 두 번째 폴더는 안드로이드 SDK(안드로이드 앱을 개발하기 위한 도구들)이, 그리고 세 번째 실행 파일(SDK Manager.exe)는 안드로이드 SDK를 업데이트하기 위한 도구입니다.

eclipse폴더에 들어가 [eclipse.exe]를 더블 클릭해 이클립스를 실행합니다.

위와 같이 로고가 뜨고 잠시 후에 아래와 같은 창이 나타나면 [OK]를 클릭합니다.

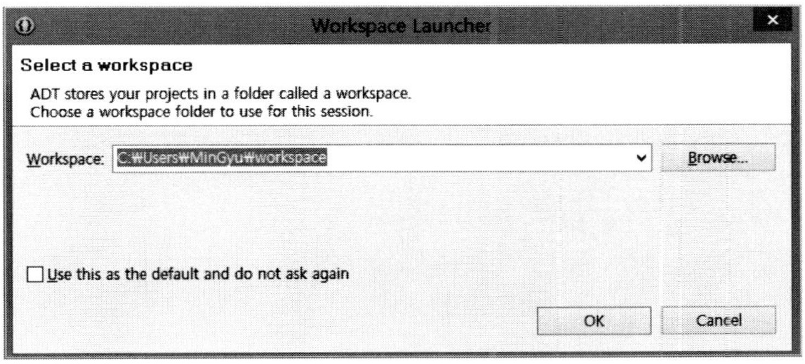

잠시 기다리면 이클립스가 실행됩니다. 가장 먼저 해야 할 것은 안드로이드 SDK의 버전을 업데이트하는 것입니다. [Window] - [Android SDK Manager]를 누릅니다.

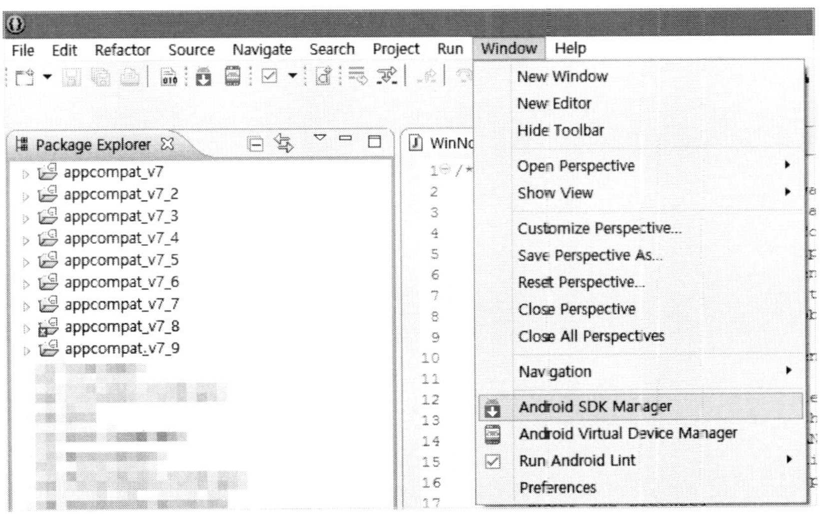

클릭하면 안드로이드 SDK 매니저가 실행됩니다. 그럼 아래와 같이 모든 항목을 체크하고 [Install .. packages…] 버튼을 클릭해 설치를 진행합니다.

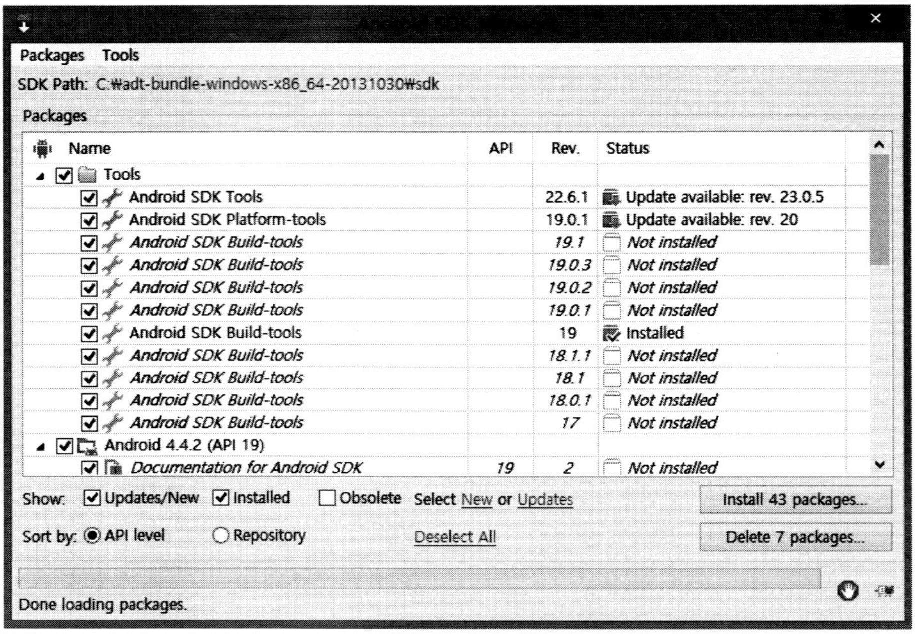

설치시간은 꽤나 오래 걸리기 때문에 인내심을 가지고 기다려주시기 바랍니다. 전부 설치가 끝나면 Android SDK Manager를 종료하고 이클립스를 종료합니다.

이로써 하이브리드 앱을 개발할 모든 준비는 끝났습니다. 그렇다면 이제 직접 하이브리드 앱을 만들어 실행해보도록 하겠습니다.

10-2 Hello Apache Cordova!

간단하게 화면에 "Hello Apache Cordova!"라고 뜨는 앱을 하나 만들어보겠습니다. Sublime Text 2 에디터를 실행하고 아래와 같이 입력하여 저장합니다.

```
<html>
  <head>
    <title>Cordova Example</title>
  </head>
```

```
  <body>
    <h1>Hello Apache Cordova!</h1>
  </body>
</html>
```

아래는 PC에서 실행화면입니다.

자, 이제 이 화면을 모바일로 옮겨보겠습니다. 먼저 명령 프롬프트를 실행합니다.

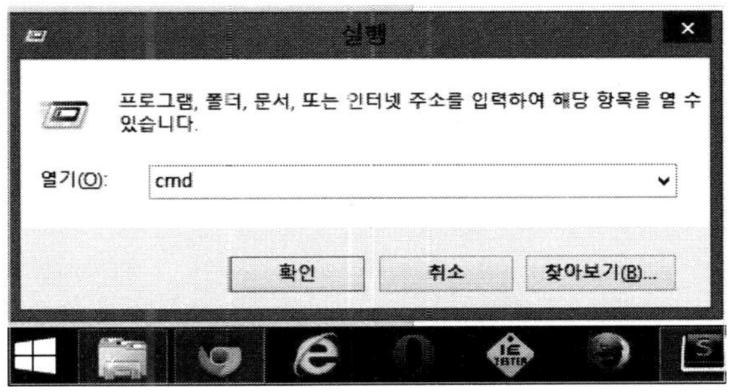

일단 프로젝트를 생성하기 전에 프로젝트를 보관해둘 경로를 생성하도록 하겠습니다. 명령 프롬프트에 아래와 같이 입력합니다.

```
cd C:\
mkdir myProjects
cd myProjects
```

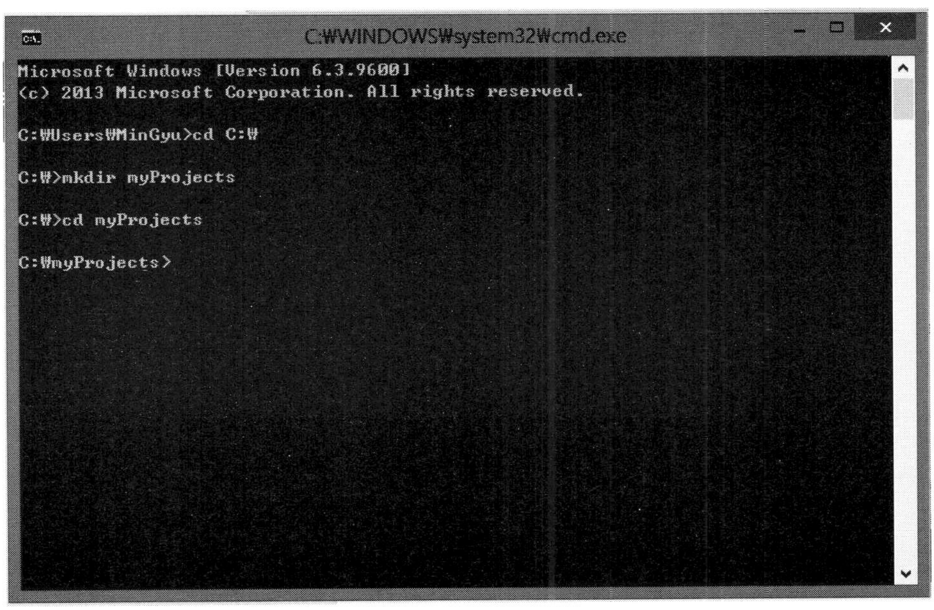

위 명령어는 도스 명령어인데 cd명령어는 경로를 이동하는 명령어이고 mkdir은 디렉터리(Directory, 윈도우즈에서는 폴더라고 부릅니다)를 생성하는 명령어입니다.

즉 C드라이브(C:\)로 이동해 myProjects라는 폴더를 생성하고 다시 그곳으로 이동한 것입니다. 내 컴퓨터에서 C드라이브로 확인해보면 경로가 생성된 것을 확인할 수 있습니다.

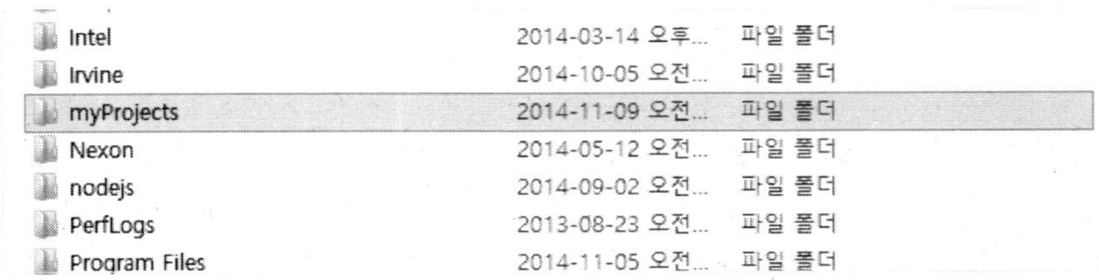

자, 다시 명령 프롬프트로 돌아오겠습니다. 가장 먼저 할 일은 코르도바 프로젝트를 생성하는 것입니다. 아래의 명령어를 명령 프롬프트에 입력합니다.

```
cordova create hello com.example.hello HelloWorld
```

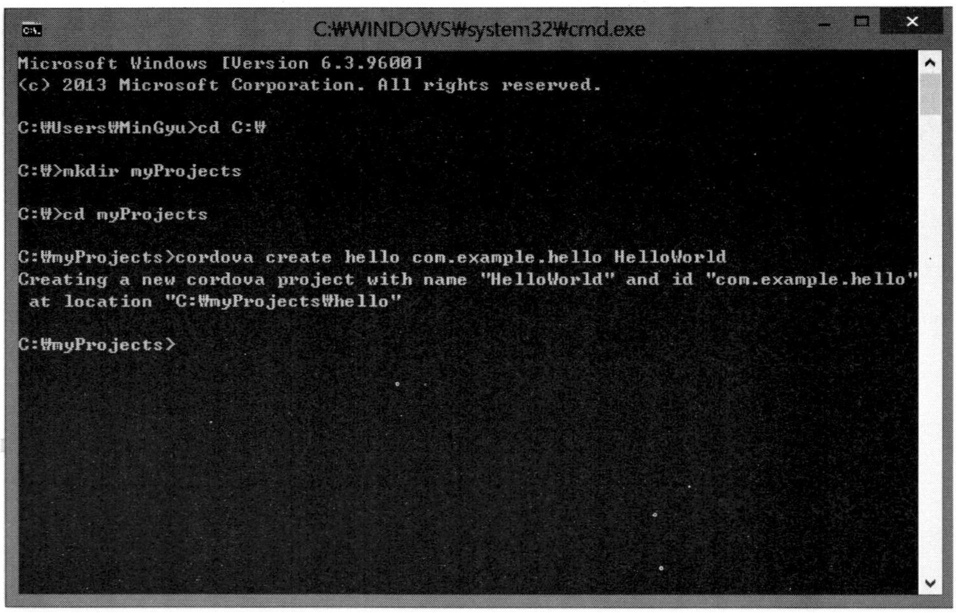

그 다음은 플랫폼을 추가해야합니다. 코르도바는 안드로이드 애플리케이션만 아니라 여러 가지 다른 모바일 플랫폼용 앱을 개발할 수 있는 프레임워크입니다. 따라서 프로젝트와 별개로, 안드로이드용 플랫폼을 추가해 주어야합니다. 그 전에, 어느 프로젝트에 플랫

폼을 추가할지 지정해야하는데 이는 해당 경로로 이동하면 됩니다. 프로젝트를 생성하면 hello라는 폴더가 C:\myProjects 경로에 생성이 되어있습니다.

```
cd hello
cordova platform add android
```

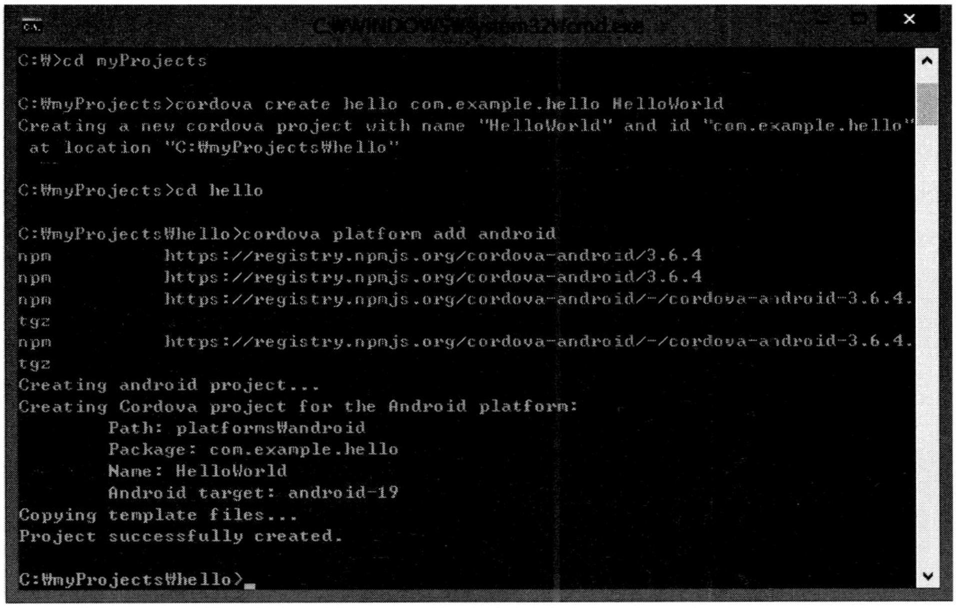

엔터를 치면 npm 패키지에서 해당 서버에 접속하여 플랫폼에 필요한 파일들을 추가합니다. 이제 닫기 버튼을 눌러 명령 프롬프트를 종료하고, 이클립스를 실행합니다.

이클립스가 실행되면 상단에 [File] - [Other…]를 클릭합니다.

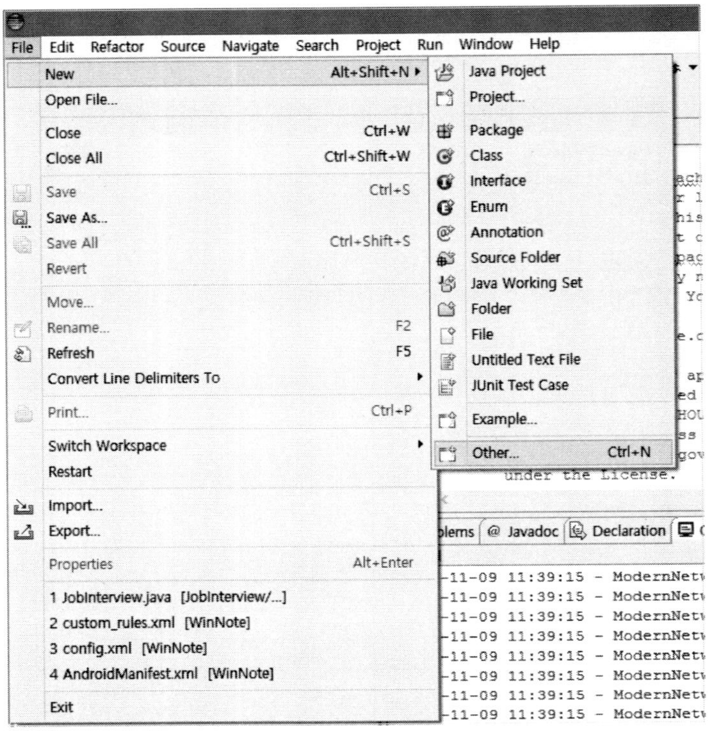

마법사(Wizard)가 나타나면 [Android Project from Existing Code]를 클릭하고 [Next] 버튼을 클릭합니다.

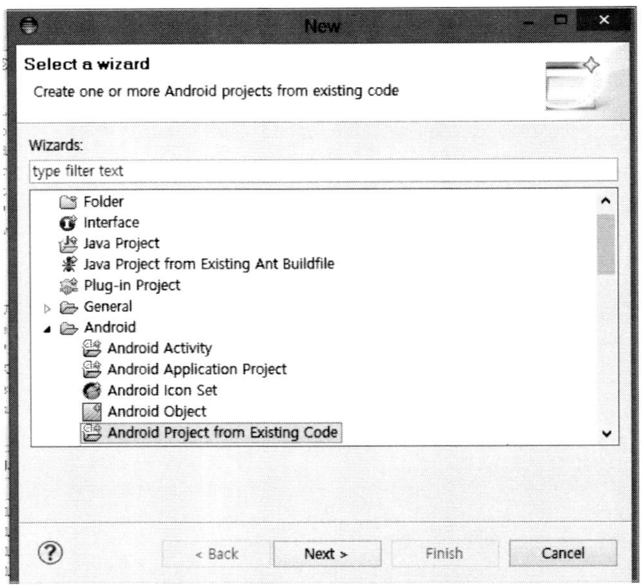

그리고 Root Directory라고 쓰인 옆에 [Browse] 버튼을 누릅니다.

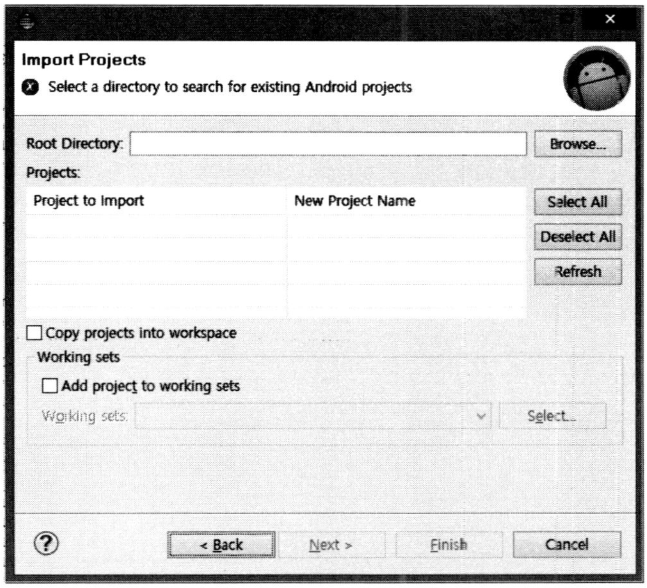

버튼을 누르면 파일을 찾는 상자가 나타납니다. 우리가 생성한 프로젝트를 찾아 platforms 폴더 안에 android 폴더를 클릭하고 [확인]을 누릅니다.

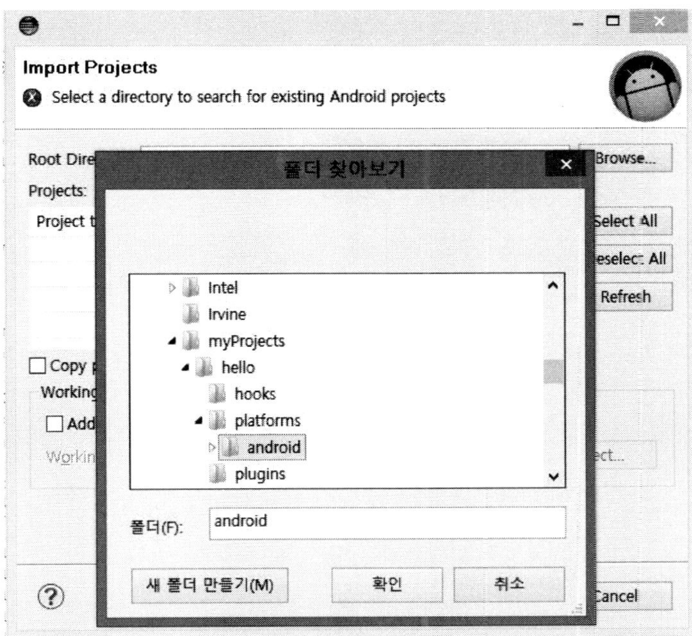

아래와 같이 두 개의 항목이 Projects: 아래 생성되었으면 [Finish] 버튼을 누릅니다.

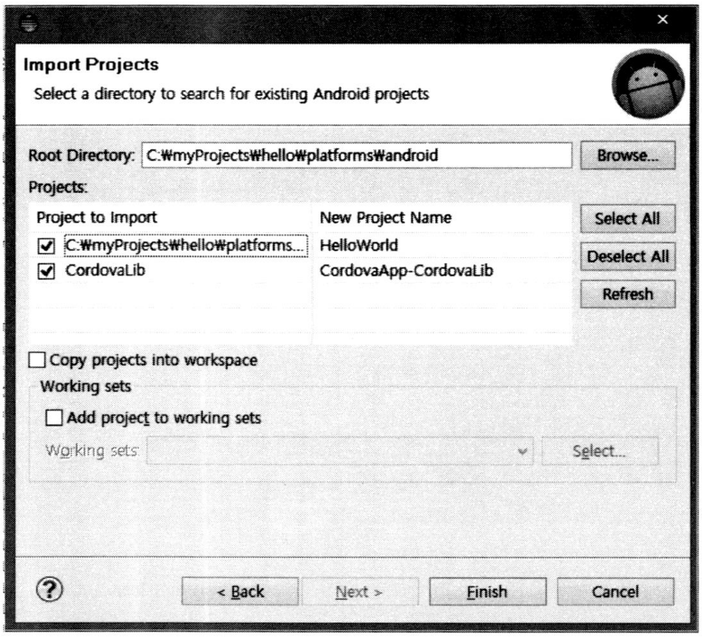

조금만 기다리면 아래와 같이 새로운 프로젝트가 추가됩니다.

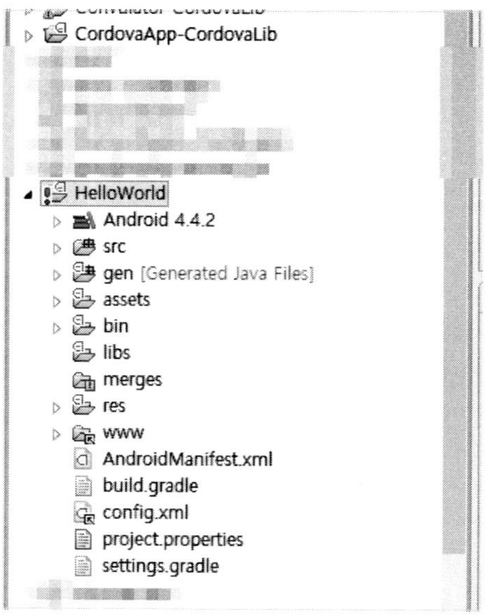

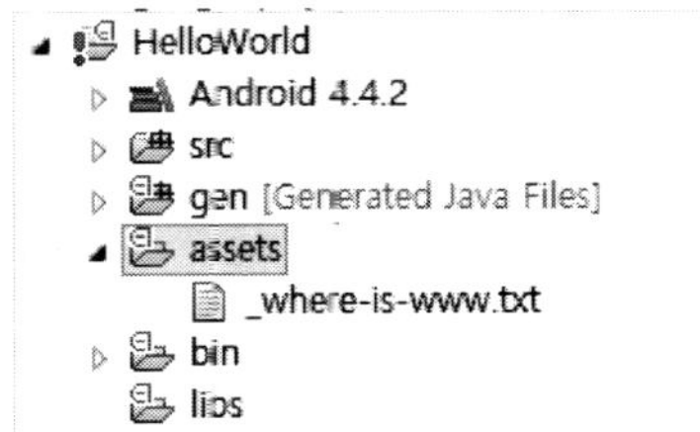

이로써 이클립스에 불러왔습니다. 그 다음은 우리가 만든 Hello Apache Cordova를 출력하는 HTML파일을 넣는 것입니다. 하이브리드 앱은 모든 웹 문서 관련 파일은 assets폴더 안에 www라는 폴더 내부에 있어야 합니다. 따라서 assets 폴더를 클릭합니다.

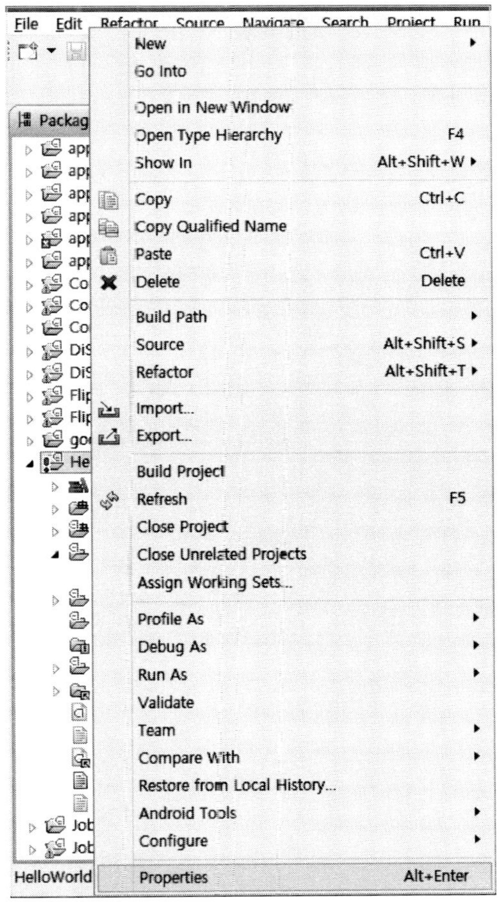

눌러보면 텍스트 파일 하나만 있고 아무런 파일이 없습니다. 그러나 우리가 직접 윈도우에서 위 폴더(C:\myProjects\hello\platforms\android\assets)에 들어가면 분명 www라는 폴더가 있습니다. 이는 코르도바에서 플랫폼을 추가하면서 자동으로 생성합니다. 그런데 위에서는 뜨지 않습니다. 따라서 위를 보이게 하려면 프로젝트를 오른쪽 마우스로 클릭하고 [Properties]를 누릅니다.

그러고 나서 맨 위에 [Resource]를 클릭하고 하위 메뉴에 [Resource Filters]를 클릭합니다. 그러면 몇 가지 목록이 나타나는데 마우스 오른쪽을 클릭하여 Remove를 눌러 모든 항목을 제거해줍니다.

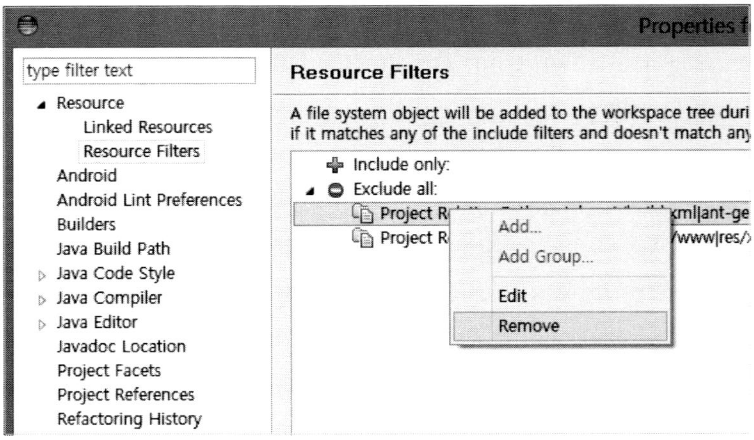

그리고 [OK]를 누르면 잠시 후 assets아래에 www 폴더가 나타납니다.

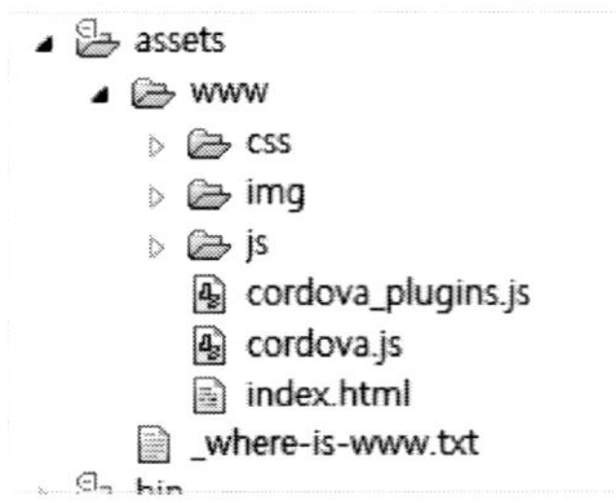

다시 프로젝트의 [Properties]를 눌러 방금 전 창을 띄웁니다. 그곳에서 [Resource] 아래에 [Android]를 누릅니다.

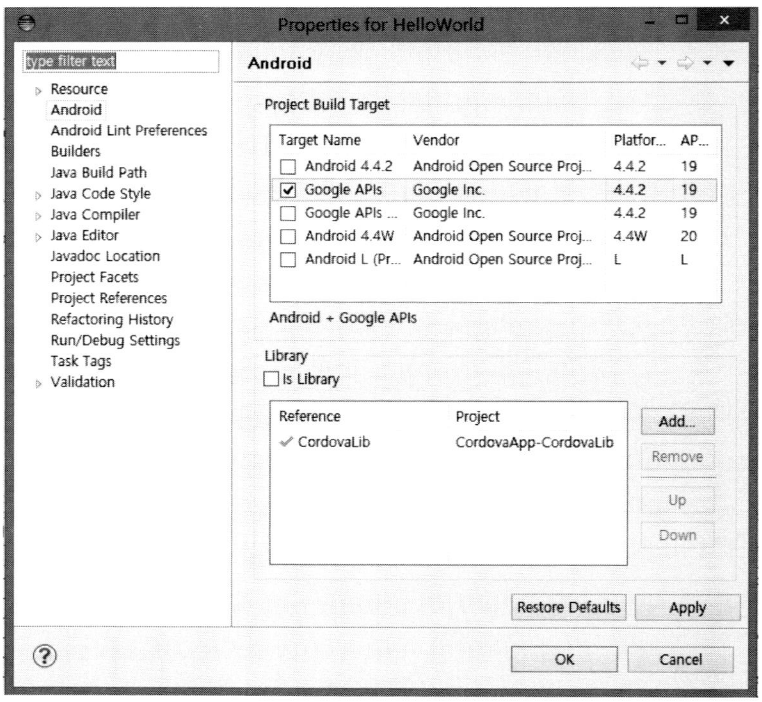

기본적으로는 Android 4.4.2라는 항목이 체크가 되어있습니다. 이 항목을 Google APIs라는 항목으로 체크합니다. 만약 위 항목과 다르게 나오거나 Google APIs라는 것이 없으신 분은 이전에 실행했던 Android SDK Manager를 실행하여 모든 항목을 업데이트해주시기 바랍니다.

만약 업데이트를 해도 Google APIs가 없으신 분은 수동으로 이클립스에 포함 시켜주어야 합니다. 우리가 코르도바로 생성한 프로젝트를 이클립스로 불러왔던 방법처럼 불러와야 합니다. 경로는 안드로이드 SDK가 설치된 경로\extras\google이며 google_play_services라는 폴더를 이클립스 프로젝트로 불러온 후에 이클립스를 재실행해주세요.

만약 책대로 진행하였다면 C:\adt-bundle-windows-x86_64-20131030\가 Android SDK 경로입니다.

그 다음 할 일은 위에 있는 파일 대신, 우리가 만든 Hello Apache Cordova! 파일을 넣는 것입니다. 옮기기 전에 위의 파일들을 모두 삭제하겠습니다.

위 경로로 이동하여 모든 파일을 삭제하고, 앞서 만들었던 파일을 여기로 옮깁니다. 그리고 반드시 이름을 index.html로 변경합니다.

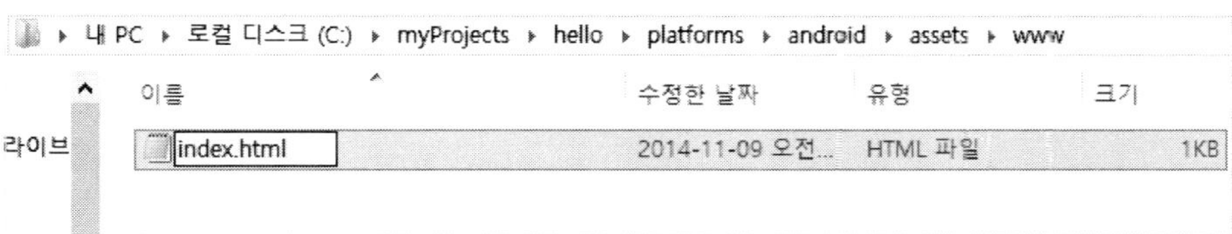

그러고 나서 다시 이클립스로 돌아와 프로젝트를 우클릭하여 중간에 있는 [Refresh]를 누릅니다.

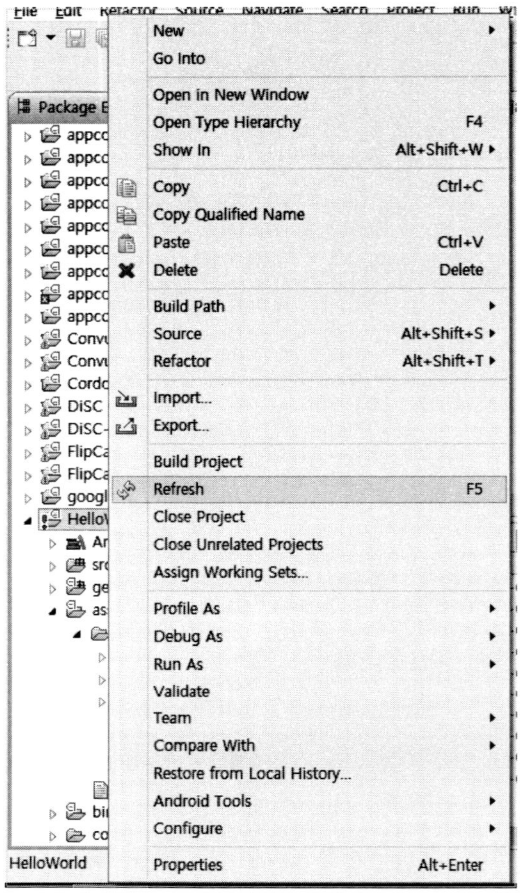

Refresh를 누르고 나면 파일 목록을 다시 불러오게 됩니다.

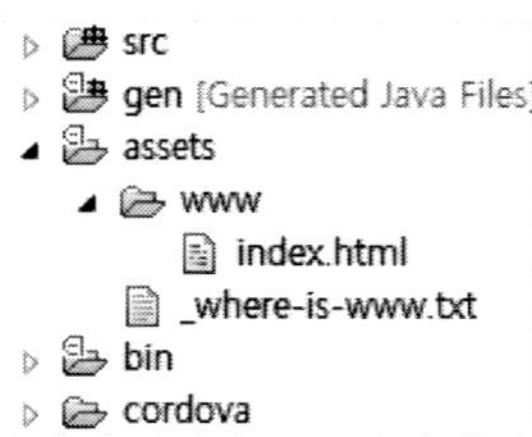

자, 일단 모든 설정은 끝났습니다. 이제 앱을 실행해보아야 하는데 앱을 실행하려면 안드로이드 운영체제가 필요합니다. 현재 안드로이드를 가지고 계신다면 작업 중인 컴퓨터에 연결하고 제조사가 제공하는 드라이버를 설치한 후에 스마트폰의 USB 설정에서 USB 디버깅 모드를 허용해주어야 합니다. 드라이버는 제조사 홈페이지에서 제공하므로 현재 사용 중인 스마트폰 제조사를 확인하고 다운받으면 됩니다. USB 디버깅 모드는 안드로이드 운영체제마다 들어가는 방법이 다르지만 대부분 스마트폰 환경설정에 들어가면 있

습니다. 기본 설정으로는 꺼져있으므로 활성화시켜주어야 합니다.

스마트폰이 없거나, 스마트폰이 아닌 컴퓨터에서 실행하고 싶으시면 안드로이드 가상 장치(AVD : Android Virtual Device)을 추가해주어야 합니다. 이는 Android SDK에 포함되어있으며 이클립스에서 실행할 수 있습니다.

이클립스 상단에 [Window] - [Android Virtual Device Manager]를 클릭합니다.

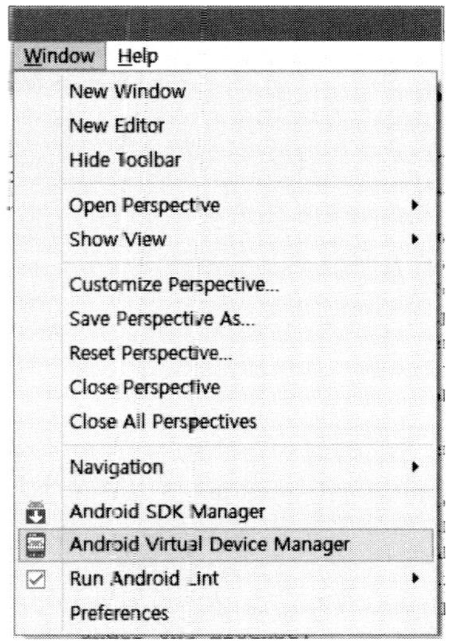

그러면 아래와 같은 창이 나타납니다.

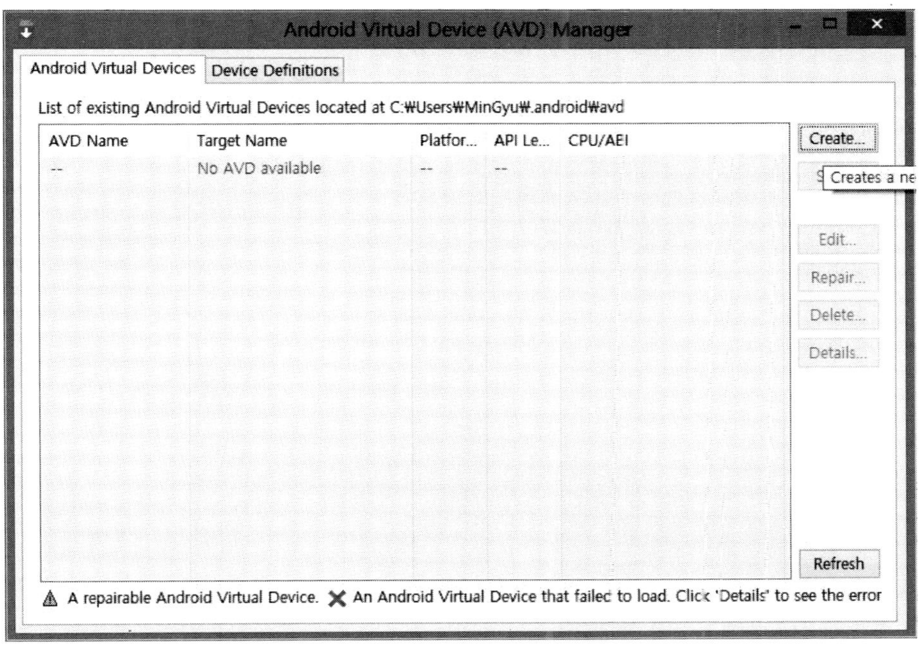

오른쪽 끝에 [Create] 버튼을 누릅니다. 그리고 나타나는 창에는 다음과 같이 설정합니다.

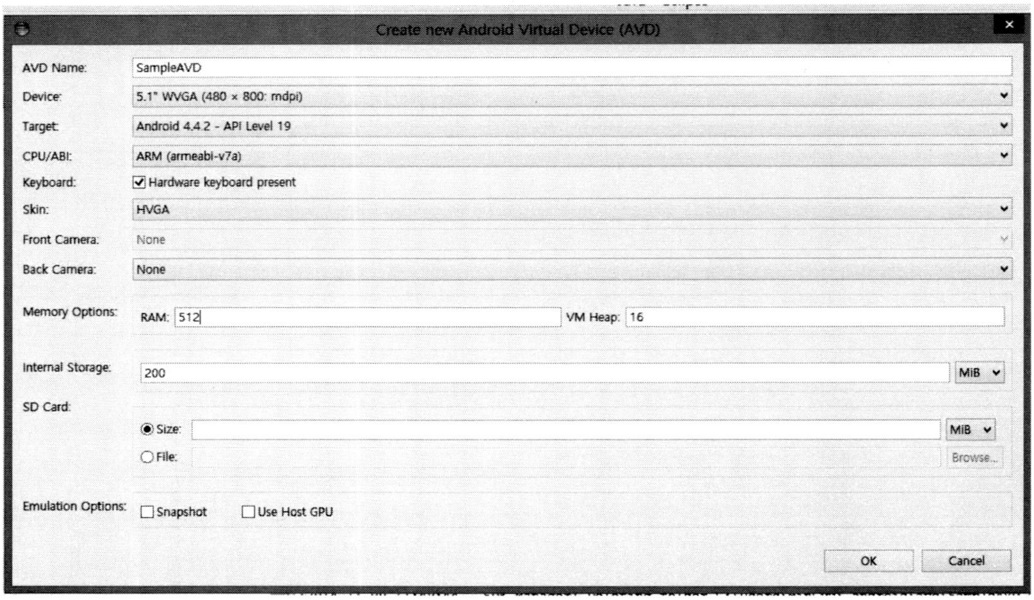

Memory Options 항목은 안드로이드 가상 장치의 메모리를 설정하는 곳인데 기본적으로는 512입니다. 이는 메모리가 512MB라는 뜻인데, 만약 컴퓨터의 사양이 좋다면 조금 더 올리셔도 됩니다. 메모리가 높을수록 처리속도가 빨라집니다.

설정을 다 했다면 OK를 누릅니다. 그럼 다음과 같이 AVD가 추가됩니다.

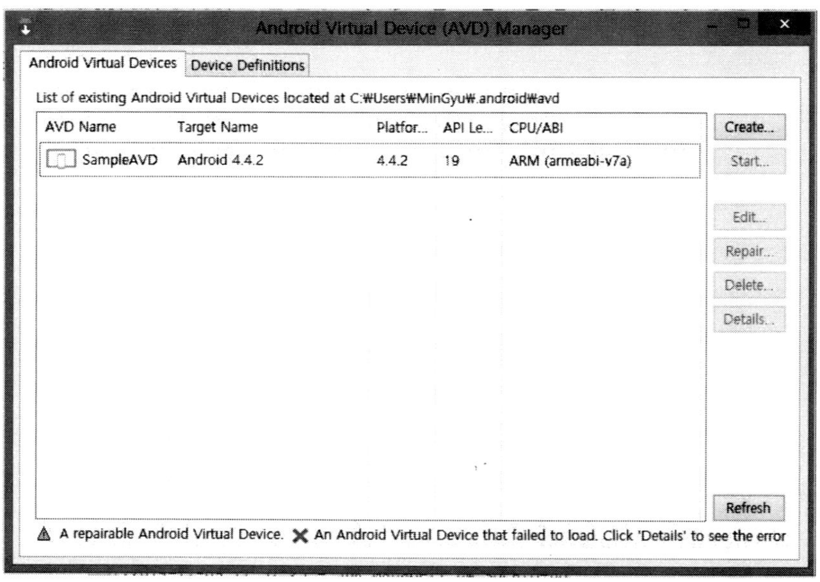

이제 창을 닫습니다. 창을 닫고 이클립스 메뉴 중 [Project]를 클릭, [Clean]을 클릭합니다.

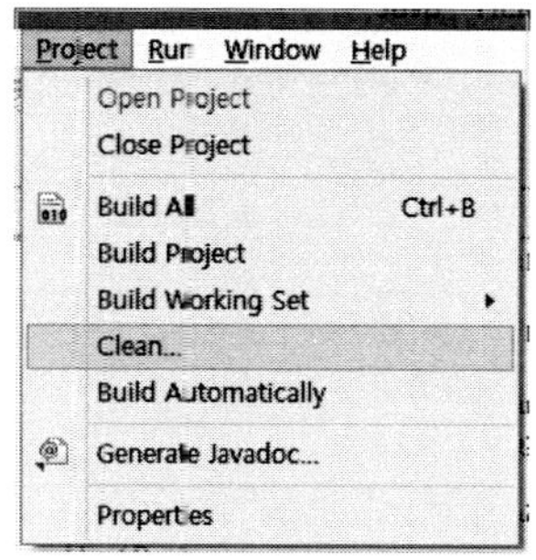

그러면 아래와 같은 창이 나타납니다.

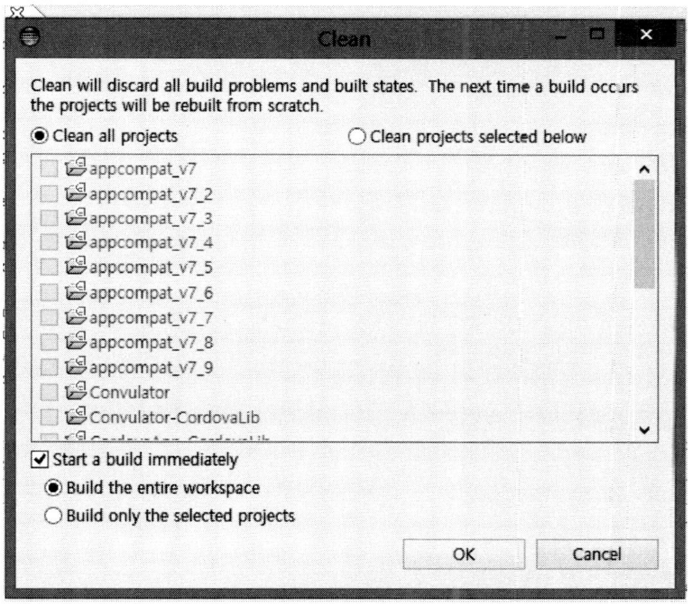

위쪽에 기본적으로는 [Clean projects selected below]가 선택되어있습니다. 왼쪽에 있는 [Clean all projects]를 누르고 아래쪽에 [OK] 버튼을 클릭합니다.

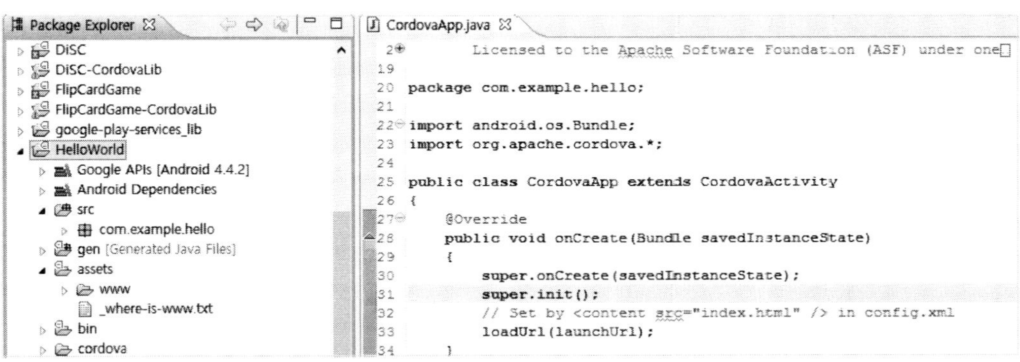

그러면 이클립스에서 잠깐 작업이 진행됩니다. 작업이 끝나면 모든 X 표시(에러)가 사라집니다. 그리고 나면 이클립스 화면 위쪽에 있는 재생 표시 버튼을 클릭합니다.

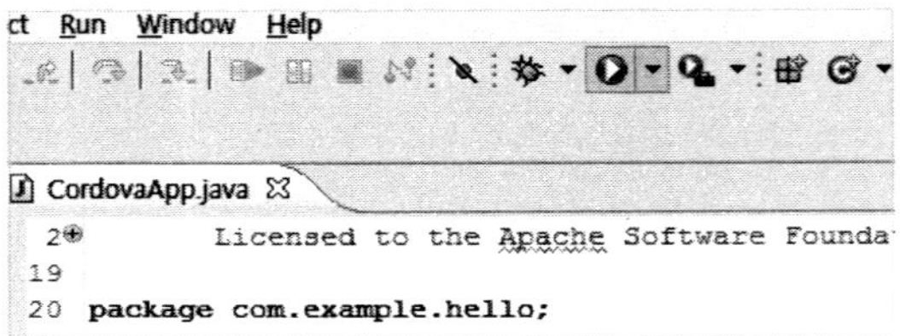

조금만 기다리면 아래와 같은 창이 나타납니다.

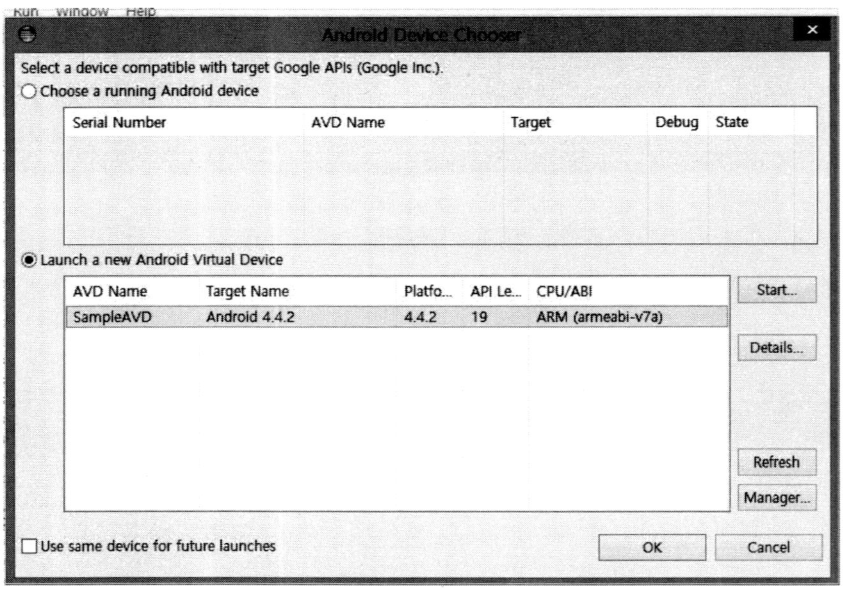

위 창은 어느 기기에 앱을 실행할지 묻는 창입니다. 위쪽에는 직접 USB로 연결된 스마트폰이, 아래쪽에는 AVD(안드로이드 가상 장치)가 나타납니다. 앞서 추가한 SampleAVD를 선택하고 아래쪽에 [OK]를 누릅니다.

그러면 위와 같이 AVD가 활성화됩니다. 몇 분 정도 기다리면 안드로이드가 구동되고 곧 바로 앱이 실행이 됩니다.

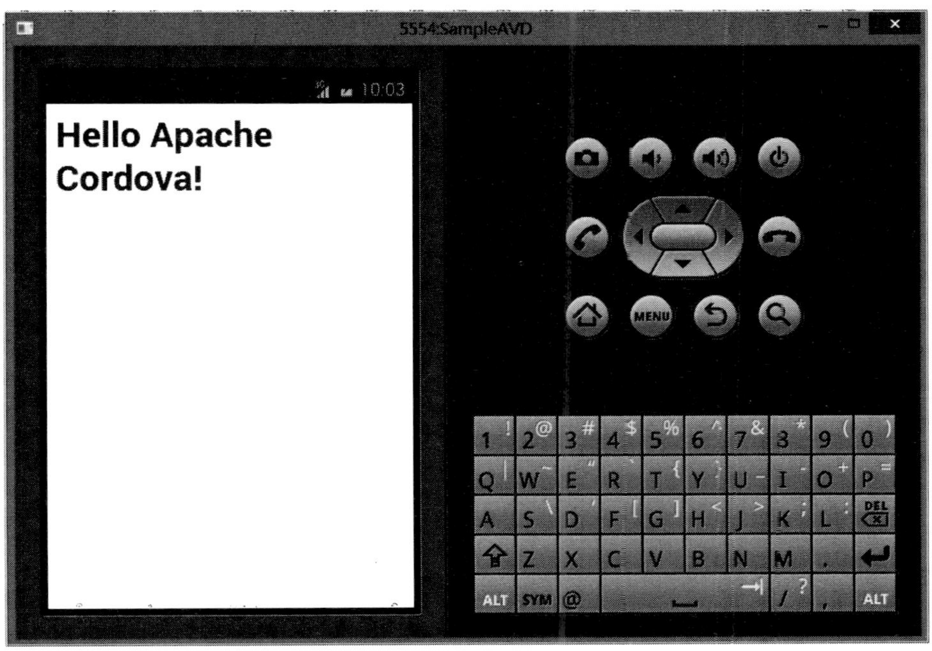

위와 같이 나온다면 모든 과정이 정상적으로 진행된 것입니다. 앞으로 이 책에서 만든 모든 예제는 위와 같은 방법으로 진행하면 됩니다.

이로써 하이브리드 앱을 만들고 실행해보았습니다. 과정이 다소 많지만 복잡한 것은 없습니다. 그리고 외울 필요는 없습니다. 필요할 때마다 책의 앞장으로 돌아가서 과정을 반복하면 됩니다. 그렇게 하다보면 어느새 숙달되어 책을 보지 않아도 할 수 있게 됩니다.

코르도바에서 자바스크립트를 통해 네이티브 기능을 사용하려면 자동으로 생성되는 Cordova.js파일을 지우지 말고 사용할 HTML문서에 포함시켜주어야 합니다. 이렇게 하면 각종 기능을 자바스크립트로 사용할 수 있게 됩니다. 그러나 이러한 부분들은 프로그래밍 분야이기 때문에 다소 난이도가 있어서 이 파트에 직접 싣지는 않고, 나중에 앱을 개발하면서 차근차근 알아가 보도록 하겠습니다.

이제 우리는 앱을 만들 모든 준비를 끝마쳤습니다. 다음 장부터는 드디어 실전 앱을 만들어보는 시간을 가지게 됩니다. 이제껏 우리가 배운 HTML, CSS, JavaScript, AJAX, jQuery, PHP, MySQL, 그리고 방금 배운 Apache Cordova… 이 모든 기술을 통합하여 앱을 개발하게 될 것입니다. 하지만 처음부터 이 모든 것을 사용하지 않고 예제를 통해 점차 많은 기술이 들어가는 앱을 개발해보도록 하겠습니다. 특히 PHP, AJAX, MySQL은 애플리케이션이 네트워크 서비스를 제공하지 않는 경우에는 사용하지 않아도 됩니다. 우리는 이러한 앱 또한 물론 만들어 볼 것입니다. 다음 장부터는 실전 앱 개발이므로, 우리가 두 번째 장에서 설치했던 Sublime Text 2 에디터의 플러그인인 emmet플러그인을 사용할 것입니다. 그리고 앱을 개발하면서 필요할 때마다 그때그때 필요한 기능들을 배우도록 하겠습니다.

Note

Chapter 11

일정관리 애플리케이션

실습을 통해 일정을 관리하는 애플리케이션을 직접 구축해본다.

제11장부터 제13장까지는 모두 실습 애플리케이션을 개발하는 파트입니다. 따라서 먼저 완성될 애플리케이션의 모습과 소스코드를 공개하고 개발하는 과정을 통해 익히도록 하겠습니다.

11-1 애플리케이션 소개 및 실행 화면

애플리케이션 이름 : 일정관리 애플리케이션
애플리케이션 기능 : 일정등록 및 삭제

첫 실행 시 오른쪽과 같은 화면이 나타납니다.

[일정추가] 버튼을 누르면 window.prompt( )함수를 이용하여 사용자로부터 값을 입력받습니다.

일정이 추가된 화면은 오른쪽과 같습니다.

[초기화] 버튼을 누르면 기록된 모든 내용이 사라집니다.

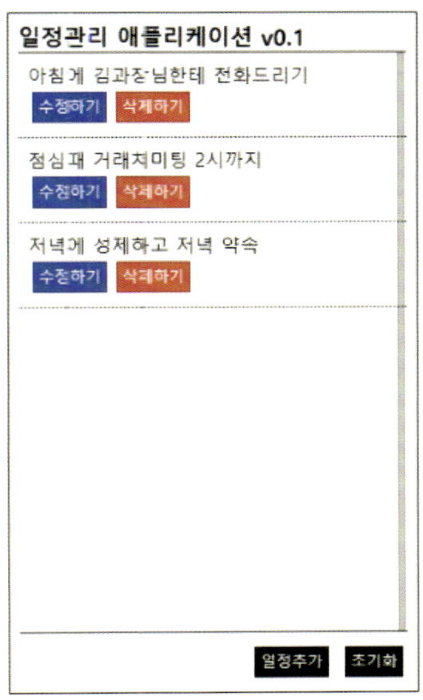

11-2 소스 코드

애플리케이션 풀 소스 코드는 아래와 같습니다. HTML, CSS, JavaScript코드가 분리되어 작성되어있습니다.

HTML 코드(index.html)

❶ 〈!DOCTYPE html〉

```
<html>
  <head>
    <title>Task Management Application</title>
    <meta charset="utf-8" />
      <meta name="viewport" content="width=device-width, user-scalable=no" />
        <link rel="stylesheet" href="./css/app.css" />
        <script src="./js/jquery-2.1.1.min.js"></script>
        <script src="./js/app.js"></script>
  </head>
  <body>
    <div class="AppWrap">
      <div class="AppHead">
        <h3>일정관리 애플리케이션 v0.1</h3>
      </div>
      <div class="AppContent">
        <div class="TaskWrap"></div>
      </div>
      <div class="AppFoot">
        <input type="button" class="BtnAdd" value="일정추가" />
        <input type="button" class="BtnInit" value="초기화" />
      </div>
    </div>
  </body>
</html>
```

❷ 스타일 시트 코드(./css/app.css)

```
*{
  padding: 0;
  margin: 0;
  font-family: 'Malgun Gothic';
}
input[type="button"]{
```

```
  display: inline-block;
  padding: 4px;
  margin: 4px;
  border: 1px solid #000;
  background-color: #000;
  color: #FFF;
}

.AppWrap{
  margin: 8px;
  border: 1px solid #000;
  padding: 8px;
}
.AppHead{
  border-bottom: 1px solid #000;
}
.AppContent{
  min-height: 500px;
  border-bottom: 1px solid #000;
}
.TaskWrap{
  height: 500px;
  overflow-y: scroll;
}
.Task{
  padding: 8px;
  border-bottom: 1px dotted black;
}
.BtnEdit{
  background-color: #0D54D5 !important;
  border-color: #0E2891 !important;
}
.BtnDel{
  background-color: #DB4545 !important;
  border-color: #B61B1B !important;
}

.AppFoot{
  margin-top: 8px;
  text-align: right;
}
```

❸ 자바스크립트 코드(./js/app.js)

```
$(document).ready(function(){
  //로컬 스토리지 초기화
  if(!localStorage['app_task_init']){
    localStorage['app_task_init'] = "true";
    localStorage['app_task_cnt'] = 0;
  }

  //로컬 스토리지에 저장된 데이터를 불러와 일정을 다시 출력하는 함수
  function Redraw(){
    var cnt = parseInt(localStorage['app_task_cnt']); //현재 저장된 개수 불러오기

    $('.TaskWrap').empty();  //태그 초기화(자식 태그를 모두 제거 -> 일정을 모두 제거)

    for(var i = 0; i < cnt; i++){
      var savedData = localStorage['app_task_' + i];

      if(!savedData) continue;

      var item = $('<div></div>').addClass('Task').attr('data-id', i);
      var p = $('<p></p>').text(savedData).appendTo(item);

      $('<input />').attr('type', 'button').addClass('BtnEdit').val('수정하기').appendTo(item);
      $('<input />').attr('type', 'button').addClass('BtnDel').val('삭제하기').appendTo(item);

      item.appendTo($('.TaskWrap'));
    }
  }

  Redraw(); //앱 실행시 한번 호출

  //일정추가 버튼
  $('.BtnAdd').click(function(){
    var input = window.prompt('일정을 입력하세요');

    if(!input) return false;

    var cnt = parseInt(localStorage['app_task_cnt']);        //개수 불러오기
    var item = $('<div></div>').addClass('Task').attr('data-id', cnt);
    $('<p></p>').text(input).appendTo(item);
    $('<input />').attr('type', 'button').addClass('BtnEdit').val('수정하기').appendTo(item);
    $('<input />').attr('type', 'button').addClass('BtnDel').val('삭제하기').appendTo(item);

    item.appendTo($('.TaskWrap'));
```

```
        //로컬 스토리지에 저장
        localStorage['app_task_' + cnt] = input;        //로컬 스토리지에 저장
        cnt++;        //개수 증가
        localStorage['app_task_cnt'] = cnt;        //새로운 개수 저장
    });
    //초기화 버트
    $('.BtnInit').click(function(){
        if(window.confirm('일정을 초기화하시겠습니까?')){
            $('.TaskWrap').empty();

            var cnt = parseInt(localStorage['app_task_cnt']);
            for(var i = 0; i < cnt; i++) localStorage.removeItem("app_task_" + i);
            localStorage['app_task_cnt'] = 0;
        }
    });

    //동적으로 생성된 수정 버튼
    $(document.body).on('click', '.BtnEdit', function(){
        var newInput = window.prompt('수정할 일정을 입력');

        if(!newInput) return false;   //값을 입력하지 않으면 그냥 아무것도 하지 않는다

        var id = $(this).parent().attr('data-id');  //부모 태그에 data-id 속성에 기록된 위치를 가져옵니다
        $('div[data-id=' + id + '] > p').text(newInput);  //부모 태그 중 data-id 가 일치하는 div 태그의
                                                         p 태그의 텍스트를 새 텍스트로 변경합니다.

        localStorage['app_task_' + id] = newInput; //로컬 스토리지에 새로 저장
    });
    //동적으로 생성된 삭제 버튼
    $(document.body).on('click', '.BtnDel', function(){
        if(window.confirm('해당 일정을 삭제하시겠습니까?')){
            var id = $(this).parent().attr('data-id'); //부모 태그에 data-id 속성에 기록된 위치를 가져옵니다

            $(this).parent().remove();
            localStorage.removeItem('app_task_' + id);
        }
    });
});
```

폴더 구성은 다음과 같습니다.

```
css
├ app.css
js
├ app.js
├ jquery-2.1.1.min.js
index.html
```

11-3 애플리케이션 개발

본격적으로 앱을 만들어보도록 하겠습니다. 가장 먼저 할 작업은 앱 개발을 위해 초기 작업을 하는 것, 즉 틀을 잡는 것입니다.

작업을 위한 폴더를 하나 만들도록 하겠습니다. 경로와 이름은 별로 중요하지 않으니 편한 경로에 잡아주세요.

그 다음은 index.html을 만드는 것입니다. Sublime Text 2 에디터를 실행합니다.

여기서 우리가 제2장에서 설치했던 Emmet 플러그인을 사용해보겠습니다. 먼저 index.html 파일 안에 아래와 같이 입력합니다.

❶ 〈!DOCTYPE html〉

위 부분은 HTML의 종류를 선언하는 것인데, 위 구문은 현재 문서가 HTML5 양식에 맞춰져있음을 알리는 것입니다. 그 아래에 html이라고 작성합니다.

```
<!DOCTYPE html>

html
```

그 상태에서 그 대로 Ctrl + E를 누릅니다.

```
<!DOCTYPE html>

<html></html>
```

그럼 html이 위와 같이 태그처럼 변경됩니다. Emmet 플러그인은 위와 같이 태그명만 기술하고 Ctrl + E를 누르면 해당 태그로 자동으로 완성해줍니다. 이 기능을 이용해 아래와 같이 코드를 작성해봅시다.

❷ <!DOCTYPE html>

```
<html>
  <head>
    <title>Task Management Application</title>
  </head>
  <body>

  </body>
</html>
```

그 다음으로 해주어야하는 것은 <meta /> 태그를 이용해 웹 브라우저에게 현재 페이지에 대한 정보를 넘겨주는 것입니다. 이 부분은 특히나 중요한데, 웹 브라우저가 모바일이라는 것을 인식시켜야 화면의 해상도가 모바일에 맞춰지기 때문입니다.

❸ <!DOCTYPE html>

```
<html>
  <head>
    <title>Task Management Application</title>
    <meta charset="utf-8" />
      <meta name="viewport" content="width=device-width, user-scalable=no" />
  </head>
  <body>

  </body>
</html>
```

첫 번째 <meta />태그는 현재 웹 페이지의 인코딩(Encoding)을 지정합니다. 컴퓨터상에서는 여러 가지 인코딩이 존재하는데 우리는 그중에서 utf-8이라는 인코딩을 사용합니다. utf-8은 유니코드라고도 부르는데, 전 세계 모든 언어가 내장되어있는 문자셋(charset)으로 점점 사용 추세가 많아지는 인코딩입니다. 유니코드에 대해 더 자세히 알고 싶으신 분은 직접 검색해서 찾아보시기 바랍니다. 위 인코딩을 지정하는 이유는 한글 문자가 깨짐을 방지하기 위함입니다.

두 번째 <meta />태그가 굉장히 중요한데, 이 메타 태그에서는 뷰포트(View-port)를 정의합니다. 이 부분에서는 현재 디바이스의 너비를 알려주고, 사용자가 확대하는 것을 허용하지 않겠다고 알려주고 있습니다. 이러한 것이 뷰포트의 역할입니다. 만약 이 메타 태그의 내용이 궁금하신 독자는 완성된 앱에서 위 메타 태그를 지우고 실행해보세요.

그 다음에 할 일은 스타일 시트와 자바스크립트 코드를 생성하는 것입니다. 이전에 우리는 이를 <style>태그와 <script>태그로 작성했습니다. 하지만 이번 예제부터는 별도의

파일로 분리하여 작성할 것입니다.

먼저 스타일 시트를 해보겠습니다. index.html을 생성한 폴더 안에 css폴더를 만들고, Sublime Text 2 편집기를 다시 열어 새로 파일을 생성, 방금 생성한 css폴더 안에 app.css라는 이름으로 저장합니다.

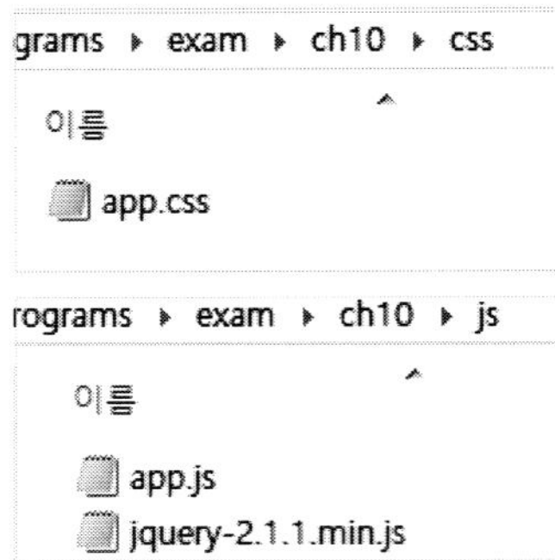

같은 방법으로, js폴더를 만들고 app.js파일을 생성하여 저장합니다.

이번 예제에서도 jQuery를 사용할 것이므로, jQuery파일을 넣어두도록 합시다. 이 작업이 끝났다면 다시 index.html로 돌아가 〈head〉태그 안에 아래와 같이 입력합니다.

```
<link rel="stylesheet" href="./css/app.css" />
<script src="./js/jquery-2.1.1.min.js"></script>
<script src="./js/app.js"></script>
```

〈link /〉태그는 스타일 시트를 불러올 때 사용하는 태그입니다. CSS와 자바스크립트가 파일을 불러오는 방식이 다르므로 유의해주세요.

자, 이제 대충 틀이 만들어 졌습니다. 그 다음 해야 할 일은 기본적인 스타일 요소를 제거하는 것입니다. app.css파일을 열고, 아래와 같이 작성합니다.

```
*{
  padding: 0;
  margin: 0;
  font-family: 'Malgun Gothic';
}
```

위 스타일 코드는 기본 폰트를 '맑은 고딕'으로 변경하고 모든 여백을 제거하는 것입니다. HTML에서는 모든 태그가 기본적으로 두 가지 여백, 안쪽 여백인 padding과 바깥쪽 여백인 margin을 가지는데 이를 모두 제거하는 것입니다. 여백을 제거해야 사용자가 원하는 형태로 정확하게 디자인을 할 수 있기 때문입니다.

그 다음으로 할 일은 자바스크립트 코드를 작성하는 일입니다. app.js를 열고 아래와 같이 입력합니다.

```
$(document).ready(function(){

});
```

자, 이제 모든 초기화 작업이 끝났습니다. 현 상태에서는 아무런 화면이 나타나지 않습니다. 먼저, HTML과 CSS를 이용하여 디자인 작업을 먼저 하겠습니다.

아래와 같이 HTML(index.html)로 이동하여 〈body〉태그 안에 AppWrap이라는 클래스를 가진 div태그를 만듭니다. 이 부분을 Emmet 플러그인을 사용하면 아래와 같이 간단하게 할 수 있습니다.

먼저, 〈body〉태그 안에 div.AppWrap 이라고 입력합니다.

그리고 Ctrl + E를 누릅니다.

```
    <body>
        div.AppWrap
    </body>
</html>
```

```
    <body>
        <div class="AppWrap"></div>
    </body>
</html>
```

그럼 태그가 아래와 같이 변합니다. 이와 같이, Emmet 플러그인은 태그명에 .을 붙이고 입력한 문자를 자동으로 클래스로 변환합니다. id를 지정할 때는 #을 사용합니다. 동시에 여러 개의 클래스명을 입력하고자 할 때에는 공백을 주지 않고 .을 연달아 입력합니다.

```
<body>
    <div class="AppWrap"></div>
    div.a.b.c
</body>
```

```
<body>
    <div class="AppWrap"></div>
    <div class="a b c"></div>
</body>
```

ID와 Class를 동시에 지정하려면 #과 .을 공백 없이 연속해서 작성합니다.

```
<body>
    <div class="AppWrap"></div>
    div#myId.a.b.c
</body>
```

```
<body>
    <div class="AppWrap"></div>
    <div id="myId" class="a b c"></div>
</body>
```

참고로 태그당 지정 가능한 ID개수는 한 개이며, 클래스는 여러 개입니다.

앞으로 예제를 작성할 때 Emmet 플러그인을 적극 활용해주세요. 본론으로 돌아와,

AppWrap태그 안에 아래와 같이 태그를 입력합니다.

```
<body>
<div class="AppWrap">
  <div class="AppHead"></div>
     <div class="AppContent"></div>
     <div class="AppFoot"></div>
  </div>
</body>
```

div.AppWrap은 앱 전체를 감싸기 위해 사용했으며, 주로 이런 태그를 래퍼(Wrapper)라고 부릅니다. 그리고 AppHead, AppContent, AppFoot이라는 클래스를 가진 div태그를 래퍼 안에 선언합니다. 각각 태그는 애플리케이션의 상단(Head), 중간(Content), 하단(Foot) 영역을 차지하기 위해서 사용 될 것입니다.

먼저, 상단을 꾸며보도록 합시다. div.AppHead를 아래와 같이 자식 태그를 생성합니다.

```
<div class="AppWrap">
  <div class="AppHead">
     <h3>일정관리 애플리케이션 v0.1</h3>
  </div>
  <div class="AppContent"></div>
  <div class="AppFoot"></div>
</div>
```

지금 상태에서 실행한 화면은 오른쪽과 같습니다.

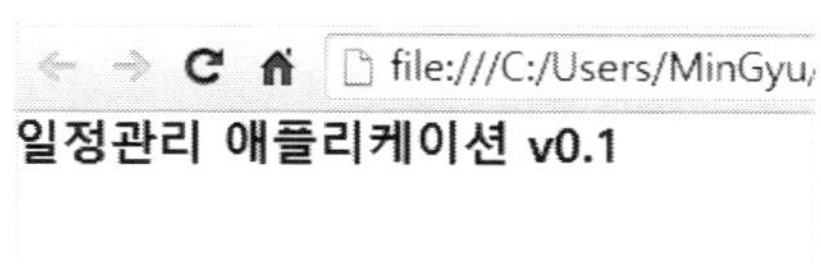

이제 스타일 시트를 이용해 디자인을 해봅시다. app.css파일로 이동하고, 아래와 같이 작성합니다.

```
.AppWrap{
  margin: 8px;
  border: 1px solid #000;
  padding: 8px;
}
.AppHead{
  border-bottom: 1px solid #000;
}
```

일단 먼저, AppWrap의 스타일을 적용합니다. 태그 외부 상하좌우에 여백을 8px을 줘서 경계부분으로 부터 안쪽으로 태그 영역을 지정합니다. 그런 다음, 1px의 검은색 선을 긋습니다. 그리고 안쪽 여백으로 8px을 줘서 경계선으로 부터 태그가 떨어지도록 합니다.

그 다음 AppHead 태그에 1px의 검은색 밑줄을 긋습니다. 실행화면은 아래와 같습니다.

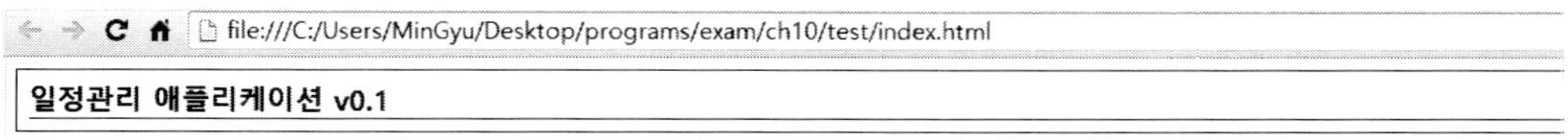

그런데 PC에서 보니까 전혀 모바일과 다릅니다. 그렇다고 아직 완성되지도 않은 앱으로 하이브리드 앱으로 포팅하여 실행하기도 애매합니다. 이럴 때 사용할 수 있는 기능으로, 구글 크롬의 모바일 모드로 전환이 있습니다. 이 기능을 사용하면 PC에서 모바일 화면으로 웹 페이지를 볼 수가 있습니다.

현재 페이지의 빈 화면에서 마우스를 우클릭하고, 요소 검사를 클릭합니다.

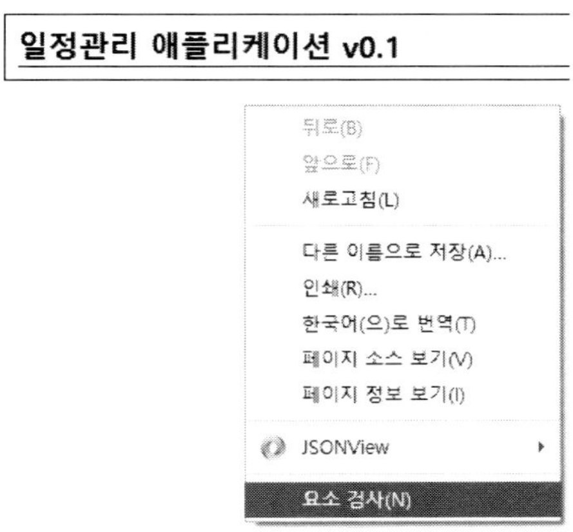

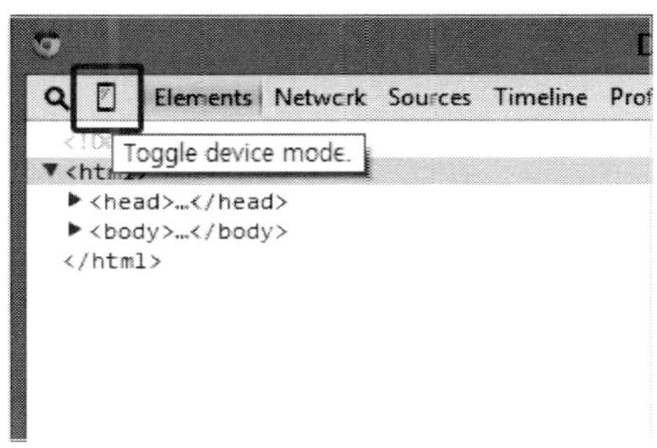

그 다음은 위의 빨간색 사각형이 쳐진 부분에 있는 핸드폰 모양 아이콘(액자나 거울로 보일지 모르겠지만 핸드폰입니다)을 클릭합니다.

아이콘을 클릭하면 위와 같이 화면이 변합니다. 모바일과 비슷하게 화면이 변하였죠? 하지만 그 전에, 일단 F5를 눌러서 화면을 새로 고침 해주어야 합니다. F5를 누르면 위에 노란색 경고 줄이 사라집니다.

이 화면을 모바일 모드(Mobile Mode)라고 부르며, 다시 핸드폰 아이콘을 클릭하거나 요소검사 창을 끄면 원래 화면으로 돌아갈 수 있습니다. 화면 상단에 Device라고 쓰인 부분 오른쪽에 상자를 클릭하면 다양한 기종의 모바일 화면으로 실행해볼 수 있습니다. 이 책은 Samsung Galaxy S4 화면(360 × 640)을 기준으로 테스트하고 있습니다. 앞으로 모바일 앱을 만들 때 모든 화면은 위와 같이 PC상에서 Mobile Mode를 통해 촬영할 것입니다.

자, 이제 윗부분이 완성되었으니 가장 중요한 내용(Content)부분을 작성할 차례입니다. 완성할 화면은 아래와 같습니다.

오른쪽에 회색 선이 보이시나요? 저 선은 스크롤바(Scrollbar)라고 불리는 것으로, 여러분이 웹 서핑을 할 때 브라우저에서 생기는 스크롤바와 동일합니다. 단지, 모바일 모드에서는 위와 같이 얇은 기둥으로 변합니다. 스크롤바가 생기면 화면을 스크롤 할 수 있습니다. 일정이 많아서 화면에 다 보여줄 수 없을 때 화면을 넘기는 기능을 구현하려면 위와 같이 스크롤바가 필요합니다.

아래와 같이 AppContent 태그를 구성합니다.

```
<div class="AppContent">
  <div class="TaskWrap"></div>
</div>
```

그리고 아래와 같이 스타일 시트를 작성합니다.

```
.AppContent{
  height: 500px;
  border-bottom: 1px solid #000;
}
.TaskWrap{
  height: 500px;
  overflow-y: scroll;
}
```

height속성은 높이를 설정하는 스타일입니다. 스크롤바를 만들려면 태그 내부의 영역이 태그보다 커야하는데(overflow) 이를 위해서는 높이를 고정해야합니다(고정하지 않으면 유동적으로 높이가 변합니다).

그 다음 AppContent 안에 TaskWrap이라는 래퍼 클래스를 작성했습니다. 이 태그의 스타일을 보면 overflow-y라는 속성에 scroll을 주고 있습니다. 이 스타일은 y축, 즉 위아래 화면에서 자식 태그들이 부모 태그보다 클 때 스크롤을 하겠다는 뜻입니다. 이 속성을 사용하면 y축 스크롤바가 생성되는 것을 확인할 수 있습니다.

마지막으로 앱 하단 화면을 설계해보도록 하겠습니다. AppFoot을 아래와 같이 구성합니다.

```
<div class="AppFoot">
  <input type="button" class="BtnAdd" value="일정추가" />
  <input type="button" class="BtnInit" value="초기화" />
</div>
```

그리고 아래와 같이 스타일을 지정합니다.

```
.AppFoot{
  margin-top: 8px;
  text-align: right;
}
```

input으로 button타입을 생성하였는데, 기본적으로 input은 display: inline타입의 태그이므로 모든 태그가 옆으로 붙습니다. 따라서 텍스트 정렬 속성인 text-align을 사용할 수 있습니다. 위 속성을 사용한 것은 버튼을 화면의 우측으로 배치하기 위함입니다. 아래는 실행화면입니다.

예상대로 버튼이 잘 추가되었습니다. 그런데 버튼이 기본적으로 웹 브라우저에서 설정된 디자인입니다. 뭔가 좀 네이티브(Native) 애플리케이션처럼 보이는 앱을 만들고 싶다면 기본 스타일을 변경해주는 것이 좋겠죠. 스타일 시트에 아래와 같은 스타일 요소를 추가합니다.

```
input[type="button"]{
  display: inline-block;
  padding: 4px;
  margin: 4px;
  border: 1px solid #000;
  background-color: #000;
  color: #FFF;
}
```

이 스타일을 해석하면 input태그 중에서 type속성이 button인(〈input type="button" /〉 태그의 스타일을 아래와 같이 지정한다.

display를 inline-block으로,
안쪽 여백(padding)을 4px,
바깥쪽 여백(margin)을 4px,
1px의 검은색 선을,
배경색(background-color)을 검은색으로,
글자색(color)을 흰색으로 지정한다.

그리고 실행화면은 오른쪽과 같습니다.

적절한 여백이 추가되고 버튼이 단순해졌습니다. 이는 요즘 유행하는 플랫 스타일(Flat Style)로 디자인해 본 것입니다. 책을 집필하고 있는 본 저자는 디자이너가 아니기에 디자인은 영 소질이 없습니다. 만약 다른 디자인을 시도하고 싶으시면 여러분이 원하는 대로 하셔도 됩니다. 이 책에서는 디자인적인 요소는 가능하면 제외하고 있습니다(하지만 공부를 위해 기술적인 부분을 설명하기 위해서 사용은 합니다).

자, 그럼 이제 마지막으로 Content부분에 내용이 있어야겠죠? 일단 내용부분은 동적으로 추가되는 부분이라 완성되는 부분에는 없지만 일단 먼저 디자인을 해야 할 필요가 있습니다.

AppContent태그 안에 아래와 같이 태그들을 작성합니다.

```
<div class="AppContent">
  <div class="TaskWrap">
    <div class="Task">
      <p>테스트 001</p>
      <input type="button" class="BtnEdit" value="수정하기" />
      <input type="button" class="BtnDel" value="삭제하기" />
    </div>
  </div>
</div>
```

오른쪽은 실행화면입니다.

버튼들 색깔이 다 똑같으니 너무 밋밋합니다. 그리고 삭제하기 같은 경우는 사용자에게 주의를 주어야 하는 부분이기 때문에 다른 색으로 칠하는 것이 좋겠죠. 따라서 아래와 같이 스타일 시트를 추가합니다.

```
.Task{
  padding: 8px;
  border-bottom: 1px dotted black;
}
.BtnEdit{
  background-color: #0D54D5 !important;
  border-color: #0E2891 !important;
}
.BtnDel{
  background-color: #DB4545 !important;
  border-color: #B61B1B !important;
}
```

하는 김에 Task클래스에도 스타일 변화를 주었습니다. 너무 부모 태그에 찰싹 붙어있으니 여백을 줘서 조금 떨어뜨리고, 아래쪽에 검정색 1px의 점선을 넣었습니다. 그리고 각각의 버튼에 배경색(Background-color)와 선색(border-color)을 변화시켰습니다.

한 가지 유의할 점은 색깔 속성 뒤에 **!important;** 가 들어간 것입니다. 이 속성은 이전에 정의된 스타일이 있을 때, 그 속성을 무시하고 현재 작성한 스타일로 적용하겠다는 것을 의미합니다. 우리는 위에서 input[type=button]인 태그에 배경색과 선색을 검은색으로 변경하였습니다. 따라서 위에서는 색을 변경한다고 하여도 사전에 정의된 위 속성에 의해 새로 지정한 스타일이 무시가 됩니다. !important는 이러한 것을 무시하고 갓 지정한 스타일 요소를 지정할 때 사용합니다. !important를 빼면 여백이 추가된 것 말고는

버튼에 변화가 없지만 !important를 붙이고 실행하면 다음과 같이 나타납니다.

자, 그 다음은 스크롤 부분이 제대로 되는지 확인해 봅시다. TaskWrap 안에 작성한 div.Task를 복사하여 10개 정도로 붙여 넣습니다.

```
<div class="AppContent">
 <div class="TaskWrap">
   <div class="Task">
     <p>테스트 001</p>
     <input type="button" class="BtnEdit" value="수정하기" />
     <input type="button" class="BtnDel" value="삭제하기" />
   </div>
   <div class="Task">
     <p>테스트 001</p>
     <input type="button" class="BtnEdit" value="수정하기" />
     <input type="button" class="BtnDel" value="삭제하기" />
   </div>
   <div class="Task">
     <p>테스트 001</p>
     <input type="button" class="BtnEdit" value="수정하기" />
     <input type="button" class="BtnDel" value="삭제하기" />
   </div>
   <div class="Task">
     <p>테스트 001</p>
     <input type="button" class="BtnEdit" value="수정하기" />
     <input type="button" class="BtnDel" value="삭제하기" />
   </div>
   <div class="Task">
     <p>테스트 001</p>
     <input type="button" class="BtnEdit" value="수정하기" />
     <input type="button" class="BtnDel" value="삭제하기" />
   </div>
```

```
    <div class="Task">
      <p>테스트 001</p>
      <input type="button" class="BtnEdit" value="수정하기" />
      <input type="button" class="BtnDel" value="삭제하기" />
    </div>
    <div class="Task">
      <p>테스트 001</p>
      <input type="button" class="BtnEdit" value="수정하기" />
      <input type="button" class="BtnDel" value="삭제하기" />
    </div>
    <div class="Task">
      <p>테스트 001</p>
      <input type="button" class="BtnEdit" value="수정하기" />
      <input type="button" class="BtnDel" value="삭제하기" />
    </div>
    <div class="Task">
      <p>테스트 001</p>
      <input type="button" class="BtnEdit" value="수정하기" />
      <input type="button" class="BtnDel" value="삭제하기" />
    </div>
    <div class="Task">
      <p>테스트 001</p>
      <input type="button" class="BtnEdit" value="수정하기" />
      <input type="button" class="BtnDel" value="삭제하기" />
    </div>
  </div>
</div>
```

실행해봅시다.

스크롤바가 짧아졌습니다. 위 상태에서 화면 영역을 드래그하거나 마우스 휠을 굴려보세요. 화면이 스크롤 될 것입니다.

확인을 했으면, 앱을 완성하기 위해서 다시 TaskWrap 부분을 지웁니다.

```
<div class="AppContent">
  <div class="TaskWrap">

  </div>
</div>
```

단지, TaskWrap 안에 작성했던 div.Task와 그 하위 태그를 까먹지 말고 기억하도록 합시다. 이 부분은 자바스크립트를 통해 동적으로 생성될 것입니다.

이제 마지막 단계, 프로그래밍 파트입니다. app.js로 이동해 아래와 같이 코드를 작성합니다.

```
$(document).ready(function(){
  //로컬 스토리지 초기화
  if(!localStorage['app_task_init']){
     localStorage['app_task_init'] = "true";
     localStorage['app_task_cnt'] = 0;
  }
});
```

가장 먼저 할 일은 로컬 스토리지(localStorage)의 초기화입니다. 앱을 껐다가 켜도 데이터가 유지되어야 하기 때문에 로컬 스토리지를 사용할 것입니다. 앞으로 저장할 메모는 아래와 같은 형태로 로컬 스토리지에 저장됩니다.

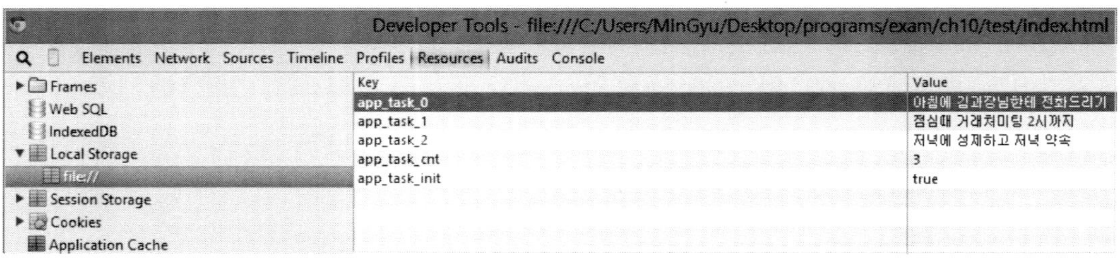

가장 먼저, 초기화 여부를 판단하기 위해 app_task_init 저장소를 활용합니다. app_task_init 저장소가 정의되어있지 않다면(존재하지 않는다면) 접근 시 false를 반환하므로 if문에서 if(!조건문)과 같이 접근할 수 있습니다. 그리고 app_task_cnt는 현재 저장된 일정의 개수입니다. 기본적으로는 일정이 없으므로 0으로 초기화됩니다. 위 로컬 스토리지는 앱에서 3개의 일정을 추가한 모습입니다. 보실 수 있듯이 **app_task_<u>번호</u>** 형식으로 일정 내용이 저장되고 있습니다.

그 다음으로 할 일은 버튼 클릭 이벤트를 처리하는 것입니다. 먼저, 일정 추가에 대한 처리부터 하겠습니다. 자바스크립트 코드에 아래 코드를 추가합니다.

```
//일정추가 버튼
$('.BtnAdd').click(function(){
  var input = window.prompt('일정을 입력하세요');

  if(!input) return false;

  var cnt = parseInt(localStorage['app_task_cnt']); //개수 불러오기
  var item = $('<div></div>').addClass('Task').attr('data-id', cnt);
  $('<p></p>').text(input).appendTo(item);
  $('<input />').attr('type', 'button').addClass('BtnEdit').val('수정하기').appendTo(item);
  $('<input />').attr('type', 'button').addClass('BtnDel').val('삭제하기').appendTo(item);

  item.appendTo($('.TaskWrap'));

  //로컬 스토리지에 저장
  localStorage['app_task_' + cnt] = input; //로컬 스토리지에 저장
  cnt++;      //개수 증가
  localStorage['app_task_cnt'] = cnt;       //새로운 개수 저장
});
```

위 코드는 BtnAdd라는 클래스를 가진 태그를 클릭(Click)했을 시 input이라는 변수에 사용자로부터 입력받은 값(window.prompt)을 대입합니다. 만약 사용자가 값을 입력하지 않고 넘어갈 경우 input변수는 false가 되며, 이때에는 일정을 추가하지 않도록 하기 위해 return false; 문으로 click이벤트를 탈출합니다.

사용자가 값을 입력했다면 가장 먼저 할 일은 화면에 출력하는 일입니다. 아까 전에 작성하고 지웠던 div.Task와 그 하위 태그들을 기억하나요? 아래 소스는 그 태그들을 생성해 div.TaskWrap에 붙이는(자식 태그로 생성하는) 소스입니다.

```
var cnt = parseInt(localStorage['app_task_cnt']);  //개수 불러오기

var item = $('<div></div>').addClass('Task').attr('data-id', cnt);

$('<p></p>').text(input).appendTo(item);
$('<input />').attr('type', 'button').addClass('BtnEdit').val('수정하기').appendTo(item);
$('<input />').attr('type', 'button').addClass('BtnDel').val('삭제하기').appendTo(item);

item.appendTo($('.TaskWrap'));
```

$(' 〈태그명〉〈/태그명〉') 또는 $('〈태그명 /〉')을 사용하면 태그를 새로 생성합니다. 그리고 이렇게 생성한 div태그에 Task라는 클래스를 추가하고, data-id라는 속성으로 로컬 스토리지에 저장된 현재 저장된 일정 개수를 넣습니다. 이를 사용한 이유는 나중에 알려드리겠습니다.

그 다음 p태그를 생성하여 텍스트 내용으로 사용자에게 입력받은 값(input변수의 값)을 넣고 div.Task에 붙입니다(appendTo). 같은 과정으로 두 개의 버튼, 수정과 삭제 버튼을 각각 생성하고 붙입니다.

그리고 마지막으로 완성된 div.Task를 div.TaskWrap에 붙입니다. 생성된 태그가 화면에 출력되려면 화면에 있는 DOM 요소에 붙어야겠죠?

마지막으로 로컬 스토리지에 위 내용을 저장해야 합니다. 위 부분은 화면에 출력만 하기 때문에 F5를 눌러 새로 고침하면 내용이 사라지기 때문입니다.

```
//로컬 스토리지에 저장
localStorage['app_task_' + cnt] = input;  //로컬 스토리지에 저장
cnt++;                                    //개수 증가
localStorage['app_task_cnt'] = cnt;       //새로운 개수 저장
```

앞서 cnt변수에서 현재 개수를 가져왔습니다. 만약 저장된 일정이 없다면 0이 될 테니, app_task_0에 사용자가 입력받은 값(input)을 넣게 됩니다. 만약 1이 되면 app_task_1에 넣게 됩니다. 그리고 cnt의 값을 1 증가시키고, 마지막으로 일정 개수를 업데이트합니다.

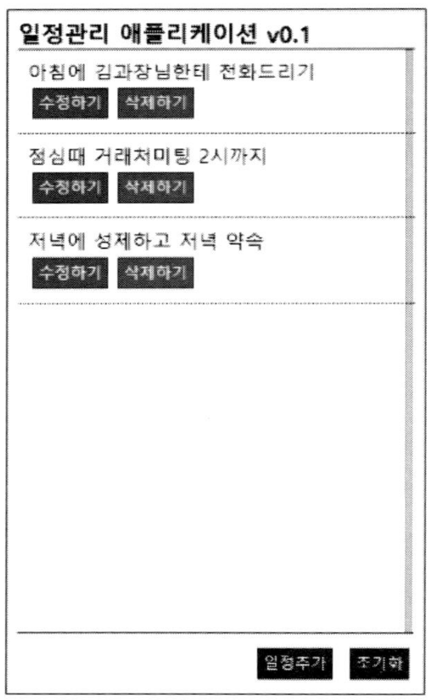

자, 위 소스를 작성하고 앱을 실행하여 [일정추가] 버튼을 누르고 일정을 추가하겠습니다. 몇 개의 데이터를 추가한 모습입니다.

그런데 한 가지 문제점이 있습니다. 분명 입력한 데이터를 로컬 스토리지에 저장했지만 F5를 눌러 새로 고침을 하면 데이터가 출력되질 않습니다. 왜 그럴까요? 당연합니다. 우리는 일정을 추가할 때 추가한 데이터를 기준으로 위 태그들을 생성했으나, 새로 고침, 즉 새로 페이지를 불러왔을 때에는 아무것도 처리하지 않았기 때문에 그렇습니다. 따라서 앱을 실행할 때, 우리가 [일정추가] 버튼에서 처리했던 화면에 태그를 출력

하는 과정을 해주는 것이 필요합니다. 이를 별도의 함수로 분리하여 만들도록 하겠습니다. 함수 이름은 새로 그린다는 뜻의 Redraw로 하겠습니다.

```
//로컬 스토리지에 저장된 데이터를 불러와 일정을 다시 출력하는 함수
function Redraw(){
  var cnt = parseInt(localStorage['app_task_cnt']); //현재 저장된 개수 불러오기

  $('.TaskWrap').empty();  //태그 초기화(자식 태그를 모두 제거 -> 일정을 모두 제거)

  for(var i = 0; i < cnt; i++){
    var savedData = localStorage['app_task_' + i];

    if(!savedData) continue;

    var item = $('<div></div>').addClass('Task').attr('data-id', i);
    var p = $('<p></p>').text(savedData).appendTo(item);

    $('<input />').attr('type', 'button').addClass('BtnEdit').val('수정하기').appendTo(item);
    $('<input />').attr('type', 'button').addClass('BtnDel').val('삭제하기').appendTo(item);

    item.appendTo($('.TaskWrap'));
  }
}
```

for문을 사용하여 0번째부터 현재 등록된 일정 개수까지 모두 등록하는 소스입니다. TaskWrap에 사용된 empty() 함수는 해당 태그의 모든 자식 태그를 삭제하는 역할을 합니다. 이 코드를 추가한 이유는 Redraw() 함수를 다시 실행했을 때, 이 전의 태그 내용이 남아 있으면 안 되기 때문에 추가하였습니다.

유의해서 보실 점은 for문의 첫 번째와 세 번째 줄인데요, 첫 번째 줄은 로컬 스토리지에서 데이터를 불러오는 것인데 세 번째 소스는 왜 필요한 것일까요? 이 부분은 나중에 일정 삭제를 위해 추가한 부분으로, 일정을 삭제한다면 해당 로컬 스토리지는 삭제가 될 것입니다. 삭제된 일정을 추가하면 안 되기 때문에 해당 로컬 스토리지가 존재하는지 확인하여(if문) 존재하지 않을 경우, 즉 false일 경우 continue문을 통해 아래 내용을 무시하고 다음 번 루프를 수행합니다.

continue문은 break문과 비슷하지만 차이점은 break문은 루프 자체를 탈출하기 때문에 몇 번의 루프가 남아있던 그냥 무시하지만 continue문은 continue문을 만난 지점부터 아래 쪽 소스를 단 한 번만 통과합니다.

즉 정리하자면 로컬 스토리지가 삭제되었으면 아무것도 하지 말고 다음번 요소로 이동

하는 것이 됩니다.

그리고 그 아래 줄은 우리가 [일정추가] 버튼에서 했던 부분과 동일한 로직이 들어간 것을 볼 수 있습니다. 여전히 data-id라는 속성을 추가하는 이유가 궁금하실 텐데, 이는 나중에 수정과 삭제에서 사용되니 나중에 알아보겠습니다.

자, 이제 다시 앱을 F5를 눌러보세요. 앗, 근데 분명히 함수를 통해 다시 출력했는데도 불구하고 여전히 아무것도 나오지 않습니다. 바로 함수를 정의만 하고 호출하지 않았기 때문입니다. 따라서 자바스크립트에서 함수 아래에 함수 호출문을 추가합니다.

```
Redraw();
```

실행하면 정상적으로 화면이 유지되는 것을 확인할 수 있습니다.

그 다음은 일정을 초기화해보도록 하겠습니다. 즉 [초기화] 버튼의 기능을 구현해보겠습니다.

```
//초기화 버트
$('.BtnInit').click(function(){
  if(window.confirm('일정을 초기화하시겠습니까?')){
     $('.TaskWrap').empty();

     var cnt = parseInt(localStorage['app_task_cnt']);
     for(var i = 0; i < cnt; i++) localStorage.removeItem("app_task_" + i);
     localStorage['app_task_cnt'] = 0;
  }
});
```

코드는 굉장히 단순합니다. 먼저, 화면에서 제거하기 위해 TaskWrap태그의 모든 자식태그를 없애고(empty 메서드), 전체 일정 개수를 가져와 for문으로 순회하면서 모든 로컬스토리지를 파괴하고(app_task_번호), 마지막으로 일정 개수를 0으로 초기화하는 것입니다.

이제 [초기화] 버튼을 누르면 아래와 같이 질문 창이 뜨고, 확인을 누르면 일정이 초기화됩니다.

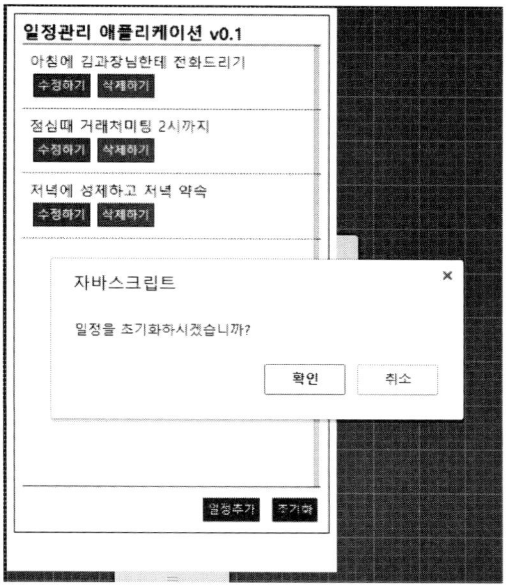

로컬 스토리지를 확인해보면 마찬가지 모든 데이터가 삭제된 것을 볼 수 있습니다.

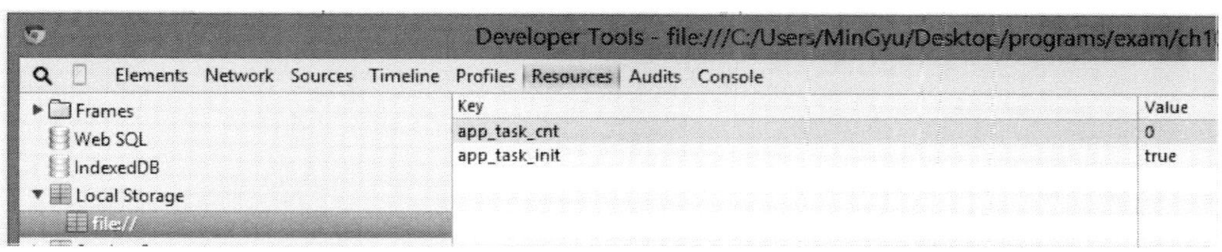

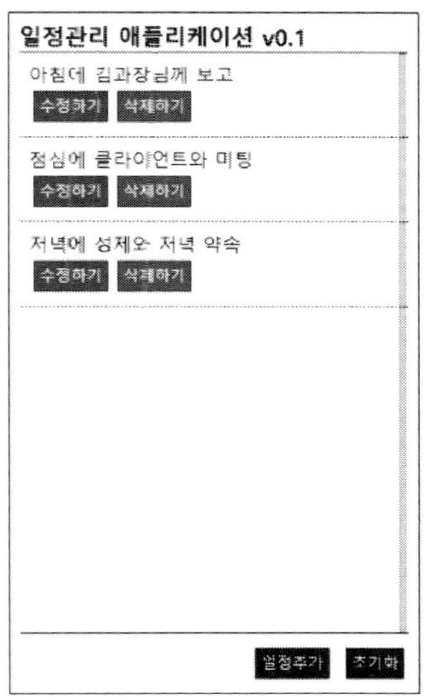

자, 테스트를 위해 다시 데이터를 입력하겠습니다. 3개 이상의 데이터를 추가해주세요.

남은 작업은 바로 [수정하기]와 [삭제하기]입니다. 근데 이 작업은 약간 까다롭습니다. 왜냐하면 동적으로 추가되는 버튼이기 때문입니다. 이 부분은 자바스크립트의 클로저(Closure)라는 기능에 대한 이해가 필요한데, 문제는 위 기능에서 클로저를 사용하면 한 가지 문제점이 발생합니다. 이 부분은 복잡하기 때문에 설명을 생략하겠습니다. 단지, 더 쉬운 방법으로 접근해보도록 하겠습니다.

일단 먼저 수정하기와 삭제하기 버튼에 대한 클릭 이벤

트 처리에 대해서 생각해보도록 하겠습니다. 위 두 개의 버튼은 동적으로 추가되기 때문에 $(document).ready(); 안에 작성해도 당연히 처리가 되지 않습니다. 즉 문서(Document)가 불러와졌을 때(ready) 존재하지 않기 때문에 이벤트 연결을 해도 처리가 되지 않습니다. 이때 사용하는 것이 바로 jQuery의 on메서드입니다.

자바스크립트에 아래와 같은 코드를 추가합니다.

```
//동적으로 생성된 수정 버튼
$(document.body).on('click', '.BtnEdit', function(){

});
//동적으로 생성된 삭제 버튼
$(document.body).on('click', '.BtnDel', function(){

});
```

위 구문을 해석하면 아래와 같습니다.

document(문서)의 body태그를 클릭(click)하되, 그것이 .BtnEdit일 때, 또는 .BtnDel일 때의 이벤트를 처리하라.

그리고 앞서 말했지만 on 메서드는 동적으로 추가된 이벤트도 처리할 수 있는 메서드입니다. 따라서 위와 같이 이벤트를 등록하면 해당 이벤트가 동적으로 추가된 요소라도 정상적으로 처리가 됩니다.

자, 이벤트는 연결을 했습니다. 그 다음은 수정을 해야겠지요? 근데 문제는 어느 것을 수정을 해야 할까요? 우리는 클릭한 BtnEdit 태그의 위치로 부터 내용에 접근할 수 있습니다. 먼저 부모태그인 div.Task로 이동했다가 첫 번째 자식 태그인 p태그로 이동하는 것입니다. 이는 아래와 같이 구현할 수 있습니다.

```
var id = $(this).parent().attr('data-id');
$('div[data-id=' + id + '] > p').text(newInput);
```

앞서, div.TaskWrap에 붙은 div.Task에 data-id라는 속성을 추가한 것을 기억하나요? 여기서 그 속성이 사용됩니다. data-id에는 현재 div.Task가 로컬 스토리지의 몇 번째에 위치한 요소인지가 기록되어있습니다. attr메서드는 다른 jQuery메서드들과 같이 설정하거나 가져오는 두 가지 역할 모두를 할 수 있습니다. attr에 두 개의 인자를 넘기면 첫 번째

인자를 속성으로, 두 번째 인자를 속성 값으로 태그의 사용자 정의 속성을 추가합니다. 즉,

```
$('p').attr('myAttr', 50);
```

위와 같은 사용은

```
<p myAttr="50"></p>
```

위와 동일합니다. 그리고 인자를 한 개만 넘기면 인자 명을 기준으로 사용자 정의 속성을 가져옵니다. 위의 myAttr이라는 사용자 정의 속성 가져오려면

```
var myAttr = $('p').attr('myAttr');
```

위와 같이 사용합니다.

자 그렇다면 다시 앞에서 했던 [일정추가] 버튼 클릭 이벤트 부분으로 돌아가 보겠습니다.

```
//일정추가 버튼
$('.BtnAdd').click(function(){
  var input = window.prompt('일정을 입력하세요');

  if(!input) return false;

  var cnt = parseInt(localStorage['app_task_cnt']); //개수 불러오기
  var item = $('<div></div>').addClass('Task').attr('data-id', cnt);
  $('<p></p>').text(input).appendTo(item);
  $('<input />').attr('type', 'button').addClass('BtnEdit').val('수정하기').appendTo(item);
  $('<input />').attr('type', 'button').addClass('BtnDel').val('삭제하기').appendTo(item);

  item.appendTo($('.TaskWrap'));

  //로컬 스토리지에 저장
  localStorage['app_task_' + cnt] = input; //로컬 스토리지에 저장
  cnt++;       //개수 증가
  localStorage['app_task_cnt'] = cnt;        //새로운 개수 저장
});
```

여기서 var item = $('<div></div>').addClass('Task').attr('data-id', cnt); 이 부분을 통해 새로 DOM 요소를 추가하면서 사용자 정의 속성으로 data-id에 현재 일정의 위치가

기록이 됩니다. 이는 요소 검사를 통해 확인할 수 있습니다.

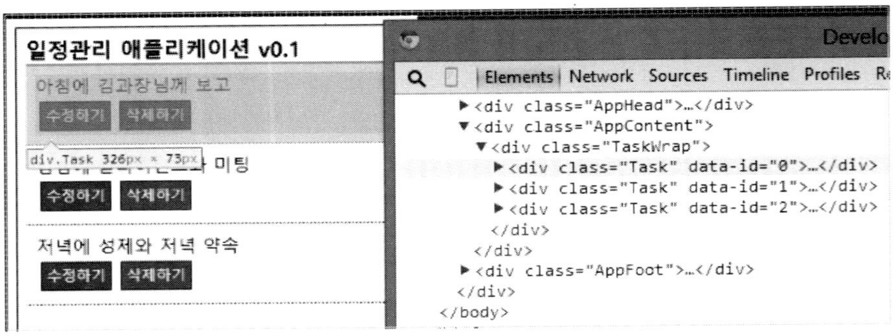

이렇게 설정되어 있다면 $('.Task').attr('data-id')와 같은 방법으로 접근이 가능합니다. 위 방법을 응용해서, 삭제하기 버튼 코드를 작성해보겠습니다.

```
//동적으로 생성된 삭제 버튼
$(document.body).on('click', '.BtnDel', function(){
  if(window.confirm('해당 일정을 삭제하시겠습니까?')){
    var id = $(this).parent().attr('data-id'); //부모 태그에 data-id 속성에 기록된 위치를 가져옵니다

    $(this).parent().remove();
    localStorage.removeItem('app_task_' + id);
  }
});
```

우선, 잘못 삭제하는 것을 방지하기 위해 window.confirm 메서드로 한 번 더 확인합니다. 만약 사용자가 정말 삭제를 원한다면 가장 먼저 어느 DOM 요소를 삭제할 것인지를 파악해야합니다. 따라서 아까 지정했던 사용자 정의 속성인 data-id를 가져와야합니다. 하지만 이 속성은 현재 클릭된 버튼($(this))가 아닌 버튼의 부모인 .Task가 가지고 있으므로 $(this)의 parent()메서드를 통해 부모 요소인 .Task로 접근합니다. 그리고 부모의 data-id속성을 가져옵니다.

이 과정을 통해 변수 id에는 현재 버튼을 클릭한 요소의 data-id를 알 수 있습니다. 그 값을 일단 보관하고, 그 다음에 할 일은 화면에서 제거하는 것입니다. 버튼만 삭제하는 것이 아니므로 마찬가지 parent() 메서드로 부모인 div.Task로 이동하고, 그 상태에서 remove() 메서드를 호출해 모든 요소를 삭제합니다.

그리고 마지막으로 아까 저장한 id값을 기준으로 **app_task_<u>아이디 값</u>** 위치의 일정을

삭제합니다.

여기서 잠깐, 눈썰미가 좋으신 분은 Redraw() 함수 부분에서도 data-id가 지정된 것을 보셨을 겁니다. 이 부분에서도 마찬가지로 for문을 돌면서 div.Task에 사용자 정의 속성인 data-id를 지정했습니다. 따라서 사용자가 앱 실행 후 입력하여 추가한 일정과, 앱 실행시 이전 기록을 다시 for문을 통해 추가한 일정이 동일한 기능을 수행하게 됩니다.

삭제를 이해했다면 수정도 손쉽게 이해할 수 있습니다. 다른 점은 사용자로부터 새로운 일정을 다시 입력받고, 화면에 내용을 변경한다는 점입니다.

```
//동적으로 생성된 수정 버튼
$(document.body).on('click', '.BtnEdit', function(){
  var newInput = window.prompt('수정할 일정을 입력');

  if(!newInput) return false;       //값을 입력하지 않으면 그냥 아무것도 하지 않는다

  var id = $(this).parent().attr('data-id');  //부모 태그에 data-id 속성에 기록된 위치를 가져옵니다
  $('div[data-id=' + id + '] > p').text(newInput); //부모 태그 중 data-id 가 일치하는 div
                                               태그의 p 태그의 텍스트를 새 텍스트로 변경합니다.

  localStorage['app_task_' + id] = newInput;    //로컬 스토리지에 새로 저장
});
```

변수 newInput에 사용자로부터 데이터를 입력 받습니다. 마찬가지, 사용자가 데이터를 입력하지 않으면 return false;를 만나 아무것도 수행하지 않습니다.

그리고 동일한 과정으로 id에 일정의 위치를 가져옵니다. 다른 점은 p태그의 내용을 수정하는 점입니다. 해당 부분은 이렇게 해석이 됩니다.

만약 id의 값이 0 이라면

```
$('div[data-id=0] > p')
```

즉 div태그 중 data-id속성이 0인 div태그(div[data-id=0])의 자식태그 중 p태그(> p)가 되는 것입니다. 이 속성은 아까 CSS로 버튼을 디자인할 때 봤던 부분이죠? jQuery파트에서 말씀드렸듯이, jQuery는 CSS와 동일한 선택기능을 제공합니다.

위 과정을 통해 p태그는 이전 문자는 사라지고 사용자가 입력한 데이터로 치환(Replace, 교체)됩니다. 그리고 마지막으로 localStorage에 내용을 업데이트합니다. 따라서 새로 고침을 해도 변경한 내용으로 출력이 되는 것입니다.

11-4 하이브리드 앱으로 포팅하기

자, 이제 첫 번째 앱을 완성했습니다. 남은 것은 하이브리드 앱으로 만들어서 직접 실행해보는 겁니다. 우리는 앞서 코르도바 파트에서 하이브리드 앱을 어떻게 만드는지 배웠습니다. 이번 앱도 동일한 과정으로 진행을 하면 됩니다.

먼저, 명령 프롬프트를 실행합니다(윈도우 로고 키 + R을 누른 후 나타난 창에 cmd를 입력하고 엔터)

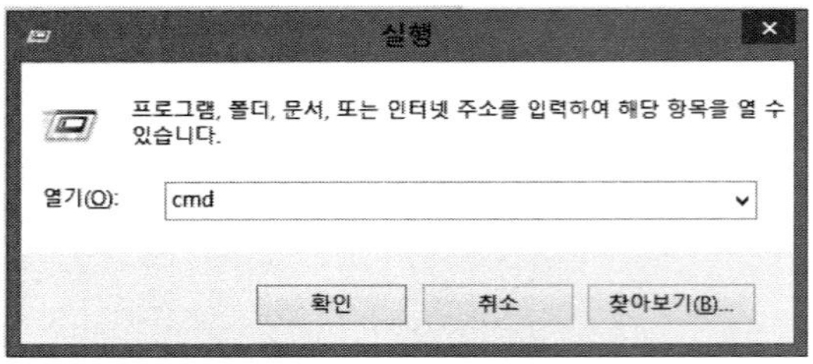

그 다음 하이브리드 앱을 생성할 폴더로 이동합니다.

```
cd C:\myProjects
```

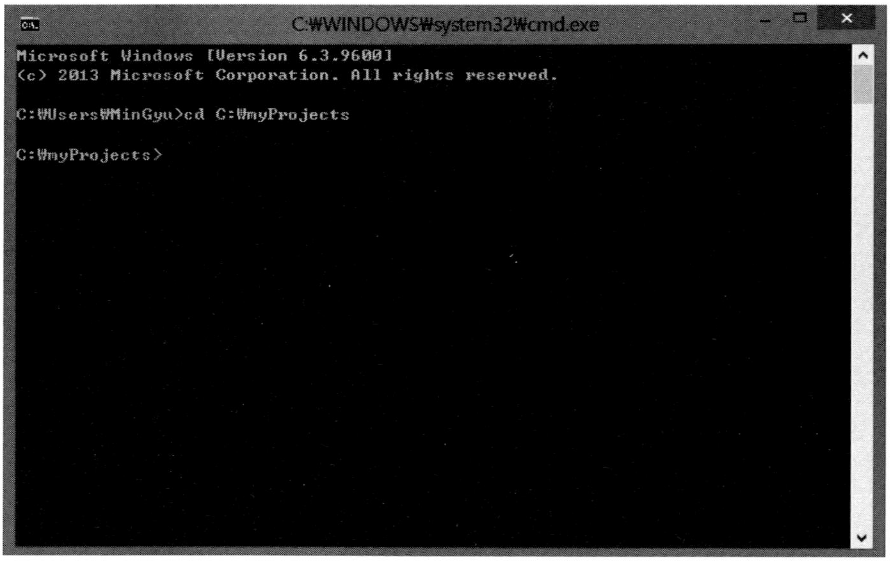

자, 이제 cordova 프로젝트를 생성할 차례입니다. 아래와 같이 명령어를 입력합니다.

```
cordova create taskapp com.example.taskapp TaskApp
```

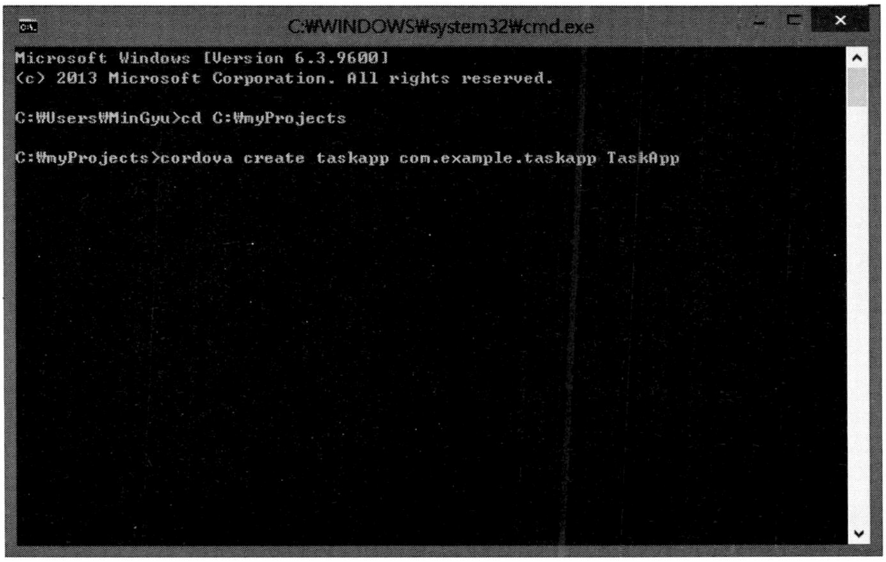

그리고 cd명령어를 이용해 갓 생성한 폴더로 이동하고, 안드로이드 플랫폼을 추가하여 이클립스 프로젝트를 생성합니다.

```
cd taskapp
cordova platform add android
```

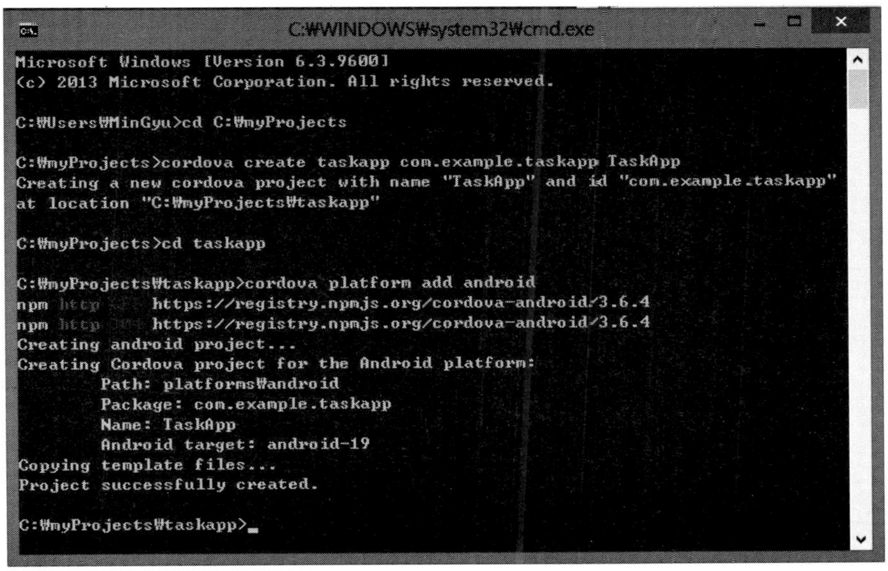

자, 이제 코르도바 프로젝트를 생성하였습니다. 이클립스를 실행해서 불러오도록 합시다.

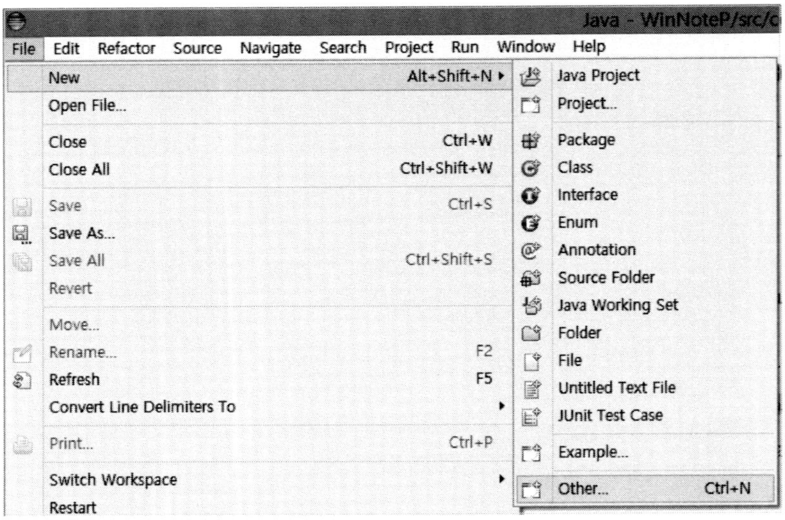

[New]에서 [Other]를 누릅니다.

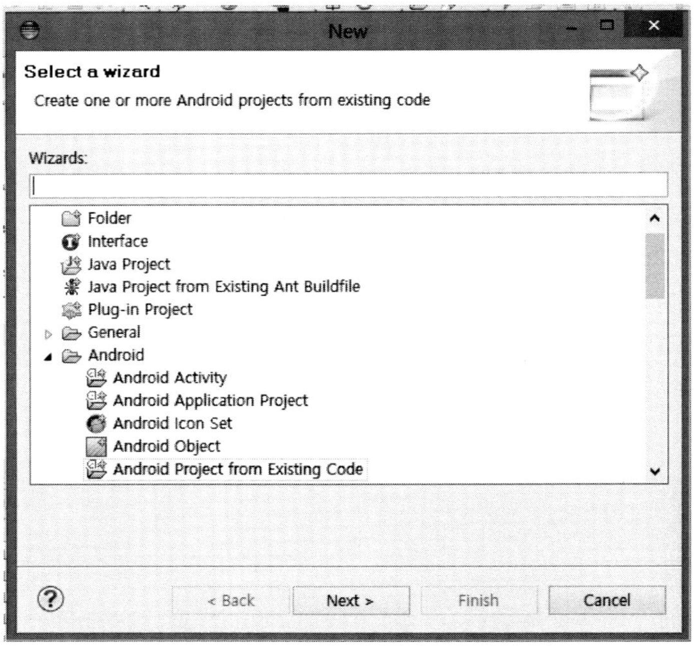

[Android Project from Existing Code]를 누르고 [Next 〉]를 클릭합니다.

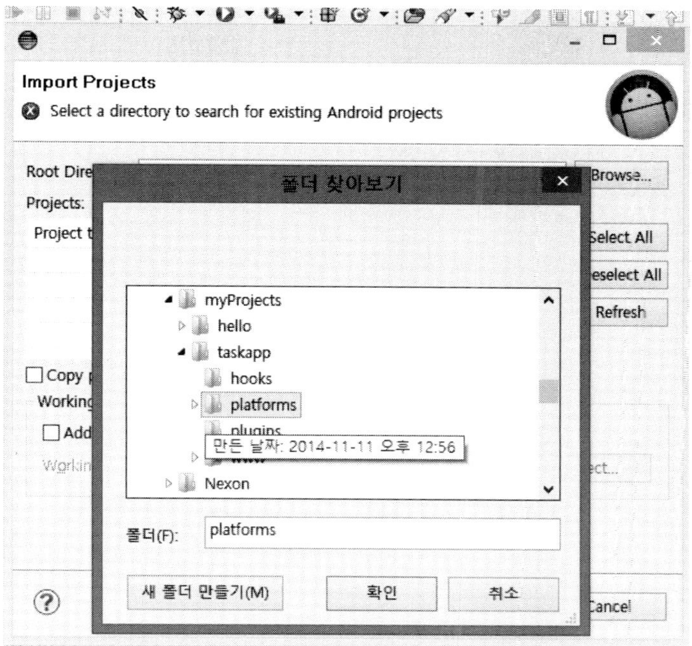

Root Directory 옆에 [Browse]를 클릭하고 나타난 상자에서 앞에서 생성한 taskapp/platforms 폴더를 클릭하고 [확인]을 누릅니다.

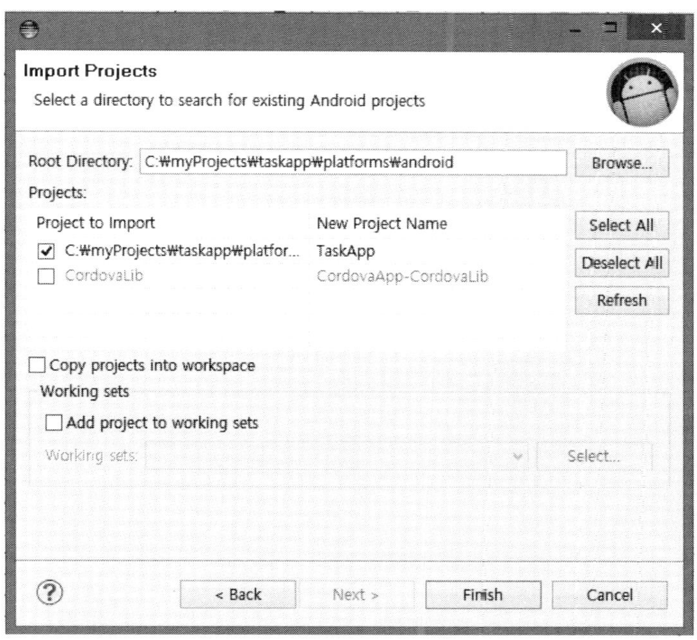

다음으로 진행하기 전에, Projects : 아래 두 번째 항목 체크가 해제되어있습니다. 두 번째 항목은 반드시 불러와야하는 항목인데 불러올 수 가 없습니다. 이유는 이전에 불러온 HelloWorld 프로젝트에서 이미 같은 프로젝트 이름으로 불러왔기 때문입니다. 따라서 다른 이름으로 변경해주어야 합니다.

[Cancel]을 눌러 불러오기를 일단 취소하고, 왼쪽에 프로젝트 탐색기에서 CordovaApp-CordovaLib라고 쓰여 있는 프로젝트를 찾습니다.

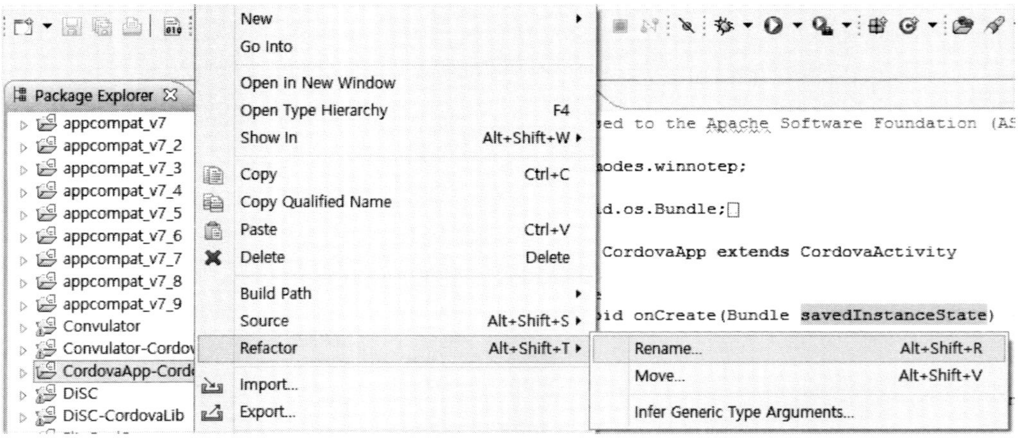

프로젝트에 마우스 오른쪽을 클릭하고 [Refactor] - [Rename]을 클릭합니다.

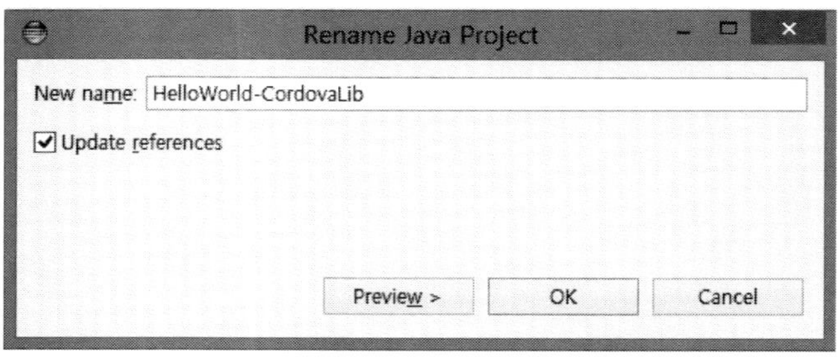

나타난 창에 새 이름을 입력합니다. 입력 후 [OK]를 누르고, 다시 프로젝트 불러오기로 taskapp 프로젝트를 불러옵니다.

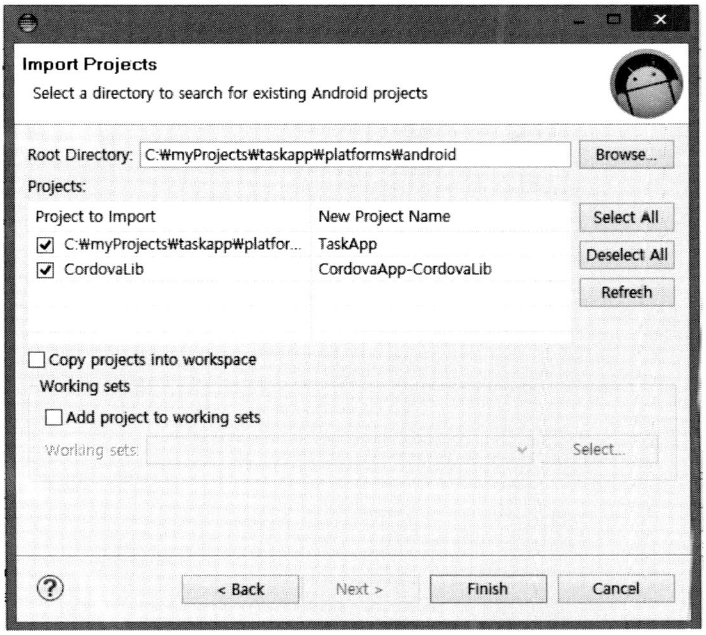

두 번째 항목을 불러올 수가 있습니다. [Finish]버튼을 눌러 프로젝트를 불러옵니다.

나중에도 코르도바 프로젝트를 불러올 것이므로 미리 CordovaApp-CordovaLib의 이름을 변경하도록 하겠습니다.

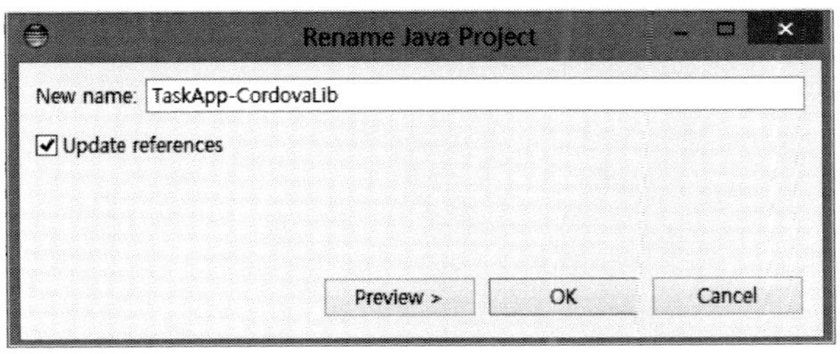

이름을 변경한 후 TaskApp 프로젝트를 우클릭하고 나타난 목록 가장 아래에 [Properties]를 누릅니다.

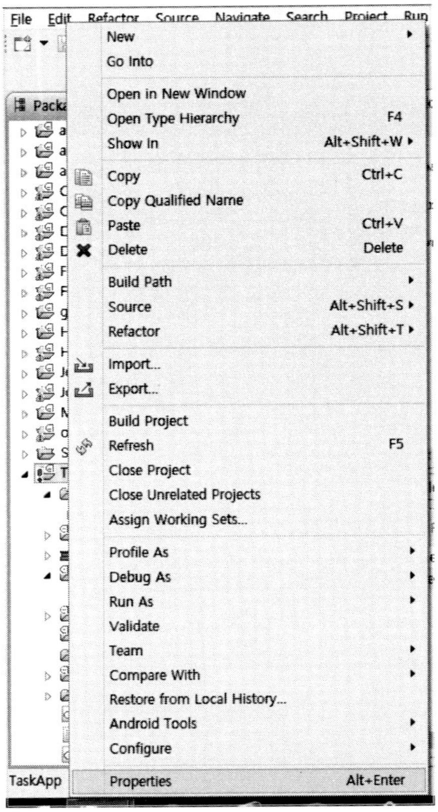

클릭하면 오른쪽과 같이 설정창이 나타납니다. [Android] 항목을 누르고 [Google APIs]를 선택합니다.

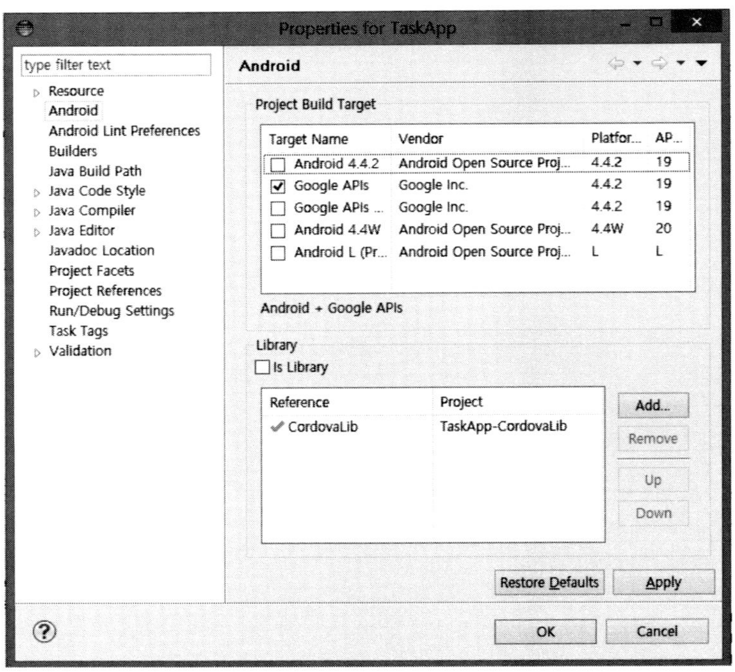

[Apply]를 누른 다음, [Resource]탭을 누릅니다.

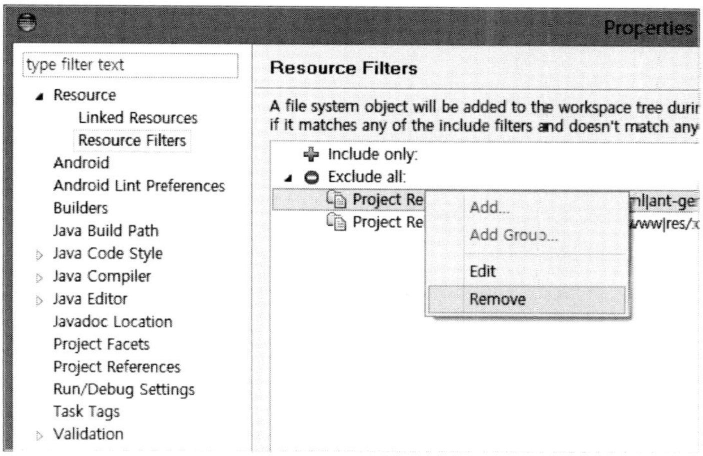

[Resource]항목 아래에 [Resource Filters]를 누르면 위와 같은 항목이 나옵니다. 해당 항목들을 우클릭하고 [Remove]를 눌러 모두 지워줍니다.

[OK]를 누릅니다. assets 항목에 파일이 나타나는 것을 확인할 수 있습니다.

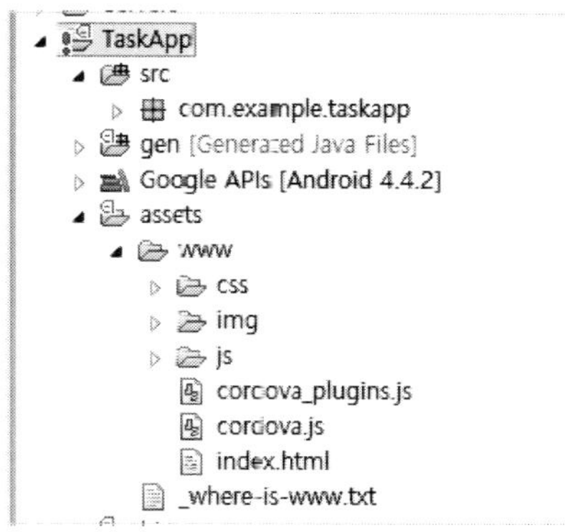

이제 기본으로 생성된 웹 파일들을 모두 제거하고 우리가 만든 일정 관리 앱으로 변경해야 합니다. 위 파일들이 있는 경로 C:\myProjects\taskapp\platforms\android\assets\www로 이동하고 모든 파일을 삭제합니다.

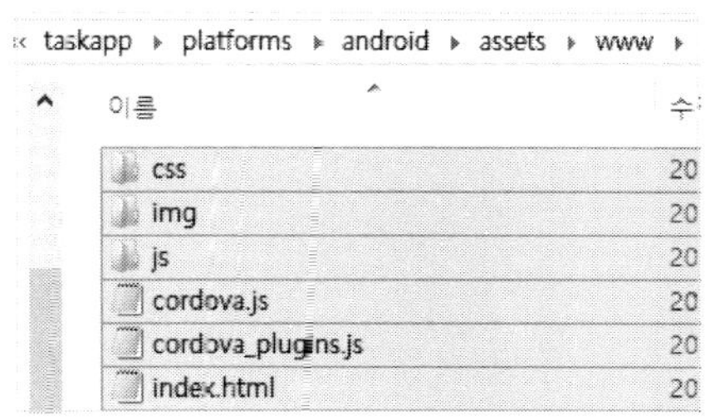

그리고 우리가 만든 모든 파일을 이동시킵니다.

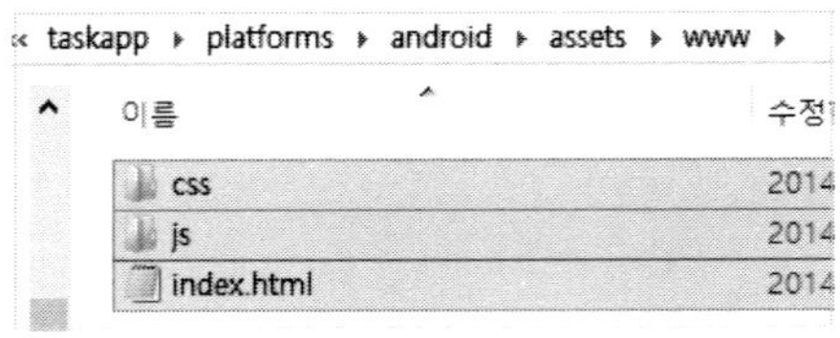

다시 이클립스로 돌아온 후, 상단 메뉴 중 [Project] - [Clean]을 누릅니다.

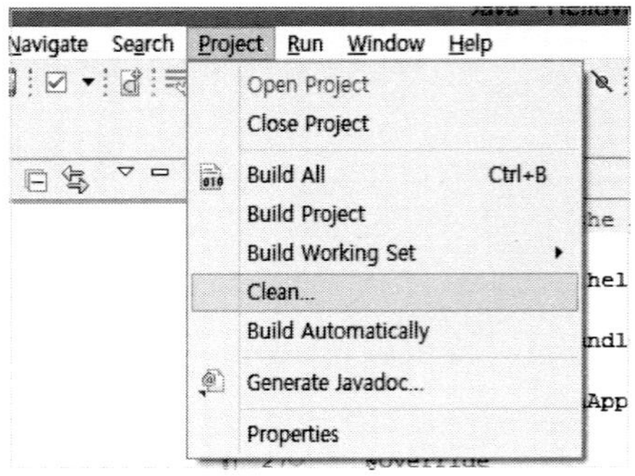

새로 추가된 두 프로젝트를 선택한 후 [OK]를 누릅니다.

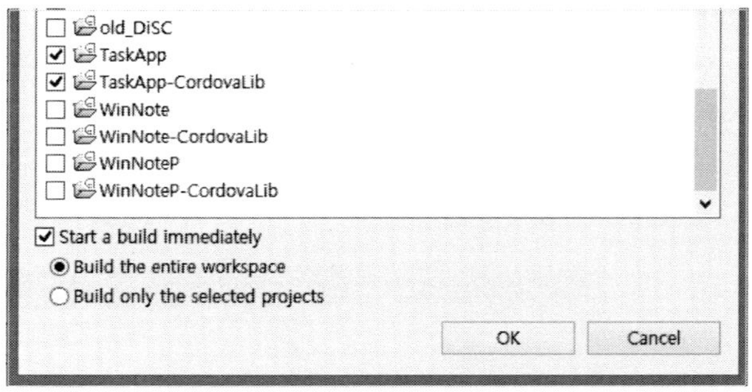

자, 이제 남은 일은 실행을 하는 것입니다. 상단에 초록색 화살표 버튼을 클릭합니다.

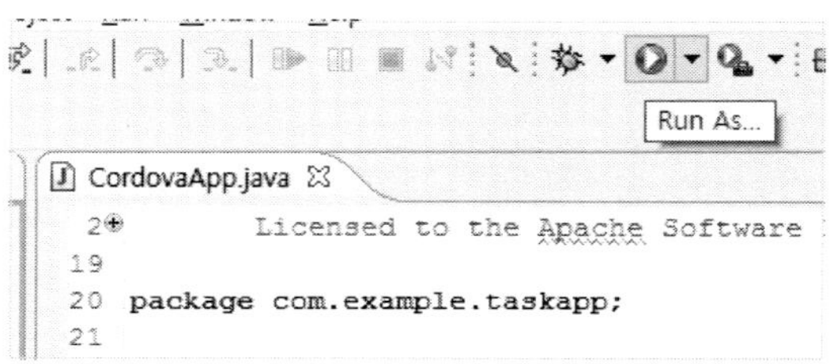

다음과 같이 창이 나타납니다. [Android Application]을 선택하고 하단의 [OK] 버튼을 누릅니다.

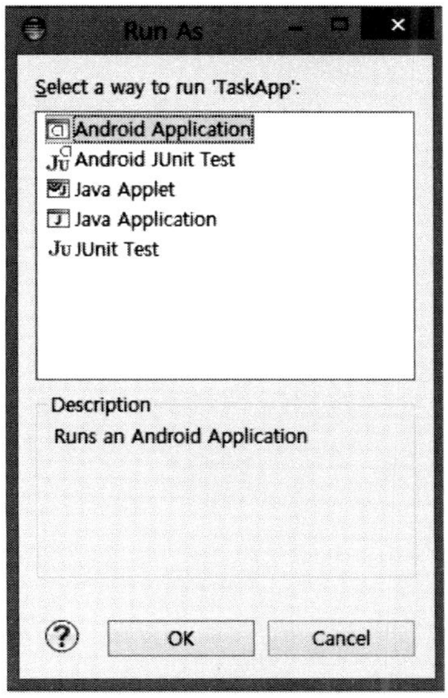

AVD가 설정되어있다면 잠시 후 AVD가 나타나고 앱이 실행될 것입니다. 저자는 드라이버를 설치하고 핸드폰에 직접 연결하였으므로 아래와 같이 실행 가능한 디바이스 목록이 나타납니다.

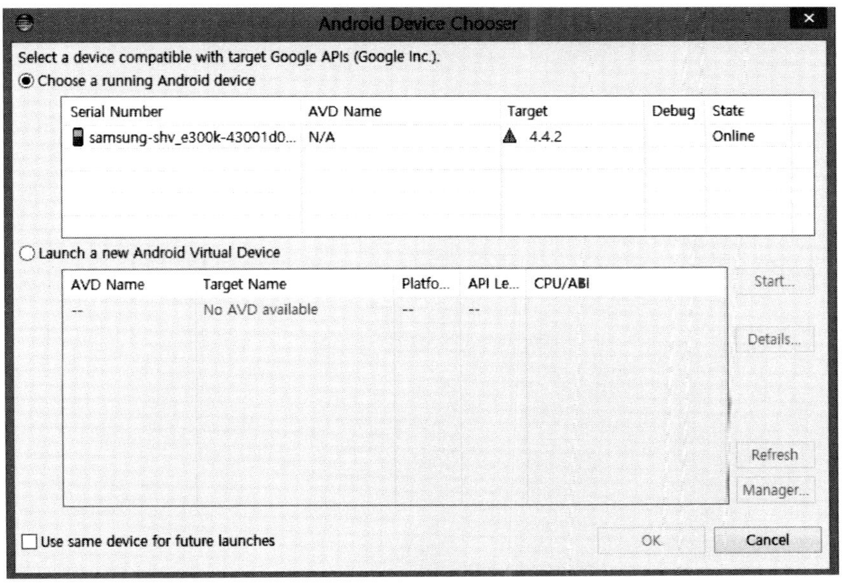

아래 화면은 저자의 디바이스(Samsung Galaxy S4)에서 직접 구동한 것을 캡처한 것입니다. 여러분도 가능하면 모바일 기기에서 직접 실행해보는 것도 좋습니다.

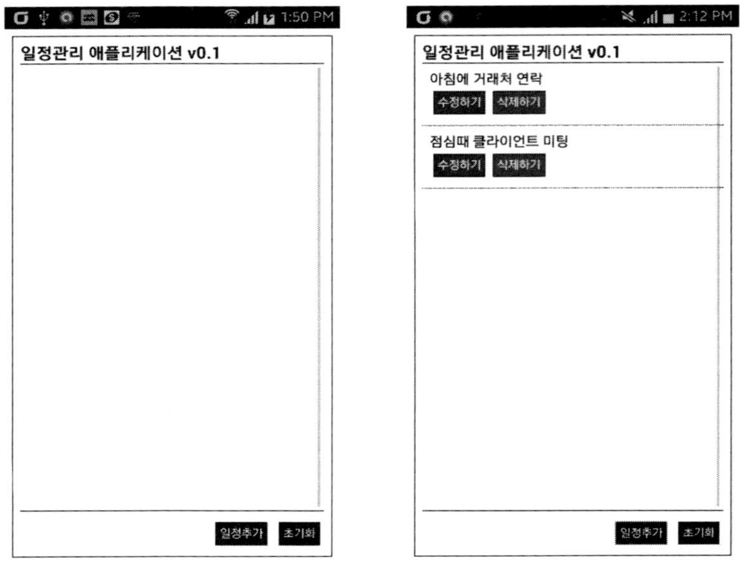

자, 이것으로 첫 번째 장을 마치겠습니다. 앞으로는 명령 프롬프트에서 코르도바 프로젝트를 생성하고 이클립스로 불러와 실행하는 과정은 패스하도록 하겠습니다.

Note

Chapter 12

SNS 애플리케이션 개발

실습을 통해 직접 SNS 애플리케이션을 개발해본다.

이번 장에서는 간단한 SNS 애플리케이션을 개발해보겠습니다. 페이스북이나 트위터 등과 같은 복잡한 SNS 서비스가 아닌, 간단하게 회원가입, 게시글 작성, 댓글 작성 등을 할 수 있는 간단한 기능을 구현해보도록 하겠습니다. 이번 애플리케이션은 네트워크 서비스를 제공하기 때문에 데이터베이스와 PHP를 이용한 서버단 처리가 요구됩니다. 따라서 소스 코드의 길이도 꽤 길고 부가적인 파일들이 이전 예제에 비해 많습니다. 하지만 어려운 내용은 없으니 천천히 차례차례 살펴봅시다.

12-1 애플리케이션 소개 및 실행 화면

애플리케이션 이름 : 일정관리 애플리케이션
애플리케이션 기능 : 일정등록 및 삭제

첫 실행화면은 오른쪽과 같습니다.

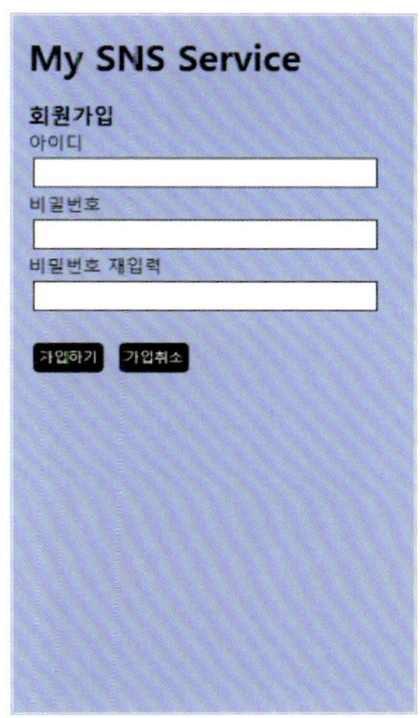

아이디와 비밀번호를 입력하고 [로그인] 버튼을 탭하면 로그인을 시도하며, 정확한 정보가 입력되면 메인화면으로, 잘못된 정보가 입력되면 잘못된 입력이라고 출력하고 화면을 이동하지 않습니다.

[회원가입] 버튼을 탭하면 새로 계정을 등록합니다.

가입이 되면 로그인을 할 수 있습니다. 아래는 로그인 성공 후 나타나는 메인 화면입니다.

아직은 아무런 글이 없기 때문에 아무런 글도 나타나지 않습니다. 상단에 [글쓰기] 버튼을 통해 글 작성 페이지로 이동할 수 있습니다. [로그아웃] 버튼을 누르면 다시 로그인 화면으로 이동합니다.

제목과 내용을 입력하고 [작성하기] 버튼을 누르면 글이 등록되고, 메인화면으로 이동하며 다시 게시글을 불러옵니다.

글 안에 댓글 입력란에 댓글을 입력하고 [댓글달기] 버튼을 누르면 댓글이 등록되며 화면에 출력됩니다.

댓글 란에 [삭제]버튼을 누르면 댓글을 삭제할 수 있습니다. 마찬가지로 게시글의 [삭제하기] 버튼을 누르면 게시글을 삭제할 수 있습니다. [삭제하기] 및 [삭제] 버튼은 게시자(글을 등록한 사용자)가 본인인 경우에만 나타납니다. 즉, 다른 사람이 등록한 게시글이나 댓글은 삭제버튼이 나타나지 않습니다. 하지만 다른 사람이 현재 사용자의 게시글에 댓글을 등록한 경우, 해당 게시글을 삭제하면 함께 삭제됩니다.

12-2 소스 코드

index.html (실행화면)

❶ <!DOCTYPE html>

```
<html>
  <head>
    <title>My SNS Service</title>
    <meta charset="utf-8" />
      <meta name="viewport" content="width=device-width, user-scalable=no" />
        <link rel="stylesheet" href="./css/app.css" />
        <script src="./js/jquery-2.1.1.min.js"></script>
        <script src="./js/app.js"></script>
  </head>
  <body>
    <div class="AppWrap">
      <div class="Login">
        <h1>My SNS Service</h1>
        <br />
        <h3>로그인해주세요</h3>
        <p>아이디</p>
        <input type="text" class="loginTxtID" maxlength="50" />
        <p>비밀번호</p>
```

```
    <input type="password" class="loginTxtPw" maxlength="50" />
    <br /><br />
    <button class="loginBtnLogin">로그인</button>
    <button class="loginBtnJoin">회원가입</button>
  </div>
  <div class="Join">
    <h1>My SNS Service</h1>
    <br />
    <h3>회원가입</h3>
    <p>아이디</p>
    <input type="text" class="joinTxtID" maxlength="50" />
    <p>비밀번호</p>
    <input type="password" class="joinTxtPw" maxlength="50" />
    <p>비밀번호 재입력</p>
    <input type="password" class="joinTxtPwc" maxlength="50" />
    <br /><br />
    <button class="joinBtnJoin">가입하기</button>
    <button class="joinBtnCancel">가입취소</button>
  </div>
  <div class="Main">
    <div class="Navi">
      <div class="NaviPadding">
          <h2>My SNS Service</h2>
          <p>안녕하세요, <b><사용자></b>님.</p>

          <button class="mainBtnWrite AppBtnBlue">글쓰기</button>
          <button class="mainBtnLogout AppBtnRed">로그아웃</button>
      </div>
    </div>

    <div class="HeightPadding"></div>

    <div class="Items"></div>
  </div>
  <div class="Write">
    <div class="Navi">
      <div class="NaviPadding">
          <h2>My SNS Service</h2>
          <p>안녕하세요, <b><사용자></b>님.</p>

          <button class="mainBtnWrite AppBtnBlue">글쓰기</button>
          <button class="mainBtnLogout AppBtnRed">로그아웃</button>
      </div>
    </div>
```

```
        <div class="HeightPadding"></div>

        <p>제목</p>
        <input type="text" class="writeTxtSubject" placeholder="제목을 입력하세요
         " maxlength="50" />

        <p>내용</p>
        <textarea class="writeTxtContent" placeholder="내용을 입력하세요"></textarea>

        <div class="ItemButtons">
          <button class="writeBtnWrite AppBtnBlue">작성하기</button>
          <button class="writeBtnCancel AppBtnRed">작성취소</button>
        </div>
      </div>
    </div>
  </body>
</html>
```

❷ 스타일시트(CSS)

```
*{
  padding: 0;
  margin: 0;
  font-family: 'Malgun Gothic';
}

input[type="button"], button{
  display: inline-block;
  padding: 4px;
  margin: 4px;
  border: 1px solid #000;
  background-color: #000;
  color: #FFF;
  border-radius: 5px;
}
input[type="text"], input[type="password"], textarea{
  display: inline-block;
  padding: 4px;
  margin: 4px;
  border: 1px solid #000;
  width: 90%;
}

textarea{
  height: 128px;
```

```
}

.AppBtnRed{
  border: 1px solid #700 !important;
  background-color: #B53636 !important;
}
.AppBtnBlue{
  border: 1px solid #120D69 !important;
  background-color: #364BB5 !important;
}
.AppBtnGreen{
  border: 1px solid #044C1B !important;
  background-color: #36B555 !important;
}
.AppBtnYellow{
  border: 1px solid #414C00 !important;
  background-color: #BFCB05 !important;
}

html, body{
  width: 100%;
  height: 100%;
}
body{
  background-color: #94B9FC;
}
.AppWrap{
  padding: 16px;
}
.AppWrap > div{
  display: none;
}

.Navi{
  position: fixed;
  top:0;
  left:0;
  width:100%;
  height: 108px;
  background-color:#FFF;
  border-bottom: 2px solid #000;
}
.NaviPadding{
  padding: 8px;
}
```

```
.HeightPadding{
  height: 108px;
}

.Item{
  background-color: #FFF;
  border: 1px solid #000;
  border-radius: 5px;
  margin-top: 8px;
  margin-bottom: 8px;
}
.ItemText{
  padding: 8px;
}
.ItemText > h4{
  margin-bottom: 4px;
}
.ItemText > h6{
  margin-bottom: 12px;
}
.ItemText > p{
  font-size: 14px;
}
.ItemButtons{
  margin-top: 32px;
  text-align: right;
}
.Comment{
  background-color: #FFD771;
  border-top: 1px solid #000;
}
.Comments{
  border-top: 1px dotted #000;
}
.CommentItem{
  border-bottom: 1px dotted #000;
  padding: 8px;
}
.CommentItem > h4, .CommentItem > p{
  font-size: 14px;
}
```

❸ 클라이언트 사이드(자바스크립트)

```
$(document).ready(function(){
 //변수
 var currentUser = null;

 //로그인화면을 나타냅니다.
 $('.Login').show();

 /* 로그인 화면 */
 //로그인 버튼
 var isLogin = false;                    //로그인 중인지 여부 파악하는 변수
 $('.loginBtnLogin').click(function(){
   if(isLogin) return false;             //이미 로그인 중이라면 수행하지 않음

   var id = $('.loginTxtID').val();
   var pw = $('.loginTxtPw').val();

   if(!id){
     window.alert('아이디를 입력하세요!');
     return false;
   }
   else if(!pw){
     window.alert('비밀번호를 입력하세요!');
     return false;
   }

   isLogin = true;               //로그인 시도

   $.ajax({
     url: '여러분의 URL 주소/ch12/lib/login.php',
     data:{
       id: id,
       pw: pw
     },
     dataType: 'jsonp',
     success: function(data){
       //로그인 성공
       if(data.result == "success"){
         window.alert('로그인 성공!');
         $('.Login').hide();
         $('.Main').show();

         $('.NaviPadding > p').html('안녕하세요, <b>' + id + '</b>님.');
         currentUser = id;
```

```
                loadPosts();
            }
            //로그인 실패 - 잘못된 값
            else if(data.result == "wrong"){
                window.alert('잘못된 아이디나 비밀번호를 입력하셨습니다.');
            }
            //로그인 실패 - 오류
            else{
                window.alert('오류가 발생하였습니다.');
            }

            isLogin = false;
        },
        error: function(){
            window.alert('오류가 발생하였습니다.');
            isLogin = false;
        }
    });
});
//회원가입 버튼
$('.loginBtnJoin').click(function(){
    $('.Login').hide();
    $('.Join').show();
});

/* 회원가입 화면 */
//회원가입 버튼
var isJoin = false;              //회원가입 중인지 여부 파악하는 변수
$('.joinBtnJoin').click(function(){
    if(isJoin) return false;     //이미 회원가입 중이라면 수행하지 않음

    var id = $('.joinTxtID').val();
    var pw = $('.joinTxtPw').val();
    var pwc = $('.joinTxtPwc').val();

    if(!id){
        window.alert('아이디를 입력하세요!');
        return false;
    }
    else if(!pw){
        window.alert('비밀번호를 입력하세요!');
        return false;
    }
    else if(!pwc){
```

```
        window.alert('비밀번호 확인을 입력하세요!');
        return false;
    }
    else if(pw != pwc){
        window.alert('비밀번호가 일치하지 않습니다!');
        return false;
    }

    isJoin = true;          //회원가입 시도

    $.ajax({
        url: '여러분의 URL 주소/ch12/lib/join.php',
        data:{
            id: id,
            pw: pw
        },
        dataType: 'jsonp',
        success: function(data){
            if(data.result == "success"){
                window.alert('회원가입 완료! 메인화면으로 돌아갑니다.');
                $('.Join').hide();
                $('.Login').show();
            }
            else{
                window.alert('오류가 발생하였습니다.');
            }

            isJoin = false;
        },
        error: function(){
            window.alert('오류가 발생하였습니다.');
            isJoin = false;
        }
    });
});
//회원가입 취소 버튼
$('.joinBtnCancel').click(function(){
    if(window.confirm('가입을 취소하시겠습니까?')){
        $('.Join').hide();
        $('.Login').show();
    }
});

/* 메인 화면 */
//게시글과 댓글을 불러와 화면에 출력하는 함수
```

```
var loadPosts = function(){
    $('.Items').empty();

    //데이터를 AJAX 로 불러옵니다.
    $.ajax({
        url: '여러분의 URL 주소/ch12/lib/load.php',
        data:{ },
        dataType: 'jsonp',
        success: function(data){
            if(data.result == "success"){
                var cnt = data.data.length;

                for(var i = 0; i < cnt; i++){
                    var id = data.data[i].id;
                    var subject = data.data[i].subject;
                    var content = data.data[i].content;
                    var writer = data.data[i].writer;
                    var writedate = data.data[i].writedate;

                    var item = $('<div></div>').attr('data-id', id).addClass('Item');
                    var itemText = $('<div></div>').addClass('ItemText').appendTo(item);

                    $('<h4></h4>').text(subject).appendTo(itemText);
                    $('<h6></h6>').text('작성시간 : ' + writedate).appendTo(itemText);
                    $('<p></p>').text(content).appendTo(itemText);

                    if(writer == currentUser){
                            var itemButtons = $('<div></div>').addClass('ItemButtons').
                                    appendTo(itemText);
                            $('<button></button>').addClass('mainBtnDel AppBtnRed').text
                                    ('삭제하기').appendTo(itemButtons);
                    }

                    //댓글
                    var comment = $('<div></div>').addClass('Comment').appendTo(item);
                    $('<input />').attr({ type: 'text', placeholder: '댓글입력...' }).addClass
                            ('itemTxtComment').appendTo(comment);
                    $('<button></button>').addClass('commentBtnWrite AppBtnBlue').text
                            ('댓글달기').appendTo(comment);

                    //댓글 목록이 출력되는 곳
                    $('<div></div>').addClass('Comments').appendTo(comment);

                    item.appendTo($('.Items'));
```

```
                //댓글 불러오기!
                loadComment(id);
            }
        }
        else{
            window.alert('오류가 발생하였습니다.');
            $('.Main').hide();
            $('.Login').show();
        }
    },
        error: function(){
            window.alert('오류가 발생하였습니다.');
            $('.Main').hide();
            $('.Login').show();
        }
    });
};
var loadComment = function(postId){
    if(!postId) return false;

    var target = $('div.Item[data-id=' + postId + '] .Comments');

    //데이터를 AJAX 로 불러옵니다.
    $.ajax({
        url: '여러분의 URL 주소/ch12/lib/commentLoad.php',
        data:{
            postId : postId
        },
        dataType: 'jsonp',
        success: function(data){
            if(data.result == "success"){
                var cnt = data.data.length;

                for(var i = 0; i < cnt; i++){
                    var id = data.data[i].id;
                    var content = data.data[i].content;
                    var writer = data.data[i].writer;

                    var commentItem = $('<div></div>').addClass('CommentItem').
                            attr('data-id', id);
                    $('<h4></h4>').text(writer).appendTo(commentItem);
                    $('<p></p>').text(content).appendTo(commentItem);
                    $('<button></button>').addClass('AppBtnRed commentBtnDel').text
                    ('삭제').appendTo(commentItem);
```

```
                    commentItem.appendTo(target);
                }
            }
            else{
                window.alert('오류가 발생하였습니다.');
            }
        },
        error: function(){
            window.alert('오류가 발생하였습니다.');
        }
    });
};
//작성한 글 삭제
$(document.body).on('click', '.mainBtnDel', function(){
    if(window.confirm('삭제하시겠습니까?')){
        var id = $(this).parent().parent().parent().attr('data-id');
        var removeTarget = $(this).parent().parent().parent();

        $.ajax({
            url: '여러분의 URL 주소/ch12/lib/del.php',
            data:{
                postId : id
            },
            dataType: 'jsonp',
            success: function(data){
                if(data.result == "success"){
                    removeTarget.remove();
                }
                else{
                    window.alert('오류가 발생하였습니다.');
                }
            },
            error: function(){
                window.alert('오류가 발생하였습니다.');
            }
        });
    }
});
//댓글 달기
var isComment = false;          //댓글을 달고 있는지 확인하는 변수
$(document.body).on('click', '.commentBtnWrite', function(){
    if(isComment) return false;

    var parentId = $(this).parent().parent().attr('data-id');
    var content = $(this).prev().val();
```

```
    var comments = $(this).next(); //나중에 댓글을 추가할 Comments DOM 을 불러옵니다.

    if(!content){
      window.alert('댓글을 입력하세요!');
      return false;
    }

    isComment = true;

    $.ajax({
      url: '여러분의 URL 주소/ch12/lib/commentPost.php',
      data:{
        parentId : parentId,
        content : content,
        writer : currentUser
      },
      dataType: 'jsonp',
      success: function(data){
        if(data.result == "success"){
          var lid = data.lastId;
          var commentItem = $('<div></div>').addClass('CommentItem').attr('data-id', lid);
                                                  //나중에 삭제할 때 필요한 댓글 번호
          $('<h4></h4>').text(currentUser).appendTo(commentItem);   //댓글 작성자(현재 사용자)
          $('<p></p>').text(content).appendTo(commentItem);       //댓글 내용
          $('<button></button>').addClass('AppBtnRed   commentBtnDel').text('삭
            제').appendTo(commentItem);          //삭제 버튼

          commentItem.appendTo(comments);
        }
        else{
          window.alert('오류가 발생하였습니다.');
        }

        isComment = false;
      },
      error: function(){
        window.alert('오류가 발생하였습니다.');
        isComment = false;
      }
    });
  });
  $(document.body).on('click', '.commentBtnDel', function(){
    if(window.confirm('댓글을 삭제하시겠습니까?')){
      var id = $(this).parent().attr('data-id');
      var removeTarget = $(this).parent();
```

```
        $.ajax({
            url: 여러분의 URL 주소/ch12/lib/commentDel.php',
            data:{
                postId : id
            },
            dataType: 'jsonp',
            success: function(data){
                if(data.result == "success"){
                    removeTarget.remove();
                }
                else{
                    window.alert('오류가 발생하였습니다.');
                }
            },
            error: function(){
                window.alert('오류가 발생하였습니다.');
            }
        });
    }
});

$('.mainBtnWrite').click(function(){
    $('.Main').hide();
    $('.Write').show();

    $('.writeTxtSubject').val('');
    $('.writeTxtContent').val('');
});
$('.mainBtnLogout').click(function(){
    if(window.confirm('로그아웃 하시겠습니까?')){
        location.reload();
    }
});

/* 글쓰기 화면 */
var isPost = false;      //게시글 작성 중인지 체크하는 변수
$('.writeBtnWrite').click(function(){
    if(isPost) return false;

    var subject = $('.writeTxtSubject').val();
    var content = $('.writeTxtContent').val();

    if(!subject){
        window.alert('글 제목을 입력해주세요!');
```

```
        return false;
    }
    else if(!content){
        window.alert('글 내용을 입력해주세요!');
        return false;
    }

    if(window.confirm('글을 작성하시겠습니까?')){
        isPost = true;

        $.ajax({
            url: 여러분의 URL 주소/ch12/lib/post.php',
            data:{
                subject : subject,
                content : content,
                writer : currentUser
            },
            dataType: 'jsonp',
            success: function(data){
                if(data.result == "success"){
                        $('.Write').hide();
                        $('.Main').show();
                        loadPosts();
                }
                else{
                        window.alert('오류가 발생하였습니다.');
                }

                isPost = false;
            },
            error: function(){
                window.alert('오류가 발생하였습니다.');
                isPost = false;
            }
        });
    }
  });
  $('.writeBtnCancel').click(function(){
    if(window.confirm('작성을 취소하겠습니까?')){
        $('.Write').hide();
        $('.Main').show();
        loadPosts();
    }
  });
});
```

❹ 회원가입(join.php)

```
<?php
  $result = array();
  $callback = $_GET['callback'];
  $id = $_GET['id'];
  $pw = $_GET['pw'];
  $resultData = 'failed';

  //데이터베이스에 연결합니다.
  $connection = mysqli_connect("localhost", "여러분의 ID", "여러분의 비밀번호", "데이터베이스명");
  mysqli_query("set names utf8"); //한글이 깨지지 않도록 유니코드로 설정합니다
  //새로운 레코드를 삽입합니다.
  $query = mysqli_query($connection, "INSERT INTO MYSNS_ACCOUNT(mid, mpw) VALUES
              ('" . $id . "', '" . $pw . "')");

  //쿼리문이 성공했다면 회원가입에 성공한 것
  if($query) $resultData = "success";

  $result = array('result' => $resultData);

  echo $callback . "(" . json_encode($result) . ")";
?>
```

❺ 로그인(login.php)

```
<?php
  $result = array();
  $callback = $_GET['callback'];
  $id = $_GET['id'];
  $pw = $_GET['pw'];
  $resultData = 'failed';

  //데이터베이스에 연결합니다.
  $connection = mysqli_connect("localhost", "여러분의 ID", "여러분의 비밀번호", "데이터베이스명");
  mysqli_query("set names utf8"); //한글이 깨지지 않도록 유니코드로 설정합니다
  //ID 와 비밀번호가 일치하는 데이터만 불러옵니다.
  $query = mysqli_query($connection, "SELECT * FROM MYSNS_ACCOUNT WHERE mid
     = '" . $id . "' AND mpw = '" . $pw . "'");

  //쿼리문이 이상없이 잘 실행되었는가?
  if($query){
    //위 쿼리문의 수행결과로 반환된 레코드 개수를 가져옵니다.
    $dataCnt = mysqli_num_rows($query);

    //$dataCnt 가 0 이 아니라면 위와 일치하는 데이터가 있다는 뜻이므로 올바른 아이디와
```

```
      비밀번호를 입력한 것
    if($dataCnt)
      $resultData = 'success';
    else
      $resultData = "wrong";
  }

  $result = array('result' => $resultData);

  mysqli_close($connection);

  echo $callback . "(" . json_encode($result) . ")";
?>
```

❻ 게시글 불러오기(load.php)

```
<?php
  $result = array();
  $callback = $_GET['callback'];
  $resultData = 'failed';

  //데이터베이스에 연결합니다.
  $connection = mysqli_connect("localhost", "여러분의 ID", "여러분의 비밀번호", "데이터베이스명");
  mysqli_query("set names utf8"); //한글이 깨지지 않도록 유니코드로 설정합니다
  //데이터를 불러옵니다
  $query = mysqli_query($connection, "SELECT * FROM MYSNS_POST ORDER BY pid DESC");

  //쿼리문이 성공했는가?
  if($query) {
    $resultData = "success";
    $data = array();

    $num = mysqli_num_rows($query);

    for($i = 0; $i < $num; $i++){
      mysqli_data_seek($i);                  //레코드 이동
      $row = mysqli_fetch_array($query);

      $id = $row['pid'];
      $subject = $row['psubject'];
      $content = $row['pcontent'];
      $writer = $row['pwriter'];
      $writedate = $row['pwritedate'];

      $data[$i] = array();
```

```
      $data[$i]['id'] = $id;
      $data[$i]['subject'] = $subject;
      $data[$i]['content'] = $content;
      $data[$i]['writer'] = $writer;
      $data[$i]['writedate'] = $writedate;
    }
  }

  $result = array('result' => $resultData, 'data' => $data);

  mysqli_close($connection);

  echo $callback . "(" . json_encode($result) . ")";
?>
```

❼ 댓글 불러오기(commentLoad.php)

```
<?php
  $result = array();
  $callback = $_GET['callback'];
  $postId = $_GET['postId'];
  $resultData = 'failed';

  //데이터베이스에 연결합니다.
  $connection = mysqli_connect("localhost", "여러분의 ID", "여러분의 비밀번호", "데이터베이스명");
  mysqli_query("set names utf8"); //한글이 깨지지 않도록 유니코드로 설정합니다
  //데이터를 불러옵니다
  $query = mysqli_query($connection, "SELECT * FROM MYSNS_COMMENT WHERE pparent
     = " . $postId . " ORDER BY pid DESC");

  //쿼리문이 성공했는가?
  if($query) {
    $resultData = "success";
    $data = array();

    $num = mysqli_num_rows($query);

    for($i = 0; $i < $num; $i++){
      mysqli_data_seek($i);                    //레코드 이동
      $row = mysqli_fetch_array($query);

      $id = $row['pid'];
      $content = $row['pcontent'];
      $writer = $row['pwriter'];
      $writedate = $row['pwritedate'];
```

```
        $data[$i] = array();
        $data[$i]['id'] = $id;
        $data[$i]['content'] = $content;
        $data[$i]['writer'] = $writer;
        $data[$i]['writedate'] = $writedate;
    }
  }

  $result = array('result' => $resultData, 'data' => $data);

  mysqli_close($connection);

  echo $callback . "(" . json_encode($result) . ")";
?>
```

❾ 글 작성(post.php)

```
<?php
  $result = array();
  $callback = $_GET['callback'];
  $subject = $_GET['subject'];
  $content = $_GET['content'];
  $writer = $_GET['writer'];
  $writedate = date('Y-m-d (H:i:s)');          //2014-11-19 (16:51:20)과 같은 형식으로 현
                                               재 날짜와 시간을 지정합니다.
  $resultData = 'failed';

  //데이터베이스에 연결합니다.
  $connection = mysqli_connect("localhost", "여러분의 ID", "여러분의 비밀번호", "데이터베이스명");
  mysqli_query("set names utf8"); //한글이 깨지지 않도록 유니코드로 설정합니다
  //새로운 레코드를 삽입합니다.
  $query = mysqli_query($connection, "INSERT INTO MYSNS_POST(psubject, pcontent, pwritedate,
pwriter) VALUES('" . $subject . "', '" . $content . "', '" . $writedate . "', '" . $writer . "')");

  //쿼리문이 성공했는가?
  if($query) $resultData = "success";

  $result = array('result' => $resultData);

  mysqli_close($connection);

  echo $callback . "(" . json_encode($result) . ")";
?>
```

⑩ 게시글 삭제(del.php)

```
<?php
  $result = array();
  $callback = $_GET['callback'];
  $postId = $_GET['postId'];
  $resultData = 'failed';

  //데이터베이스에 연결합니다.
  $connection = mysqli_connect("localhost", "여러분의 ID", "여러분의 비밀번호", "데이터베이스명");
  mysqli_query("set names utf8"); //한글이 깨지지 않도록 유니코드로 설정합니다

  //댓글을 삭제합니다.
  $query = mysqli_query($connection, "DELETE FROM MYSNS_COMMENT WHERE pparent = " . $postId);

  //게시글을 삭제합니다.
  $query = mysqli_query($connection, "DELETE FROM MYSNS_POST WHERE pid = " . $postId);

  //쿼리문이 성공했다면 삭제 성공!
  if($query) $resultData = "success";

  $result = array('result' => $resultData);

  mysqli_close($connection);

  echo $callback . "(" . json_encode($result) . ")";
?>
```

⑪ 댓글 달기(commentPost.php)

```
<?php
  $result = array();
  $callback = $_GET['callback'];
  $parentId = $_GET['parentId'];
  $content = $_GET['content'];
  $writer = $_GET['writer'];
  $writedate = date('Y-m-d (H:i:s)');
              //2014-11-19 (16:51:20)과 같은 형식으로 현재 날짜와 시간을 지정합니다.
  $resultData = 'failed';

  //데이터베이스에 연결합니다.
  $connection = mysqli_connect("localhost", "여러분의 ID", "여러분의 비밀번호', "데이터베이스명");
  mysqli_query("set names utf8"); //한글이 깨지지 않도록 유니코드로 설정합니다
  //새로운 레코드를 삽입합니다.
  $query = mysqli_query($connection, "INSERT INTO MYSNS_COMMENT(pparent, pcontent, pwritedate,
```

```
      pwriter) VALUES('" . $parentId . "', '" . $content . "', '" . $writedate . "', '" . $writer . "')");

  //쿼리문이 성공했는가?
  if($query) $resultData = "success";

  //갓 삽입한 데이터의 ID를 가져옵니다.
  $lid = mysqli_insert_id($connection);

  $result = array('result' => $resultData, 'lastId' => $lid);

  mysqli_close($connection);

  echo $callback . "(" . json_encode($result) . ")";
?>
```

⓬ 댓글 삭제(commentDel.php)

```
<?php
  $result = array();
  $callback = $_GET['callback'];
  $postId = $_GET['postId'];
  $resultData = 'failed';

  //데이터베이스에 연결합니다.
  $connection = mysqli_connect("localhost", "여러분의 ID", "여러분의 비밀번호", "데이터베이스명");
  mysqli_query("set names utf8"); //한글이 깨지지 않도록 유니코드로 설정합니다

  //댓글을 삭제합니다.
  $query = mysqli_query($connection, "DELETE FROM MYSNS_COMMENT WHERE pid = " . $postId);

  //쿼리문이 성공했다면 삭제 성공!
  if($query) $resultData = "success";

  $result = array('result' => $resultData);

  mysqli_close($connection);

  echo $callback . "(" . json_encode($result) . ")";
?>
```

12-3 애플리케이션 개발

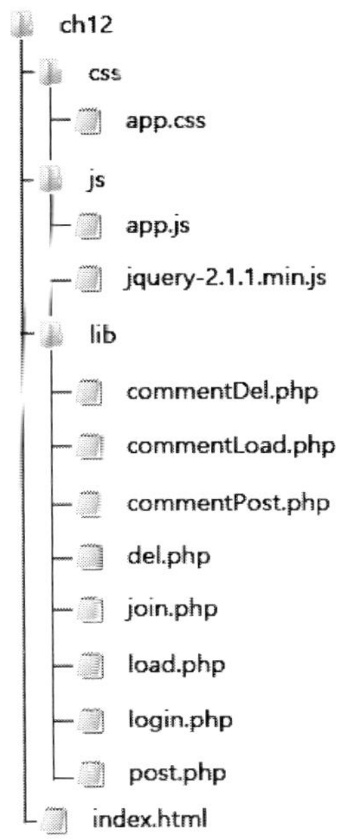

가장 먼저 해야 할 작업은 당연히 초기화 작업입니다. 작업에 앞서, 완성된 애플리케이션 프로젝트는 오른쪽과 같이 구성되어있습니다.

이중 lib 디렉터리(폴더)는 서버 사이드에서 처리되기 때문에 서버에 업로드되어 있어야 합니다. 프로젝트 폴더 내부에는 포함되어있지 않아도 문제없습니다. 단지 파일을 모아두었기에 위와 같이 lib 디렉터리가 포함되어있습니다. 자 그럼 index.html을 생성하고, 그 위치에 각각 css폴더와 js폴더, 그리고 내부에 각각 app.css, app.js 파일을 만듭니다. 그리고 js폴더에는 jQuery파일(jquery-2.1.1.min.js)도 넣습니다. 그리고 index.html을 아래와 같이 작성합니다.

〈!DOCTYPE html〉

```
<html>
  <head>
    <title>My SNS Service</title>
    <meta charset="utf-8" />
      <meta name="viewport" content="width=device-width, user-scalable=no" />
        <link rel="stylesheet" href="./css/app.css" />
        <script src="./js/jquery-2.1.1.min.js"></script>
        <script src="./js/app.js"></script>
  </head>
  <body>
    <div class="AppWrap">
    </div>
  </body>
</html>
```

작성할 때 emmet 플러그인의 Ctrl + E 기능을 잊지 말고 활용하세요. 개발 속도를 단축시키는 데 큰 도움이 됩니다.

일단 문서의 charset을 한글이 깨지지 않도록 utf-8로 지정하고, 모바일 해상도에 맞게 출력되도록 viewport를 조정했습니다. 그리고 스타일시트와 필요한 자바스크립트 파일들

을 불러왔습니다.

body에는 AppWrap이라는 클래스를 가진 div태그가 있는데, 이 태그는 화면 전체를 덮고 있는 태그입니다. 자, 그 다음은 css 디렉터리 안에 app.css파일을 열고 아래와 같이 초기화 코드를 작성합니다.

```
*{
  padding: 0;
  margin: 0;
  font-family: 'Malgun Gothic';
}
```

그 다음은 app.js를 열고 아래와 같이 초기화 코드를 작성합니다.

```
$(document).ready(function(){

});
```

가장 먼저 해야 할 작업은 디자인입니다. 작업을 하기 전에 앞서, 위에서 최종 완성된 애플리케이션의 모습을 한 번 더 보시고 오시기 바랍니다. 그리고 가능하다면 어떻게 저렇게 구성할 것인지도 생각해보는 것도 좋습니다.

자 그럼 본격적으로 코딩 작업에 들어가도록 하겠습니다.

먼저 알아야 할 점은 이전의 일정관리 앱과 달리 이번 앱은 여러 개의 화면을 가지고 있습니다. 즉 다른 기능을 하는 화면을 이리저리 이동하게 되는데, 웹에 대해서 잘 아신다면 링크를 통한 페이지를 생각할 수 있습니다. 하지만 그런 방법을 쓰지 않고, 한 화면에 여러 개의 화면을 미리 생성하고, 필요에 따라 해당 화면만 화면에 보이게 하고 다른 화면은 보이지 않게 하는 방법을 사용할 것입니다. 이를 위해서는 각각의 화면을 위한 래퍼(Wrapper)가 필요합니다. 우리가 만들 앱은 총 4개의 화면을 가집니다. 로그인(Login) 화면, 회원가입(Join) 화면, 메인(Main) 화면, 글 작성(Write) 화면입니다. 따라서 아래와 같이 index.html을 작성합니다.

```
<div class="AppWrap">
  <div class="Login">

  </div>
  <div class="Join">

```

```
  </div>
  <div class="Main">

  </div>
  <div class="Write">

  </div>
</div>
```

그리고 전체화면을 지정하기 위해 아래와 같이 스타일을 추가합니다.

```
html, body{
  width: 100%;
  height: 100%;
}
body{
  background-color: #94B9FC;
}
```

width속성과 height속성에 100%를 주면 화면을 가득 차게 할 수 있습니다. html태그와 body태그 모두 100%를 지정한 것을 주목하세요.

현재 지금 4개의 화면, Login, Join, Main, Write는 현재 모두 화면이 보여 지고 있는 상태이므로 모두 숨겨줄 필요가 있습니다. 이들 태그들은 모두 AppWrap의 하위 태그이므로 아래와 같이 일괄적으로 숨기는 스타일을 적용합니다.

```
.AppWrap > div{
  display: none;
}
```

하지만 이렇게 되면 모든 화면이 나타나지 않습니다. 따라서 앱 실행 시 첫 화면은 나타날 필요가 있습니다. 자바스크립트의 코드를 아래와 같이 수정합니다.

```
$(document).ready(function(){
  //로그인화면을 나타냅니다.
  $('.Login').show();
});
```

그리고 다시 index.html로 돌아와, 로그인 화면을 구성합니다.

```
<div class="Login">
    <h1>My SNS Service</h1>
    <br />
    <h3>로그인해주세요</h3>
    <p>아이디</p>
    <input type="text" class="loginTxtID" maxlength="50" />
    <p>비밀번호</p>
    <input type="password" class="loginTxtPw" maxlength="50" />
    <br /><br />
    <button class="loginBtnLogin">로그인</button>
    <button class="loginBtnJoin">회원가입</button>
</div>
```

저장하고 앱을 실행해보겠습니다.

화면은 나왔지만 모든 요소가 왼쪽 상단에 붙어있습니다. 따라서 AppWrap에 내부여백(Padding)을 주도록 합시다.

```
.AppWrap{
  padding: 16px;
}
```

그리고 밋밋한 기본 버튼 대신 새롭게 버튼을 꾸며보겠습니다. 아래 스타일 요소를 추가합니다.

```
input[type="button"], button{
    display: inline-block;
    padding: 4px;
    margin: 4px;
    border: 1px solid #000;
    background-color: #000;
```

```
    color: #FFF;
    border-radius: 5px;
}
```

그리고 입력 상자도 너무 좁습니다. 따라서 너비를 넓히고 깔끔하게 디자인해보도록 하겠습니다.

```
input[type="text"], input[type="password"], textarea{
    display: inline-block;
    padding: 4px;
    margin: 4px;
    border: 1px solid #000;
    width: 90%;
}
```

저장하고 실행해보도록 하겠습니다.

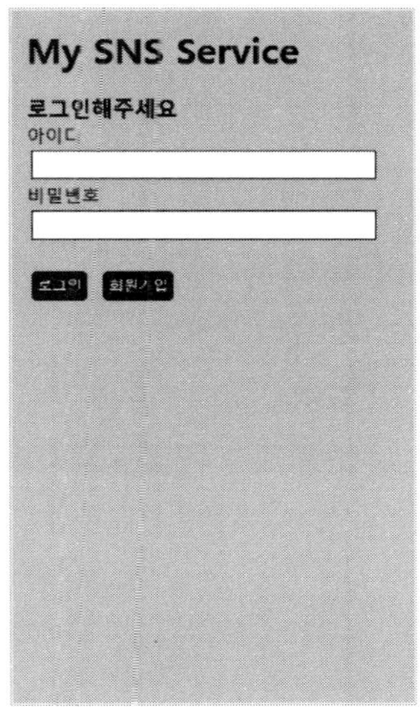

네, 적당히 완성된 것 같습니다. 자, 다음은 회원가입 화면을 설계할 차례입니다. 현재 자바스크립트는 앱 실행 시 로그인 화면이 보이게 되어있습니다. 따라서 로그인 화면 대신 회원가입 화면이 나타나도록 변경합니다.

```
$('.Join').show();
```

위와 같이 자바스크립트를 수정하고 실행하면 작성한 회원가입 화면이 없으므로 아무것도 나타나지 않습니다. 이번엔 회원가입 화면을 작성하도록 하겠습니다.

```
<div class="Join">
    <h1>My SNS Service</h1>
    <br />
```

```
    <h3>회원가입</h3>
    <p>아이디</p>
    <input type="text" class="joinTxtID" maxlength="50" />
    <p>비밀번호</p>
    <input type="password" class="joinTxtPw" maxlength="50" />
    <p>비밀번호 재입력</p>
    <input type="password" class="joinTxtPwc" maxlength="50" />
    <br /><br />
    <button class="joinBtnJoin">가입하기</button>
    <button class="joinBtnCancel">가입취소</button>
</div>
```

오른쪽은 실행화면입니다. 로그인 화면에서 기초적인 디자인을 잡았으므로 코드를 재사용하였습니다.

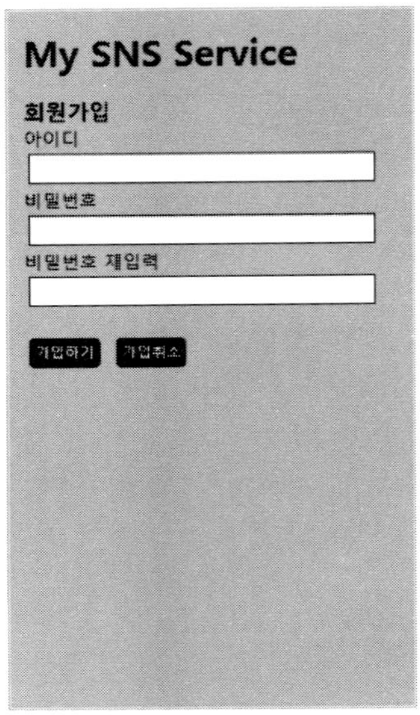

그 다음은 메인 화면을 작성할 차례입니다. 자바스크립트를 아래와 같이 수정합니다.

```
$(document).ready(function(){
  $('.Main').show();
});
```

메인화면은 게시글과 댓글이 출력되는 부분이기 때문에 많은 디자인 요소가 들어가게 됩니다. 따라서 주의 깊게 살펴보도록 하겠습니다.

먼저 내비게이션(Navigation)이라는 것을 만들어보겠습니다. 내비게이션은 간단하게 주로 화면 상단/하단/좌측/우측 등에서 고정되어서 자주 사용하는 기능이나 특정 기능을 손쉽게 선택할 수 있도록 도와주는 요소입니다. 이번 앱에서는 이 내비게이션 부분에 현재 로그인된 사용자의 이름, 그리고 바로 글을 작성할 수 있도록 글 작성 화면으로 이동하는 버튼, 그리고 로그아웃을 수행하는 버튼을 넣도록 하겠습니다. Main화면을 아래와 같이 구성합니다.

```
<div class="Main">
    <div class="Navi">

    </div>
</div>
```

그리고 스타일 요소를 넣겠습니다.

```
.Navi{
    position: fixed;
    top:0;
    left:0;
    width:100%;
    height: 108px;
    background-color:#FFF;
    border-bottom: 2px solid #000;
}
```

주의 깊게 보실 점은 바로 position속성을 fixed라는 속성으로 준 것입니다. fixed속성을 부여하게 되면 absolute처럼 절대좌표로 이동하지만 화면을 이동해도 화면에 고정됩니다. 내비게이션은 화면을 이동하더라도 계속 사용자에게 보이기 때문에 강제로 fixed속성으로 화면에 고정하는 것입니다. 위 스타일을 적용한 모습입니다.

그 다음은 안에 글과 버튼을 배치해야합니다. 하지만 그냥 넣을 경우 여백이 없기 때문에 좌측 상단에 붙어버립니다. 따라서 이번에도 랩퍼를 씌워 내부 여백(padding)을 준 후에 각종 컴포넌트들을 배치해보겠습니다.

```
<div class="Main">
  <div class="Navi">
    <div class="NaviPadding">
      <h2>My SNS Service</h2>
      <p>안녕하세요, <b>사용자</b>님.</p>

      <button class="mainBtnWrite AppBtnBlue">글쓰기</button>
      <button class="mainBtnLogout AppBtnRed">르그아웃</button>
    </div>
```

```
  </div>
</div>
```

그리고 스타일을 주도록 하겠습니다. 단, 기본 버튼은 검은색이므로 여러 색상의 버튼 클래스들을 추가하고, 사용하도록 하겠습니다.

```
.AppBtnRed{
  border: 1px solid #700 !important;
  background-color: #B53636 !important;
}
.AppBtnBlue{
  border: 1px solid #120D69 !important;
  background-color: #364BB5 !important;
}
.AppBtnGreen{
  border: 1px solid #044C1B !important;
  background-color: #36B555 !important;
}
.AppBtnYellow{
  border: 1px solid #414C00 !important;
  background-color: #BFCB05 !important;
}

.NaviPadding{
  padding: 8px;
}
```

실행해보겠습니다. 다음은 실행화면입니다.

다음은 게시글이 출력될 형태를 미리 잡아보겠습니다. 일단 먼저, 각각의 게시글들은 모서리가 둥근 사각형 형태로 화면에 출력이 될 것입니다. 따라서 먼저 각각의 아이템들을 묶을 래퍼를 추가하고, 내부에 각각의 게시글(아이템)을 배치합니다.

```
<div class="Items">
  <div class="Item">
    <div class="ItemText">
      <h4>글 제목입니다.</h4>
      <h6>작성시간 : 2014-11-19 (1:25)</h6>
      <p>안녕하세요 새벽 늦은 시간에 글 올려봅니다.</p>

      <div class="ItemButtons">
        <button class="mainBtnDel AppBtnRed">삭제하기</button>
      </div>
    </div>
  </div>
</div>
```

일단 먼저 실행해봅시다.

앗! 근데 실행화면이 뭔가 이상합니다. 분명 새로운 요소를 추가했는데 화면에 아무것도 나타나지 않습니다. 무엇이 문제일까요? 버그일까요?

아닙니다. 이는 내비게이션 부분이 새로 추가한 요소를 가리고 있어서 화면에 보이지 않는 것입니다. 기본적으로 absolute 또는 fixed속성이 추가되면 절대좌표로 요소가 이동하게 되는데, 이 과정에서 그 후에 나오는 요소들이 있을 경우 그 요소들이 위로 올라오게 됩니다. 즉 absolute나 fixed속성이 부여된 영역은 이동은 하지만 다른 요소들과 별도로 취급되기 때문에 해당 영역은 없는 것처럼 취급이 되어 위쪽으로 올라오게 됩니다. 따라서 위와 같은 상황에서는 본문 내용을 내비게이션 크기만큼 내려주는 작업이 필요합니다. 다라서 Navi클래스 아래에 HeightPadding이라는 클래스를 가진 div태그를 넣습니다.

```
<div class="Navi">
  <div class="NaviPadding">
    <h2>My SNS Service</h2>
    <p>안녕하세요, <b><사용자></b>님.</p>

    <button class="mainBtnWrite AppBtnBlue">글쓰기</button>
    <button class="mainBtnLogout AppBtnRed">로그아웃</button>
</div>
</div>
```

```
<div class="HeightPadding"></div>
```

그리고 이 클래스는 아래와 같이 스타일을 지정합니다.

```
.HeightPadding{
  height: 108px;
}
```

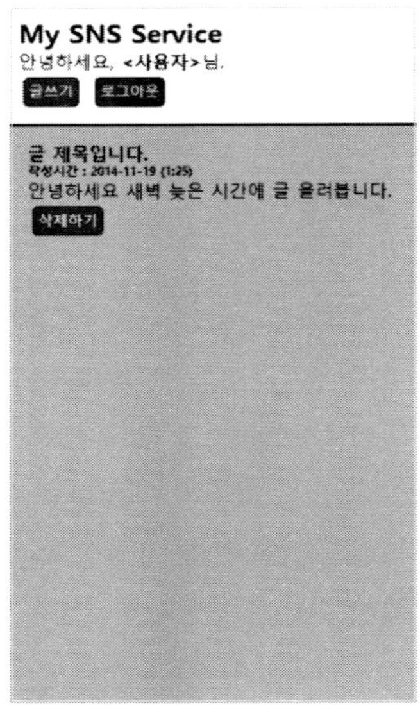

실행하면 내용이 아래쪽으로 밀리면서 정상적으로 나오는 것을 확인할 수 있습니다. 다시 게시글로 돌아오도록 하겠습니다. 형태는 잡았으니 남은 것은 디자인입니다. 색상과 선 등을 넣어 적절하게 꾸며주겠습니다.

```
.Item{
  background-color: #FFF;
  border: 1px solid #000;
  border-radius: 5px;
  margin-top: 8px;
  margin-bottom: 8px;
}
.ItemText{
  padding: 8px;
}
.ItemText > h4{
  margin-bottom: 4px;
}
.ItemText > h6{
  margin-bottom: 12px;
}
.ItemText > p{
```

```
  font-size: 14px;
}
.ItemButtons{
  margin-top: 32px;
  text-align: right;
}
```

Item클래스에 border-radius속성은 모서리를 둥글게 만드는 스타일 요소입니다. 내부에 px값을 지정하면 해당 픽셀 값만큼 모서리가 둥글게 나옵니다. Item에 바깥여백(margin)으로 위와 아래를 준 것은 다른 게시글과 붙어 나오는 것을 막기 위해 띄워준 것입니다. 실행화면은 오른쪽과 같습니다.

그 다음은 댓글 영역이 필요합니다. 댓글 영역은 두 가지 요소가 필요한데, 하나는 댓글을 입력하기 위한 부분이고 다른 하나는 등록된 댓글들을 출력하는 것입니다. 먼저 댓글을 입력하기 위한 부분을 추가하도록 하겠습니다. ItemText클래스 밑에 Comment클래스를 가진 div태그를 넣고 안에 입력상자와 버튼을 추가합니다.

```
<div class="ItemText">
  <h4>글 제목입니다.</h4>
  <h6>작성시간 : 2014-11-19 (1:25)</h6>
  <p>안녕하세요 새벽 늦은 시간에 글 올려봅니다.</p>

  <div class="ItemButtons">
    <button class="mainBtnDel AppBtnRed">삭제하기</button>
  </div>
</div>

<div class="Comment">
  <input type="text" class="itemTxtComment" placeholder="댓글입력..." />
  <button class="AppBtnBlue">댓글 달기</button>
</div>
```

댓글 부분과 게시글 영역이 구분되지 않아 너무 단조롭습니다. 댓글 부분에 선과 배경색을 추가하여 구분하도록 하겠습니다.

```
.Comment{
  background-color: #FFD771;
  border-top: 1px solid #000;
}
```

깔끔하게 정돈되었습니다. 그 다음은 댓글을 출력할 차례입니다. 댓글들도 여러 개가 존재할 수 있으므로 게시글을 묶었듯이 댓글들을 하나의 래퍼로 묶고, 내부에 각각 댓글들을 추가하겠습니다.

```
<div class="Comment">
  <input type="text" class="itemTxtComment" placeholder="댓글입력..." />
  <button class="AppBtnBlue">댓글 달기</button>

  <div class="Comments">
    <div class="CommentItem">
      <h4>사용자 1</h6>
      <p>댓글입니다.</p>
      <button class="AppBtnRed">삭제</button>
    </div>
```

```
    <div class="CommentItem">
      <h4>사용자 2</h6>
      <p>댓글입니다.</p>
      <button class="AppBtnRed">삭제</button>
    </div>
  </div>
</div>
```

각각의 댓글들은 CommentItem이라는 클래스를 가진 div태그로 구성됩니다. 그리고 이 태그들은 Comments라는 클래스를 가진 div태그에 속하게 됩니다. 이제 스타일을 추가하도록 하겠습니다.

```
.Comments{
  border-top: 1px dotted #000;
}
.CommentItem{
  border-bottom: 1px dotted #000;
  padding: 8px;
}
.CommentItem > h4, .CommentItem > p{
  font-size: 14px;
}
```

먼저 래퍼 클래스(Comments)에서 위쪽에 1px의 검정색 dotted 선을 추가했습니다. solid는 그냥 직선이라면 dotted는 점선입니다. 따라서 댓글 입력창 아래에 검은색 1px크기의 점선이 추가됩니다. 그리고 각각의 Item들 아래에도 점선을 넣어서 각각의 댓글을 구분할 수 있도록 하였습니다. 그리고 기본 폰트가 너무 크기 때문에 h4와 p태그의 폰트 크기를 14px로 조절하였습니다.

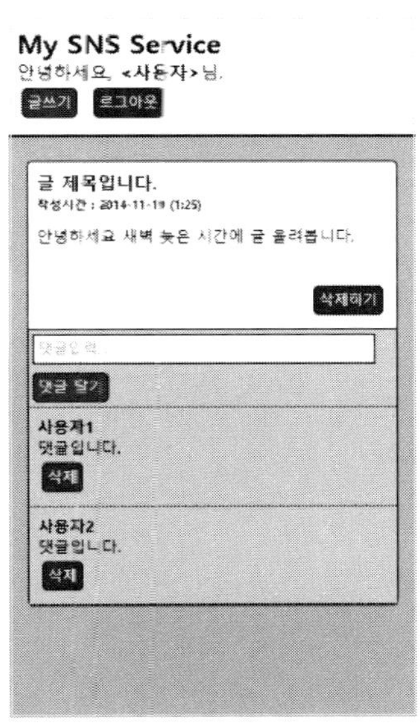

오른쪽은 실행화면입니다.

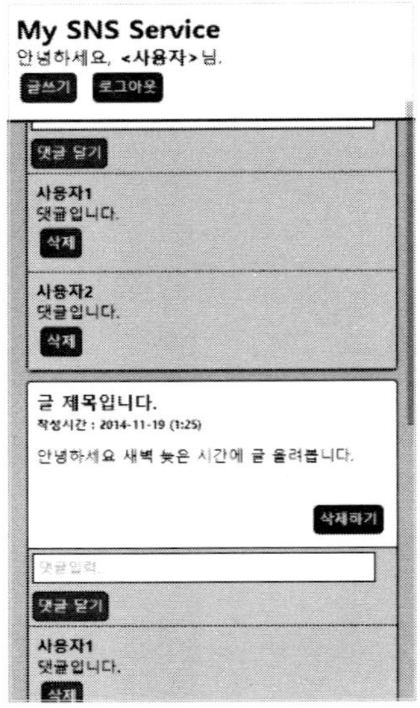

자, 이제 메인 화면 설계가 끝났습니다. 글 작성 페이지를 만들기 전에 앞서, 위의 게시글을 여러 개 복사하여 제대로 나오는지 테스트해보겠습니다.

Item클래스 div태그를 여러 개로 복사하고 실행해보세요. 오른쪽은 실행화면입니다.

마우스를 휠하거나 탭한 상태에서 아래로 넘기면 자연스럽게 아래 내용이 나오는 것을 확인할 수 있습니다. 이제 마지막으로 글 작성화면으로 넘어가겠습니다. 위에서 작성한 Item들은 모두 삭제합니다. 나중에 자바스크립트를 통해 동적으로 생성할 것 이므로 구성 요소(형태)만 기억해놓도록 하겠습니다.

먼저 자바스크립트도 글 작성화면이 처음에 나타나도록 합니다.

```
$(document).ready(function(){
  $('.Write').show();
});
```

글 작성화면도 간단하게 하도록 하겠습니다. 일단, 기능상 메인 화면에서 이동한 것이므로 마찬가지 상단 내비게이션은 그대로 가지고 오고, 아래쪽에 글을 입력할 수 있도록 요소만 배치하겠습니다.

```
<div class="Write">
  <div class="Navi">
    <div class="NaviPadding">
      <h2>My SNS Service</h2>
      <p>안녕하세요, <b>사용자</b>님.</p>

      <button class="mainBtnWrite AppBtnBlue">글쓰기</button>
      <button class="mainBtnLogout AppBtnRed">로그아웃</button>
    </div>
  </div>

  <div class="HeightPadding"></div>

  <p>제목</p>
  <input type="text" class="writeTxtSubject" placeholder="제목을 입력하세요" maxlength="50" />
```

```
  <p>내용</p>
  <textarea class="writeTxtContent" placeholder="내용을 입력하세요"></textarea>

  <div class="ItemButtons">
    <button class="writeBtnWrite AppBtnBlue">작성하기</button>
    <button class="writeBtnCancel AppBtnRed">작성취소</button>
  </div>
</div>
```

별도로 스타일 요소를 넣지는 않겠습니다. 오른쪽은 실행 화면입니다.

textarea태그는 input태그와 유사하지만 여러 줄을 입력할 수 있습니다. 단지, 너무 좁은 것 같으니 textarea의 높이만 조금 조절하도록 하겠습니다.

자, 이로써 모든 화면 구성이 끝났습니다. 이제 남은 것은 PHP와 자바스크립트를 통해 애플리케이션을 제어하는 일만 남았습니다. 가장 먼저, 앱을 실행했을 때 로그인 화면이 나타나도록 다시 수정합니다.

```
$(document).ready(function(){
  //로그인 화면을 나타냅니다.
  $('.Login').show();
});
```

로그인 화면에서는 두 가지 동작만 있습니다. 바로 [로그인] 버튼을 누르면 로그인을 하는 것이고, [회원가입]버튼을 누르면 회원가입 화면으로 이동하는 것입니다. 하지만 로그인을 하려면 계정이 등록되어야합니다. 따라서 로그인 기능을 하기 전에 회원가입 기능을 먼저 만들겠습니다. 일단 각각의 버튼을 클릭했을 때 이벤트를 처리하도록 아래와 같이 이벤트를 추가합니다.

```
/* 로그인 화면 */
//로그인 버튼
$('.loginBtnLogin').click(function(){
});
//회원가입 버튼
$('.loginBtnJoin').click(function(){
});
```

회원가입 버튼은 매우 간단합니다. 단순한 화면 이동이기 때문입니다. 따라서 로그인 화면을 숨기고, 회원가입 화면을 화면에 나타나게 합니다.

```
//회원가입 버튼
$('.loginBtnJoin').click(function(){
  $('.Login').hide();
  $('.Join').show();
});
```

실행하여 [회원가입] 버튼을 탭하면 회원가입 화면으로 이동이 됩니다.

회원가입 화면도 두 가지 기능을 가집니다. 하나는 [가입하기] 버튼을 누르면 계정을 등록한 후 다시 로그인 화면으로 이동하는 것이고, 또 다른 하나는 [가입취소] 버튼을 누르면 가입을 취소하고 로그인화면으로 이동하는 것입니다. 먼저 [가입취소]부터 처리하겠습니다. 아래와 같이 코드를 작성합니다.

```
/* 회원가입 화면 */
```

```
//회원가입 버튼
$('.joinBtnJoin').click(function(){
});
//회원가입 취소 버튼
$('.joinBtnCancel').click(function(){
  if(window.confirm('가입을 취소하시겠습니까?')){
      $('.Join').hide();
      $('.Login').show();
  }
});
```

간단하게 [가입취소]버튼을 누르면 한 번 더 확인을 하고, 사용자가 [확인]을 누르면 로그인 화면으로 이동하도록 했습니다.

[가입하기]버튼의 경우는 다소 복잡합니다. 왜냐하면 자바스크립트에서 입력된 데이터를 AJAX로 PHP로 넘기고, PHP에서는 받은 데이터를 데이터베이스에 넣어야하기 때문입니다. 즉, 가장 먼저 데이터를 저장할 테이블을 데이터베이스에 추가해야합니다. phpMyAdmin으로 이동하여 로그인합니다. 그리고 아래와 같은 쿼리문을 작성합니다.

```
CREATE TABLE MYSNS_ACCOUNT(
     mno INT AUTO_INCREMENT PRIMARY KEY,
     mid VARCHAR(50) NOT NULL,
     mpw VARCHAR(80) NOT NULL
);
```

3개의 필드를 생성하는데 mno는 계정의 고유번호이며 mid는 아이디, mpw는 비밀번호입니다.

쿼리를 실행하면 아래와 같이 나타나며, 테이블이 새로 생성이 됩니다.

✔ 결과값이 없습니다. (빈 레코드 리턴). (질의 실행시간 0.1035 초.)

```
CREATE TABLE MYSNS_ACCOUNT( mno INT AUTO_INCREMENT PRIMARY KEY, mid VARCHAR(50) NOT NULL, mpw VARCHAR(80) NOT NULL )
```

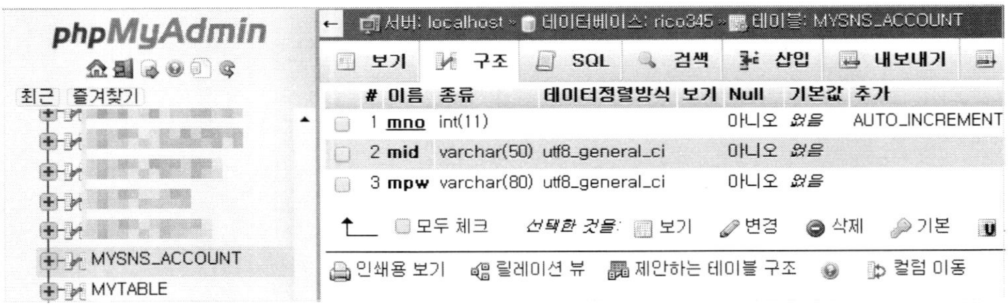

자, 이제 남은 것은 자바스크립트와 PHP입니다. 먼저, 이벤트를 연결하고 값을 입력했는지를 검사합니다. 그 외에도 비밀번호와 비밀번호 확인란이 일치하는지도 점검합니다.

```
$('.joinBtnJoin').click(function(){
  var id = $('.joinTxtID').val();
  var pw = $('.joinTxtPw').val();
  var pwc = $('.joinTxtPwc').val();

  if(!id){
    window.alert('아이디를 입력하세요!');
    return false;
  }
  else if(!pw){
    window.alert('비밀번호를 입력하세요!');
    return false;
  }
  else if(!pwc){
    window.alert('비밀번호 확인을 입력하세요!');
    return false;
  }
  else if(pw != pwc){
    window.alert('비밀번호가 일치하지 않습니다!');
    return false;
  }
});
```

return false는 함수를 즉시 종료시킵니다. 즉 값들을 입력하지 않으면 그 아래 내용을 수행하지 않는 것입니다. 이 상태에서 예제를 실행하고 값을 입력하지 않으면 창이 나타나 알려주며 가입을 하지 않습니다.

이제 AJAX코드를 추가하겠습니다.

```
$.ajax({
  url: '여러분의 서버 URL 주소/ch12/lib/join.php',
  data:{
     id: id,
     pw: pw
  },
  dataType: 'jsonp',
  success: function(data){

  },
  error: function(){

  }
});
```

저는 제 서버 주소에 ch12라는 폴더를 만들고 내부에 lib폴더를 생성하고 PHP 문서들을 넣어둘 것입니다. 따라서 위와 같은 주소로 작성하였습니다. FTP프로그램을 실행하고, 여러분의 주소로 이동한 후 lib폴더를 생성하도록 합니다.

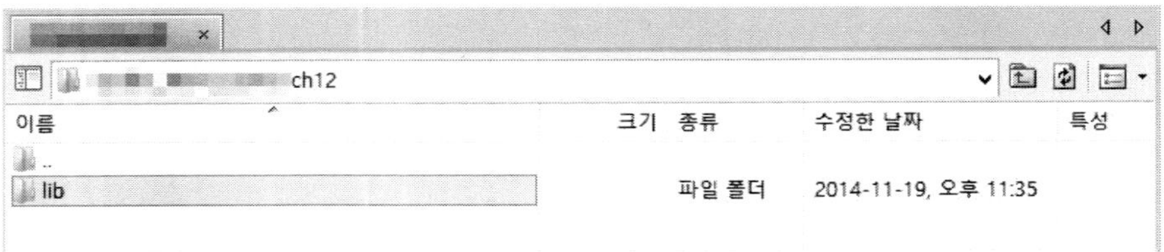

이제 회원가입 처리를 할 join.php를 작성할 차례입니다. 새 파일을 만들고, join.php로 저장합니다. 파일은 아무 곳에나 저장해도 되지만, 저는 같은 폴더에 별도로 lib폴더를 만들고 그 곳에 모두 저장해두었습니다.

```
<?php
  $result = array();
  $callback = $_GET['callback'];
  $id = $_GET['id'];
  $pw = $_GET['pw'];
  $resultData = 'failed';

  //데이터베이스에 연결합니다.
  $connection = mysqli_connect("localhost", "여러분의 ID", "비밀번호", "데이터베이스명");
  mysqli_query("set names utf8");  //한글이 깨지지 않도록 유니코드로 설정합니다
  //새로운 레코드를 삽입합니다.
  $query = mysqli_query($connection, "INSERT INTO MYSNS_ACCOUNT(mid, mpw) VALUES
            ('" . $id . "', '" . $pw . "')");

  //쿼리문이 성공했다면 회원가입에 성공한 것
  if($query) $resultData = "success";

  $result = array('result' => $resultData);

  mysqli_close($connection);

  echo $callback . "(" . json_encode($result) . ")";
?>
```

AJAX코드를 보면 data객체로 id와 pw를 넘기고 있습니다.

```
data:{
  id: id,
pw: pw
},
```

우리는 JSONP 포맷으로 AJAX 교신을 하므로, 모든 데이터는 GET방식으로 전달됩니다. PHP에서는 GET으로 전달된 데이터를 $_GET이라는 전역변수를 사용해 접근합니다. 따라서 콜백과 id, pw를 넘겨받습니다. $resultData 변수는 정상적으로 모든 처리가 될 경우 success를 가지고, 그렇지 않으면 failed값을 가지게 됩니다. 이를 통해 자바스크립트에서 정상적으로 실행되었는지 여부를 확인할 수 있습니다.

데이터베이스에 연결하여 연결 리소스를 $connection변수에 담은 후, $query변수에 쿼리를 실행한 결과를 담습니다. 위에서는 INSERT구문을 사용해 새로운 레코드를 테이블 MYSNS_ACCOUNT에 삽입하고 있습니다. 삽입이 정상적으로 작동했다면 $query변수는 true를 가지고, 정상적으로 실행되지 않으면 false가 담깁니다. 따라서 if문을 통해 점검할 수 있습니다. 그리고 결과를 JSON형식으로 출력하고 콜백으로 감싸 JSCNP 형식으로 만들어줍니다.

위 소스를 저장하고 서버에 업로드한 후 예제를 실행하도록 하겠습니다.

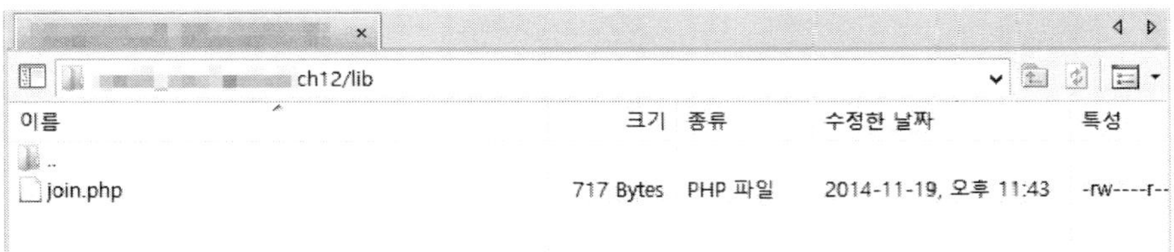

먼저 [회원가입] 버튼을 눌러 회원가입 화면으로 이동합니다.

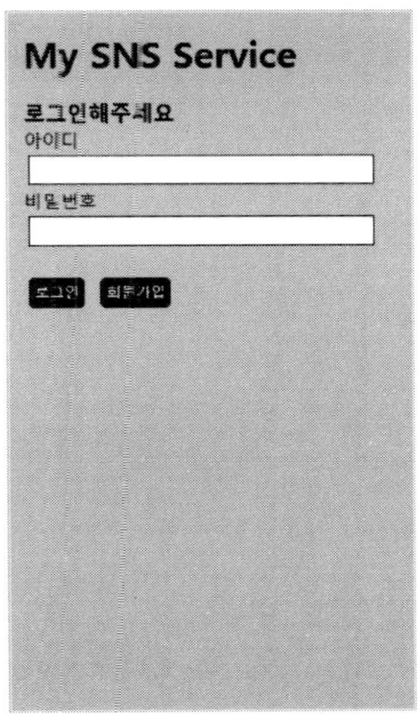

적당한 데이터를 입력한 후 [가입하기]버튼을 누릅니다.

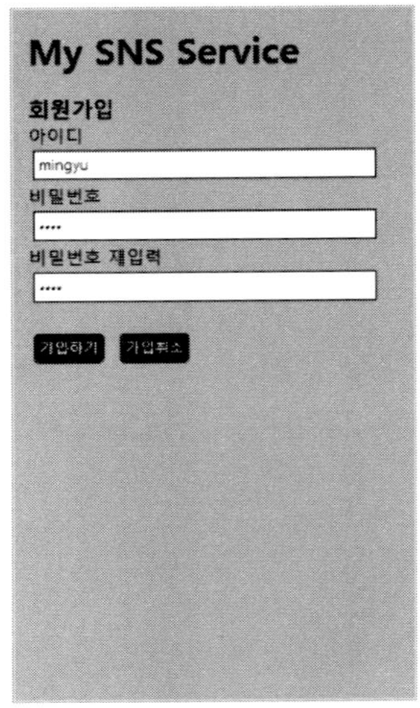

버튼을 눌러도 아무런 반응이 없습니다. 왜냐하면 AJAX 수행 후에 별다른 작업을 지정하지 않았기 때문입니다. 따라서 확인해보려면 데이터베이스에서 직접 확인해야합니다. phpMyAdmin으로 이동하여 로그인하고, 아까 생성한 MYSNS_ACCOUNT 테이블을 클릭하여 데이터가 제대로 추가되었는지 확인합니다.

오른쪽과 같이 데이터가 들어갔으면 정상적으로 레코드가 삽입된 것입니다. 다음 작업은 회원가입 후 동작입니다. 회원가입이 실패했는지 성공했는지에 따라 그에 맞는 작업을 처리합니다.

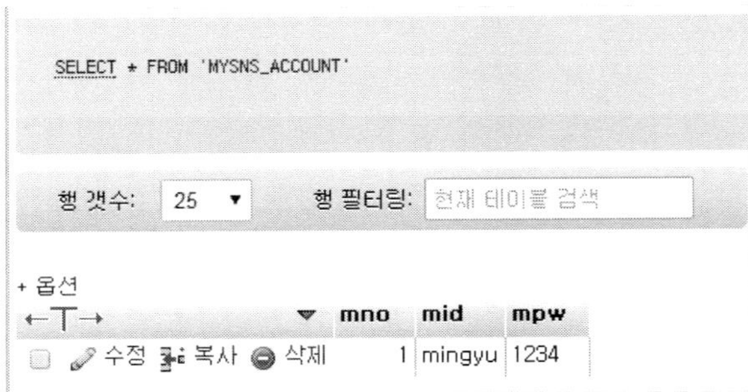


```
$.ajax({
  url: '여러분의 URL 주소/ch12/lib/join.php',
  data:{
    id: id,
    pw: pw
  },
  dataType: 'jsonp',
  success: function(data){
    if(data.result == "success"){
      window.alert('회원가입 완료! 메인화면으로 돌아갑니다.');
      $('.Join').hide();
      $('.Login').show();
    }
    else{
      window.alert('오류가 발생하였습니다.');
    }
  },
```

```
  error: function(){
    window.alert('오류가 발생하였습니다.');
  }
});
```

실행결과는 $resultData변수에 기록이 되고, 이 값은 JSONP 형식에서 result라는 이름으로 기록이 됩니다. 즉, 회원가입 성공 시 오른쪽과 같이 값이 반환됩니다.

```
jQuery21100255380752496421 34_1416408314339(
{
    result: "success"
}
)
```

요청이 성공(result의 값이 success)이면 가입 완료를 알리고 다시 로그인 화면으로 이동하고 그렇지 않은 경우는 오류가 발생했다고 알려줍니다.

여기서 한 가지 추가해야 할 것이 있습니다. 여러분은 아마 가정에 빠른 네트워크 환경을 사용 중이실 것입니다. 하지만 네트워크 상태가 불안정한 곳이라면 위와 같은 AJAX요청이 굉장히 오래 걸릴 수 있습니다. 이러한 상태에서 사용자가 [회원가입] 버튼을 누른다면 처리가 지연되기 때문에 아무런 결과가 나타나지 않고, 사용자는 버튼을 안 누른 줄 알고 여러 번 누르게 됩니다. 그렇게 되면 요청이 여러 번 들어가게 되고, 최악의 경우 동일한 데이터가 여러 개 들어가게 됩니다. 그러한 일은 막아야겠죠? 물론 PHP 단에서 이미 가입된 데이터라면 가입을 하지 않는 로직(Logic)을 추가하는 것도 현명한 방법입니다. 하지만 간단하게 하기 위해, 자바스크립트에서 변수 하나를 선언하여 현재 작업이 완료되었는지 점검하여 완료되지 않으면 실행하지 않도록 하는 방법으로 가겠습니다. 따라서 변수를 하나 추가합니다.

```
var isJoin = false;
```

당연히 이 변수는 [회원가입] 버튼 클릭 이벤트보다 위에 존재해야 합니다. 즉 아래와 같이 선언되어야 합니다.

```
//회원가입 버튼
var isJoin = false;                //회원가입 중인지 여부 파악하는 변수
$('.joinBtnJoin').click(function(){
  ...
});
```

그리고 클릭 이벤트의 첫 번째 줄에 아래와 같은 코드를 추가합니다.

```
if(isJoin) return false;  //이미 회원가입 중이라면 수행하지 않음
```

isJoin변수의 값이 참(true)이면 수행하지 않는 다는 뜻 입니다.

그리고 AJAX를 요청하기 전에 isJoin변수를 참으로 바꿔주고, AJAX요청이 끝나면 isJoin변수를 거짓(false)로 바꿔줍니다.

변경된 소스는 아래와 같습니다.

```
//회원가입 버튼
var isJoin = false;                //회원가입 중인지 여부 파악하는 변수
$('.joinBtnJoin').click(function(){
  if(isJoin) return false; //이미 회원가입 중이라면 수행하지 않음

  var id = $('.joinTxtID').val();
  var pw = $('.joinTxtPw').val();
  var pwc = $('.joinTxtPwc').val();

  if(!id){
    window.alert('아이디를 입력하세요!');
    return false;
  }
  else if(!pw){
    window.alert('비밀번호를 입력하세요!');
    return false;
  }
  else if(!pwc){
    window.alert('비밀번호 확인을 입력하세요!');
    return false;
  }
  else if(pw != pwc){
    window.alert('비밀번호가 일치하지 않습니다!');
    return false;
  }

  isJoin = true; //회원가입 시도

  $.ajax({
    url: '여러분의 URL 주소/ch12/lib/join.php',
    data:{
      id: id,
      pw: pw
    },
    dataType: 'jsonp',
```

```
        success: function(data){
            if(data.result == "success"){
                window.alert('회원가입 완료! 메인화면으로 돌아갑니다.');
                $('.Join').hide();
                $('.Login').show();
            }
            else{
                window.alert('오류가 발생하였습니다.');
            }

            isJoin = false;
        },
        error: function(){
            window.alert('오류가 발생하였습니다.');
            isJoin = false;
        }
    });
});
```

여러분은 고속의 네트워크 환경에 있기 때문에 위 예제를 직접 실행하려면 신호가 약한 곳에서 작업을 해야 합니다. 노트북 같은 경우라면 가능하지만 PC의 경우에는 힘들으로, 나중에 앱이 완성되면 직접 테스트해보시기 바랍니다.

자, 다시 예제를 실행하고 회원가입을 시도해봅시다. 회원가입이 완료되었다는 글이 뜨고 로그인화면으로 복귀됩니다.

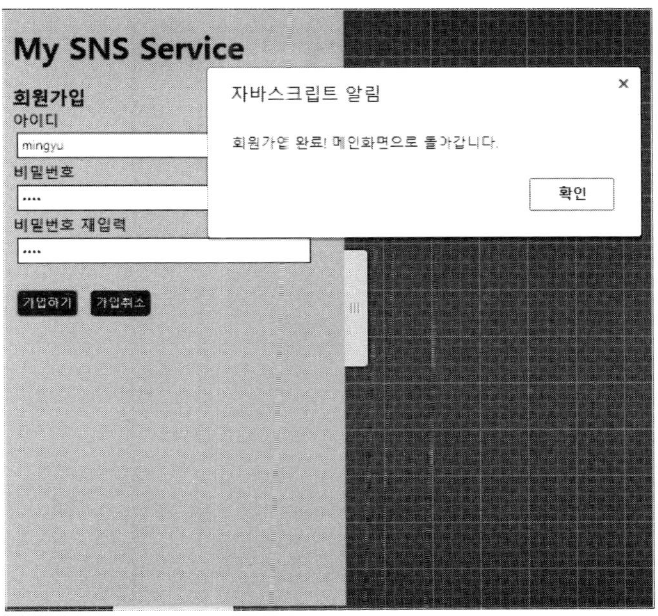

한 가지 중요한 점은, 위 예제에서는 암호를 그대로 저장하고 있습니다. 이 부분은 사실 암호화(Encryption)이라는 과정을 해야 합니다. 왜냐하면 비밀번호가 외부로 노출이 될 경우 큰 문제가 발생하기 때문입니다. 하지만 위 예제에서는 적용하지 않았습니다. 만약 실제로 회원정보 같은 데이터를 저장해야 한다면 비밀번호와 같은 중요 정보는 암호화하는 것이 필요합니다. 이는 나중에 부록

파트에서 알아보도록 하겠습니다.

다음은 로그인을 처리해보도록 하겠습니다. 로그인은 간단합니다. 사용자의 ID와 비밀번호를 PHP로 넘기면, PHP에서는 MYSNS_ACCOUNTS필드에 해당 ID와 비밀번호가 있는지만 체크하고 있다면 success를, 아니면 다른 값을 넘긴 후, 자바스크립트에서 success이면 메인화면으로 이동하고 그렇지 않으면 로그인 실패라고 알려주는 것입니다. 단지, 단순한 성공과 실패 이외에 잘못된 ID와 비밀번호를 입력할 경우도 존재하므로 success와 failed, 그리고 wrong이라는 세 가지 경우를 준비하겠습니다. 일단 PHP에서 login.php를 작성합니다.

```
<?php
  $result = array();
  $callback = $_GET['callback'];
  $id = $_GET['id'];
  $pw = $_GET['pw'];
  $resultData = 'failed';

  //데이터베이스에 연결합니다.
  $connection = mysqli_connect("localhost", "여러분의 ID", "여러분의 비밀번호", "데이터베이스명");
  mysqli_query("set names utf8");  //한글이 깨지지 않도록 유니코드로 설정합니다
  //ID 와 비밀번호가 일치하는 데이터만 불러옵니다.
  $query = mysqli_query($connection, "SELECT * FROM MYSNS_ACCOUNT WHERE mid
          = '" . $id . "' AND mpw = '" . $pw . "'");

  //쿼리문이 이상 없이 잘 실행되었는가?
  if($query){
    //위 쿼리문의 수행결과로 반환된 레코드 개수를 가져옵니다.
    $dataCnt = mysqli_num_rows($query);

    //$dataCnt 가 0이 아니라면 위와 일치하는 데이터가 있다는 뜻이므로 올바른 아이디와 비밀번호를 입력한 것
    if($dataCnt)
      $resultData = 'success';
    else
      $resultData = "wrong";
  }

  $result = array('result' => $resultData);

  mysqli_close($connection);

  echo $callback . "(" . json_encode($result) . ")";
?>
```

먼저, id와 pw를 받습니다(나중에 AJAX요청 시, 각각 id와 pw라는 이름으로 넘길 것입니다). 그리고 받은 데이터를 이용해 SELECT 쿼리문을 사용해 데이터가 있는지 점검합니다. mysqli_num_rows() 함수는 인자로 실행한 쿼리 결과를 넘겨받아 몇 개의 레코드가 존재하는지 반환합니다. 위 SELECT 쿼리문에서는 MYSNS_ACCOUNT 테이블에서 mid와 mpw가 각각 id와 pw, 즉 사용자가 입력한 id와 pw가 일치한 데이터만 가져옵니다. id와 pw가 정확히 입력되었다면 반환되는 레코드는 1개 이상일 것이므로, if문을 통해 가져올 수 있습니다. 1개 이상인 경우는 true이므로 $resultData가 success가 되고, 그렇지 않으면 잘못된 ID와 비밀번호를 입력한 것이므로 $resultData는 wrong이 됩니다. 그리고 이를 JSONP 형식으로 반환합니다.

먼저 login.php를 서버의 lib 디렉터리 안에 넣고 자바스크립트로 이동해 로그인 처리를 해보겠습니다. [로그인] 버튼 클릭 이벤트를 아래와 같이 작성합니다. 회원가입 시와 마찬가지로, 여러 번 요청하지 않도록 변수를 추가해 중복 수행을 방지하였습니다.

```
var isLogin = false;                //로그인 중인지 여부 파악하는 변수
$('.loginBtnLogin').click(function(){
  if(isLogin) return false;         //이미 로그인 중이라면 수행하지 않음

  var id = $('.loginTxtID').val();
  var pw = $('.loginTxtPw').val();

  if(!id){
    window.alert('아이디를 입력하세요!');
    return false;
  }
  else if(!pw){
    window.alert('비밀번호를 입력하세요!');
    return false;
  }

  isLogin = true;                   //로그인 시도

  $.ajax({
    url: '여러분의 URL 주소/ch12/lib/login.php',
    data:{
      id: id,
      pw: pw
    },
    dataType: 'jsonp',
    success: function(data){
      //로그인 성공
```

```
        if(data.result == "success"){
          window.alert('로그인 성공!');
          $('.Login').hide();
          $('.Main').show();

          $('.NaviPadding > p').html('안녕하세요, <b>' + id + '</b>님.');
          currentUser = id;

          loadPosts();
        }
        //로그인 실패 - 잘못된 값
        else if(data.result == "wrong"){
          window.alert('잘못된 아이디나 비밀번호를 입력하셨습니다.');
        }
        //로그인 실패 - 오류
        else{
          window.alert('오류가 발생하였습니다.');
        }

        isLogin = false;
      },
      error: function(){
        window.alert('오류가 발생하였습니다.');
        isLogin = false;
      }
    });
  });
```

별 다른 코드는 없습니다. 먼저, 아이디와 패스워드 입력 여부를 판단하고, 문제가 없으면 login.php를 AJAX로 요청합니다. 결과로 반환된 resutl값이 wrong이면 잘못 입력한 것이므로 이를 알려주고, 오류가 난 경우 오류가 났다고 알려줍니다. 그리고 성공했다면 성공했다고 알려준 후 화면을 이동하고 내비게이션에 사용자 이름을 출력해줍니다. currentUser변수는 현재 로그인된 사용자의 이름을 보관하기 위해 추가한 변수입니다. 이 변수를 사용하기 위해서는 클릭 이벤트 밖에 currentUser 변수를 선언해야합니다.

```
$(document).ready(function(){
  //변수
  var currentUser = null;

  //로그인화면을 나타냅니다.
  $('.Login').show();
```

```
    ...
});
```

기본 값을 null로 잡았습니다. null은 데이터의 부재를 나타내기 위해 사용되는 키워드입니다. 사용자가 정상적으로 로그인한다면 currentUser의 값은 null이 아닌 로그인된 ID로 변할 것입니다.

currentUser변수 아래에서 loadPosts라는 함수를 호출하는데, 이는 나중에 게시글들을 데이터베이스로부터 불러와 화면에 출력하는 기능을 수행할 것입니다. 하지만 아직은 작성을 하지 않을 것이므로 클릭 이벤트 밖에 빈 loadPost함수를 추가해줍니다.

```
var loadPost = function(){
};
```

자, 이제 예제를 실행해보도록 하겠습니다.

ID와 비밀번호를 작성하고 [로그인]을 누릅니다.

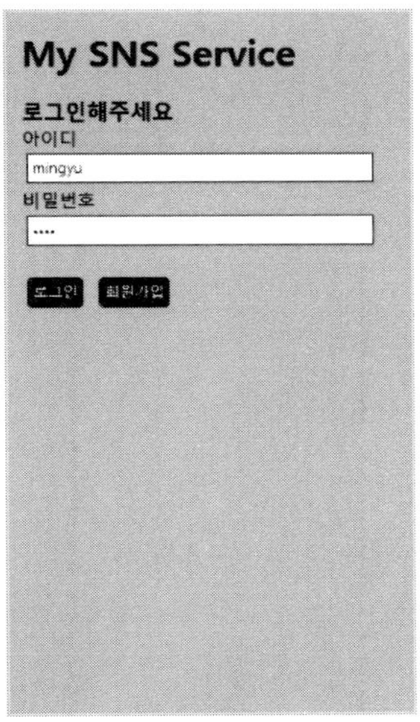

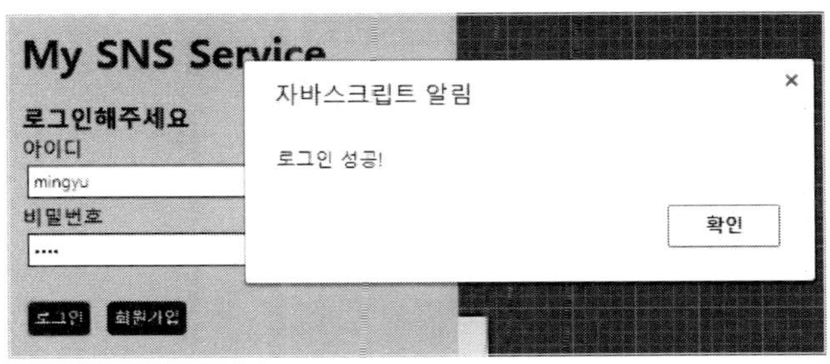

로그인 성공! 이라는 글이 뜨고, [확인] 버튼을 누르면 메인 화면으로 이동합니다.

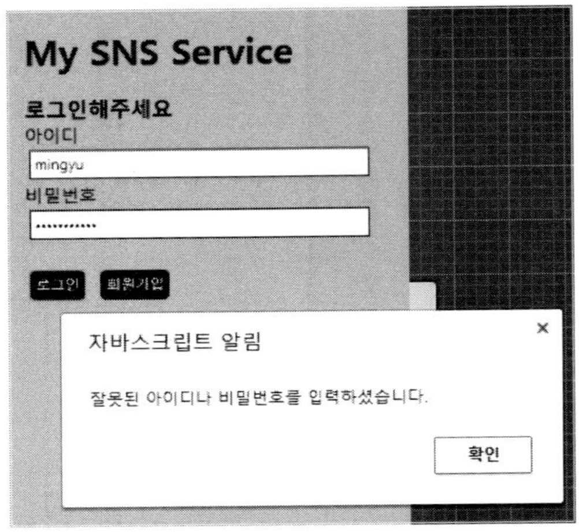

만약 잘못된 ID나 비밀번호를 입력하면 아래와 같이 알려주고, 메인 화면으로 이동하지 않습니다.

이제 회원가입과 로그인 처리가 끝났습니다. 남은 기능은 게시글과 댓글의 출력, 그리고 각각의 입력과 삭제입니다.

메인 화면에는 등록된 글이 없으므로 당연히 아무런 글이 나타나지 않습니다. 그 기능은 아직 추가하지 않은, 먼저 살펴보았던 loadPosts함수에서 수행할 것입니다. 물론, 지금 상황에서는 글이 있더라도 별도의 처리가 없으므로 나오지 않습니다. 일단 먼저 게시글 등록을 처리하겠습니다.

내비게이션의 [글쓰기] 버튼의 클릭 이벤트를 연결하고, 아래와 같이 입력합니다.

```
/* 메인화면 */
$('.mainBtnWrite').click(function(){
  $('.Main').hide();
  $('.Write').show();

  $('.writeTxtSubject').val('');
  $('.writeTxtContent').val('');
});
$('.mainBtnLogout').click(function(){
  if(window.confirm('로그아웃 하시겠습니까?')){
```

```
        location.reload();
    }
});
```

클릭하면 단순히 글 작성 화면으로 이동합니다. 바로 추가된 로그아웃 버튼의 경우 간단하게 웹 페이지를 새로 불러오면 문제가 해결됩니다. 단지, 잘못 누를 가능성을 대비해 사용자에게 정말로 로그아웃을 할 것인지 물어보도록 처리하였습니다.

로그인을 하고 메인화면으로 이동한 다음 내비게이션의 [글쓰기]버튼을 누르면 글쓰기 화면으로 이동합니다.

글 작성은 매우 간단합니다. 그냥 제목과 내용을 삽입하면 됩니다. 하지만 이를 위해서는 게시글을 보관할 테이블이 필요합니다. phpMyAdmin을 실행하여 아래 쿼리문을 작성하고 실행합니다.

```
CREATE TABLE MYSNS_POST(
    pid INT AUTO_INCREMENT PRIMARY KEY,
    psubject VARCHAR(100) NOT NULL,
    pcontent TEXT,
    pwritedate VARCHAR(30) NOT NULL,
    pwriter VARCHAR(50) NOT NULL
);
```

먼저 게시글 고유번호인 pid가 있습니다. 그리고 게시글 제목인 psubject, 내용인 pcontent, 그리고 작성일자인 pwritedate와 작성자 이름인 pwriter가 있습니다. pcontent의 데이터 타입이 TEXT로 되어있는데, VARCHAR나 CHAR같은 경우는 문자 길이의 제한이 있는 반면, TEXT는 길이의 제한이 없습니다. 따라서 주로 게시판 등을 만들 때 본문 부분은 TEXT형식을 사용하게 됩니다. 단, TEXT형식은 반드시 데이터가 입력되어야하는 NOT NULL 속성을 사용할 수 없으니 유의하기 바랍니다.

쿼리문을 실행하면 아래와 같이 테이블이 생성됩니다.

테이블이 추가됐으니 남은 건 데이터를 넣는 것뿐입니다. 데이터를 데이터베이스에 저장하기 위해 post.php파일을 작성합니다.

```
<?php
  $result = array();
  $callback = $_GET['callback'];
  $subject = $_GET['subject'];
  $content = $_GET['content'];
  $writer = $_GET['writer'];
  $writedate = date('Y-m-d (H:i:s)');       //2014-11-19 (16:51:20)과 같은 형식으로 현재
                                            날짜와 시간을 지정합니다.
  $resultData = 'failed';

  //데이터베이스에 연결합니다.
  $connection = mysqli_connect("localhost", "여러분의 ID", "비밀번호", "데이터베이스명");
  mysqli_query("set names utf8");     //한글이 깨지지 않도록 유니코드로 설정합니다
  //새로운 레코드를 삽입합니다.
  $query = mysqli_query($connection, "INSERT INTO MYSNS_POST(psubject, pcontent, pwritedate,
pwriter) VALUES('" . $subject . "', '" . $content . "', '" . $writedate . "', '" . $writer . "')");

  //쿼리문이 성공했는가?
  if($query) $resultData = "success";

  $result = array('result' => $resultData);

  mysqli_close($connection);

  echo $callback . "(" . json_encode($result) . ")";
?>
```

데이터로는 제목(subject), 본문(content), 작성자(writer)를 넘기며, PHP단에서 오늘 날짜를 2014-11-19 (16:51:20) 과 같은 형식으로 생성합니다. 그리고 데이터베이스에 연결 후 MYSNS_POST에 레코드를 삽입한 후 성공 여부를 반환합니다. 그럼 자바스크립트로 돌아가 보겠습니다.

```
/* 글쓰기 화면 */
var isPost = false;       //게시글 작성 중인지 체크하는 변수
$('.writeBtnWrite').click(function(){

});
$('.writeBtnCancel').click(function(){

});
```

먼저 두 버튼, [작성하기]와 [작성취소]의 클릭 이벤트를 연결합니다. 먼저 [작성취소]부터 해보겠습니다. 작성을 취소하는 건 간단히 메인 화면으로 돌아가는 것이므로 아래와 같이 간단하게 작성할 수 있습니다.

```
$('.writeBtnCancel').click(function(){
  if(window.confirm('작성을 취소하겠습니까?')){
     $('.Write').hide();
     $('.Main').show();
     loadPosts();
  }
});
```

loadPosts()를 사용하여 게시글을 새로 불러오고 있습니다. 위 함수는 아직 아무런 역할도 하지 않지만 기능이 완성되면 글 작성을 취소하여 메인으로 돌아갔을 때 내용을 새로 불러오게 됩니다.

그 다음은 [작성하기] 버튼입니다.

```
var isPost = false;       //게시글 작성 중인지 체크하는 변수
$('.writeBtnWrite').click(function(){
  if(isPost) return false;

  var subject = $('.writeTxtSubject').val();
  var content = $('.writeTxtContent').val();

  if(!subject){
     window.alert('글 제목을 입력해주세요!');
     return false;
  }
  else if(!content){
     window.alert('글 내용을 입력해주세요!');
     return false;
```

```
    }

    if(window.confirm('글을 작성하시겠습니까?')){
        isPost = true;

        $.ajax({
            url: '여러분의 URL 주소/ch12/lib/post.php',
            data:{
                subject : subject,
                content : content,
                writer : currentUser
            },
            dataType: 'jsonp',
            success: function(data){
                if(data.result == "success"){
                    $('.Write').hide();
                    $('.Main').show();
                    loadPosts();
                }
                else{
                    window.alert('오류가 발생하였습니다.');
                }

                isPost = false;
            },
            error: function(){
                window.alert('오류가 발생하였습니다.');
                isPost = false;
            }
        });
    }
});
```

먼저 제목과 내용이 입력되었는지 확인한 후 서버에 작성한 글을 등록합니다. AJAX를 통해 post.php에 글 제목과 내용, 그리고 글 작성자를 보냅니다. currentUser변수는 로그인 할 때 살펴보았듯이, 현재 로그인된 사용자의 아이디가 들어있습니다. 글이 정상적으로 등록되면 success가 반환될 것이며, 정상적으로 처리되면 다시 메인 화면으로 돌아가고, 다시 글을 불러옵니다(loadPosts함수 호출).

post.php를 서버에 업로드하고 위 예제를 실행해보겠습니다. 먼저 로그인을 하고 메인 화면에서 [글쓰기] 버튼을 누릅니다.

적당히 내용을 입력하고 [작성하기] 버튼을 누릅니다.

메인화면으로 돌아온다면 정상적으로 처리된 것입니다. 글이 제대로 작성되었는지 확인해보기 위해, phpMyAdmin을 로그인하고 MYSNS_POST 테이블의 내용을 살펴보겠습니다.

글이 정상적으로 등록되었습니다.

글이 정상적으로 등록되었다면 이제 화면에 출력하는 일이 남았습니다. 우리는 이전에 게시글과 댓글이 어떻게 출력 될지 이미 디자인을 완료했으므로 그대로 출력하면 됩니다. 게시글을 불러오는 기능은 loadPosts() 함수가 수행할 것입니다. 그러니 이제 loadPosts() 함수를 작성해보도록 하겠습니다.

```
/* 메인화면 */
var loadPosts = function(){
  $('.Items').empty();

  //데이터를 AJAX로 불러옵니다.
  $.ajax({
     url: '여러분의 서버 URL/ch12/lib/load.php',
     data:{ },
     dataType: 'jsonp',
     success: function(data){
        if(data.result == "success"){
           var cnt = data.data.length;

           for(var i = 0; i < cnt; i++){
              var id = data.data[i].id;
              var subject = data.data[i].subject;
              var content = data.data[i].content;
              var writer = data.data[i].writer;
              var writedate = data.data[i].writedate;

              var item = $('<div></div>').attr('data-id', id).addClass('Item');
              var itemText = $('<div></div>').addClass('ItemText').appendTo(item);

              $('<h4></h4>').text(subject).appendTo(itemText);
              $('<h6></h6>').text('작성시간 : ' + writedate).appendTo(itemText);
              $('<p></p>').text(content).appendTo(itemText);

              if(writer == currentUser){
                  var itemButtons = $('<div></div>').addClass('ItemButtons').appendTo(itemText);
                  $('<button></button>').addClass('mainBtnDel AppBtnRed').text('삭제하기').appendTo
                           (itemButtons);
              }

              //댓글
              var comment = $('<div></div>').addClass('Comment').appendTo(item);
```

```
            $('<input />').attr({ type: 'text', placeholder: '댓글입력...' }).addClass('itemTxtComment').
                appendTo(comment);
            $('<button></button>').addClass('commentBtnWrite AppBtnBlue').text('댓글달기').
                appendTo(comment);

            //댓글 목록이 출력되는 곳
            $('<div></div>').addClass('Comments').appendTo(comment);

            item.appendTo($('.Items'));

            //댓글 불러오기!
            loadComment(id);
        }
      }
      else{
        window.alert('오류가 발생하였습니다.');
        $('.Main').hide();
        $('.Login').show();
      }
    },
    error: function(){
      window.alert('오류가 발생하였습니다.');
      $('.Main').hide();
      $('.Login').show();
    }
  });
};
```

코드가 다소 긴데, 이유는 동적으로 요소를 생성하기 때문입니다. 차근차근 살펴보도록 하겠습니다. 가장 먼저, Items클래스의 하위 태그를 모두 제거합니다. empty() 메서드는 본인을 제외한 모든 하위 태그와 텍스트를 제거하는 jQuery의 메서드입니다. Items클래스는 각각의 게시글인 Item클래스를 가진 div태그를 포함하므로, 이전의 내용을 모두 삭제하고 다시 불러오기 위해 위와 같은 초기화 작업을 수행합니다.

그 다음은 곧바로 AJAX를 통해 서버로부터 게시글을 읽어옵니다. load.php파일을 요청하며, 아무런 데이터를 넘기지 않았습니다. load.php는 배열 형태로 데이터를 반환합니다. 게시글은 하나가 아닌 여러 개이기 때문에, 여러 개의 게시글을 표현하려면 배열의 형태로 반환해야하기 때문입니다. 나중에 알아보겠지만, 반환되는 데이터의 형식은 아래와 같습니다.

```
jQuery21109028266682289541_1416443876365(
{
    result: "success",
  - data: [
      - {
            id: "2",
            subject: "제목입니다2",
            content: "본문입니다2",
            writer: "mingyu",
            writedate: "2014-11-20 (09:22:01)"
        },
      - {
            id: "1",
            subject: "제목입니다",
            content: "본문입니다",
            writer: "mingyu",
            writedate: "2014-11-20 (09:22:01)"
        }
    ]
}
)
```


성공 여부인 result와 함께, 게시글 항목을 data라는 배열로 반환합니다. 그리고 각각의 배열 요소는 내부적으로 객체를 가지고 객체는 게시글의 고유번호(id), 제목(subject), 본문(content), 작성자(writer), 작성일자(writedate)를 가지고 있습니다. 따라서 위의 각각의 데이터들은 아래와 같이 접근합니다.

```
success: function(data){
  alert(data.result);                    //result 를 가져온다
  alert(data.data[0].id);   //0 번째, 측 첫 번째 배열의 id 값을 가져온다.
}
```

모든 요소를 출력해야 하기 때문에 for문을 사용해 배열의 길이(data.data.length)까지 반복하고 있습니다.

```
var cnt = data.data.length;

for(var i = 0; i < cnt; i++){
  var id = data.data[i].id;
  var subject = data.data[i].subject;
  var content = data.data[i].content;
  var writer = data.data[i].writer;
  var writedate = data.data[i].writedate;

  ...
```

순환을 할 때마다 해당 위치의 데이터를 읽어와 변수에 저장하고, 동적으로 태그를 생성한 후 Items클래스의 태그에 붙입니다(appendTo).

```
var item = $('<div></div>').attr('data-id', id).addClass('Item');
var itemText = $('<div></div>').addClass('ItemText').appendTo(item);

$('<h4></h4>').text(subject).appendTo(itemText);
$('<h6></h6>').text('작성시간 : ' + writedate).appendTo(itemText);
$('<p></p>').text(content).appendTo(itemText);

if(writer == currentUser){
  var itemButtons = $('<div></div>').addClass('ItemButtons').appendTo(itemText);
  $('<button></button>').addClass('mainBtnDel AppBtnRed').text('삭제하기').appendTo(itemButtons);
}

//댓글
var comment = $('<div></div>').addClass('Comment').appendTo(item);
$('<input />').attr({ type: 'text', placeholder: '댓글입력...' }).addClass('itemTxtComment').
  appendTo(comment);
$('<button></button>').addClass('commentBtnWrite AppBtnBlue ).text('댓글달기').appendTo
  (comment);

//댓글 목록이 출력되는 곳
              $('<div></div>').addClass('Comments').appendTo(comment);

item.appendTo($('.Items'));
```

그리고 순환의 마지막에 loadComment함수를 id값(게시글 고유번호)을 넘기면서 호출하고 있습니다. 주석과 함수 이름으로 알 수 있다시피, 이는 댓글을 불러오기 위한 함수입니다. 게시글 각각에 대해 댓글을 불러오기 위해 사용했습니다. 하지만 아직 댓글에 대한 처리는 없기 때문에 아까 빈 loadPosts함수를 작성했듯이, 빈 loadComment함수를 작성해둡니다.

```
var loadComment = function(postId){

};
```

처음 item 클래스를 생성할 때, 자세히 보시면 data-id라는 항목에 게시글 고유번호인 id를 지정하고 있는 것을 알 수 있습니다. 이는 나중에 게시글을 삭제하거나 댓글을 불러올 때 사용되는데 대략 완성된 모습을 요소검사로 보면 다음과 같습니다.

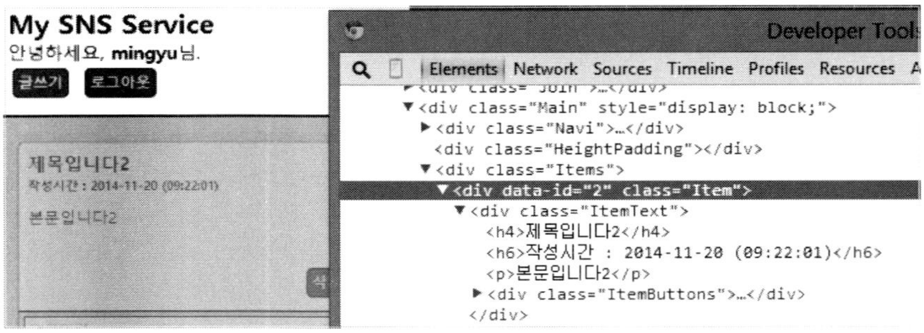

나중에 게시글 삭제 기능과 댓글 달기 기능을 구현할 때 유용하게 사용될 것입니다.

클라이언트 작업이 끝났으니 이제 서버 측에서 게시글을 불러와 돌려주는 일만 남았습니다. load.php 파일을 생성하고 내용을 작성합니다.

```
<?php
  $result = array();
  $callback = $_GET['callback'];
  $resultData = 'failed';

  //데이터베이스에 연결합니다.
  $connection = mysqli_connect("localhost", "여러분의 ID", "비밀번호", "데이터베이스명");
  mysqli_query("set names utf8"); //한글이 깨지지 않도록 유니코드로 설정합니다
  //데이터를 불러옵니다
  $query = mysqli_query($connection, "SELECT * FROM MYSNS_POST ORDER BY pid DESC");

  //쿼리문이 성공했는가?
  if($query) {
    $resultData = "success";
    $data = array();

    $num = mysqli_num_rows($query);

    for($i = 0; $i < $num; $i++){
      mysqli_data_seek($i);                 //레코드 이동
      $row = mysqli_fetch_array($query);

      $id = $row['pid'];
      $subject = $row['psubject'];
      $content = $row['pcontent'];
      $writer = $row['pwriter'];
      $writedate = $row['pwritedate'];

      $data[$i] = array();
```

```
        $data[$i]['id'] = $id;
        $data[$i]['subject'] = $subject;
        $data[$i]['content'] = $content;
        $data[$i]['writer'] = $writer;
        $data[$i]['writedate'] = $writedate;
      }
    }

    $result = array('result' => $resultData, 'data' => $data);

    mysqli_close($connection);

    echo $callback . "(" . json_encode($result) . ")";
?>
```

데이터베이스에 연결하고 SELECT문을 사용해 데이터를 조회합니다. 한 가지 유의해서 보실 점은 끝에 ORDER BY pid DESC; 입니다. 이 문장은 정렬을 하기 위한 문장이며, ORDER BY 필드명 [정렬방식] 형태로 사용합니다. 따라서 pid 필드(게시글 고유번호)를 기준으로 큰 순서대로(내림차순, Descending) 정렬을 합니다. 게시글은 최근에 작성된 글이 가장 먼저 나오기 때문에 내림차순으로 정렬하는 것입니다.

데이터를 조회한 후 $num변수에 mysqli_num_rows함수를 사용해 반환된 레코드의 개수를 파악하고, for문을 이용해 레코드 개수만큼 순환하며 데이터를 불러옵니다. mysqli_data_seek함수는 레코드의 위치를 이동하는 함수이며, 인자로 이동시킬 위치를 요구합니다. for문을 통해 1씩 증가되는 i를 이용해 모든 데이터에 순차적으로 접근하고 있습니다. 그리고 $row변수에 해당 레코드를 배열로 인출합니다(mysqli_fetch_array함수). mysqli_fetch_array함수를 사용하면 레코드를 배열로 반환하며, 필드명을 배열의 인덱스(index)로 사용하기 때문에 아래와 같이 접근할 수 있습니다.

```
$row = mysqli_fetch_array($query);

$id = $row['pid'];
$subject = $row['psubject'];
$content = $row['pcontent'];
$writer = $row['pwriter'];
$writedate = $row['pwritedate'];
```

그리고 이렇게 인출한 데이터를 미리 생성한 $data 배열에 집어넣습니다.

```
$data[$i] = array();
```

```
$data[$i]['id'] = $id;
$data[$i]['subject'] = $subject;
$data[$i]['content'] = $content;
$data[$i]['writer'] = $writer;
$data[$i]['writedate'] = $writedate;
```

그리고 이렇게 데이터가 담긴 $data 배열을 data라는 이름으로 result와 함께 반환합니다.

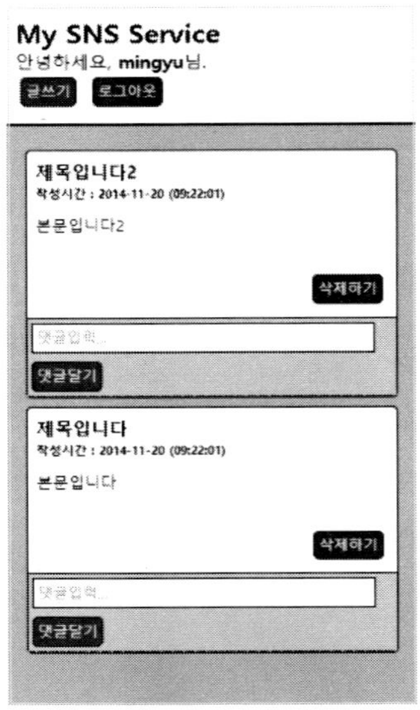

load.php를 서버에 업로드하고 예제를 실행해보겠습니다.

로그인을 하고 나면 위와 같이 이전 글을 불러옵니다.

게시글 작성이 끝났으니 남은 것은 댓글 작성입니다. [댓글달기] 버튼은 commentBtnWrite라는 클래스를 가지고 있으므로 commentBtnWrite 클래스의 클릭 이벤트를 처리하면 [댓글달기] 버튼 처리를 할 수 있습니다. 위 버튼은 동적으로 생성되기 때문에 미리 이벤트를 연결하면 동작하지 않습니다. 따라서 버튼을 생성할 때, 즉 for문에서 클릭 이벤트를 연결하거나, on메서드를 통해 연결해야 합니다. 예제에서는 on메서드를 통해 연결해보겠습니다.

```
//댓글 달기
var isComment = false;            //댓글을 달고 있는지 확인하는 변수
$(document.body).on('click', '.commentBtnWrite', function(){
  if(isComment) return false;

  var parentId = $(this).parent().parent().attr('data-id');
  var content = $(this).prev().val();
  var comments = $(this).next();    //나중에 댓글을 추가할 Comments DOM을 불러옵니다.

  if(!content){
    window.alert('댓글을 입력하세요!');
    return false;
  }

  isComment = true;

  $.ajax({
    url: '여러분 서버의 URL/ch12/lib/commentPost.php',
```

```
    data:{
        parentId : parentId,
        content : content,
        writer : currentUser
    },
    dataType: 'jsonp',
    success: function(data){
        if(data.result == "success"){
            var lid = data.lastId;
            var commentItem = $('<div></div>').addClass('CommentItem').attr('data-id', lid);
                                    //나중에 삭제할 때 필요한 댓글 번호
            $('<h4></h4>').text(currentUser).appendTo(commentItem);     //댓글 작성자(현재 사용자)
            $('<p></p>').text(content).appendTo(commentItem);     //댓글 내용
            $('<button></button>').addClass('AppBtnRed commentBtnDel').text('삭제').appendTo(commentItem);
                                    //삭제 버튼

            commentItem.appendTo(comments);
        }
        else{
            window.alert('오류가 발생하였습니다.');
        }

        isComment = false;
    },
    error: function(){
        window.alert('오류가 발생하였습니다.');
        isComment = false;
    }
  });
});
```

가장 먼저 어느 게시글에 덧글을 작성할 것 인지를 파악하야 합니다. 화면에 출력이 된 이후에는 알 방법이 없기 때문에 이때 사용하기 위해서 Item클래스에 data-id속성으로 게시글 번호를 지정해놓았습니다(기억이 나지 않으시다면 loadPosts함수 호출부분을 다시 보고 오세요). 따라서 그 ID값을 가져와야하지만 그 값은 버튼이 아닌 Item클래스가 가지고 있습니다. Item클래스는 버튼의 부모인 Comment클래스의 부모이므로 parent 메서드를 두 번 호출하여 Item클래스에 접근하고 있습니다.

```
▼<div class="Items">
  ▼<div data-id="2" class="Item">
    ▶<div class="ItemText">…</div>
    ▼<div class="Comment">
      <input type="text" placeholder="댓글입력..." class="itemTxtComment">
      <button class="commentBtnWrite AppBtnBlue">댓글달기</button>
      <div class="Comments"></div>
    </div>
```

접근 한 후에 attr메서드를 이용하여 data-id값을 불러와 parentId변수에 저장합니다. 그 다음은 댓글 내용을 불러올 차례입니다. 마찬가지, 버튼은 버튼일 뿐, 내용은 글상자에 작성합니다. 글 상자는 현재 버튼의 형제 요소이며, 이전에 위치하므로 prev메서드로 접근할 수 있습니다. prev는 previous의 약자로, 이전을 의미합니다. 반대로 다음 요소에 접근하려면 next메서드를 사용합니다.

그리고 그 다음으로 comments변수에 작성한 댓글을 추가하기 위해 Comments클래스 요소를 대입합니다. 이는 게시글 디자인할 때 살펴보았듯이, 각각의 댓글 요소를 포함하는 div태그입니다. 각각의 댓글은 CommentItem이라는 클래스를 가진 div태그와 하위태그들 입니다.

변수에 필요한 값들을 넣었으니 AJAX를 통해 서버에 댓글 등록을 요청합니다. commentPost.php파일에 게시글 번호, 댓글 내용, 작성자 이렇게 세 개의 데이터를 보냅니다.

동작이 정상적으로 처리되었다면 결과는 success이므로 새로운 댓글 요소(CommentItem)을 생성하여 Comments클래스에 붙입니다. lid변수는 반환된 값 중 lastId라는 값을 불러와 CommentItem에 data-id속성으로 추가하는데 이는 댓글의 고유번호로, 댓글을 삭제하기 위해 사용되었습니다. 즉, 반환 값은 단순히 결과 여부만 아니라 마지막에 추가된 댓글의 고유 번호가 포함될 것입니다.

댓글 또한 별도의 테이블이 필요합니다. 게시글과 별도로 보관되기 때문입니다. 따라서 테이블을 생성해야합니다. phpMyAdmin에 접속하여 로그인하고, 아래와 같이 테이블을 생성합니다.

```
CREATE TABLE MYSNS_COMMENT(
    pid INT AUTO_INCREMENT PRIMARY KEY,
    pparent INT NOT NULL,
    pcontent TEXT,
    pwritedate VARCHAR(30) NOT NULL,
    pwriter VARCHAR(50) NOT NULL
);
```

게시글 테이블(MYSNS_POST)와 유사하지만 제목(Subject)대신 pparent라는 필드가 추가

되었습니다. 정수(INT) 데이터를 가지는데, 이는 해당 댓글이 어느 게시글에 달려있는지를 판별하는 필드입니다. 그 값은 해당 게시글의 고유번호(pid)이므로 게시글의 고유번호가 pparent에 저장될 것입니다.

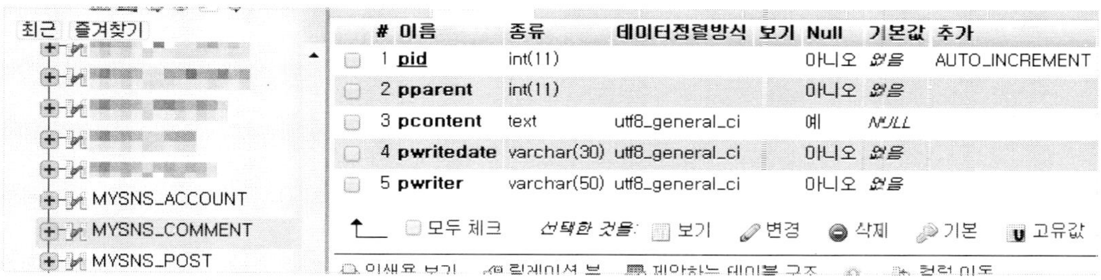

이제 댓글을 등록하는 commentPost.php 파일을 작성해보겠습니다.

```
<?php
  $result = array();
  $callback = $_GET['callback'];
  $parentId = $_GET['parentId'];
  $content = $_GET['content'];
  $writer = $_GET['writer'];
  $writedate = date('Y-m-d (H:i:s)');
        //2014-11-19 (16:51:20)과 같은 형식으로 현재 날짜와 시간을 지정합니다.
  $resultData = 'failed';

  //데이터베이스에 연결합니다.
  $connection = mysqli_connect("localhost", "여러분의 ID", "여러분의 비밀번호", "데이터베이스명");
  mysqli_query("set names utf8"); //한글이 깨지지 않도록 유니코드로 설정합니다
  //새로운 레코드를 삽입합니다.
  $query = mysqli_query($connection, "INSERT INTO MYSNS_COMMENT(pparent, pcontent, pwritedate, 
pwriter) VALUES('" . $parentId . "', '" . $content . "', '" . $writedate . "', '" . $writer . "')");

  //쿼리문이 성공했는가?
  if($query) $resultData = "success";

  //갓 삽입한 데이터의 ID를 가져옵니다.
  $lid = mysqli_insert_id($connection);

  $result = array('result' => $resultData, 'lastId' => $lid);

  mysqli_close($connection);
```

```
    echo $callback . "(" . json_encode($result) . ")";
?>
```

글 작성과 유사하지만 다른 점은 pparent필드입니다. 이 필드는 해당 댓글이 어느 게시글의 댓글인지 판별하기 위해 사용되었습니다. 게시글은 각각 고유번호인 pid필드를 가집니다. 따라서 이 번호를 이용해 현재 작성된 댓글이 어느 게시글의 댓글인지 판별하는 것입니다. 이 값은 자바스크립트에서 parentId라는 이름으로 전달되는데, AJAX 호출 코드를 보면 알 수 있듯이 버튼의 부모태그의 부모태그에서 data-id값을 불러오면 쉽게 가져올 수 있습니다(이해되지 않는 분은 위의 자바스크립트 코드를 참조).

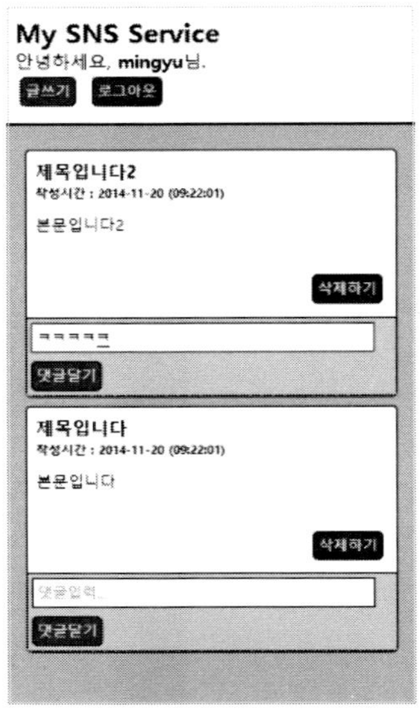

마지막으로 $lid변수에 mysqli_insert_id라는 함수를 데이터베이스 연결 리소스를 인자로 넘겨 호출하는데, 이는 현재 연결된 데이터베이스에서 갓 삽입된 데이터의 id값을 가져옵니다. 위 테이블에서 id값은 댓글의 고유 번호이므로 AUTO_INCREMENT속성을 가진 pid속성이 됩니다. 이 값은 나중에 댓글 요소를 추가할 때, 댓글 삭제 시 댓글 구분을 위한 고유번호로 사용됩니다.

이제 예제를 실행해보겠습니다. 로그인을 하고 작성된 게시글에 댓글을 입력해보겠습니다.

[댓글달기] 버튼을 클릭합니다.

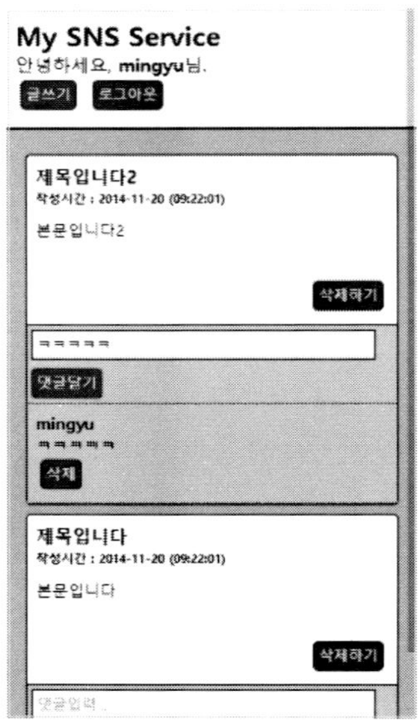

댓글이 추가되었습니다. 그럼 테이블에 데이터가 제대로 들어갔는지도 확인해보겠습니다. phpMyAdmin의 MYSNS_COMMENT 테이블의 내용을 확인합니다.

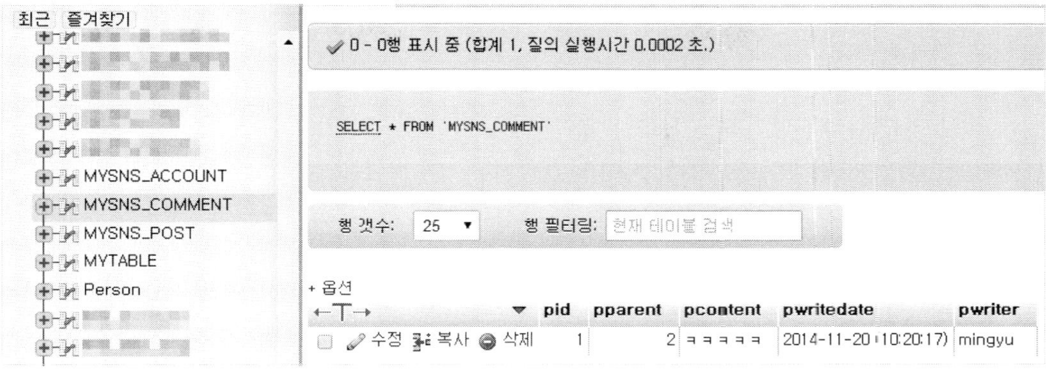

정상적으로 데이터가 들어갔습니다. pparent필드에는 2가 들어갔는데, 이는 게시글의 고유번호가 2인 게시글에 댓글이라는 뜻이 됩니다.

이제 댓글 등록을 처리했습니다. 문제는 로그아웃을 하고 다시 로그인을 하면 댓글이 사라집니다. 왜냐하면 [댓글달기]버튼을 눌렀을 때 동적으로 댓글을 추가하기 때문에 다시 로그인을 하면 처리를 하지 않기 때문입니다. 따라서 서버에 댓글들을 요청하여 로그인 후에 화면에 별도로 출력을 해야 합니다. 마치 loadPosts함수를 호출해 게시글을 불러왔듯이 말입니다.

이쯤 눈치채셨겠지만, 우리는 이전에 loadComment라는 빈 함수를 작성해두었습니다. 이 함수는 댓글을 불러오는 함수라고 설명을 드렸습니다. loadPosts함수처럼 이 함수도 서버에 데이터를 요청하여 화면에 출력합니다. 여기서 이 데이터는 게시글이 아닌 댓글이 됩니다. 한 가지 유의할 점은 loadPosts는 모든 게시글을 불러오지만 loadComment는 그렇지 않다는 점입니다. 함수의 인자로 parentId, 즉 현재 게시글의 고유번호를 넘기는데, 이를 이용하면 해당 게시글의 댓글만 불러올 수 있게 됩니다. 즉, 여러 개의 댓글을 불러오지만 모든 댓글이 아닌 해당 게시글의 댓글만 불러오는 것입니다.

loadComment함수를 작성해보겠습니다.

```
var loadComment = function(postId){
  if(!postId) return false;

  var target = $('div.Item[data-id=' + postId + '] .Comments');

  //데이터를 AJAX 로 불러옵니다.
  $.ajax({
    url: '여러분 서버의 URL/ch12/lib/commentLoad.php',
    data:{
```

```
        postId : postId
    },
    dataType: 'jsonp',
    success: function(data){
        if(data.result == "success"){
            var cnt = data.data.length;

            for(var i = 0; i < cnt; i++){
                var id = data.data[i].id;
                var content = data.data[i].content;
                var writer = data.data[i].writer;

                var commentItem = $('<div></div>').addClass('CommentItem').attr
                    ('data-id', id);
                $('<h4></h4>').text(writer).appendTo(commentItem);
                $('<p></p>').text(content).appendTo(commentItem);
                $('<button></button>').addClass('AppBtnRed commentBtnDel').text('삭제').
                    appendTo(commentItem);

                commentItem.appendTo(target);
            }
        }
        else{
            window.alert('오류가 발생하였습니다.');
    }
  },
  error: function(){
        window.alert('오류가 발생하였습니다.');
    }
  });
};
```

유의해서 볼 점은 변수 target입니다. 이는 어디에 댓글 요소(CommentItem을 가진 div 태그와 하위 태그들)을 붙일 것인가(appendTo)를 판별합니다. 댓글을 불러왔다면 그 댓글을 게시글 안에 넣어야 되는데 어느 게시글에 넣을 것인가를 판별해야합니다. 우리는 게시글 요소(Item클래스를 가진 div태그)에 data-id속성으로 게시글 고유번호를 지정했습니다. 이를 이용하면 손쉽게 해당 태그를 검색할 수 있습니다.

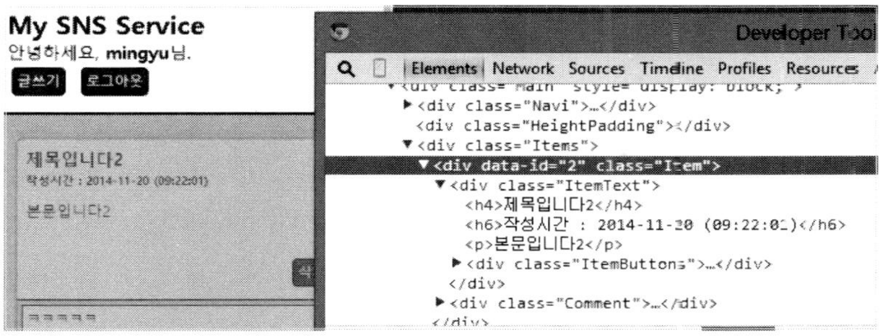

클래스명이 Item이고, data-id가 함수의 매개변수로 넘어온 postId와 같은 DOM 요소를 탐색하면 됩니다. postId 매개변수는 게시글의 고유번호입니다. 이 번호를 통해 댓글도 불러오고, 위와 같이 대상 DOM 요소를 탐색합니다. 이는 아래와 같이 사용할 수 있습니다.

```
".Item[data-id=값]"
```

따라서 아래와 같이 됩니다.

```
var target = $('div.Item[data-id=' + postId + ']');
```

하지만 댓글을 붙이는 곳은 Item이 아닌, Item의 하위 요소 중 Comments클래스를 가진 div태그입니다. 따라서 아래와 같이 수정해야합니다.

```
var target = $('div.Item[data-id=' + postId + '] .Comments');
```

이를 해석하자면 아래와 같습니다.

div태그 중 item클래스를 가진 태그에서 data-id속성이 postId와 같은 태그를 찾고, 거기서 Comments클래스를 가진 태그를 가져온다.

결과적으로 이곳을 가리키게 됩니다.

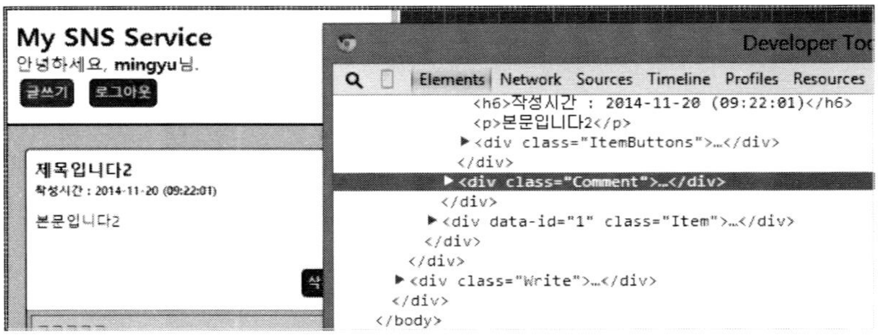

남은 것은 댓글을 불러오기 위한 commentLoad.php입니다. 파일을 작성하겠습니다.

```
<?php
  $result = array();
  $callback = $_GET['callback'];
  $postId = $_GET['postId'];
  $resultData = 'failed';

  //데이터베이스에 연결합니다.
  $connection = mysqli_connect("localhost", "여러분의 ID", "비밀번호", "데이터베이스명");
  mysqli_query("set names utf8");      //한글이 깨지지 않도록 유니코드로 설정합니다
  //데이터를 불러옵니다
  $query = mysqli_query($connection, "SELECT * FROM MYSNS_COMMENT WHERE pparent
          = " . $postId . " ORDER BY pid DESC");

  //쿼리문이 성공했는가?
  if($query) {
    $resultData = "success";
    $data = array();

    $num = mysqli_num_rows($query);

    for($i = 0; $i < $num; $i++){
      mysqli_data_seek($i);                    //레코드 이동
      $row = mysqli_fetch_array($query);

      $id = $row['pid'];
      $content = $row['pcontent'];
      $writer = $row['pwriter'];
      $writedate = $row['pwritedate'];

      $data[$i] = array();
      $data[$i]['id'] = $id;
      $data[$i]['content'] = $content;
```

```
        $data[$i]['writer'] = $writer;
        $data[$i]['writedate'] = $writedate;
    }
  }

  $result = array('result' => $resultData, 'data' => $data);

  mysqli_close($connection);

  echo $callback . "(" . json_encode($result) . ")";
?>
```

loadPost.php와 거의 동일하지만 SELECT문이 조금 다릅니다.

```
SELECT * FROM MYSNS_COMMENT WHERE pparent = " . $postId . " ORDER BY pid DESC
```

WHERE이라는 것이 사용되었는데, 이를 WHERE절이라고 부르며 특정한 조건을 만족하는 데이터만 불러오기 위해 사용됩니다. postId라는 이름으로 어느 게시글의 댓글인지를 판별할 수 있다고 말씀드렸습니다. 여기서 postId를 이용해 pparent(게시글 고유번호)가 postId와 같은 게시글만 pid필드의 내림차순으로 불러오는 것입니다. pparent필드는 댓글이 어느 게시글의 댓글인지 저장되어있으므로 이를 기준으로 불러오면 해당 게시글의 모든 댓글을 가져올 수 있게 됩니다.

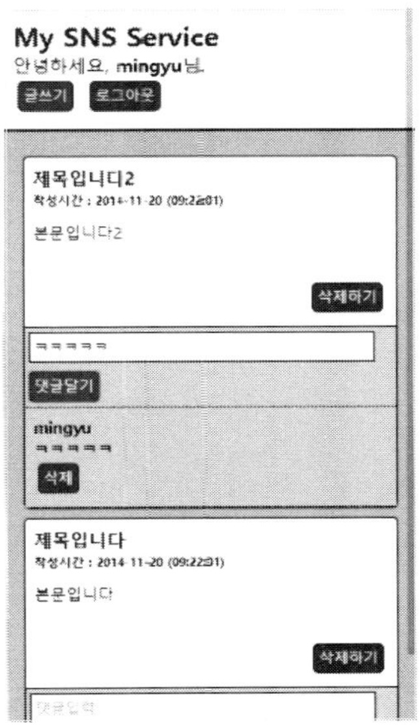

그리고 댓글을 $data배열에 담고 반환합니다.

commentLoad.php를 서버에 업로드하고 테스트해보겠습니다. 앱을 실행하고 로그인을 합니다.

댓글을 직접 작성했을 때와 동일하게 나오는 것을 확인할 수 있습니다.

이제 게시글 작성과 댓글 작성이 끝났습니다. 남은 작업은 각각의 삭제입니다. 댓글 삭제는 데이터베이스에서 해당 댓글을 삭제하고 화면에서 지우면 되고, 게시글은 데이터베이스에서 해당 게시글을 삭제하고 화면에서 지우면 됩니다. 단, 게시글을 지울 때는 게시글만 지우면 되는 것이 아니라 해당 게시글의 댓글도

모두 제거해야합니다. 게시글만 제거하면 댓글은 남아 있게 되는데, 게시글이 존재하지 않으므로 공간만 낭비됩니다. 따라서 이점을 유의해서 작성해보겠습니다.

먼저, 댓글의 삭제를 먼저 구현해보겠습니다. 댓글 안에 [삭제] 버튼은 commentBtnDel 클래스를 가지고 있으므로 on메서드로 연결하겠습니다.

```
$(document.body).on('click', '.commentBtnDel', function(){

});
```

계속해서 코드를 작성해보겠습니다.

```
$(document.body).on('click', '.commentBtnDel', function(){
  if(window.confirm('댓글을 삭제하시겠습니까?')){
    var id = $(this).parent().attr('data-id');
    var removeTarget = $(this).parent();

    $.ajax({
      url: '여러분의 서버 URL/ch12/lib/commentDel.php',
      data:{
        postId : id
      },
      dataType: 'jsonp',
      success: function(data){
        if(data.result == "success"){
          removeTarget.remove();
        }
        else{
          window.alert('오류가 발생하였습니다.');
        }
      },
      error: function(){
        window.alert('오류가 발생하였습니다.');
      }
    });
  }
});
```

commentDel.php를 호출하고 postId값을 전달하고 있습니다. 댓글의 고유번호가 있다는 사실을 기억하세요. 댓글을 불러올 때 게시글을 불러올 때처럼 data-id속성에 해당 댓글의 고유번호를 심어놓았습니다. 요소검사를 통해 확인할 수 있습니다.

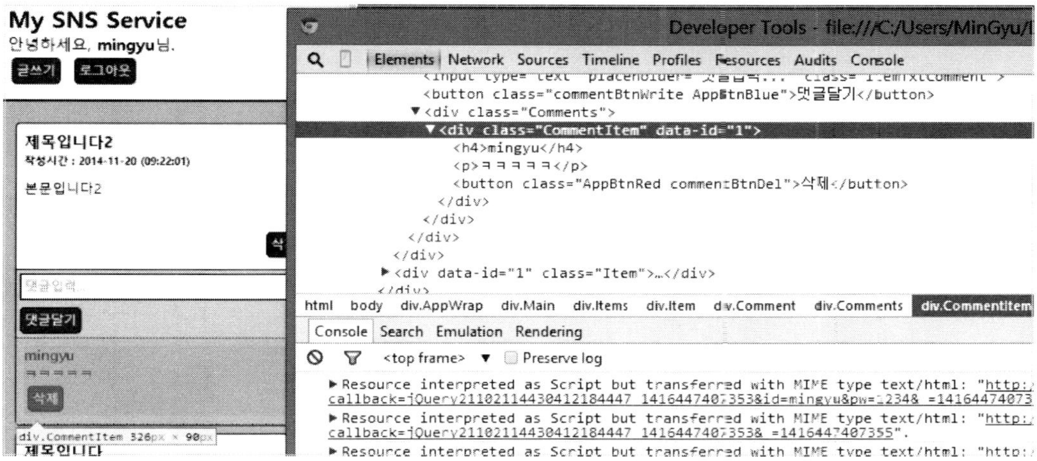

따라서 data-id값을 넘겨주면 삭제할 댓글을 쉽게 파악할 수 있습니다. 이 값은 버튼에 있는 것이 아니고 버튼의 부모 태그인 CommentItem클래스를 가진 div태그가 가지고 있기 때문에 parent메서드를 통해 부모에게 접근하고 attr메서드로 data-id값을 추출합니다.

삭제 요청이 정상적으로 완료되었으면 화면에서 삭제해야합니다. 간편하기 삭제를 하기 위해 removeTarget이라는 변수에 버튼의 부모 태그, 즉 위 사진과 같이 CommentItem클래스를 넣었습니다. remove메서드는 empty메서드와 달리 자기 자신도 함께 제거하는 메서드입니다. 따라서 댓글 요소가 완전히 삭제됩니다.

그럼 commentDel.php를 작성해보겠습니다.

```
<?php
  $result = array();
  $callback = $_GET['callback'];
  $postId = $_GET['postId'];
  $resultData = 'failed';

  //데이터베이스에 연결합니다.
  $connection = mysqli_connect("localhost", “여러분이 ID", "비밀번호", "데이터베이스명");
  mysqli_query("set names utf8");    //한글이 깨지지 않도록 유니코드로 설정합니다

  //댓글을 삭제합니다.
  $query = mysqli_query($connection, "DELETE FROM MYSNS_COMMENT WHERE pid = " . $postId);

  //쿼리문이 성공했다면 삭제 성공!
  if($query) $resultData = "success";

  $result = array('result' => $resultData);
```

```
  mysqli_close($connection);

  echo $callback . "(" . json_encode($result) . ")";
?>
```

레코드를 삭제하기 위해 DELETE 문을 사용했습니다. 그리고 모든 데이터가 아닌 해당 댓글만 삭제하기 위해 WHERE절을 이용해 삭제할 댓글만 걸러내었습니다. 위 쿼리가 성공하면 success가 반환되므로 화면에서도 삭제가 될 것입니다.

commentDel.php파일을 서버에 업로드하고 예제를 실행해보겠습니다.

로그인을 하고 댓글이 나타나면 [삭제] 버튼을 누릅니다.

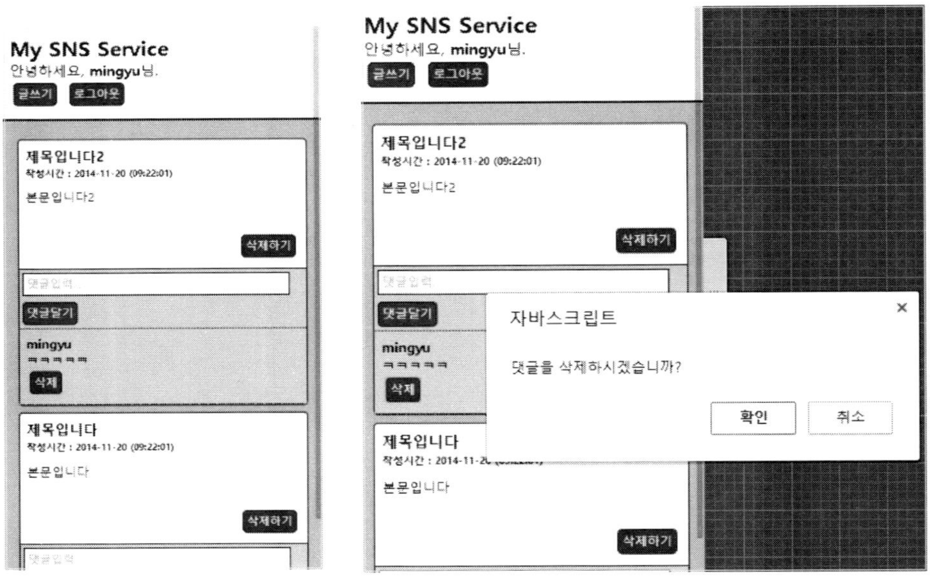

그럼 위와 같이 삭제를 묻는 창이 뜹니다. [확인]을 클릭합니다.

댓글이 삭제되었습니다. 로그아웃을 하고 다시 로그인해보시기 바랍니다. 마찬가지 댓글이 나타나지 않습니다.

이제 남은 기능은 게시글의 삭제입니다. 댓글 삭제와 유사하지만 서버단에서 처리할 때 댓글도 삭제해주어야 합니다.

[삭제하기] 버튼은 mainBtnDel 클래스를 가지고 있습니다. 따라서 여기에 이벤트를 연결합니다.

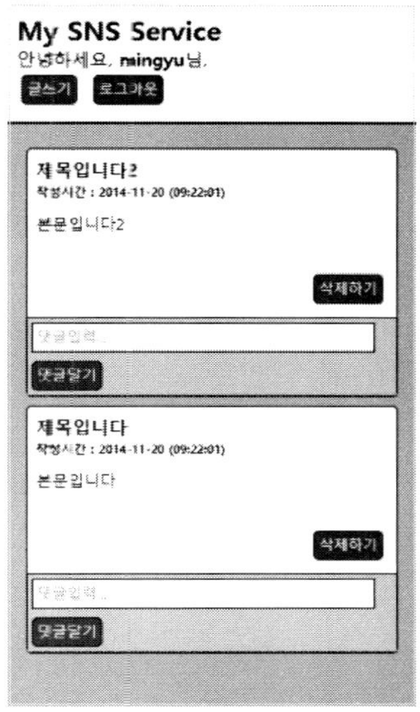


```
$(document.body).on('click', '.mainBtnDel', function(){
  if(window.confirm('삭제하시겠습니까?')){
     var id = $(this).parent().parent().parent().attr('data-id');
     var removeTarget = $(this).parent().parent().parent();

     $.ajax({
        url: '여러분 서버의 URL/ch12/lib/del.php',
        data:{
           postId : id
        },
        dataType: 'jsonp',
        success: function(data){
           if(data.result == "success"){
              removeTarget.remove();
           }
           else{
              window.alert('오류가 발생하였습니다.');
           }
        },
        error: function(){
           window.alert('오류가 발생하였습니다.');
        }
     });
  }
});
```

댓글 삭제와 거의 유사하지만 다른 점은 removeTarget과 id를 가져오는 방법입니다.

하나의 게시글은 Item클래스를 가진 div태그입니다. 이 태그는 현재 버튼으로부터 부모의 부모의 부모이므로 parent메서드를 세 번 사용하여 접근하였습니다. 그리고 attr메서드를 사용해 data-id값을 얻었습니다. 현재 태그 구조를 보면 아래와 같습니다.

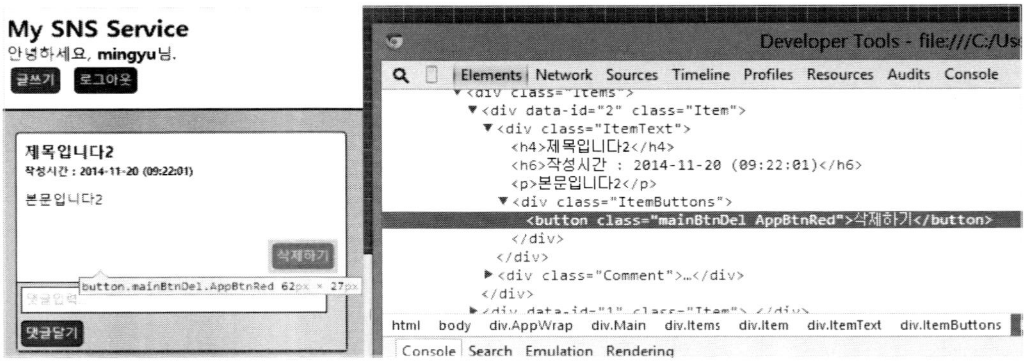

버튼의 부모태그는 ItemButtons 클래스를 가진 div태그이고, 이 태그의 부모 태그는 ItemText 클래스를 가진 div태그입니다. 그리고 이 태그의 부모가 바로 data-id값을 가지고 있는 Item클래스의 div태그입니다.

id값을 알았으니 삭제는 껌입니다. del.php를 작성합니다.

```
<?php
  $result = array();
  $callback = $_GET['callback'];
  $postId = $_GET['postId'];
  $resultData = 'failed';

  //데이터베이스에 연결합니다.
  $connection = mysqli_connect("localhost", "여러분의 ID", "비밀번호", "데이터베이스명");
  mysqli_query("set names utf8");    //한글이 깨지지 않도록 유니코드로 설정합니다

  //댓글을 삭제합니다.
  $query = mysqli_query($connection, "DELETE FROM MYSNS_COMMENT WHERE pparent = " . $postId);

  //게시글을 삭제합니다.
  $query = mysqli_query($connection, "DELETE FROM MYSNS_POST WHERE pid = " . $postId);

  //쿼리문이 성공했다면 삭제 성공!
  if($query) $resultData = "success";
```

```
  $result = array('result' => $resultData);

  mysqli_close($connection);

  echo $callback . "(" . json_encode($result) . ")";
?>
```

댓글 삭제를 위한 쿼리문이 추가된 것 빼고는 댓글 삭제와 동일합니다. 삭제할 댓글은 댓글이 어느 게시글인지 저장된 pparent필드의 값이 현재 삭제할 게시글과 동일한 경우이므로 쉽게 걸러내 삭제할 수 있습니다. 댓글을 먼저 삭제하고 게시글을 삭제했지만 순서는 반대로 해도 관계없습니다.

댓글이 정상적으로 삭제되면 success가 반환되므로 클라이언트(자바스크립트) 단에서는 removeTarget에 들어있는 Item클래스의 div태그를 삭제합니다.

del.php를 업로드하고 실행해보겠습니다. 로그인을 하고 게시글의 [삭제하기]버튼을 누릅니다.

다음과 같이 한 번 더 확인을 묻습니다. [확인] 버튼을 누릅니다.

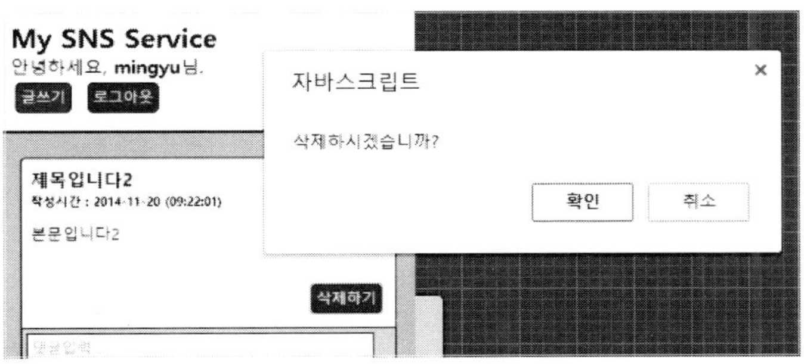

게시글이 정상적으로 삭제되었습니다.

자, 이로써 애플리케이션 개발이 끝났습니다. 남은 것은 하이브리드 애플리케이션으로 변환하여 모바일에서 실행하는 것입니다.

코르도바 프로젝트를 생성하고 이클립스로 불러오는 과정은 생략하겠습니다. 방법이 기

억나지 않으신 분들은 전 챕터인 일정관리 애플리케이션 개발에서 코르도바 프로젝트를 생성하고 이클립스로 불러오는 과정을 다시 보고 오시면 됩니다. 이클립스에서 불러와서 실행한 모습은 아래와 같습니다(모바일에서 실행한 화면을 캡처한 것입니다).

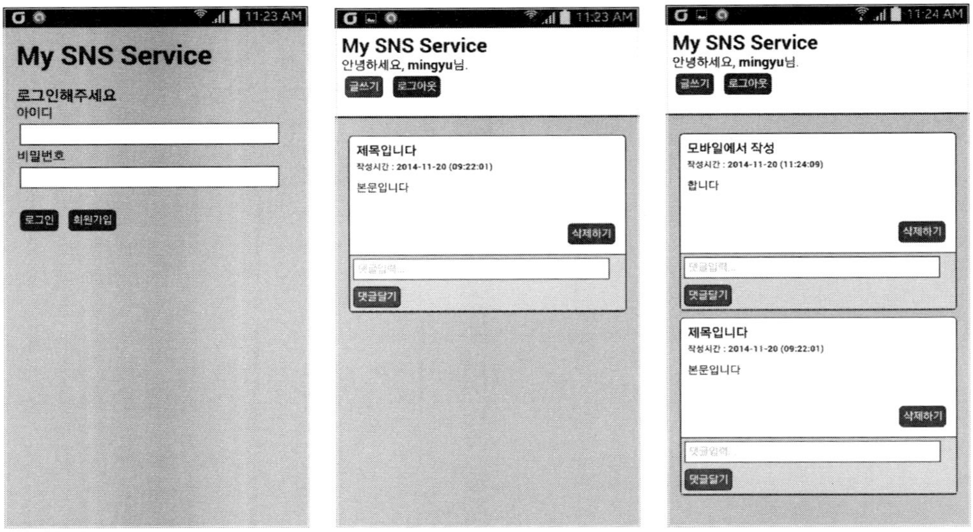

이상으로 SNS 애플리케이션 개발을 마치겠습니다. 위 앱에서는 게시글과 댓글을 수정하는 부분이 빠졌는데, 이 부분은 직접 개발해보시기 바랍니다. 다음 장에서는 서버에 이미지를 업로드하고 클라이언트에서 출력하는 이미지 갤러리 앱을 개발해보겠습니다.

Note

Chapter 13

이미지 갤러리

실습을 통해 서버에 이미지를 업로드를 하여 클라이언트 단에서 출력하는 이미지 갤러리를 직접 개발한다.

13-1 애플리케이션 소개 및 실행 화면

애플리케이션 이름 : 이미지 갤러리

애플리케이션 기능 : 클라이언트에서 이미지 업로드, 서버측에 저장, 다시 클라이언트에서 출력

첫 실행화면은 오른쪽과 같습니다.

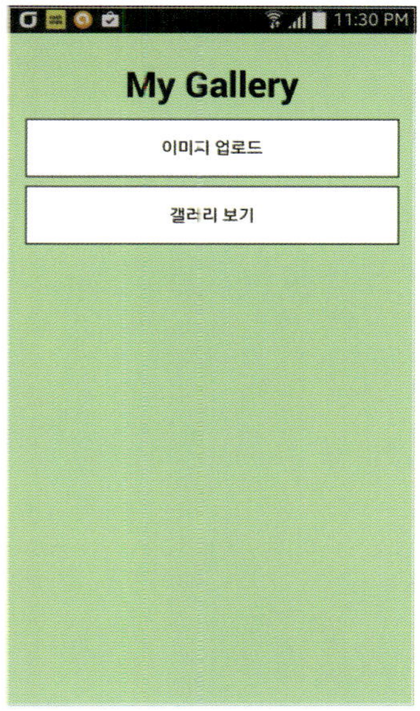

[이미지 업로드] 버튼을 누르면 이미지를 업로드하는 화면으로 이동하고, [갤러리 보기] 버튼을 누르면 업로드된 모든 이미지를 보여주는 갤러리 화면으로 이동합니다.

처음 갤러리 화면으로 가면 아무런 이미지가 업로드되지 않았으므로 갤러리는 아래의 왼쪽과 같이 나타납니다.

업로드 화면에서 [업로드] 버튼을 누르면 다음과 같이 이미지를 선택할 수 있는 애플리

케이션이 나타납니다. 기본 앱인 갤러리 앱을 사용해보겠습니다.

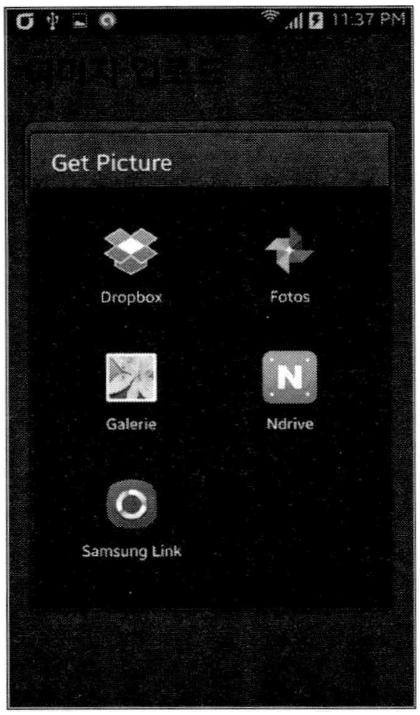

이미지를 선택하면 서버에 이미지가 전송됩니다. 전송이 완료되면 아래와 같이 전송 완료를 알려줍니다.

[확인] 버튼을 누르면 자동으로 갤러리 화면으로 이동하며, 이미지를 불러와 화면에 출력합니다.

13-2 소스 코드

HTML(index.html)

❶ 〈!DOCTYPE html〉

```
<html>
  <head>
    <title>My Gallery</title>
    <meta charset="utf-8" />
      <meta name="viewport" content="width=device-width, user-scalable=no" />
      <link rel="stylesheet" href="./css/app.css" />
      <script src="./js/cordova.js"></script>
      <script src="./js/cordova_plugins.js"></script>
      <script src="./js/jquery-2.1.1.min.js"></script>
      <script src="./js/app.js"></script>
  </head>
  <body>
    <div class="AppWrap">
      <div class="Main">
        <h1>My Gallery</h1>

        <div class="mainBtnUpload bigButton">이미지 업로드</div>
        <div class="mainBtnGallery bigButton">갤러리 보기</div>
      </div>
      <div class="Upload">
        <h1>이미지 업로드</h1>

        <div class="UploadArea">
          <p>아래 버튼을 눌러 이미지를 업로드합니다.</p>

          <div class="UploadButtons">
              <button class="uploadBtnUpload">업로드</button>
              <button class="uploadBtnCancel">취소</button>
          </div>
        </div>
      </div>
      <div class="Gallery">
        <h1>갤러리 보기</h1>
        <p></p>

        <br />
        <button class="galleryBtnMain AppBtnGreen">메인으로</button>
```

```
        <button class="galleryBtnUpload AppBtnBlue">이미지 업로드</button>

        <div class="Images"></div>
      </div>
    </div>
  </body>
</html>
```

❷ 스타일 시트(app.css)

```
*{
  padding: 0;
  margin: 0;
  font-family: 'Malgun Gothic';
}

input[type="button"], button{
  display: inline-block;
  padding: 4px;
  margin: 4px;
  border: 1px solid #000;
  background-color: #000;
  color: #FFF;
  border-radius: 5px;
}

.AppBtnRed{
  border: 1px solid #700 !important;
  background-color: #B53636 !important;
}
.AppBtnBlue{
  border: 1px solid #120D69 !important;
  background-color: #364BB5 !important;
}
.AppBtnGreen{
  border: 1px solid #044C1B !important;
  background-color: #36B555 !important;
}
.AppBtnYellow{
  border: 1px solid #414C00 !important;
  background-color: #BFCB05 !important;
}

.bigButton{
  display: block;
```

```
  width: 90%;
  margin: 0 auto;
  margin-top: 8px;
  margin-bottom: 8px;
  padding: 16px;
  text-align: center;
  background-color: #FFF;
  border: 1px solid #000;
}

html, body{
  width: 100%;
  height: 100%;
}
body{
  background-color: #ADFFAB;
}
.AppWrap{
  padding: 16px;
}
.AppWrap > div{
  display: none;
}

.Main > h1{
  text-align: center;
  margin: 12px;
}


.UploadArea{
  margin-top: 24px;
  background-color: #FFF;
  padding: 8px;
  border-radius: 10px;
  border: 1px solid #000;
}

.UploadButtons{
  text-align: right;
  margin-top: 12px;
}


.Images{
```

```
  border-top: 1px solid #000;
  border-bottom: 1px solid #000;
  margin-top: 12px;
  margin-bottom: 12px;
  padding-top: 12px;
  padding-bottom: 12px;
  text-align: center;
}
.Images > img{
  width: 100%;
}
```

❸ 자바스크립트(app.js)

```
$(document).ready(function(){
  $('.Main').show();

  /* 메인 화면 */
  //[이미지 업로드] 버튼
  $('.mainBtnUpload').click(function(){
    $('.Main').hide();
    $('.Upload').show();
  });
  //[갤러리 보기] 버튼
  $('.mainBtnGallery').click(function(){
    $('.Main').hide();
    $('.Gallery').show();
    loadImages();
  });

  /* 업로드화면 */
  //[업로드] 버튼
  $('.uploadBtnUpload').click(function(){
    navigator.camera.getPicture(function (imageURI) {
          var options = new FileUploadOptions();

          options.fileKey = "file";
          options.fileName = imageURI.substr(imageURI.lastIndexOf('/') + 1);
          options.mimeType = "image/jpeg";

          var param = {};

          options.params = param;
          options.chunkedMode = false;
```

```
            var ft = new FileTransfer();
            ft.upload(imageURI, "여러분의 URL 주소/ch13/lib/uploadImage.php",
             function (r) {
                  //Success
                  var response = r.response;
                var result = JSON && JSON.parse(response) || $.parseJSON(response);

                  if (result.result == "success") {
                       var message = result.imageName;

                       window.alert('업로드 되었습니다.');
                       $('.Upload').hide();
                       $('.Gallery').show();
                       loadImages();
                  }
                  else {
                       window.alert('오류가 발생하였습니다.');
                  }
             },
             function (error) {
                  //Failed
                  window.alert("An error has occurred: Code = " + error.code);
                  window.alert('오류가 발생하였습니다.');
             },
            options);
        }, function (message) {
            window.alert('오류가 발생하였습니다.');
        },
        {
            quality: 40,
            destinationType: Camera.DestinationType.FILE_URI,
            sourceType: Camera.PictureSourceType.PHOTOLIBRARY
        });
});
//[취소] 버튼
$('.uploadBtnCancel').click(function(){
   if(window.confirm('업로드를 취소하시겠습니까?')){
      //업로드된 파일 초기화
      $('.uploadFile').val('');

      $('.Upload').hide();
      $('.Main').show();
   }
});
```

```
/* 갤러리 화면 */
//이미지 불러오기
var loadImages = function(){
    var target = $('.Images').empty();

    $.ajax({
        url: '여러분의 URL 주소/ch13/lib/load.php',
        data: {},
        dataType: 'jsonp',
        success: function(data){
            //성공
            if(data.result == "success"){
                var cnt = data.data.length;

                for(var i = 0; i < cnt; i++){
                    var imageName = data.data[i].imageName;
                    $('<img />').attr('src', '여러분의 URL 주소/ch13/image/' + imageName).
                        appendTo(target);
                }

                if(cnt == 0)$('<p></p>').text('업로드된 이미지가 없습니다.').appendTo(target);

                $('.Gallery > p').text('총 ' + i + '점의 이미지가 업로드되었습니다.');
            }
            //오류
            else{
                window.alert('오류가 발생하였습니다.');
            }
        },
        error: function(){
            window.alert('오류가 발생하였습니다.');
        }
    });
};
//[메인으로] 버튼
$('.galleryBtnMain').click(function(){
    $('.Gallery').hide();
    $('.Main').show();
});
//[이미지 업로드] 버튼
$('.galleryBtnUpload').click(function(){
    $('.Gallery').hide();
    $('.Upload').show();
});
});
```

❹ 이미지 업로드 처리(uploadImage.php)

```
<?php
  $result = array();
  $resultData = "failed";

  $connection = mysqli_connect("localhost", "여러분의 ID", "여러분의 비밀번호", "데이터베이스명");
  mysqli_query("set names utf8");    //한글이 깨지지 않도록 유니코드로 설정합니다

  $today = date("Y-m-d (H:i:s)");
  $fileName = $today . ".jpg";

  if(move_uploaded_file($_FILES['file']['tmp_name'], "./image/" . $fileName)){
    //change to 777
    chmod("./image/" . $fileName, 0777);

    $query = mysqli_query($connection, "INSERT INTO MYGALLERY(imageName)
VALUES('" . $fileName . "')");

    if($query)
      $resultData = "success";
else
      unlink("./image/" . $fileName);
  }

  $result = array('result' => $resultData, 'imageName' => $fileName);

  mysqli_close($connection);

  echo json_encode($result);
?>
```

❺ 이미지 불러오기(load.php)

```
<?php
  $result = array();
  $callback = $_GET['callback'];
  $resultData = 'failed';

  //데이터베이스에 연결합니다.
  $connection = mysqli_connect("localhost", "여러분의 ID", "여러분의 비밀번호", "데이터베이스명");
  mysqli_query("set names utf8");     //한글이 깨지지 않도록 유니코드로 설정합니다
  //레코드를 불러옵니다.
  $query = mysqli_query($connection, "SELECT * FROM MYGALLERY ORDER BY id DESC");

  //쿼리문이 성공했는가?
```

```
  if($query) {
    $resultData = "success";
    $data = array();

    $num = mysqli_num_rows($query);

    for($i = 0; $i < $num; $i++){
      mysqli_data_seek($i);                //레코드 이동
      $row = mysqli_fetch_array($query);

      $id = $row['id'];
      $imageName = $row['imageName'];

      $data[$i] = array();
      $data[$i]['id'] = $id;
      $data[$i]['imageName'] = $imageName;
    }
  }

  $result = array('result' => $resultData, 'data' => $data);

  mysqli_close($connection);

  echo $callback . "(" . json_encode($result) . ")";
?>
```

13-3 애플리케이션 개발

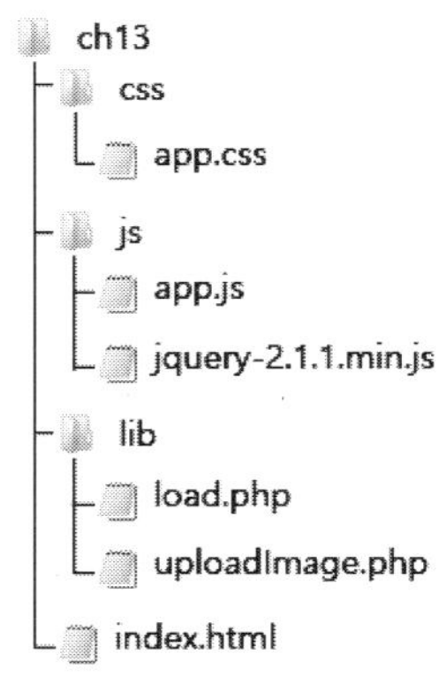

이번 예제는 소스는 적지만 조금 더 어려운 내용이 들어갑니다. 그러므로 읽을 때 주의 깊게 읽어주시기 바랍니다.

가장 먼저 해야 할 작업은 당연히 초기화 작업입니다. 작업에 앞서, 완성된 애플리케이션 프로젝트는 오른쪽과 같이 구성되어 있습니다.

이번 예제에서는 이전 예제들과는 달리 코르도바의 기능을 활용할 것입니다. 그러기 위해서는 index.html에서 cordova.js파일을 불러와야 되는데 이는 코르도바로 프로젝트를 생성할 때 만들어지는 것이므로 직접 만들어서는 안 됩니다. 따라서 이번 예제는 갤러리 예제와 달리

프로젝트를 생성하고 이클립스로 편집하는 과정에 대한 설명이 실리게 됩니다. 그리고 그 과정에서 다른 예제에서 사용하지 않았던 기능 등을 사용하게 되니 주의 깊게 보시기 바랍니다.

작업을 시작해보겠습니다. 빈 index.html파일과 app폴더, js폴더, lib폴더를 생성합니다. lib폴더는 이전 SNS 예제처럼 서버 작업, 즉 PHP소스들이 들어갑니다. 이 폴더는 프로젝트 폴더에는 필요 없으므로 다른 곳에 생성하고 작업해도 됩니다.

index.html을 생성했으면 아래와 같이 소스를 입력합니다.

<!DOCTYPE html>

```
<html>
  <head>
    <title>My Gallery</title>
    <meta charset="utf-8" />
      <meta name="viewport" content="width=device-width, user-scalab e=no" />
        <link rel="stylesheet" href="./css/app.css" />
        <script src="./js/jquery-2.1.1.min.js"></script>
        <script src="./js/app.js"></script>
  </head>
  <body>
    <div class="AppWrap">
    </div>
  </body>
</html>
```

app.css는 아래와 같이 입력합니다.

```
*{
  padding: 0;
  margin: 0;
  font-family: 'Malgun Gothic';
}

input[type="button"], button{
  display: inline-block;
  padding: 4px;
  margin: 4px;
  border: 1px solid #000;
  background-color: #000;
```

```
  color: #FFF;
  border-radius: 5px;
}
```

app.js는 아래와 같이 입력합니다.

```
$(document).ready(function(){

});
```

초기화 작업을 완료했으니 본격적으로 작업을 시작해보겠습니다. 이번 애플리케이션도 지난 장의 애플리케이션처럼 여러 개의 화면을 구성하고 있습니다. 따라서 여러 개의 화면을 미리 생성하고, 필요할 때마다 특정 화면을 화면에 보여주는 방식으로 진행할 것입니다.

화면은 총 세 가지로, 메인 화면과 업로드 화면, 그리고 갤러리 화면입니다. 따라서 아래와 같이 코드를 입력합니다.

```
<div class="AppWrap">
  <div class="Main">

  </div>
  <div class="Upload">

  </div>
  <div class="Gallery">

  </div>
</div>
```

그 다음 할 일은 CSS로 각각 화면의 크기를 잡아주는 것입니다. 먼저 html태그와 body태그의 높이(height)와 너비(width)를 100%로 설정해주면 전체 화면 크기를 잡아줄 수 있습니다.

```
html, body{
  width: 100%;
  height: 100%;
}
```

그리고 추가적으로, 배경색을 넣어 앱을 꾸며보겠습니다.

```
body{
  background-color: #ADFFAB;
}
```

각각의 화면은 AppWrap 클래스로 감싸고 있으므로 아래와 같이 스타일을 일괄 적용합니다.

```
.AppWrap{
  padding: 16px;
}
.AppWrap > div{
  display: none;
}
```

내부적으로 여백(padding)을 16px을 줘서 화면 좌측 상단으로부터 떨어지게 하고 각각의 화면들(AppWrap클래스의 자식 태그들 중 div태그들)을 보이지 않게 display속성을 none으로 설정합니다.

이렇게 하면 기본적으로 아무런 화면이 나타나지 않을 것입니다. 따라서 자바스크립트로 첫 화면이 나타나도록 해야 합니다.

```
$(document).ready(function(){
  $('.Main').show();
});
```

아직까지는 배경색만 지정했으므로 배경색이 변하는 것 이외에는 딱히 출력되는 것이 없습니다. 따라서 각각의 화면 설계를 해보겠습니다.

먼저 메인 화면입니다.

```
<div class="Main">
  <h1>My Gallery</h1>

  <div class="mainBtnUpload bigButton">이미지 업로드</div>
  <div class="mainBtnGallery bigButton">갤러리 보기</div>
</div>
```

한 개의 h1태그와 두 개의 div태그를 배치했습니다. 이 두 div태그들은 button처럼 화면에 출력할 것입니다. 하지만 기본 button태그를 사용하지 않고 별도의 스타일을 적용해서 너비가 긴 형태로 버튼을 만들 것입니다.

h1태그와 버튼에 스타일을 적용하겠습니다. 커스텀 버튼을 위해 div태그들에는 bigButton이라는 스타일을 지정하였습니다.

```
.Main > h1{
  text-align: center;
  margin: 12px;
}

.bigButton{
  width: 90%;
  margin: 0 auto;
  margin-top: 8px;
  margin-bottom: 8px;
  padding: 16px;
  text-align: center;
  background-color: #FFF;
  border: 1px solid #000;
}
```

일단 h1태그를 가운데로 옮기고 버튼에 스타일을 적용했습니다. width속성을 90%로 잡아서 너비를 크게 만들고 가운데로 옮기기 위해 margin속성을 0 auto로 지정했습니다. margin속성을 0 auto로 잡으면 x축을 기준으로 가운데로 정렬시키게 됩니다. 주의할 점은

margin-top과 margin-bottom을 margin다음에 준 것인데, margin은 바깥 여백(외부 여백)으로, 상하좌우 4개의 여백을 지정합니다. 하지만 각각의 여백을 margin-top, margin-left, margin-right, margin-bottom 이렇게 별도로 지정할 수 있는데 margin: 0 auto를 통해 자동으로 위/아래 여백이 잡히기 때문에 위아래 여백을 그 후에 주는 것입니다.

그 다음은 업로드 화면을 설계하겠습니다.

```
<div class="Upload">
  <h1>이미지 업로드</h1>

  <div class="UploadArea">
<p>아래 버튼을 눌러 이미지를 업로드합니다.</p>

    <div class="UploadButtons">
      <button class="uploadBtnUpload">업로드</button>
      <button class="uploadBtnCancel">취소</button>
    </div>
  </div>
</div>
```

화면을 보려면 보이게 해야겠죠? 자바스크립트에서 Main대신 Upload를 보이게 합니다.

```
$(document).ready(function(){
  $('.Upload').show();
});
```

실행하면 오른쪽과 같은 화면이 나타납니다.

버튼들을 UploadButtons라는 클래스로 감쌌습니다. 이는 나중에 버튼들을 가운데, 또는 우측으로 정렬하기 위해 사용했습니다. 이제 스타일시트로 꾸며보겠습니다.

```
.UploadArea{
  margin-top: 24px;
  background-color: #FFF;
  padding: 8px;
  border-radius: 10px;
  border: 1px solid #000;
}

.UploadButtons{
  text-align: right;
  margin-top: 12px;
}
```

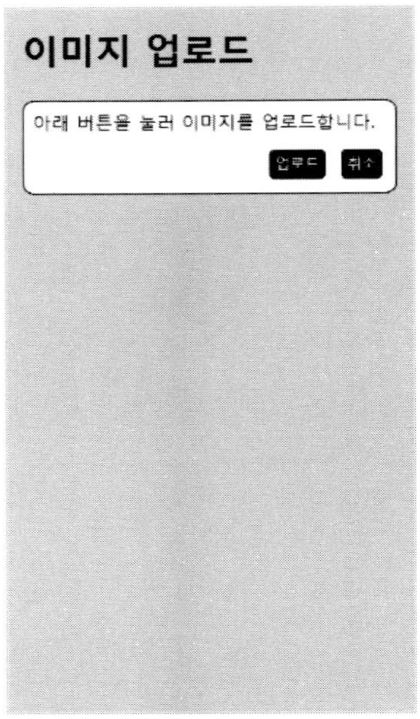

UploadArea에 배경색(background-color)을 흰색(#FFFFFF 또는 #FFF), 외곽선(border)을 1px 크기의 검정색 실선(solid)으로 지정했습니다. 그리고 border-radius 속성을 이용해 모서리를 둥글게 하였습니다. 또한 위 버튼들은 display속성이 inline-block이기 때문에 text-align 속성을 이용해 정렬할 수 있습니다. 따라서 부모 태그인 div.UploadButtons에 text-align속성을 right를 지정하여 버튼을 우측으로 옮겼습니다.

다음으로 갤러리 화면을 설계하겠습니다.

```
<div class="Gallery">
  <h1>갤러리 보기</h1>
  <p>총 32768 개의 이미지가 업로드되었습니다.</p>

  <br />
  <button class="galleryBtnMain AppBtnGreen">메인으로</button>
  <button class="galleryBtnUpload AppBtnBlue">이미지 업로드</button>
```

```
  <div class="Images">
   <img src="http://placehold.it/400x400" />
 </div>
</div>
```

p태그에는 나중에 현재 업로드된 이미지의 수를 출력할 것입니다. 그리고 다른 화면으로 이동하기 쉽도록 각각 버튼을 배치했습니다. 중요한 부분은 Images클래스를 지정한 div태그인데, 위 소스처럼 이미지 태그를 감싸게 됩니다. 일단 디자인만 완성하기 위해 임시 그림을 넣었습니다.

http://placehold.it 사이트는 주로 디자인 등을 할 때 크기만 지정하고 이미지가 없을 때 사용하는 사이트로, 주소 뒤에 /가로×세로 크기를 입력하면 해당 크기에 맞는 이미지가 반환됩니다. 위에서는 /400x400을 했으므로 가로 400픽셀, 세로 400픽셀의 이미지가 반환됩니다.

그리고 갤러리 화면을 보이게 하겠습니다.

```
$(document).ready(function(){
  $('.Gallery').show();
});
```

이미지가 커서 화면에서 잘립니다. 따라서 이미지의 크기를 줄이도록 하겠습니다.

```
.Images > img{
  width: 100%;
}
```

Images클래스의 자식 태그들 중 img태그의 너비를 100%로 설정한다는 뜻으로, 각각의 img태그들은 부모 태그인 Images의 너비에 맞춰집니다. Images태그는 div 태그이므로 기본적으로 display속성이 block이고, block 속성의 너비는 항상 화면 전체를 가리킵니다.

이미지들을 구분하기 위해 위, 아래에 여백을 주고 선을 넣겠습니다.

```
.Images{
  border-top: 1px solid #000;
  border-bottom: 1px solid #000;
  margin-top: 12px;
  margin-bottom: 12px;
  padding-top: 12px;
  padding-bottom: 12px;
  text-align: center;
}
```

두 가지 여백을 모두 사용해서 헷갈리실 수 있는데, margin은 바깥 여백, padding은 안쪽 여백입니다. 따라서 다음과 같은 모습입니다.

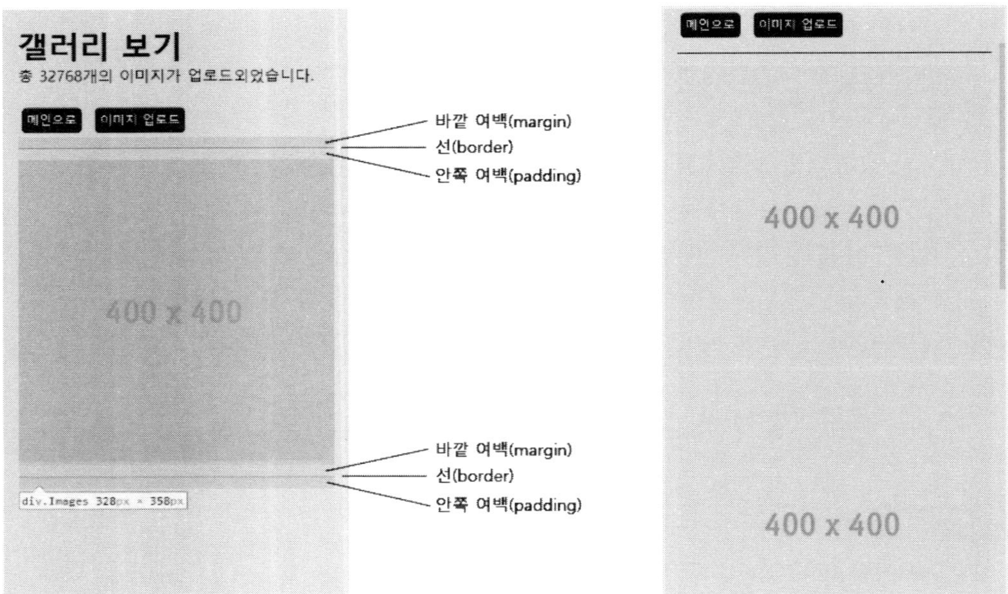

이미지를 여러 개 넣어서 이상하지는 않은지 점검해보겠습니다.

정상적으로 잘 나오고 있습니다. 화면 설계는 끝났으므로 Images태그의 img태그를 모두 없애고, 자바스크립트에서 첫 실행 화면을 Main으로 변경해줍니다.

```
$(document).ready(function(){
  $('.Main').show();
});
```

이제 자바스크립트로 애플리케이션 동작을 제어해보겠습니다. 각 화면에 있는 이동 버튼들부터 구현해보겠습니다. 먼저 메인화면입니다.

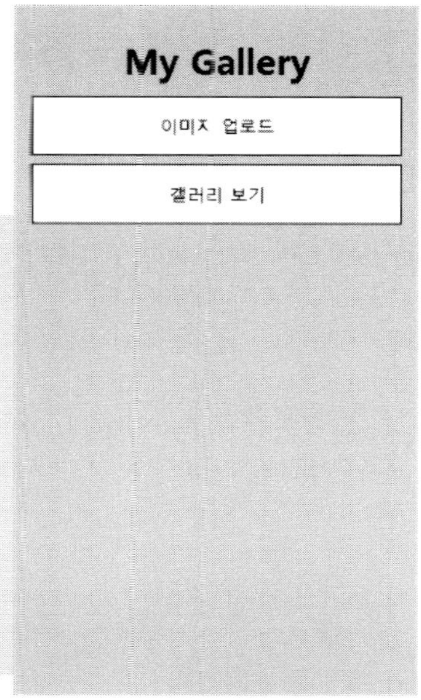


```
/* 메인 화면 */
//[이미지 업로드] 버튼
$('.mainBtnUpload').click(function(){
  $('.Main').hide();
  $('.Upload').show();
});
//[갤러리 보기] 버튼
$('.mainBtnGallery').click(function(){
  $('.Main').hide();
  $('.Gallery').show();
  loadImages();
});
```

[갤러리 보기]버튼을 눌렀을 때 화면 이동 후에 loadImages라는 함수를 호출합니다. 이는 서버로 부터 업로드된 이미지 목록을 받아오기 위해 사용된 함수로, 나중에 작성하겠습니다. 일단 아래와 같이 빈 형태의 함수를 선언해주세요.

```
var loadImages = function() {};
```

다음은 업로드 화면입니다.

```
/* 업로드화면 */
//[업로드] 버튼
$('.uploadBtnUpload').click(function(){

});
//[취소] 버튼
$('.uploadBtnCancel').click(function(){
  if(window.confirm('업로드를 취소하시겠습니까?')){
     //업로드된 파일 초기화
     $('.Upload').hide();
     $('.Main').show();
  }
});
```

마지막으로 갤러리 화면의 버튼 이벤트를 연결하겠습니다.

```
/* 갤러리 화면 */
//[메인으로] 버튼
$('.galleryBtnMain').click(function(){
  $('.Gallery').hide();
  $('.Main').show();
});
//[이미지 업로드] 버튼
$('.galleryBtnUpload').click(function(){
  $('.Gallery').hide();
  $('.Upload').show();
});
```

저장하고 앱을 실행합니다. 화면 이동이 되는지 점검해보도록 하세요.

남은 기능은 이미지의 업로드와 서버로 부터 이미지를 받아오는 일입니다. 이미지를 업로드하려면 안드로이드의 카메라 리소스에 접근을 해야 하는데, 이는 자바스크립트 자체에서 처리할 수 없습니다. 따라서 Android SDK의 도움을 필요로 하는데, 자바스크립트는 Android SDK에 직접 접근을 하는 것이 불가능합니다. 따라서 코르도바의 도움을 받게 될 것입니다. 이를 위해, 코르도바 프로젝트를 생성해보도록 하겠습니다. 실행창(키보드의 윈도우 로고키 + R)을 활성화하고 cmd를 입력하여 명령 프롬프트(Command prompt)를 실행합니다.

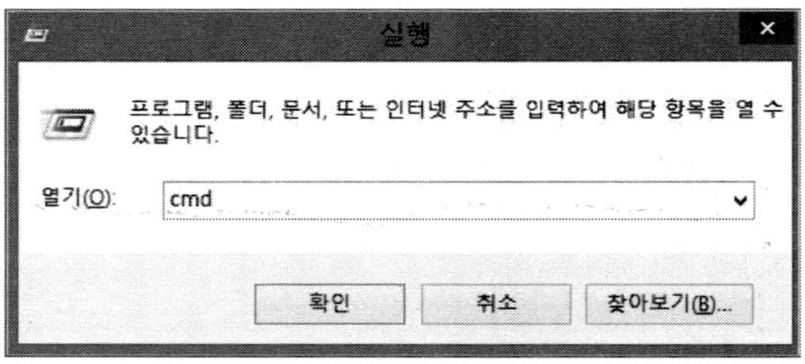

먼저 작업할 경로를 이동하겠습니다. 아래 명령어를 입력합니다.

```
cd C:\myProjects
```

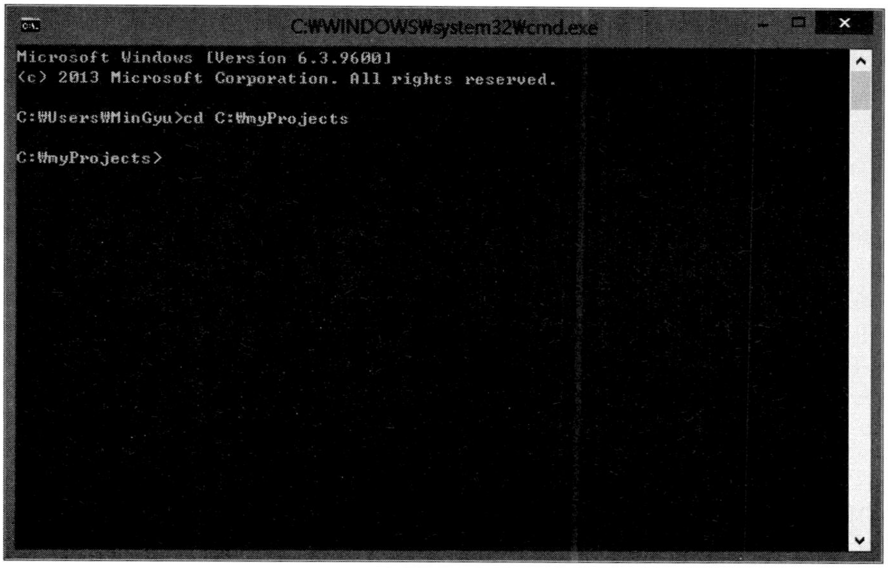

코르도바 프로젝트를 생성합니다.

```
cordova create gallery com.example.gallery gallery
```

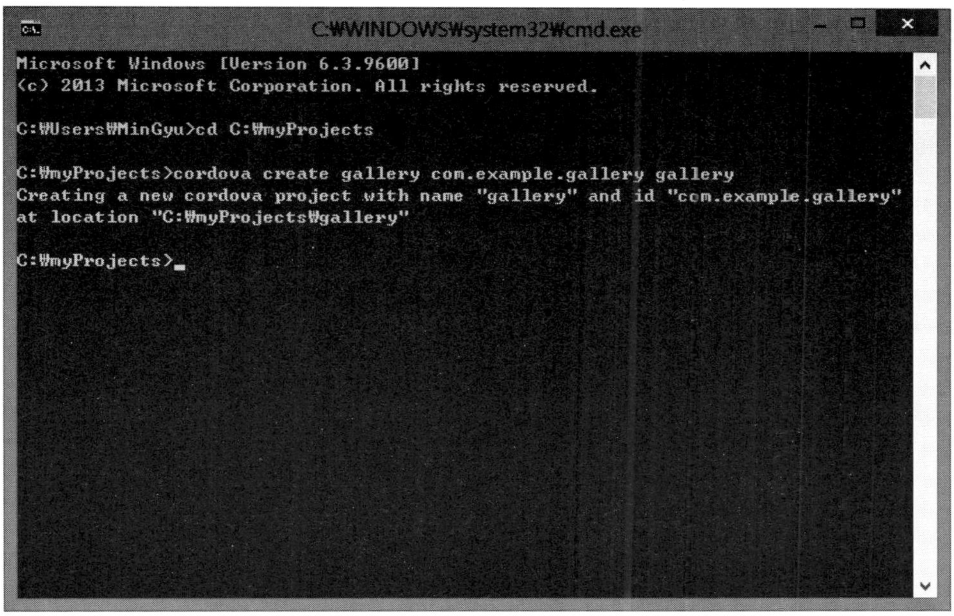

그 다음은 생성된 프로젝트로 이동하고 안드로이드 플랫폼을 추가하겠습니다.

```
cd gallery
cordova platform add android
```

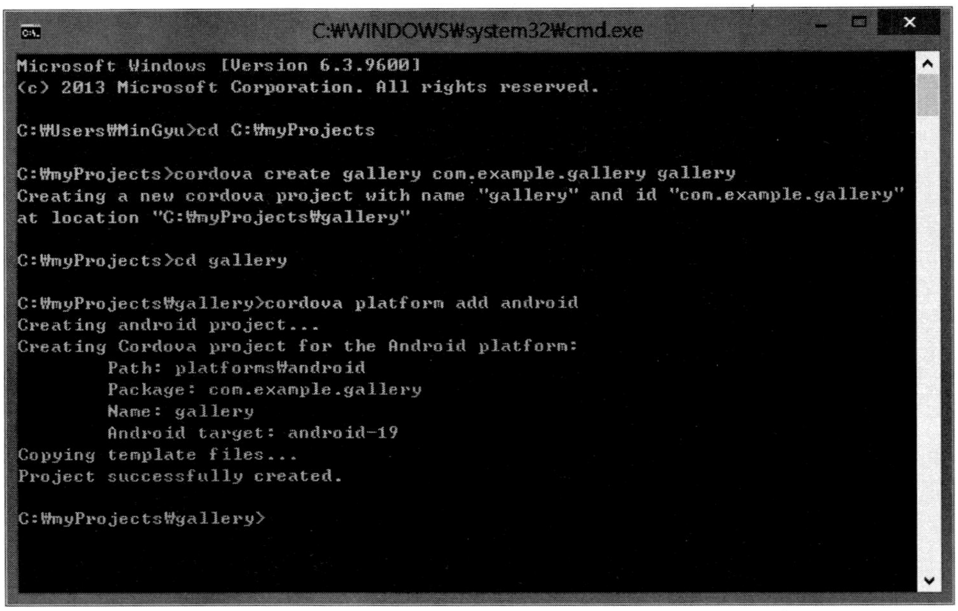

평소 같으면 이 상태에서 명령 프롬프트를 종료하면 되지만, 이번 예제에서는 추가적인 작업이 필요합니다. 바로 플러그인의 추가입니다.

앞서, 코르도바를 통해 안드로이드의 카메라 리소스에 접근할 것 이라고 말씀드렸습니다. 하지만 이를 위해서는 카메라 플러그인을 추가해주어야 합니다. 따라서 아래와 같이 카메라 플러그인 추가 명령어를 입력합니다.

```
cordova plugin add org.apache.cordova.camera
```

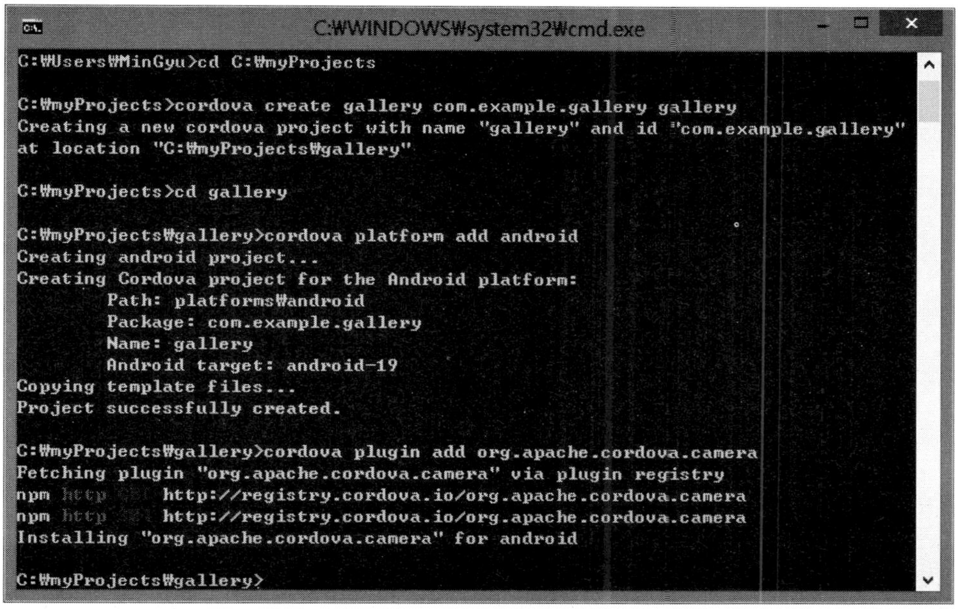

또한 서버에 파일(이미지)을 전송해야 하므로, 이를 위한 플러그인도 필요로 합니다.

*** 이미지를 직접 Form이나 FormData객체를 AJAX로 넘기지 않고 플러그인을 사용하나요?**

- 웹 분야에 종사하는 분은 위와 같은 의문을 가질 수 있습니다. 실제로 AJAX를 이용해 이미지를 업로드하는 것이 가능한 것이 사실입니다. 하지만 문제는 하이브리드 앱과 같은 로컬 통신에서는 XML이나 JSON방식으로 통신이 불가능하기 때문에 무조건 GET방식을 통한 전송만 지원이 됩니다. 저용량의 파일이라면 데이터 직렬화(Data-Serialization)같은 기법을 통해 전송하는 것이 가능하지만 이미지의 경우는 고용량의 파일이기 때문에 GET 방식의 용량 제한 때문에 문제가 발생하게 됩니다. 따라서 크로도바 측에서 이를 위한 해결책으로 위와 같은 파일 전송 플러그인을 제공하며, 이는 PHP와 같은 서버단에서 일반적인 Form의 POST업로드 방식으로 처리할 수 있게 됩니다. 또한 반환받는 값도 JSONP가 아닌 XML, JSON과 같은 형식으로도 반환이 가능합니다.

```
cordova plugin add org.apache.cordova.file-transfer
```

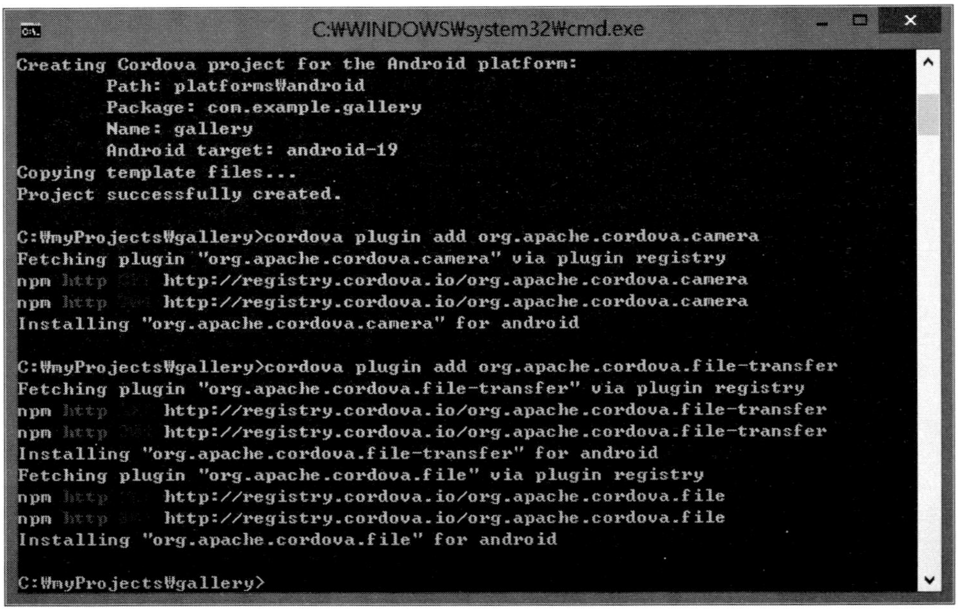

이제 exit 명령어를 입력하여 cmd를 종료합니다. 그 다음 할 작업은 코르도바의 기능을 자바스크립트에 불러오는 것입니다. 일단 생성된 프로젝트 폴더로 이동해보도록 합니다. C:\myProjects\gallery\platforms\android\assets\www으로 이동합니다.

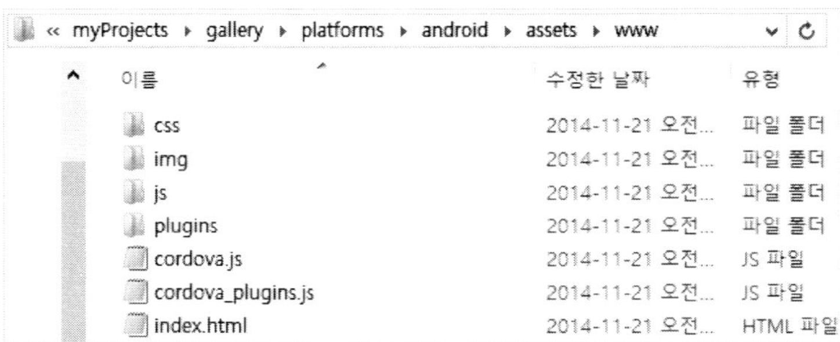

위는 기본적으로 생성되는 파일입니다. 우리는 이제까지 위 파일들을 모두 제거했지만 코르도바의 기능을 쓰려면 위의 cordova.js 파일이 필요합니다. 또한 플러그인을 추가하면 위와 같이 plugins 폴더와 cordova_plugins.js라는 파일 2개가 추가되는데, 이들 모두도 추가해야합니다. 자바스크립트 파일이므로 HTML파일에서 바로 추가하면 됩니다. 따라서 위 두 js파일과 plugins폴더를 우리가 작업한 애플리케이션 프로젝트 폴더의 js 폴더에 복사합니다.

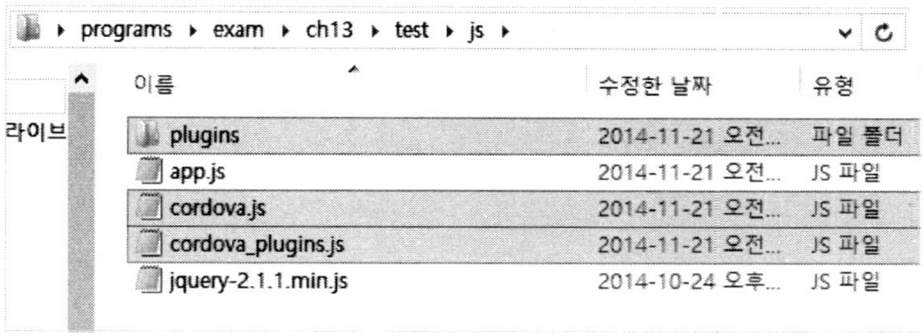

그리고 index.html에서 위 두 개의 js 파일을 불러오도록 수정합니다.

```
<head>
  <title>My Gallery</title>
  <meta charset="utf-8" />
      <meta name="viewport" content="width=device-width, user-scalable=no" />
      <link rel="stylesheet" href="./css/app.css" />
      <script src="./js/cordova.js"></script>
      <script src="./js/cordova_plugins.js"></script>
      <script src="./js/jquery-2.1.1.min.js"></script>
      <script src="./js/app.js"></script>
</head>
```

이 상태에서 실행하면 window.prompt가 실행되면서 사용자에게 값을 입력해달라고 요청합니다. 이는 코르도바에서 안드로이드에 접근할 때 이용되는 정보인데, 현재 실행환경은 PC이기 때문에 코르도바의 작업을 수행할 수 없습니다. 다라서 하이브리드 앱으로 변환을 해서 모바일에서 직접 실행을 해야 합니다. 이 작업을 하기 전에 이미지 업로드 기능을 먼저 구현해보겠습니다. app.js로 돌아가 [업로드 버튼]의 클릭 이벤트로 돌아갑니다.

가장 먼저 해야 할 일은 카메라 리소스에 접근하여 앨범에 있는 이미지를 선택하는 것입니다. camera플러그인을 추가하면 navigator객체 안에 camera객체가 추가되며, 여기서 제공하는 getPicture메서드를 이용하면 이미지를 가져올 수 있습니다. getPicture메서드는 다음과 같이 사용합니다.

```
navigator.camera.getPicture(성공시 호출할 함수, 실패시 호출할 함수, 카메라 옵션);
```

성공 시 호출하는 함수에 인자를 지정하면 선택한 이미지에 대한 정보에 접근할 수 있습니다. 우리는 이 정보를 토대로, 이미지를 서버로 업로드할 것입니다. 카메라 옵션은 선택한 이미지에 대한 여러 가지 설정(option)을 지정할 수 있습니다. 이에 대한 자세한 설명은 코르도바의 카메라 도큐멘테이션을 참조하세요(http://plugins.cordova.io/#/package/

org.apache.cordova.camera)

이제 코드를 작성해보겠습니다.

```
$('.uploadBtnUpload').click(function(){
  navigator.camera.getPicture(function (imageURI) {

  }, function (message) {
window.alert('오류가 발생하였습니다.');
},
{
quality: 40,
destinationType: Camera.DestinationType.FILE_URI,
sourceType: Camera.PictureSourceType.PHOTOLIBRARY
});
});
```

일단 먼저 실패에 관한 함수와 카메라 옵션을 지정하였습니다. 카메라 옵션에 quality 속성은 가져온 이미지의 품질로, 높을수록 품질이 우수하지만 용량이 커집니다. 안드로이드의 카메라로 캡처한 사진은 해상도가 굉장히 높으므로 용량이 매우 큽니다. 따라서 40~60 정도의 품질로 낮추면 많이 용량을 줄일 수 있습니다.

destinationType속성은 getPicture함수가 성공 시 반환하는 인자의 반환 형태인데 우리는 파일 자체를 전송해야하므로 파일의 경로(FILE_URI)를 반환하도록 하였습니다.

sourceType은 어디로부터 이미지를 가져올 것인가를 설정하는데 PHOTOLIBRARY를 통해 갤러리에 있는 이미지를 선택하도록 지정하였습니다. 기본설정은 CAMERA인데, CAMERA로 설정하면 직접 카메라 촬영이 활성화되고, 촬영된 화면을 가져오게 됩니다.

getPicture로 이미지의 정보를 불러왔으니 이제 서버로 전송해야합니다. 이를 위해서 아까 명령 프롬프트에서 추가한 파일 전송 플러그인을 사용할 것입니다.

파일 전송을 위해서는 FileTransfer라는 객체를 생성하여 upload메서드를 이용하면 됩니다. 따라서 아래와 같이 사용합니다.

```
var ft = new FileTransfer();
ft.upload( … );
```

그리고 upload메서드에는 아래와 같은 정보를 인자로 넘겨주어야 합니다.

```
upload(fileURI, server, success, error, options)
```

fileURI인자는 업로드할 파일의 URI입니다. URI란 Uniform Resource Identifier의 약자로, 간단하게 말하면 파일 등의 경로를 뜻 합니다(윈도우에서 사용하는 경로라고 생각하면 이해가 될 것입니다. 다만 윈도우의 경로는 윈도우에서만 사용할 수 있고 다른 운영체제에서는 사용할 수 없습니다. URI는 모든 환경에서 사용할 수 있도록 개발된 경로 표기법입니다). 이는 camera객체의 getPicture메서드가 반환하니 이 값을 넘겨줄 것입니다.

server인자는 업로드를 수행할 서버 주소입니다. 우리는 이곳에 파일 업로드 처리를 수행하는 PHP문서를 링크할 것입니다.

success인자는 함수로, 성공 시 호출할 함수입니다. 이 함수의 인자를 설정하면 server인자에서 지정한 결과(즉, 여기서는 PHP문서의 반환 값)가 넘어갑니다. 우리는 여기에 PHP에서 JSON형태로 결과 값을 반환할 것입니다.

error인자도 함수로, 오류 발생 시 호출할 함수입니다.

options인자는 각종 업로드와 관련된 옵션입니다. 여기서 추가적인 데이터를 싣거나 여러 설정을 변경할 수 있습니다.

사실상 위 메서드는 모든 것이 중요하지만 options도 중요합니다. camera 객체의 getPicture메서드의 카메라 옵션 인자와 달리, upload메서드의 options인자는 FileUploadOptions라는 객체를 생성하고, 각각의 속성(Property)을 지정해야합니다.

즉 아래와 같습니다.

```
var options = new FileUploadOptions();

options.fileKey = "file";
...

var ft = new FileTransfer();

ft.upload(..., ···, ... , ···, options);
```

우리는 이 options에서 전송할 파일에 관한 정보를 지정할 것입니다. FileUploadOptions 객체의 params속성에 객체 형태로 값을 실어 보내면 서버 언어에서 POST방식 변수로 접근이 가능합니다. 즉

```
var options = new FileUploadOptions();

options.fileKey = "file";
...
```

```
options.params = {
  "myValue1" : "1",
  "myValue2" : "2"
};

var ft = new FileTransfer();

ft.upload(..., …, ... , …, options);
```

위와 같이 params에 속성을 지정하고 upload메서드를 수행했을 때, PHP기준으로 아래와 같이 접근할 수 있습니다.

```
$_POST['myValue1'];
$_POST['myValue2'];
```

만약 로그인과 같은 서비스가 연동이 된다면 누가 업로드하는지, 즉 업로드한 사용자의 이름이나 닉네임, 또는 각종 설정과 같은 값을 넘겨줄 수 있습니다. 따라서 서버단에서 파일 업로드를 처리하고 부가적인 정보를 처리할 때 사용할 수 있습니다.

자, 그럼 이제 파일 업로드 소스를 공개하겠습니다.

```
//[업로드] 버튼
$('.uploadBtnUpload').click(function(){
  navigator.camera.getPicture(function (imageURI) {
var options = new FileUploadOptions();

options.fileKey = "file";
options.fileName = imageURI.substr(imageURI.lastIndexOf('/') + 1);
options.mimeType = "image/jpeg";

var param = {};

options.params = param;
options.chunkedMode = false;

var ft = new FileTransfer();
ft.upload(imageURI, "여러분의 URL 주소/ch13/lib/uploadImage.php",
function (r) {
//Success
var response = r.response;
```

```
var result = JSON && JSON.parse(response) || $.parseJSON(response);

if (result.result == "success") {
window.alert('업로드 되었습니다.');
$('.Upload').hide();
$('.Gallery').show();
 loadImages();
}
else {
window.alert('오류가 발생하였습니다.');
}
},
function (error) {
//Failed
window.alert("An error has occurred: Code = " + error.code);
window.alert('오류가 발생하였습니다.');
},
options);
}, function (message) {
window.alert('오류가 발생하였습니다.');
},
{
quality: 40,
destinationType: Camera.DestinationType.FILE_URI,
sourceType: Camera.PictureSourceType.PHOTOLIBRARY
}
);
});
```

복잡해보이지만 배웠던 내용을 기준으로 천천히 보면 어렵지 않게 이해할 수 있습니다. 먼저, navigator객체의 camera객체에 getPicture메서드로 안드로이드 앨범으로 부터 이미지를 선택합니다. 오류가 발생하지 않는다면 이 작업은 성공할 것이고, 첫 번째 인자의 함수를 호출하고 함수의 인자로 파일의 경로(URI)를 반환합니다.

그리고 파일 전송을 위해 FileUploadOptions타입의 opticns객체를 생성하고 파일에 대한 설정을 합니다. fileName속성에 substr메서드와 각종 여러 메서드들이 사용되었는데, substr메서드는 문자열이 있다면 그 일부만 가져올 때 사용하는 함수입니다. 예를 들어 Hello world에서 Hello나 world만 가져올 때 사용합니다. 두 번째 lastIndexOf함수는 인자로 넘어온 문자의 위치를 정수로 반환합니다. getPicture게서드는 성공 시 호출한 함수의 인자로 파일의 경로(File URI)를 반환한다고 하였는데, 이는 파일의 절대적인 경로를 의미합니다. 예를 들면 C드라이브 안에 A라는 폴더가 있다면 윈도우즈에서는 이 폴더의

절대적인 경로는 C:\A가 됩니다. 리눅스 운영체제의 경우 루트 디렉터리 안에 A라는 디렉터리 안에 hello라는 파일이 있다면 /A/hello가 됩니다.

이러한 값이 반환되기 때문에, 순수한 파일이름을 추출해야하는데 안드로이드의 URI에서는 /문자를 이용해 경로를 구분하기 때문에, 가장 마지막에 온 / 문자의 위치 다음부터는 파일이름이 됩니다.

따라서 lastIndexOf함수로 가장 마지막에 온 / 문자의 다음 위, 즉 +1부의 문자열을 가져오면 순수한 파일의 이름을 얻게 되는 것입니다.

그리고 mimeType은 파일의 타입입니다. 우리는 JPEG형태로 업로드를 할 것이므로 "image/jpeg" 를 설정하였습니다.

그리고 추가로 전달할 값은 일단 없으므로 빈 params객체를 지정했습니다. chunkedMode는 간단히 말하면 데이터 전송과 관련된 설정으로, 데이터를 청크(chunk)라는 여러 데이터로 분할하여 전송하는 것입니다. 이는 파일 전송 시에는 비활성화하여야 합니다. 기본 설정은 청크모드(chunkedMode=true)로 전송하면 파일 업로드에 실패합니다.

이제 옵션을 설정하였으니 업로드를 할 차례입니다. upload메서드에 첫 번째 인자로 전송할 URI경로를, 두 번째 인자로 업로드를 수행할 경로를, 그리고 세 번째 인자로 성공 시 호출할 함수를, 네 번째로 실패 시 호출할 함수를 지정하고 마지막으로 다섯 번째 인자로 앞에서 생성한 옵션을 지정합니다.

두 번째 인자에 지정된 PHP문서는 잠시 후에 알아보도록 하겠습니다. 업로드가 성공하면 인자 r에 결과 값을 받습니다. r은 단순히 업로드 수행 후 반환된 값을 가지는 게 아니고, 업로드 결과에 관한 모든 정보를 포함합니다. 우리가 JSON형태로 반환할 데이터는 response속성으로 접근합니다. 따라서 우리가 반환한 결과를 변수 response에 넣습니다. 하지만 반환된 값을 우리가 JSON으로 반환했다고 해서 바로 자바스크립트에서 사용할 수 있는 것은 아닙니다. jQuery를 사용했을 때에는 jQuery에서 알아서 변환작업을 수행하기 때문에 바로 객체처럼 접근이 가능했지만 jQuery를 사용하지 않으면 별도의 변환 작업이 필요합니다. 다행히 최근의 자바스크립트는 자체적인 JSON해석 함수가 존재합니다. 따라서 이를 호출하면 됩니다.

```
var result = JSON && JSON.parse(response) || $.parseJSON(response);
```

그런데 &&와 || 같은 것들 때문에 혼란이 오실 것입니다. 위는 다음과 같이 해석됩니다.

result변수에는

❶ JSON이라는 것이 유효하다면 JSON의 parse메서드를 호출하고

❷ 그렇지 않으면

❸ $.parseJSON을 호출하라.

3번째는 jQuery를 통한 변환입니다. 이러한 변환작업을 파싱(Parsing)이라고 부릅니다. 최신 사양의 자바스크립트에서는 자체적으로 JSON해석을 위한 JSON이라는 객체를 가지고 있습니다. 하지만 일부 환경에서는 JSON이라는 객체를 지원하지 않습니다. 따라서 이를 판별하기 위해 JSON이라고 쓴 것입니다. JSON이 유효하다면 true가 되기 때문에 And연산자(&&)인 JSON.parse메서드를 호출합니다. 그리고 이 결과가 들어가게 됩니다. 만약 JSON객체를 지원하지 않으면 jQuery가 가지고 있는 parseJSON메서드를 호출해 파싱을 하게 됩니다. 이와 같이 한 이유는 jQuery의 파싱 작업이 자바스크립트 자체의 파싱 작업보다 훨씬 느리기 때문입니다. 물론 눈에 띄는 속도차이는 일반인은 느낄 수 없지만 나중에 프로젝트가 커진다면 이러한 속도도 중요한 요소로 작용할 수 있습니다.

이렇게 결과를 result변수에 집어넣으면 이제 우리가 이제까지 했던 방법대로 .을 이용해 접근이 가능합니다.

따라서 결과가 "success"이라면 업로드가 정상적으로 수행된 것이므로 업로드 성공을 알려주고 갤러리 화면으로 이동해 갓 업로드한 이미지를 보여줍니다(최근에 업로드된 이미지 순서대로 보여주므로 결과적으로 방금 업로드한 이미지가 최상위에 나타납니다).

loadImages함수를 통해 이미지를 불러올 것입니다.

자, 이제 업로드 작업이 거의 완료되었습니다. 그 다음 해야 할 일은 이미지의 업로드를 할 디렉터리의 권한을 설정하는 것입니다. 여러분이 현저 사용 중인 서버 또는 호스팅의 운영체제는 Linux일 것입니다. PHP는 주로 리눅스를 주 타깃으로 하기 때문이고, 리눅스가 서버 OS로 많이 사용되기 때문입니다. 물론 윈도우즈에서도 PHP를 사용할 수 있지만 자주 있는 현상은 아닙니다. 여러분은 FTP프로그램을 사용해서 파일 관련된 작업을 수행하지만 여러분이 파일을 전송한 곳은 리눅스입니다. 따라서 리눅스 운영체제에 대해 한 가지 이해를 하셔야 됩니다. 바로 파일의 접근 권한이라는 것입니다.

우리가 사용 중인 윈도우즈 운영체제는 주로 한 사람의 사용자가 독점하는 형태로 사용을 합니다. 물론 로그오프 또는 계정 전환 등으로 다른 사용자가 사용할 수 있지만 동시에 여러 사용자가 접근을 하지는 않습니다(물론 XP 이상의 NT계열 윈도우즈는 서버기능을 제공하므로 가능은 합니다). 하지만 리눅스는 처음부터 멀티유저(Multi-user, 다중 사용자)에 맞춰 개발된 운영체제이므로 동시에 여러 명이 하나의 운영체제에서 동시에 작업을 수행합니다. 따라서 여러 명의 사용자가 하나의 컴퓨터를 사용하므로 상대방의 파일을 함

부로 삭제하고 실행하고 옮기는 등의 작업을 막기 위해서 파일의 소유자와 권한이라는 기능을 가지고 있습니다(물론 이는 윈도우즈에도 있습니다. 하지만 XP시절에 윈도우는 이러한 권한 기능이 거의 전무하다 싶어 공격자가 손쉽게 공격을 할 수 있었습니다. 대부분은 보안 패치로 보완이 되지만 운영체제 자체에 취약점이 큰 경우입니다. 이는 윈도우즈 Vista부터 권한 기능을 강화함으로써 많이 해결되었습니다). 이는 크게 실행(Execute) 권한, 열기(Read) 권한, 쓰기(Write) 권한 세 가지를 가지는데 각각의 권한을 8진수(0부터 7까지 있는 수 체계)로 표현을 합니다. 그리고 이러한 권한을 소유자(Owner), 그룹(Group), 기타(Others)로 표현합니다. 이러한 권한 때문에, 우리가 필요한 업로드 기능이 실패합니다. 왜냐하면 업로드를 하려고 하는 디렉터리(경로)의 권한이 기타 사용자가 쓰기 권한이 없다면 파일을 저장할 수 없어서 이미지 업로드가 실패하기 때문입니다. 따라서 해당 폴더의 권한을 일반 사용자가 사용할 수 있도록 변경해주어야 합니다.

따라서 FTP프로그램을 켜고, ch13디렉터리를 생성합니다.

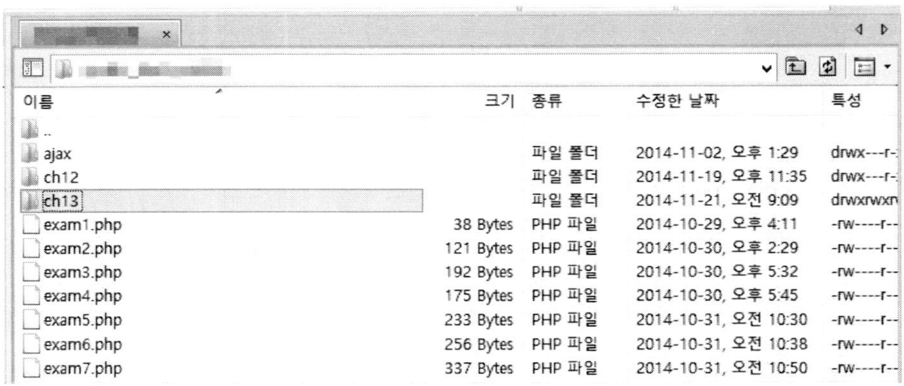

그리고 PHP파일을 업로드하기 위해 lib폴더를 만들겠습니다.

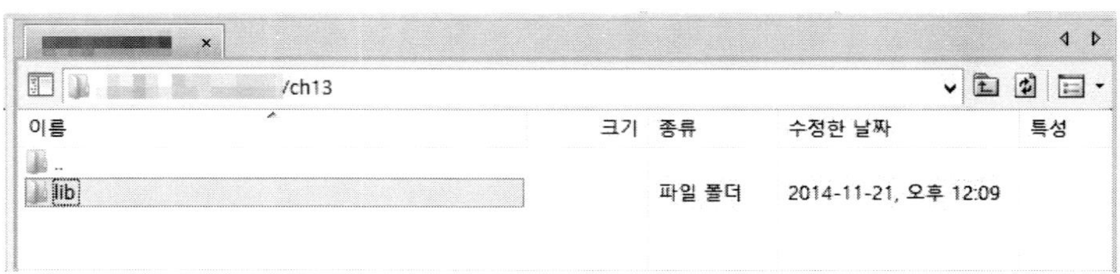

PHP파일과 혼동되지 않도록, 별도의 이미지 보관을 위한 디렉터리를 생성하겠습니다. 이름은 image라고 하겠습니다.

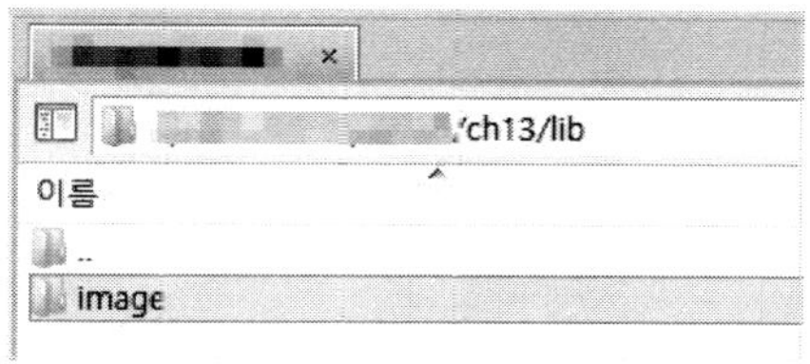

그 다음에는 위 image 디렉터리의 권한을 변경해 주어야 합니다. 여러분이 어떤 FTP프로그램을 사용하고 계신지 모르겠지만, 모든 FTP프로그램은 권한 설정 기능을 제공합니다. 주로 해당 파일(디렉터리)을 우클릭하면 권한 설정과 관련된 기능이 있습니다.

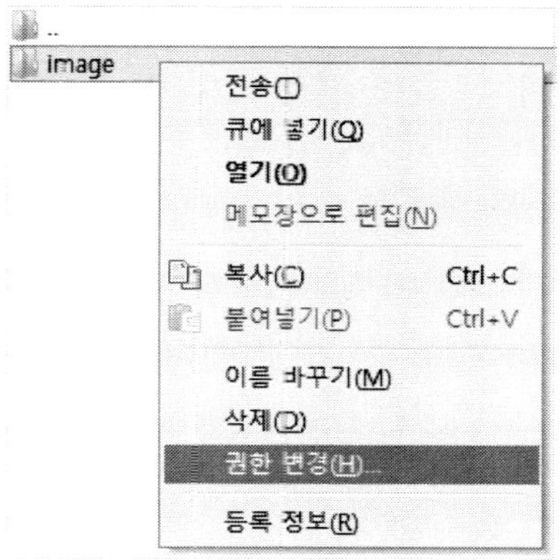

그리고 권한 설정 창이 나타나면 모든 권한을 허용합니다.

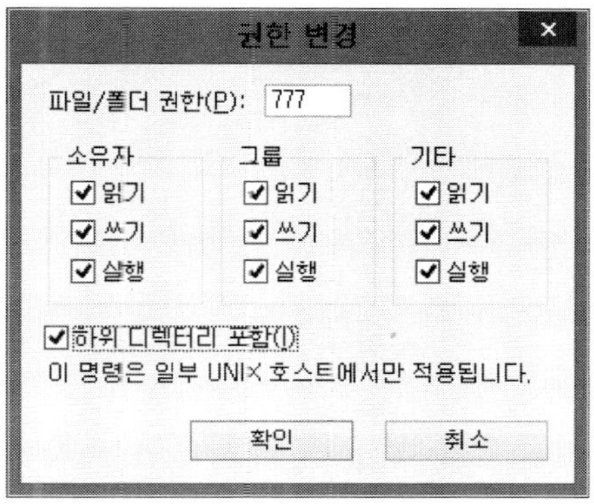

일부 FTP프로그램에서 숫자를 요구하는 경우도 있을 수 있는데, 위와 같이 777을 입력합니다. 이는 모든 권한을 허용하겠다는 뜻 입니다. 그리고 하위 디렉터리도 모두 777 권한으로 변경하도록 설정합니다.

자 이제 파일 업로드를 위한 경로가 준비되었습니다. 그 다음은 업로드한 파일명을 데이터베이스에 기록해야합니다. 파일을 서버에 저장했다고 해도 그 목록을 가져오려면 어딘가에 그 목록을 저장해야 합니다. 우리는 파일의 경로는 알고 있으므로(여러분의 URL/ch13/lib/image) 파일 이름만 데이터베이스에 저장해두면 모든 파일에 접근 할 수 있습니다. phpMyAdmin을 실행하고 아래와 같은 SQL문을 입력합니다.

```
CREATE TABLE MYGALLERY(
    id INT AUTO_INCREMENT PRIMARY KEY,
    imageName VARCHAR(100)
);
```

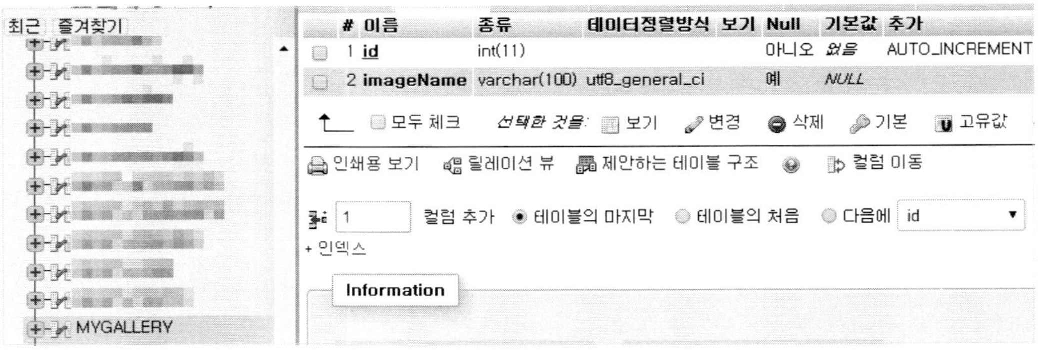

간단하게 고유번호와 이미지 이름만 지정했습니다. 넉넉잡아 100문자열로 잡았는데, 파일 이름을 변경할 것이므로 조금 적게 잡아도 관계없습니다(VARCHAR속성은 문자열이 지정너비보다 짧으면 스스로 축소해서 저장하므로 신경 쓰지 않으셔도 됩니다).

이제 마지막으로 PHP에서 파일(이미지)을 서버에 저장하고 데이터베이스에 이미지 이름을 저장하는 일만 남았습니다. 파일 처리 부분은 다소 어려울 수 있는데 주의 깊게 봐주세요.

uploadImage.php파일을 생성하고 아래와 같이 입력합니다.

```
<?php
  $result = array();
  $resultData = "failed";

  $connection = mysqli_connect("localhost", "여러분의 ID", "비밀번호", "데이터베이스명");
  mysqli_query("set names utf8");   //한글이 깨지지 않도록 유니코드로 설정합니다

  $today = date("Y-m-d (H:i:s)");
  $fileName = $today . ".jpg";

  if(move_uploaded_file($_FILES['file']['tmp_name'], "./image/" . $fileName)){
    //change to 777
    chmod("./image/" . $fileName, 0777);

    $query = mysqli_query($connection, "INSERT INTO MYGALLERY(imageName)
             VALUES
('" . $fileName . "')");

    if($query)
      $resultData = "success";
    else
      unlink("./image/" . $fileName);
```

```
  }

  $result = array('result' => $resultData, 'imageName' => $fileName);

  mysqli_close($connection);

  echo json_encode($result);
?>
```

uploadImages.php는 이미지를 업로드할 때 서버 측에서 비동기식으로 요청이 됩니다. 즉 AJAX처럼 동작을 합니다. params에 넘겼던 변수는 $_POST로 접근하지만 넘어온 파일은 $_FILES라는 변수로 접근합니다. 일반적으로 $_FILES 변수는 웹상에서 파일을 업로드할 때 사용하는데 input태그의 type속성이 file이면 파일을 선택할 수 있게 됩니다. 이 file속성의 input태그의 name속성이 $_FILES배열의 키 값이 됩니다. 하지만 우리는 독특한 방법으로 전송을 했기 때문에 이와 같은 방법으로 접근이 불가능합니다. 따라서 코르도바에서는 파일을 보내기 전에 이 키 값을 명시하도록 하고 있습니다. 위쪽에 파일 전송 옵션을 설정하는 코드를 다시 살펴보겠습니다.

```
var options = new FileUploadOptions();

options.fileKey = "file";
options.fileName = imageURI.substr(imageURI.lastIndexOf('/') + 1);
options.mimeType = "image/jpeg";

var param = {};

options.params = param;
options.chunkedMode = false;
```

위 속성 중 fileKey라는 속성이 보이길 겁니다. 이 값이 키 값으로 넘어가 $_FILES 배열의 키 값으로 사용됩니다. 따라서 업로드한 파일은 $_FILES['file']으로 접근할 수 있습니다.

$_FILES배열은 2차원 연관 배열입니다. 따라서 ['file']로 각각의 파일 정보에 접근하고, 두 번째 배열 키 값으로 상세한 정보를 얻습니다. 여기에는 전송된 파일의 MimeType(파일타입), 크기(용량), 파일이름 등이 있는데, 여기서 우리는 임시 이름이라는 것이 필요합니다.

임시 이름이라는 것은 임시로 만들어진 파일의 이름입니다. 정확히 말하자면 이는 경로입니다. PHP에서 파일 업로드를 처리하면 PHP는 임시로 업로드된 파일을 임시로 생성된 디렉터리에 넣고 임시 이름을 부여합니다. 만약 PHP단에서 이 파일을 처리하지 않으면 이 파일은 PHP코드가 끝이 나고 삭제가 됩니다. 따라서 임시파일이라고 불립니다.

업로드된 파일을 저장하려면 다른 경로로 올려야 합니다. 그러려면 일단 옮겨야 될 경로도 필요하지만 임시로 만들어진 경로와 파일 이름을 알아야 합니다. 이때 그 임시이름을 $_FILES에서 보관하고 있으므로 쉽게 가져올 수 있습니다. 이는 아래와 같이 가져올 수 있습니다.

```
$_FILES['file']['tmp_name']
```

소스로 돌아가, 데이터베이스에 연결한 후 $today라는 변수에 2014-11-21 (02:31)과 같은 형식으로 오늘 날짜를 저장하고 있습니다. 이는 파일 이름을 새로 변경하기 위함인데, 이름을 그대로 옮길 경우 중복된 이름이 저장될 수 있기 때문입니다. 따라서 겹치지 않도록 오늘 날짜로 이름을 변경할 것입니다. 하지만 사용자가 많은 경우 날짜를 기준으로 해도 겹칠 가능성이 발생할 수 있습니다. 만약 그 정도로 큰 서비스를 준비한다면 이름을 유일하게 식별할 수 있는 다른 기능을 추가하는 것이 좋습니다. 예를 들자면 업로드 요청 시 사용자의 이름이나 닉네임 등을 같이 전달해 파일 이름의 앞이나 뒤에 붙인다든지, 번호를 매긴다는 식으로 할 수 있을 것입니다.

파일의 확장자는 .jpg(JPEG 파일)로 정해져 있으므로, 파일의 이름은 날짜.jpg로 지정하면 됩니다. 따라서 이 이름을 $fileName변수에 저장하고 있습니다.

이제 파일을 임시 경로에서 우리가 생성한 ch13/lib/images 폴더로 옮길 차례입니다. 파일을 옮기는 함수는 move_uploaded_file이며 인자로 원래 위치(디렉터리) 그리고 새 위치(디렉터리)를 받습니다. 단순한 위치가 아닌 파일 이름도 포함된 전체 경로를 입력해야 합니다. 임시 파일의 위치는 $_FILES의 'tmp_name' 으로 접근할 수 있으므로 첫 번째로 이 값을 넘깁니다. 두 번째가 복사될 위치인데 현재 PHP파일이 ch13/lib에 들어있으므로 ./images를 통해 바로 접근할 수 있습니다. 이러한 접근 방식을 상대 접근 방식이라 부르는데, ./ 는 현재 경로를 의미하고, ../ 는 이전 경로를 의미합니다. 현재 경로, 즉 실행되고 있는 PHP 문서가 있는 경로는 ch13/lib이므로 ./는 ch13/lib가 됩니다. 그리고 첫 번째 인자와 마찬가지로 두 번째 인자, 즉 저장될 경로도 파일 이름을 포함한 전체 경로가 되어야 하므로 다시 /를 통해 폴더 내부로 이동하고 그 곳에 우리가 생성한 파일이름인 $fileName변을 넣었습니다. 따라서 두 번째 인자의 경로는 아래와 같이 됩니다.

./ch13/lib/images/2014_11_21 (12:56:30).jpg

move_uploaded_file함수는 이름 그대로 업로드된 파일을 옮기는 함수 입니다. 이 함수는 반환 값으로 성공 실패 여부를 반환하는데 이 값을 점검해 파일 업로드가 성공하면

데이터베이스에 파일 이름을 넣고 그렇지 않으면 넣지 않는 것입니다.

이 함수가 실패하는 원인은 여러 가지가 있지만 대표적으로는 권한 문제이며 그 다음은 유효하지 않은 경로를 입력한 것입니다. 전자는 우리가 했듯이 권한을 변경하면 되고 후자는 유효한 경로를 입력하면 됩니다. 그 외에 실패 원인으로는 용량 제한 등이 있는데 이는 용량 제한을 늘여주면 해결됩니다.

파일 이동이 성공하면 chmod라는 함수를 호출하고 인자로 방금 이동시킨 파일('./images/파일이름.jpg')과 0777 이라는 인자를 넘기고 있습니다. chmod함수는 우리가 FTP 프로그램에서 했던 권한 변경 역할을 수행하는 함수입니다. 777이 아닌 0777로 입력을 하는 것은 777로 입력하면 우리가 일상적으로 쓰는 수 체계인 10진수(0~9의 숫자로 표현하는)로 인식을 하기 때문에 8진수로 인식시키기 위하여 넣었습니다. 따라서 이동시킨 파일도 권한을 모든 사용자가 모든 작업을 할 수 있는 권한으로 변경합니다. 우리 예제에서는 없지만 만약 업로드한 이미지를 제거하거나 교체해야 한다면 권한을 미리 변경해 놓지 않으면 실패할 가능성이 높습니다.

파일도 이동시켰고 권한도 변경했으면 마지막으로 데이터베이스에 파일 명을 기록하면 됩니다. 우리는 이미지 파일이 어디 있는지 알고 있기 때문에 파일 이름만 저장하겠습니다. 따라서 연결된 리소스에 INSERT문을 이용한 삽입 쿼리를 요청합니다. 그리고 쿼리 결과가 성공인 경우 success를 반환합니다. 만약 실패했다면 단순히 failed만 반환하는 것이 아닌, 임시 파일도 삭제를 해야 합니다. 따라서 unlink함수를 사용했습니다. 이 함수는 인자로 넘어온 경로의 파일을 제거합니다.

자, 업로드된 이미지를 처리하는 로직이 완성되었으므로 서버에 uploadImage.php를 업로드합니다. 남은 작업은 애플리케이션의 갤러리 화면에 불러와 출력하는 작업만 하면 됩니다.

서버에서 불러오는 과정은 간단합니다. MYGALLERY 테이블에 저장된 각각의 값들이 이미지 파일의 이름이므로 이들을 불러와 JSONP형태로 반환하면 됩니다.

```
<?php
  $result = array();
  $callback = $_GET['callback'];
  $resultData = 'failed';

  //데이터베이스에 연결합니다.
  $connection = mysqli_connect("localhost", "여러분의 ID","비밀번호", "데이터베이스명");
  mysqli_query("set names utf8");    //한글이 깨지지 않도록 유니코드로 설정합니다
  //레코드를 불러옵니다.
  $query = mysqli_query($connection, "SELECT * FROM MYGALLERY ORDER BY id DESC");
```

```
  //쿼리문이 성공했는가?
  if($query) {
    $resultData = "success";
    $data = array();

    $num = mysqli_num_rows($query);

    for($i = 0; $i < $num; $i++){
      mysqli_data_seek($i);                  //레코드 이동
      $row = mysqli_fetch_array($query);

      $id = $row['id'];
      $imageName = $row['imageName'];

      $data[$i] = array();
      $data[$i]['id'] = $id;
      $data[$i]['imageName'] = $imageName;
    }
  }

  $result = array('result' => $resultData, 'data' => $data);

mysqli_close($connection);

  echo $callback . "(" . json_encode($result) . ")";
?>
```

성공적으로 데이터를 불러왔다면 result는 success가 되고 data는 데이터들(이미지이름들)이 담길 것입니다.

load.php를 서버에 업로드해주세요. 이제 이 load.php를 자바스크립트를 통해 호출하여 결과 값을 얻은 다음 실질적으로 화면에 출력하겠습니다.

이미지를 불러오는 함수는 우리가 이전에 정해놓았습니다. 바로 loadImages함수입니다.

```
var loadImages = function(){
  var target = $('.Images').empty();

  $.ajax({
    url: 'http://rico345.co-story.net/publish/ch13/lib/load.php',
    data: {},
    dataType: 'jsonp',
    success: function(data){
```

```
            //성공
            if(data.result == "success"){
                var cnt = data.data.length;

                for(var i = 0; i < cnt; i++){
                    var imageName = data.data[i].imageName;
                    $('<img />').attr('src', 'http://rico345.co-story.net/publish/ch13/lib/image/'
                     + imageName).appendTo(target);
                }

                if(cnt == 0)$('<p></p>').text('업로드된 이미지가 없습니다.').appendTo(target);

                $('.Gallery > p').text('총 ' + i + '점의 이미지가 업로드되었습니다.');
            }
            //오류
            else{
                window.alert('오류가 발생하였습니다.');
            }
        },
        error: function(){
            window.alert('오류가 발생하였습니다.');
        }
    });
};
```

먼저 이전에 이미지들이 불러와져있다면 모두 제거하기 위해 .Images의 하위 요소(img 태그들)을 모두 제거했습니다. 그리고 .Images를 target 변수 안에 저장했습니다. 그리고 난 후 load.php를 AJAX로 요청하고 결과 값을 반환받습니다. 반환된 결과 값이 success 이면 data객체 안에 이미지 이름들이 전달됩니다. 여러 개이므로 배열 형태로 접근해야 하며, 이를 위해 cnt변수에 데이터의 길이를 구하고 해당 개수만큼 for문을 수행하여 이미지 태그를 생성하고 src속성에 위치를 지정해줍니다.

이미지가 위치한 경로는 **여러분의 서버URL/ch13/lib/images**이므로 여기에 문자 /를 더해서 **서버URL/ch13/lib/images/파일이름.jpg**와 같이 하면 이미지에 접근할 수 있습니다.

따라서

```
for(var i = 0; i < cnt; i++){
  var imageName = data.data[i].imageName;
  $('<img />').attr('src', '여러분의 서버 URL/ch13/lib/image/' + imageName).appendTo(target);
}
```

이미지 이름을 imageName변수에 넣고, 서버URL/ch13/lib/image/ + imageName을 src 속성에 지정하면 아래와 같은 이미지 태그가 만들어집니다.

〈img src=" **여러분의 서버URL/ch13/lib/image/2014-11-21 (18:06:30).jpg**" /〉

이를 target, 즉 Images클래스를 가진 태그에 자식 태그로 붙입니다.

자, 이로써 애플리케이션 개발이 완료되었으니 하이브리드 앱으로 변환하여 직접 실행해볼 시간이 되었습니다. 제11장을 참조하여 코르도바 프로젝트에 위 소스들을 넣습니다. 물론 cordova.js 외 2개의 파일도 들어있어야 됩니다.

하지만 아직 실행하지 마세요. 한 가지 작업이 더 필요합니다.

여러분은 플러그인을 추가했으니 안드로이드의 카메라 자원에 접근할 수 있다고 생각할 수 있습니다. 하지만 번거롭게도, 추가적인 작업이 필요합니다. 바로 카메라에 대한 접근 권한입니다.

우리가 추가한 카메라 플러그인과 파일 전송 플러그인은 해당 자원을 이용하는 것에 불과합니다. 안드로이드 앱을 개발할 때, 특정 기능을 사용하려면 반드시 사용할 자원에 대한 이용 권한(Permission)을 부여받아야 합니다. 이를 위해, 이클립스에서 해당 프로젝트의 AndroidManifest.xml 파일을 더블 클릭해서 엽니다.

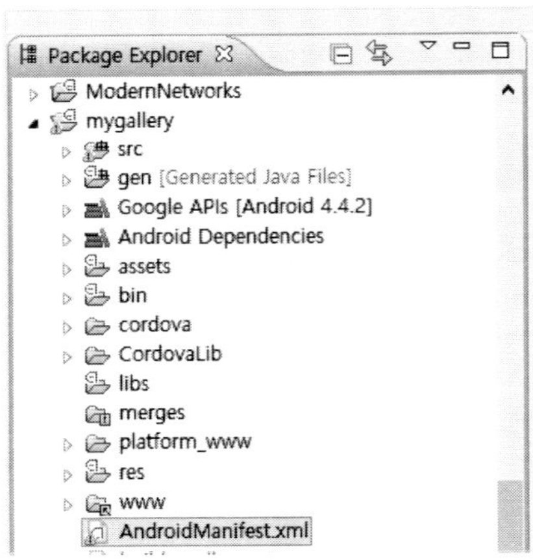

그러면 새로운 창이 나타납니다. 여기서 오른쪽 하단에 AndroidManifest.xml탭을 클릭합니다.

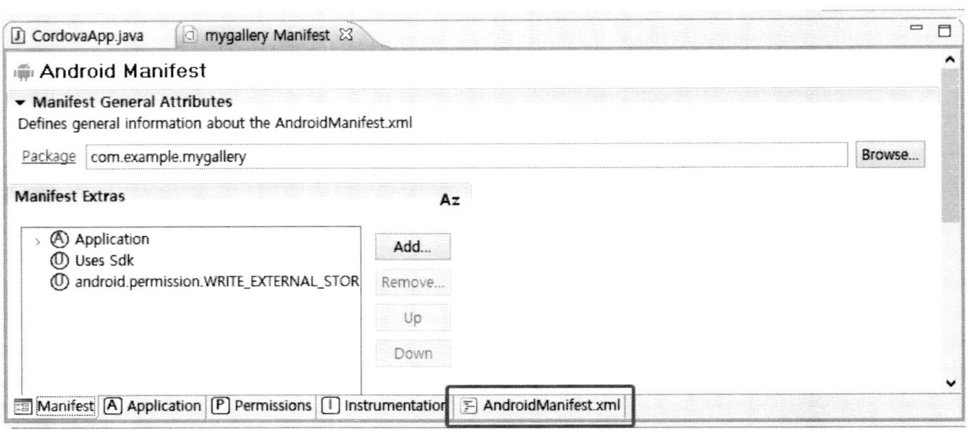

그러면 아래와 같은 모습이 됩니다. 여기서 권한 추가를 위해 사각형 영역 부분을 그대로 입력합니다.

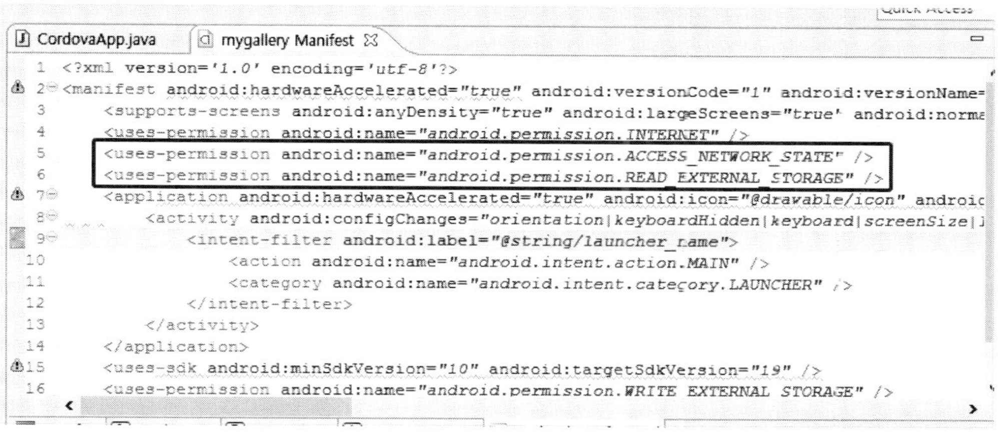


```
<uses-permission android:name="android.permission.ACCESS_NETWORK_STATE" />
<uses-permission android:name="android.permission.READ_EXTERNAL_STORAGE" />
```

이는 갤러리에서 이미지를 선택하기 위해 저장장치에 접근할 수 있는 권한과 네트워크에 파일을 전송하기 위해 네트워크 상태에 접근할 수 있는 권한입니다. 이 두 항목을 추가한 후 저장하고 앱을 실행합니다.

앱을 실행하고 이미지를 업로드한 후 갤러리를 확인해보세요. 이상으로 제13장을 마치겠습니다.

이로써 실습 예제를 모두 마치도록 하겠습니다. 이번 장에서 배운 것은 코르도바의 각종 플러그인을 추가하는 방법과 앨범 같은 안드로이드 네이티브 자원에 접근하는 방법을 배웠습니다. 또한 파일을 서버에 전송하고, 이를 화면에 출력하는 방법을 배웠습니다. 위 방법들을 SNS와 연동하면 SNS에 이미지를 업로드할 수도 있고, 반대로 SNS에서 배웠던 게시글 / 댓글을 이번 갤러리에 도입하여 갤러리형 게시판을 개발할 수 있습니다. 코르도바에는 이번 장에서 배운 것 이외에도 굉장히 많은 네이티브 자원을 사용할 수 있는 플러그인이 많습니다. 또한 나중에 알아볼 다른 사용자들이 만든 플러그인들도 존재합니다. 따라서 애플리케이션 개발 시 필요한 기능이 코르도바 또는 플러그인에서 제공되는지 알아본 후 개발하는 것이 좋습니다.

Chapter 14

Publish

이제까지 개발한 애플리케이션을 구글 플레이 스토어에 직접 업로드한다.

이번 장에서는 이제까지 개발한 앱을 직접 구글의 플레이 스토어에 등록하는 과정을 알아보겠습니다. 단, 이 챕터를 진행하려면 직접 플레이 스토어에 등록할 애플리케이션을 직접 준비해야 합니다. 또한 플레이 스토어에 앱을 등록하기 위해서는 판매자로 전환을 해야 하는데, 이는 연간 25달러(한화 약 27,000원)의 수수료를 지불해야 합니다. 따라서 아직 배포할 애플리케이션이 없으시다면 나중에 애플리케이션이 완성된 이후에 이 챕터를 통해 배포 과정을 학습하셔도 됩니다. 또한 제15장에서 배울 광고 장착을 통해 수익을 창출할 수 있는 마련을 하고 진행하는 것도 괜찮습니다.

그럼 진행하겠습니다.

플레이 스토어에 앱을 업로드하기 위해서는 네 가지 작업이 필요합니다.

❶ 애플리케이션 아이콘 변경
❷ APK파일 생성
❸ 판매자 신청
❹ 애플리케이션 등록

14-1 애플리케이션 아이콘 변경

먼저 애플리케이션 아이콘을 변경하는 방법부터 알아보도록 하겠습니다. 이를 위해, 애플리케이션을 새로 생성하겠습니다. 명령 프롬프트를 실행하고 여러분만의 프로젝트를 생성해주세요.

```
cd C:\myProjects
cordova create myapp com.mingyu.myapp myapp
cd myapp
cordova platform add android
```

주의할 점은 위와 같이 **com.mingyu.myapp**에서 mingyu와 같이 example을 사용하면 안 된다는 점입니다. 이제까지 만들 때는 **com.example.앱이름**으로 만들었지만 이렇게 만들 경우 구글 플레이 스토어에 등록되지 않습니다. 따라서 본인이 원하는 값을 입력해 주세요.

안드로이드 플랫폼을 추가하면 platform 폴더 안에 android라는 폴더가 생성되며, 이 폴더는 우리가 이클립스에서 안드로이드 프로젝트를 불러올 때 사용하는 폴더입니다. 폴더 안을 보면 res라는 폴더가 있는데, 이 폴더에서 drawable, drawable-hdpi, drawable-ldpi, drawable-mdpi, drawable-xhdpi 폴더가 아이콘이 들어있는 폴더입니다. 기본 아이콘들은 사이즈가 다릅니다. 기본 아이콘은 오른쪽과 같습니다.

따라서 여러분만의 아이콘을 준비해주세요. 저는 오른쪽과 같은 아이콘을 준비했습니다.

아이콘 별로 크기가 다르기 때문에 각각 이를 수정해주어야 합니다. 따라서 아이콘 크기에 맞게 각각 아이콘을 만들어줍니다. 아이콘의 크기는 각각의 아이콘을 열어서 확인하면 됩니다. 본인이 사용하는 그래픽 편집기를 이용해서 준비해주세요. 이 책에서는 그래픽 편집 프로그램을 다루는 법은 싣지 않겠습니다.

아이콘을 변경하고 앱을 실행하면 앱 아이콘이 변경되는 것을 확인할 수 있습니다.

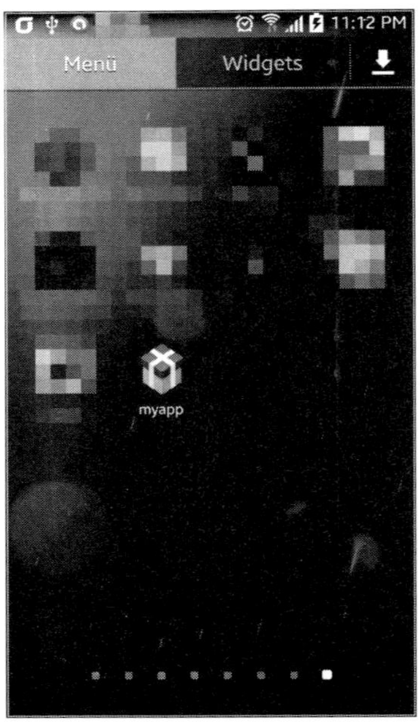

14-2 APK파일 생성

APK파일은 안드로이드 앱을 배포할 때 사용되는 파일입니다. 앱 스토어에 앱을 등록하려면 이와 같이 APK파일로 생성해야하는데, 이클립스를 이용하면 간단하게 수행할 수 있습니다.

먼저 이클립스를 실행하고, 화면 상단의 File을 누른 후 Export를 누릅니다.

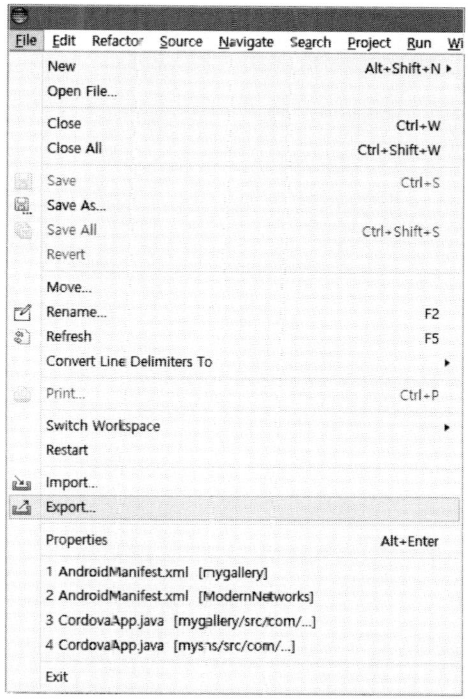

나타난 창에서 Export Android Application을 찾아 클릭한 후 [Next 〉]버튼을 클릭합니다.

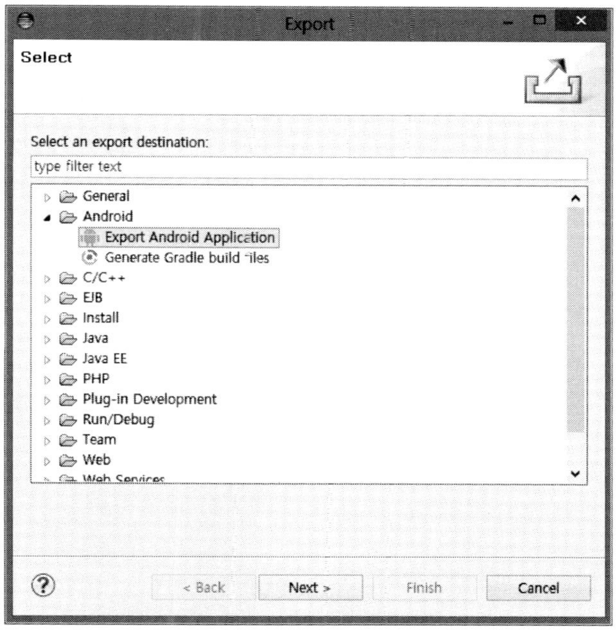

다음 화면은 어떤 앱을 APK로 변환할지 물어보는 창입니다. Browse를 누르고 변환할 앱을 선택합니다.

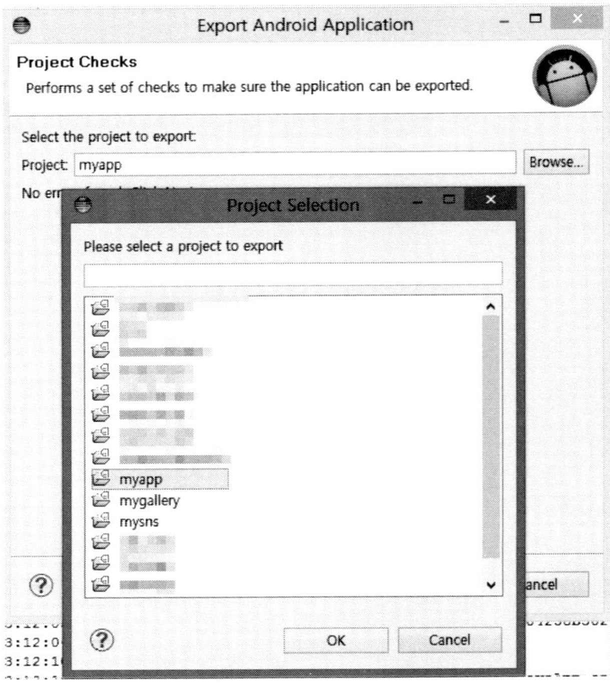

그 다음 작업은 키 스토어를 지정하는 것입니다. 처음 앱을 APK로 변환하면 키가 없으므로 새로 생성해야합니다. 따라서 Create new keystore를 클릭한 후 Location쪽의 Browse를 누릅니다.

키는 모아서 보관하는 것이 편합니다. 따라서 우리가 늘 프로젝트를 생성하는 C:\myProjects에 keystore라는 폴더를 만들고 이곳을 지정하겠습니다. 저장할 때 현재 앱

의 이름을 입력하고 [저장]을 누릅니다.

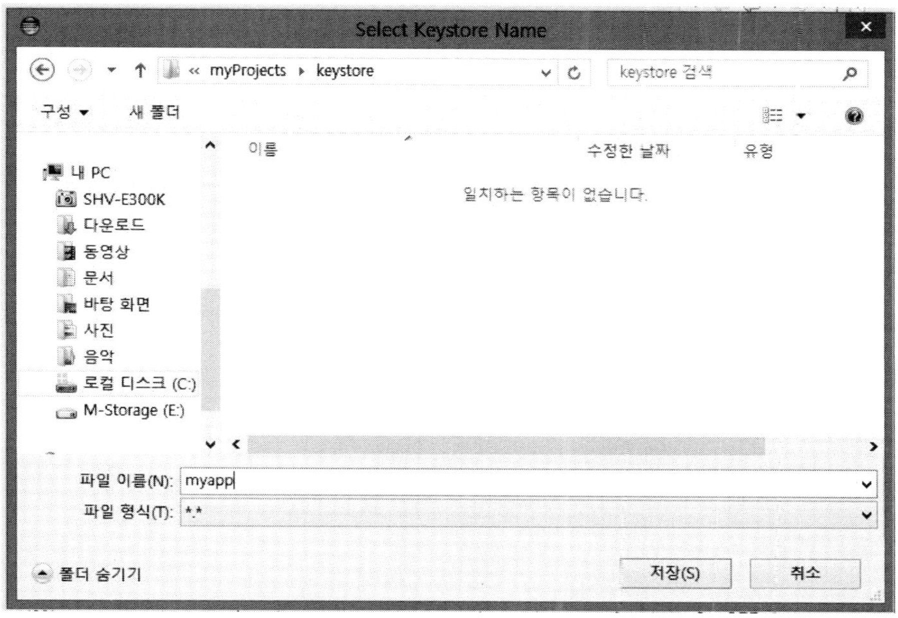

그 다음은 비밀번호를 설정해야합니다. 이 비밀번호는 굉장히 귀중합니다. 같은 앱이라도 다른 비밀번호로 생성한 키는 플레이 스토어에서 다른 앱으로 인식합니다. 나중에 앱을 변경했다가 키를 분실하거나 비밀번호를 까먹어서 새로 생성한다면 다른 앱으로 인식해 업로드가 거부됩니다. 따라서 잊지 않도록 주의해야합니다. 저는 myapp1로 지정했습니다.

문제가 없으면 다음 단계로 넘어갑니다. 그 다음 창은 각종 정보를 입력하는 곳 입니다. 이 값들도 키를 생성할 때 이용됩니다.

Alias는 이 키의 별명이고 password는 비밀번호입니다. Validity는 유효기간인데 연도를 기준으로 합니다. 최솟값은 25입니다. First and Last Name에는 이름을 입력하고 Organization Unit 및 Organization은 소속 단체를 입력하면 됩니다. City or Locality는 거주 도시, State or Province는 거주 도를 입력하면 됩니다. 마지막으로 Country Code (XX)는 kr을 입력합니다. kr은 국가 코드 중 한국을 의미합니다.

모든 값을 입력했으면 다음 단계로 진행합니다.

위 화면은 만들어진 APK파일이 저장될 경로입니다. Browse를 누르고, 앞서 생성한

keystore폴더를 선택하고 파일 이름은 myapp.apk로 한 후 [저장]을 누릅니다.

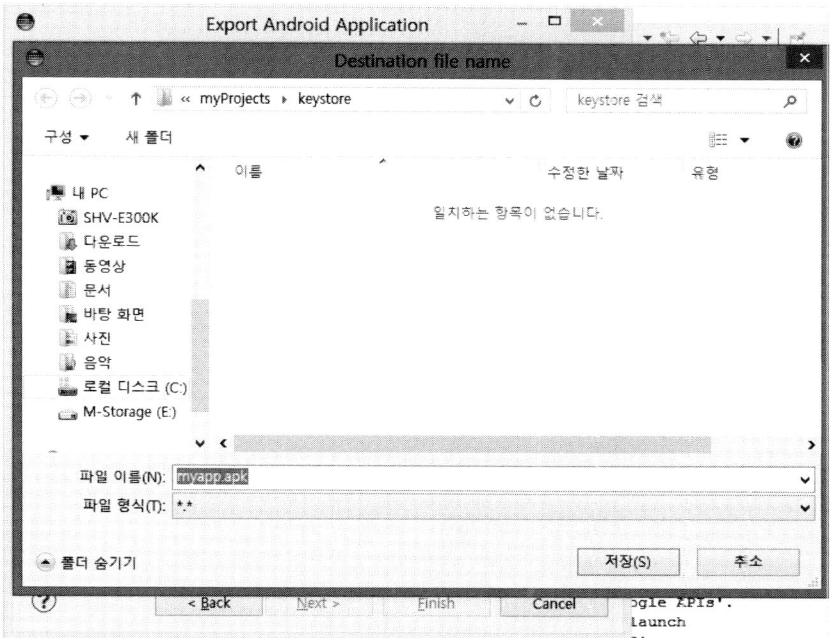

마지막으로 finish를 누르면 변환 작업이 시작됩니다.

[Finish]를 누르고 조금 기다리면 오른쪽과 같은 창이 나타납니다. 이는 APK파일을 압축해라는 뜻인데, 이를 위해서는 별도의 작업이 필요합니다. 이 작업을 하지 않으면 APK파일을 업로드할 수 없으므로 필수로 해야 합니다.

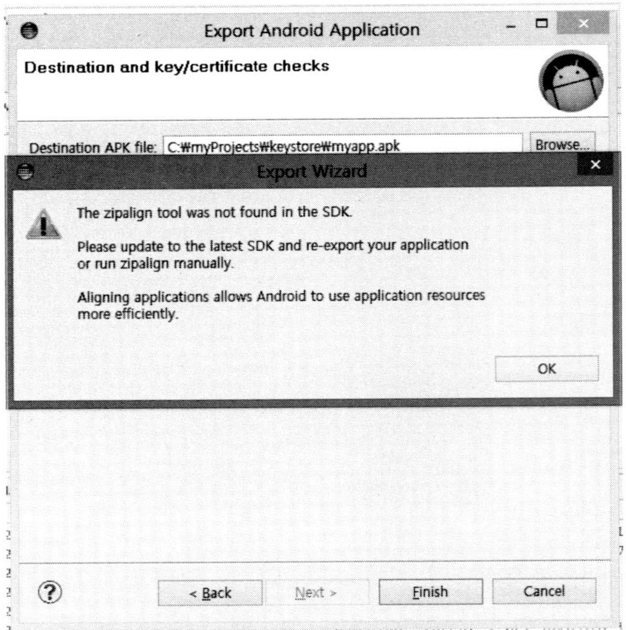

오른쪽과 같은 창이 나타나면 정상적으로 APK파일이 생성된 것입니다. 그런데 위와 같은 화면이 나타나지 않고 오류가 나시는 분이 생길 수 있습니다. 이러한 분들은 부록 3. Android Export 오류 시 해결방법을 참고하기 바랍니다.

이를 위해선 zipalign이라는 툴이 필요한데, 이 툴은 Android-SDK가 설치된 경로에 있습니다. 여러분이 설치한 Android-SDK 경로로 이동하면 tools라는 폴더가 존재합니다. 이곳에 들어가 키보드의 좌측 시프트(Shift) 키를 누른 채로 마우스를 우클릭합니다.

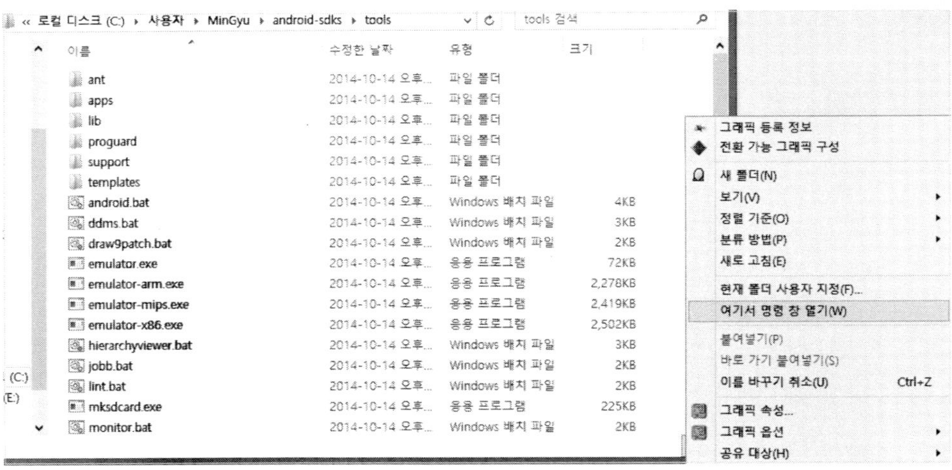

그러면 메뉴가 팝업되는데 [여기서 명령 창 열기(W)]라는 기능이 추가되어있습니다. 이를 클릭하면 해당 위치를 현재 작업 경로로 설정한 후 명령 프롬프트를 실행합니다.

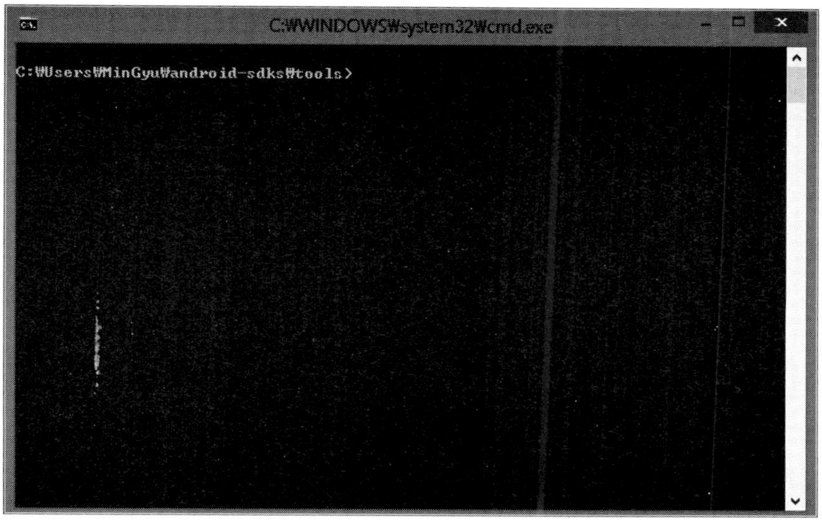

이 상태에서 우리가 프로젝트를 생성한 폴더를 엽니다. 그리고 우리가 키를 생성했던 keystore폴더로 들어가면 아까 생성한 myapp.apk파일과 myapp이라는 파일이 생성되어있습니다. 폴더 상단의 주소를 마우스로 클릭해 경로를 복사합니다.

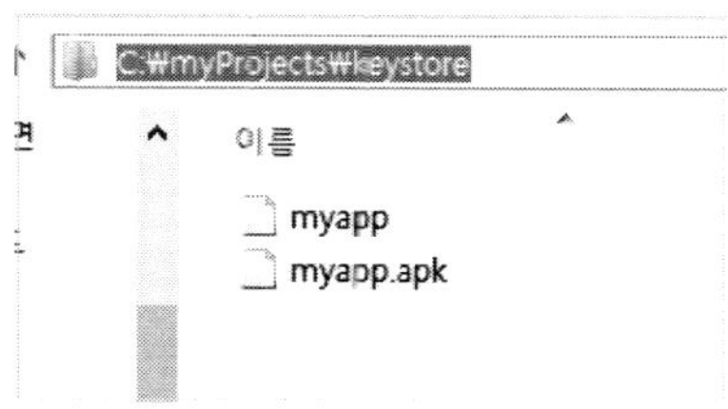

그리고 다시 cmd로 돌아와 아래와 같이 입력합니다.

```
zipalign -v 4
```

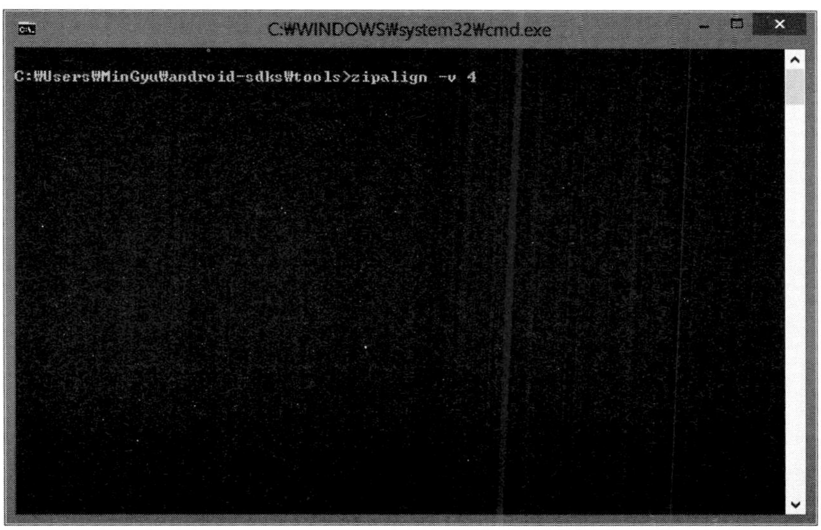

그 다음 한 칸을 띄우고 명령 프롬프트에서 오른쪽을 클릭한 후 붙여넣기를 누릅니다.

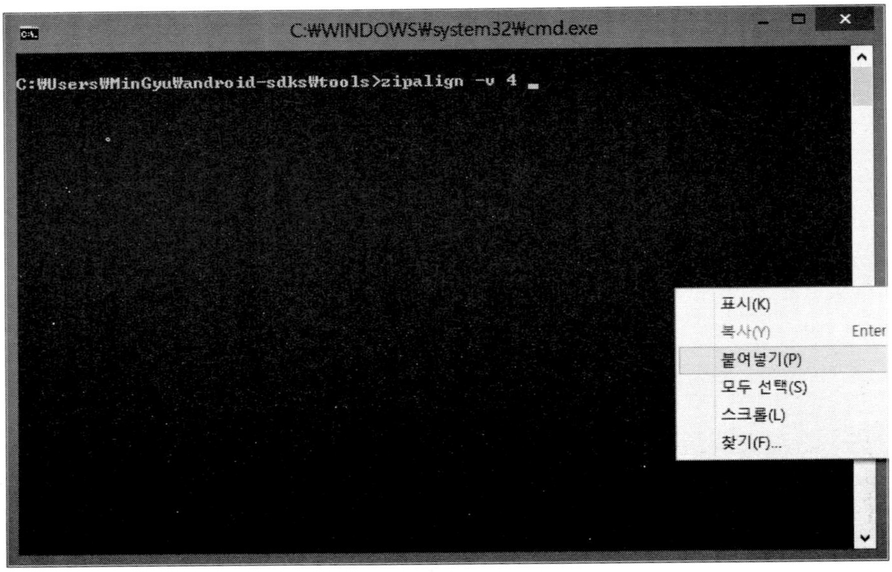

여기에는 압축할 원본 APK파일을 지정해야합니다. 따라서 아까 경로를 복사한 것입니다. 붙여넣기를 하고, 뒤에 \myapp.apk를 입력합니다.

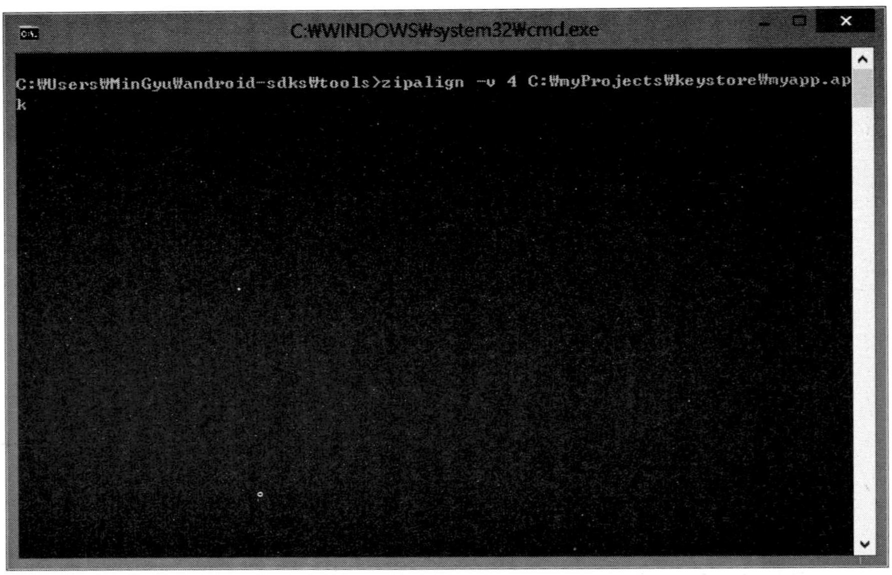

한 칸을 띄우고, 한 번 더 붙여넣기를 한 후 이번엔 압축되어 만들어질 파일 명을 입력합니다. 저는 zmyapp.apk로 지정하였습니다.

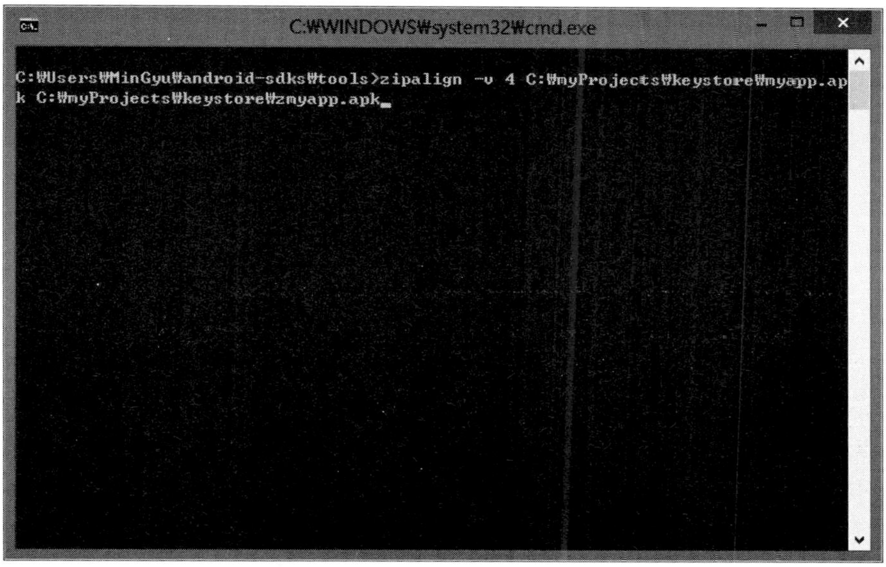

엔터를 치면 압축이 진행이 됩니다.

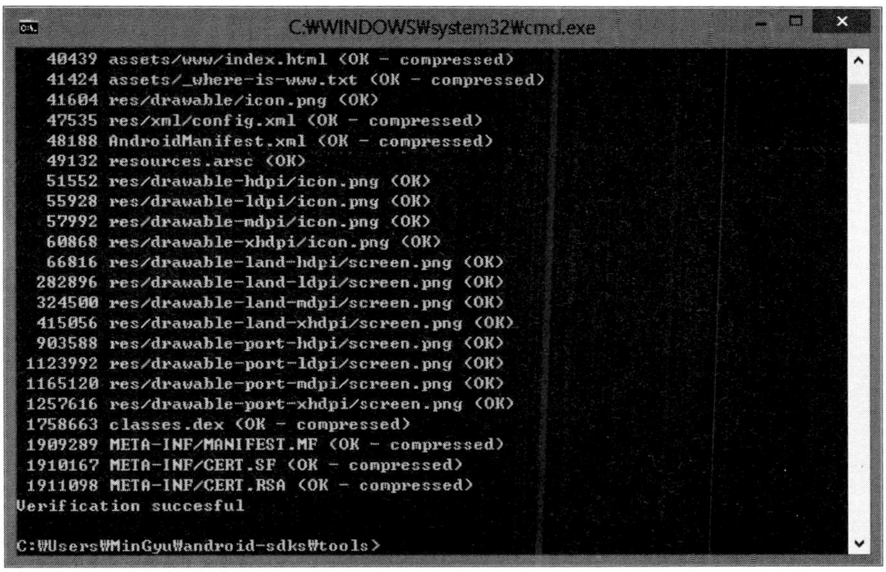

위와 같이 나오면 압축이 정상적으로 진행된 것입니다. 명령 프롬프트를 종료하고 keystore 폴더로 돌아가면 zmyapp.apk가 생성된 것을 확인할 수 있습니다.

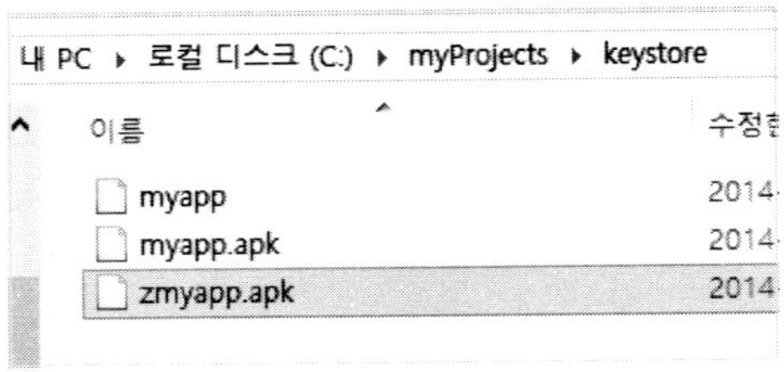

이제 앱을 업로드할 준비가 되었습니다.

14-3 구글 판매자 신청

완성된 앱을 플레이 스토어에 등록하려면 먼저 구글에 계정이 있어야 합니다. 구글 계정이 없으신 분은 이 부분을 진행하기 전에 먼저 회원가입을 실시해주세요. 가입이 끝났다면 아래 경로로 이동합니다.

https://play.google.com/apps/publish/signup/

위와 같은 화면이 나타납니다. 플레이 스토어에 계정을 등록하기 위해선 $25(한화 약 27,000원)을 지불해야 합니다. [결제 페이지로 이동]을 클릭합니다.

그러면 오른쪽과 같은 Google Wallet 결재창이 나타납니다. 수수료 지불은 해외 결제이기 때문에 VISA카드나 MasterCard 등으로 결제해야 합니다. 따라서 알맞은 카드 번호를 입력하고 [동의 및 계속]을 누릅니다.

[구입]을 누르면 수수료 결제가 완료됩니다.

오른쪽과 같이 뜨면 결제가 완료된 것입니다. [등록 계속하기]를 눌러 등록을 진행합니다.

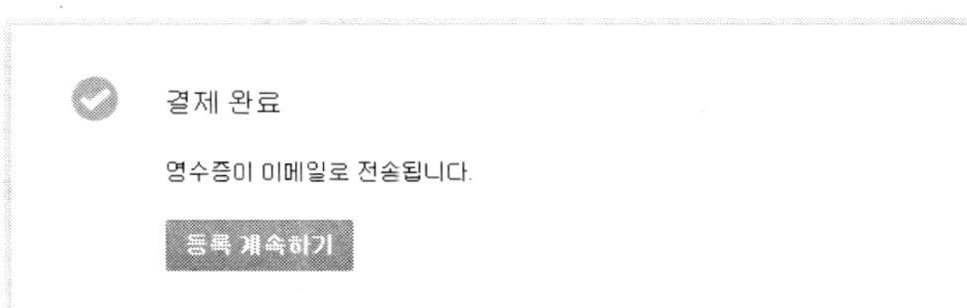

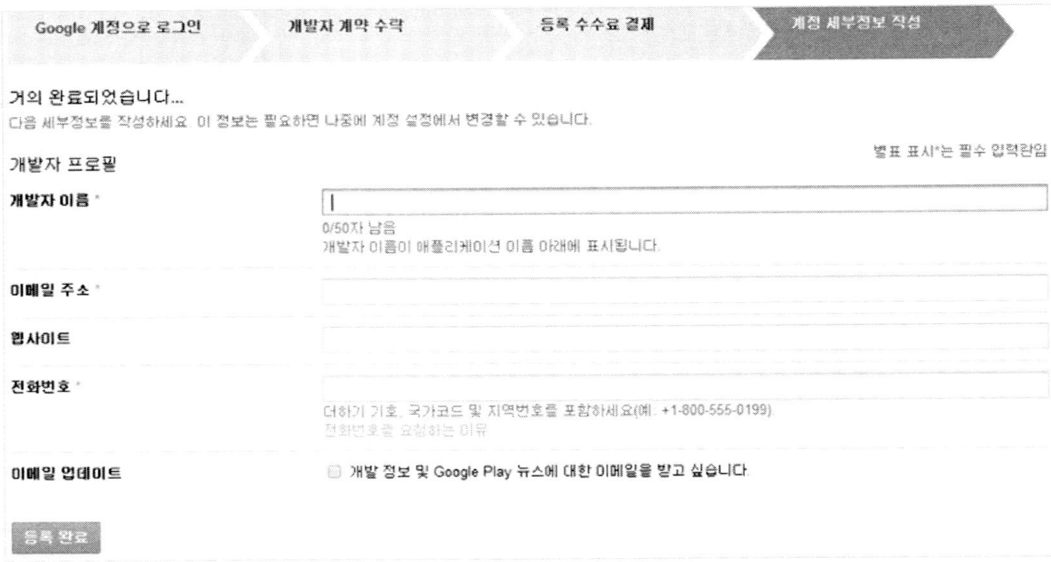

마지막으로 개발자 관련 정보를 입력하는 곳 입니다. 알맞은 정보를 입력하고 [등록 완료]를 누르면 개발자 신청이 완료됩니다.

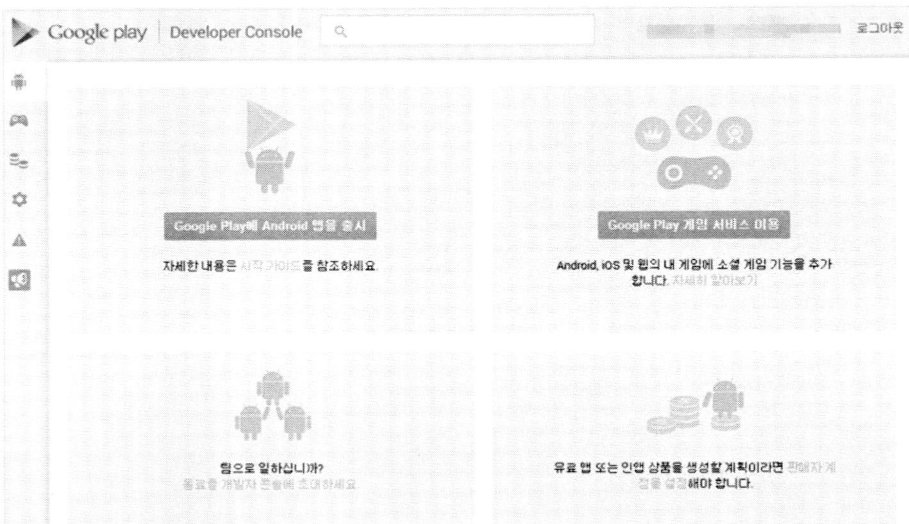

위와 같이 나타나면 성공적으로 개발자로 등록된 것입니다.

14-4 애플리케이션 등록

이제 앱을 업로드할 준비가 모두 완료되었습니다. 남은 것은 애플리케이션의 업로드입니다. 앞으로 개발자 화면(개발자 콘솔)에 접근하려면 http://play.google.com/apps/publish로 접근하면 됩니다.

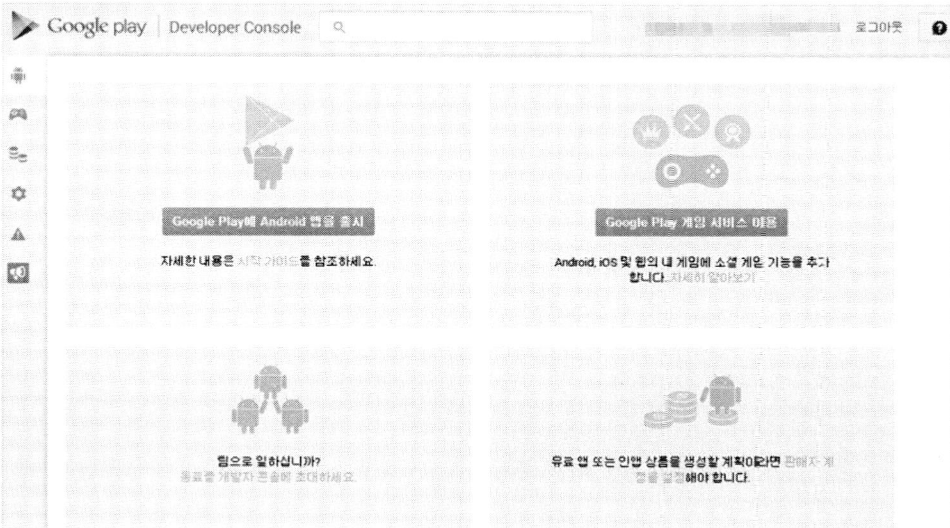

첫 앱을 출시해보겠습니다. [Google Play에 Android 앱을 출시]를 클릭합니다.

위와 같은 창이 나타납니다. 언어를 선택하고 제목을 입력한 다음 [APK 업로드]를 클릭합니다.

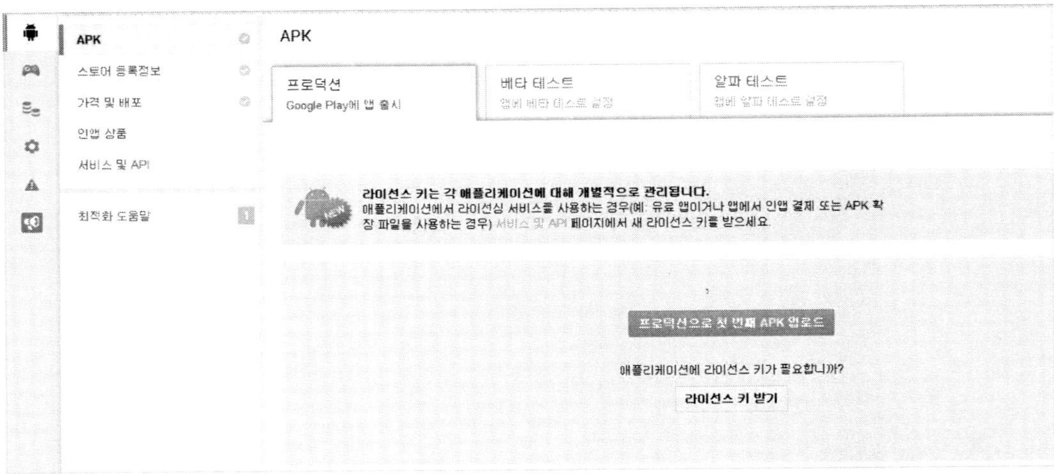

잠시 기다리면 위와 같은 화면이 나옵니다. 이곳에서 [프로덕션으로 첫 번째 APK 업로드]를 클릭합니다.

[파일 찾아보기]를 클릭합니다. 나타나는 창에서 아까 생성한 압축된 APK 파일을 선택합니다.

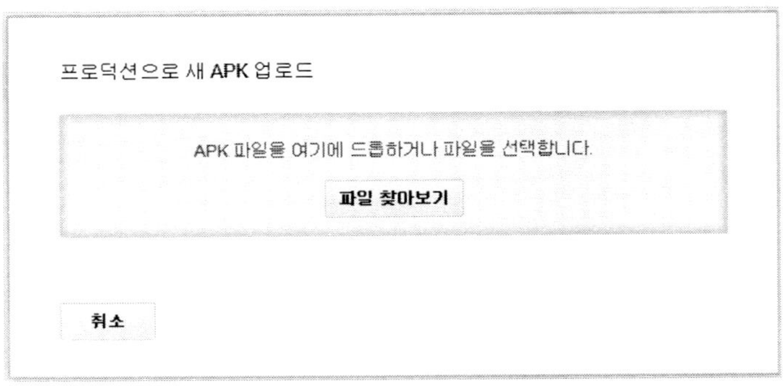

업로드가 진행됩니다.

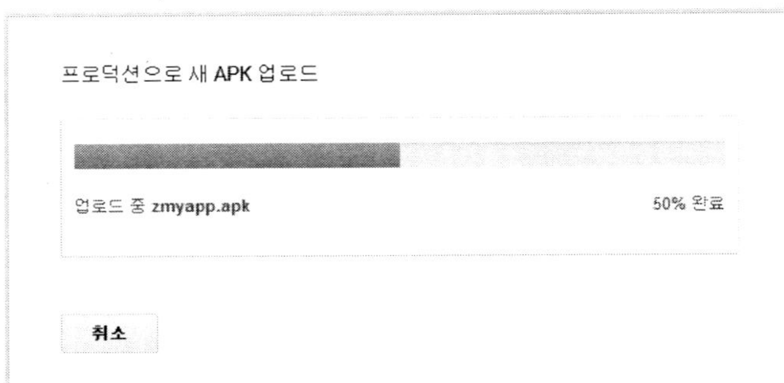

업로드가 문제없이 완료되었습니다. 왼쪽 상단에 APK 항목에 초록색으로 체크 표시가 생겼습니다. 바로 아래 [스토어 등록정보]를 누릅니다.

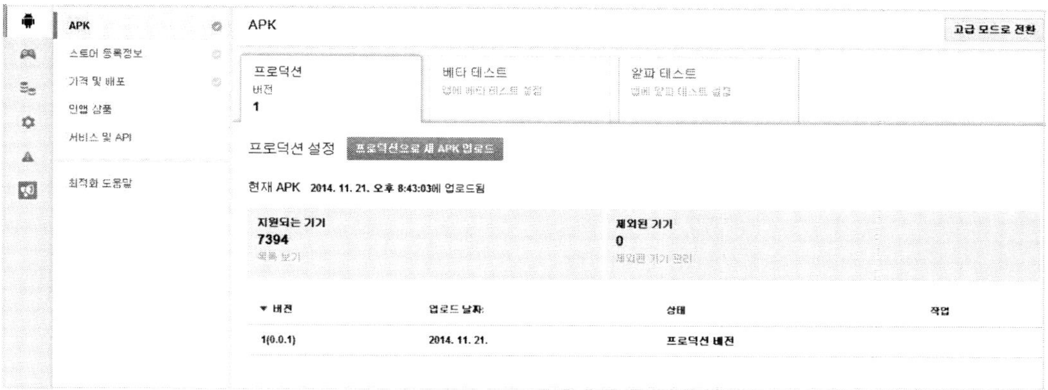

먼저 제목과 간단한 설명, 자세한 설명을 입력합니다. 제목은 이곳에서 변경할 수 있습니다.

아래쪽으로 내려오면 스크린 샷 추가 항목이 있습니다. 여기는 플레이 스토어에서 실질적으로 보여주는 이미지들입니다. 준비된 실행화면을 업로드합니다.

아래로 내려가면 위와 같은 항목들이 있습니다. 여기서 고해상도 아이콘과 그래픽 이미지는 필수 입니다. 고해상도 아이콘은 512×512 픽셀 사이즈의 이미지인데, 플레이 스토어에서 앱 아이콘으로 나타나게 됩니다. 그래픽 이미지는 앱 상세 정보를 볼 때 최상단에 나타나는 이미지입니다.

오른쪽 이미지의 애플리케이션은 국내의 유명한 메신저 앱인 카카오톡입니다. 위 사진에서 가장 상단에 있는 큰 이미지가 바로 그래픽 이미지입니다.

그 아래에는 애플리케이션 카테고리 란이 있습니다. 유형과 카테고리, 콘텐츠 등급을 각각 선택합니다.

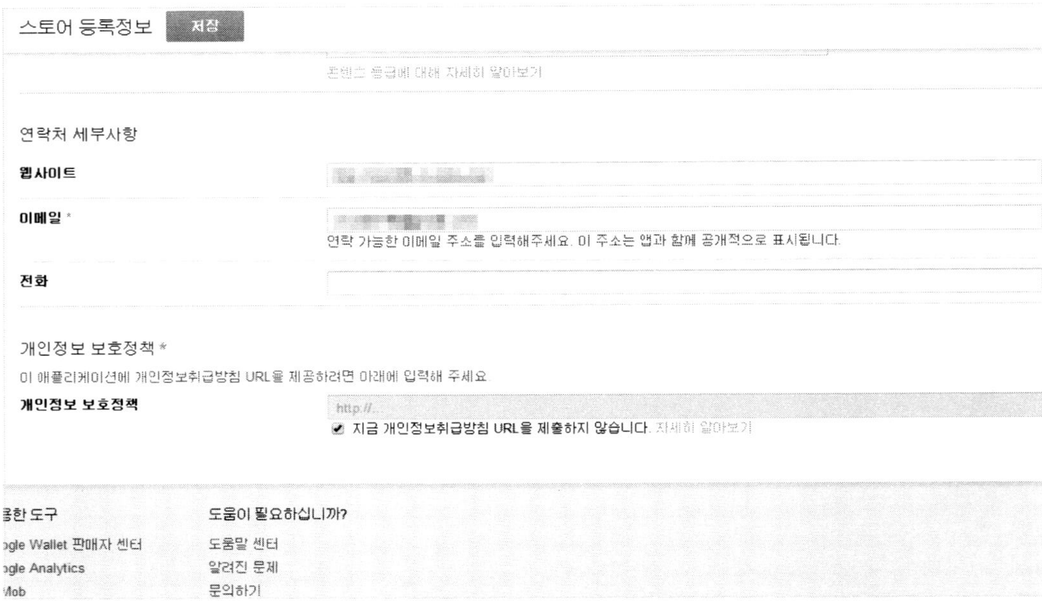

그리고 아래쪽에 개인보호 정책은 개인정보취급방침 URL이 있는 경우에만 입력하고 없으면 바로 아래 있는 [지금 개인정보취급방침 URL을 제출하지 않습니다]를 체크합니다. 모든 작업을 완료했으면 [저장]을 누릅니다.

다음은 가격을 설정할 차례입니다. 왼쪽에 [가격 및 배포]를 클릭합니다. 배포는 유료와 무료가 있습니다. 무료 배포는 아무런 제한이 없지만 유료로 배포하려면 판매자 등록을 해야 합니다. 신청비용은 무료지만 신청을 위해서는 사업자 등록번호가 필요합니다. 만약 앱을 유료로 팔고자 하는 분은 사업자 등록을 하여 사업자 등록번호를 얻으시고, 판

매자 등록 시 입력하면 유료로 앱을 배포할 수 있습니다.

[무료]를 클릭하고 배포 국가에 [대한민국]을 클릭합니다. 만약 앱이 다른 언어를 지원한다면 해당 나라에도 판매할 수 있습니다.

아래로 내려가 [콘텐츠 가이드라인]과 [미국 수출 법규]를 체크하고 [저장]을 누릅니다.

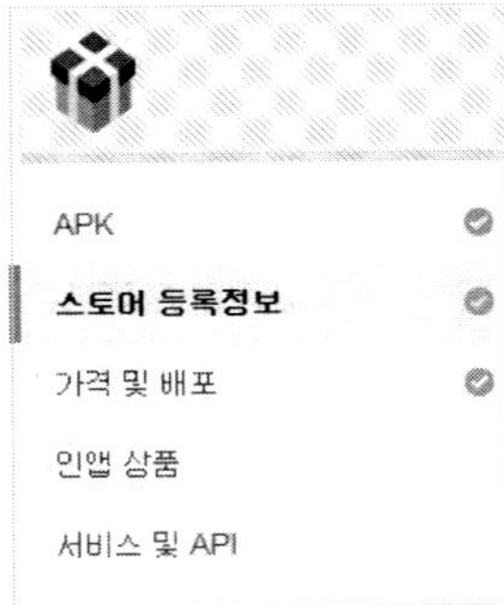

위와 같이 세 개의 항목이 모두 체크 되었으면 배포할 준비가 끝난 것입니다.

화면 오른쪽 끝에 [이 앱을 출시]를 누릅니다. 그럼 앱이 출시됩니다. 출시된 앱이 플레이 스토어에 나타나는 데는 어느 정도 시간이 소요됩니다. 따라서 앱이 나오지 않는다고 당황하지 말고 나중에 확인해보세요.

이로써 구글 플레이 스토어에 개발한 앱을 등록하는 방법을 알아보았습니다. 다음 장에는 수익 창출을 위해 광고를 다는 법을 알아보도록 하겠습니다.

Note

Chapter 15

Google AdMob

구글 애드몹을 이용해 애플리케이션에 광고를 삽입하는 방법에 대해 학습한다.

애플리케이션으로 수익을 버는 방법은 여러 가지가 있습니다. 가장 간단한 것은 애플리케이션을 유료로 판매하는 것이고, 다른 방법으로는 애플리케이션은 무료로 판매하고 내부적인 콘텐츠를 유료로 판매하는 것입니다. 그리고 또 다른 방법으로 광고를 통한 수익 창출이 있습니다. 이번 챕터에서는 직접 애플리케이션에 광고를 다는 방법을 배워볼 것입니다.

15-1 프로젝트 생성

광고를 달기 위해서는 기본 앱을 이용해도 관계가 없습니다. 따라서 우리가 앞서 만들었던 앱 중에서 할일 목록 애플리케이션에 광고를 달아보도록 하겠습니다. 먼저, 명령 프롬프트를 실행하고 코르도바 프로젝트를 생성합니다. 그리고 안드로이드 플랫폼을 추가합니다.

```
cd C:\myProjects
cordova create adapp com.example.adapp addapp
cd adapp
cordova platform add android
```

여기서 한 가지 플러그인을 추가할 것입니다. 이는 애드몹 플러그인 이라는 것인데, 우리가 사용할 광고가 애드몹이며, 이를 쉽게 하이브리드 앱에 접목시킬 수 있도록 도와주는 플러그인 입니다. 아래의 플러그인 추가 명령어를 입력합니다.

```
cordova plugin add com.rjfun.cordova.plugin.admob
```

잠시 후 플러그인이 추가될 것입니다. 앱을 옮기기 전에, 생성된 cordova.js, cordova_plugin.js, plugins폴더 3개 파일을 임시로 어딘가로 옮깁니다.

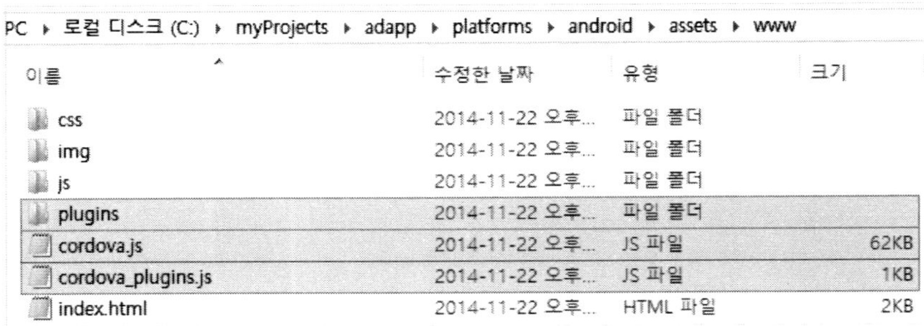

그리고 앞서 만들었던 일정 관리 애플리케이션(taskapp)의 소스를 붙여 넣습니다. 작업이 끝났으면 잠시 옮겨두었던 세 개의 파일을 js폴더에 넣습니다.

그 다음은 위 자바스크립트 파일을 index.html에 불러오는 것입니다. index.html을 열고 head태그 안에 위 두 자바스크립트 파일을 불러옵니다.

```
<head>
  <title>Task Management Application</title>
  <meta charset="utf-8" />
        <meta name="viewport" content="width=device-width, user-scalable=no" />
        <link rel="stylesheet" href="./css/app.css" />
        <script src="./js/cordova.js"></script>
        <script src="./js/cordova_plugins.js"></script>
        <script src="./js/jquery-2.1.1.min.js"></script>
        <script src="./js/app.js"></script>
</head>
```

그 다음은 광고를 보여주기 위해 플러그인을 사용해야합니다. app.js 파일을 열어서 제일 아래에 아래와 같이 입력합니다.

```
function onLoad() {
 document.addEventListener("deviceready", onDeviceReady, false);
```

```
}

// device APIs are available
function onDeviceReady() {
//Fire ads
initAd();

// display a banner at startup
window.plugins.AdMob.createBannerView();

// prepare the interstitial
window.plugins.AdMob.createInterstitialView();

// somewhere else, show the interstital, not needed if set autoShow = true
window.plugins.AdMob.showInterstitialAd();
}


//Ads
function initAd() {
 if (window.plugins && window.plugins.AdMob) {
var ad_units = {
ios: { banner: '' },
android: { banner: '' }
};
var admobid = (/(android)/i.test(navigator.userAgent)) ? ad_units.android : ad_units.ios;

window.plugins.AdMob.setOptions({
publisherId: admobid.banner,
interstitialAdId: admobid.interstitial,
bannerAtTop: false, // set to true, to put banner at top
overlap: false, // set to true, to allow banner overlap webview
offsetTopBar: false, // set to true to avoid ios7 status bar overlap
isTesting: true, // receiving test ad
autoShow: true // auto show interstitial ad when loaded
});

registerAdEvents();
} else {
alert('admob plugin not ready');
}
}
// optional, in case respond to events
function registerAdEvents() {
document.addEventListener('onReceiveAd', function () { });
```

```
document.addEventListener('onFailedToReceiveAd', function (data) { });
document.addEventListener('onPresentAd', function () { });
document.addEventListener('onDismissAd', function () { });
document.addEventListener('onLeaveToAd', function () { });
document.addEventListener('onReceiveInterstitialAd', function () { });
document.addEventListener('onPresentInterstitialAd', function () { });
document.addEventListener('onDismissInterstitialAd', function () { });
}
```

그 다음은 이 광고를 실행해야 합니다. index.html로 돌아가 body태그를 아래와 같이 수정합니다.

```
<body onload="onLoad()">
```

위 소스는 애드몹 플러그인 사용예제를 그대로 옮긴 것입니다. 바로 사용이 가능한 소스이며, 몇 가지 수정해야 할 것이 있습니다. 바로 광고 키 값과 테스트 모드 값 입니다. 애드몹 광고를 달기 위해서는 키 값을 발급받아야 합니다. 따라서 구글 애드몹 서비스에 먼저 가입을 하겠습니다.

애드몹 사이트에 접속합니다(https://www.google.com/ads/admob/).

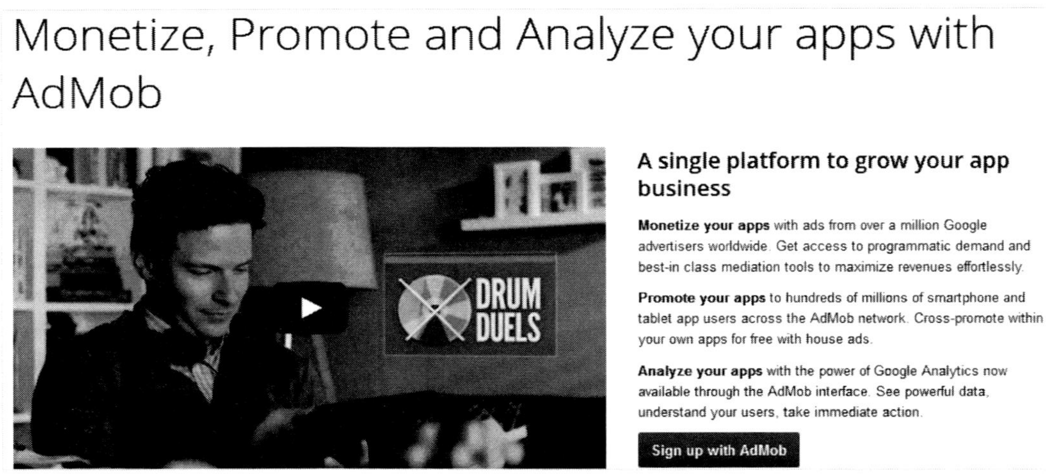

화면 우측 하단에 [Sign up with AdMob] 버튼을 클릭합니다.

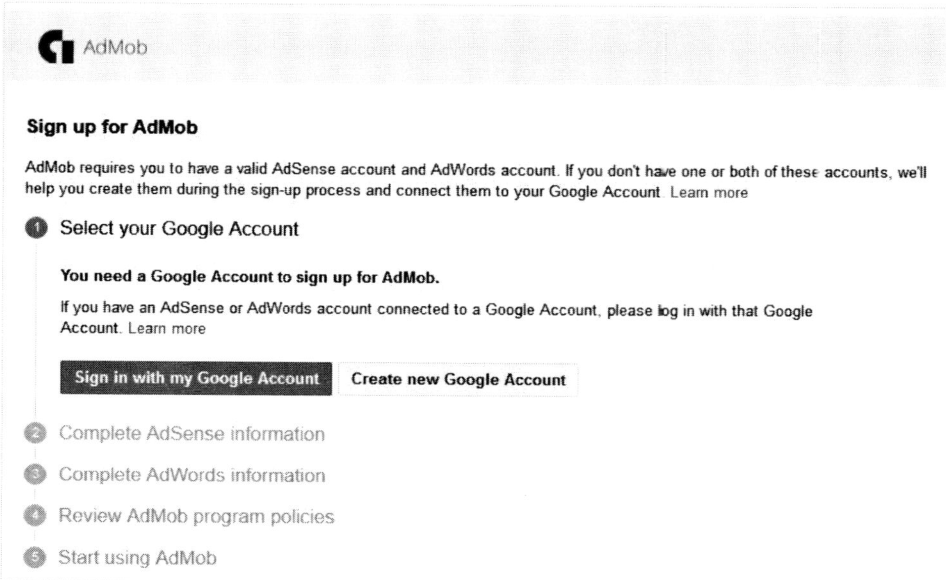

나타난 화면에서 [Sign in with my Google Account]를 클릭합니다. 클릭하면 구글 로그인 창이 뜹니다. 로그인을 해주세요.

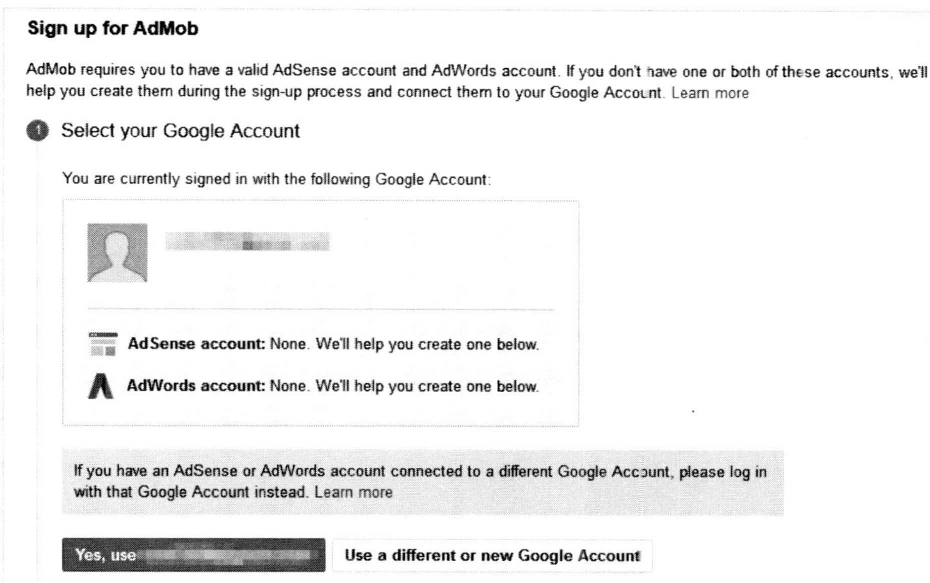

[Yes, use 여러분의 이메일]을 클릭합니다. 클릭하면 아래와 같은 정보를 입력하는 창이 뜹니다.

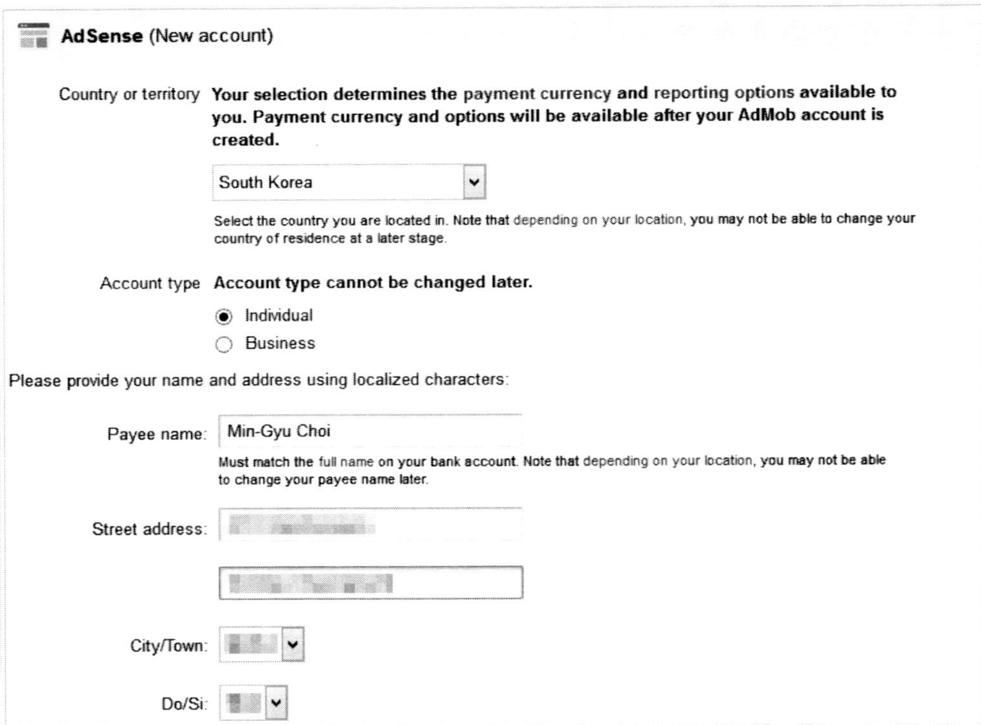

Country는 South Korea, Account type은 Individual을 클릭합니다.

Payee name은 여러분의 이름을, Street Address는 도로명 주소를 입력합니다.

City/Town은 여러분이 거주하는 시/군/구를, 아래 Do/Si는 여러분이 거주는 시/도를 선택합니다. 시/군/구는 아래 시/도에 따라 변경됩니다.

Postal code는 우편번호이고 Phone 휴대전화 번호입니다. 작성을 마쳤으면 아래 [Continue] 버튼을 클릭하세요.

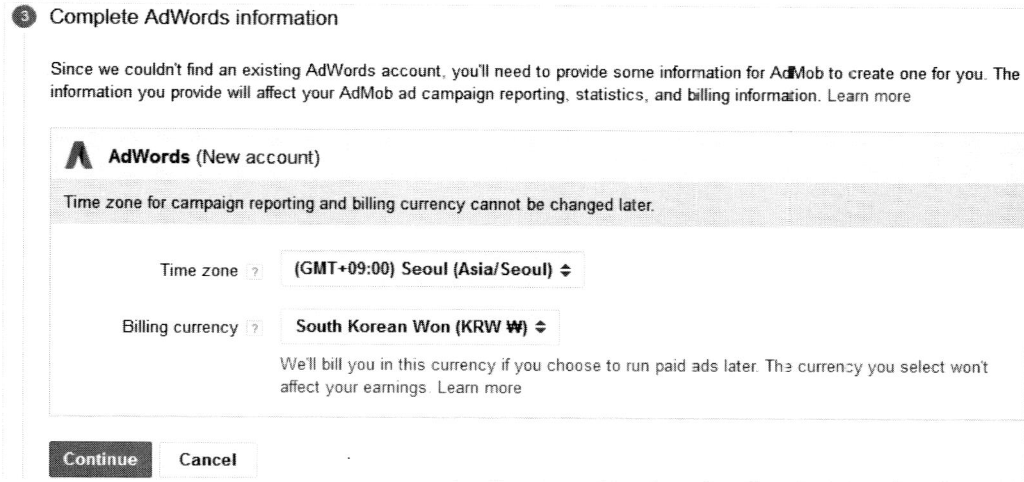

그 다음은 타임 존과 지불 통화 형식을 선택해야합니다. 위와 같이 선택하고 [Continue]를 누릅니다.

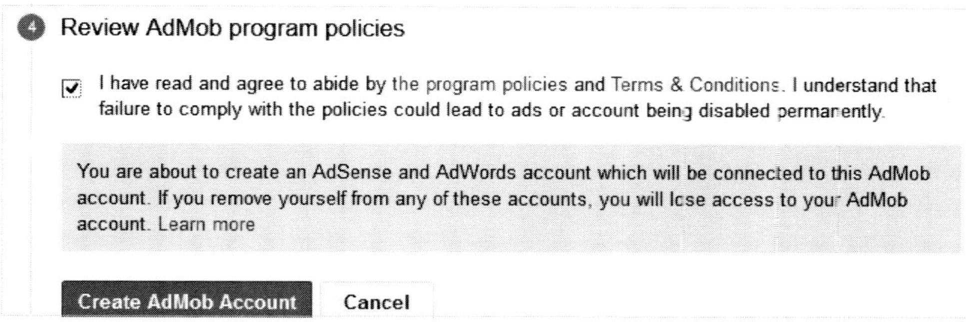

이용약관입니다. 체크박스를 체크하고 [Create AdMob Account]를 클릭합니다.

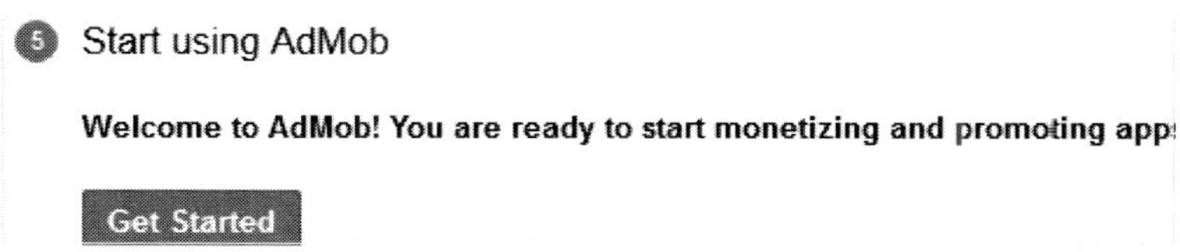

위와 같은 화면이 나온다면 정상적으로 애드몹 서비스에 가입된 것입니다. [Get Started]를 클릭하세요.

위와 같은 화면이 나올 것입니다. 화면 좌측 하단의 [+ 새로운 앱에서 수익 창출]을 눌러주세요.

[앱 직접 추가]를 클릭하고 앱 이름을 입력한 후 플랫폼은 [Android]를 선택하고 [앱 추가]를 누릅니다.

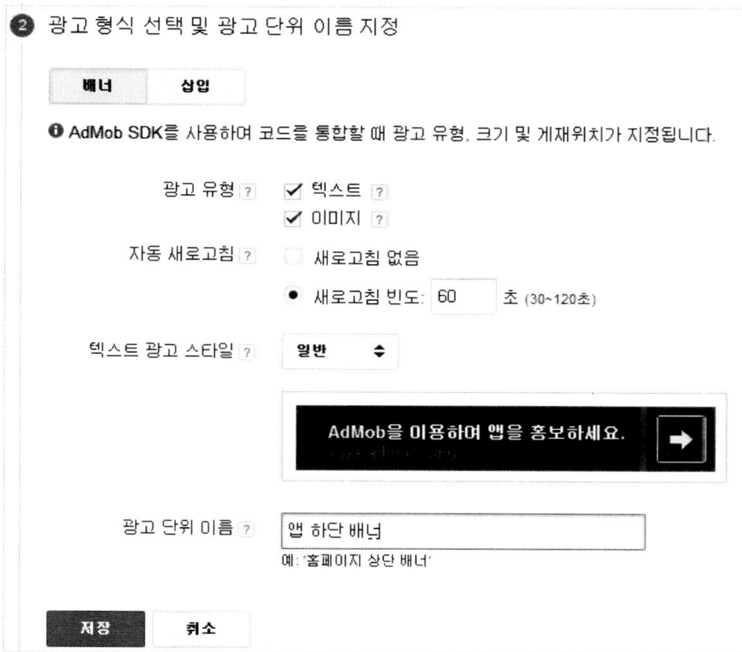

[배너]를 클릭하고, 나타난 화면에서 [광고 단위 이름]을 입력한 후 [저장]을 누릅니다.

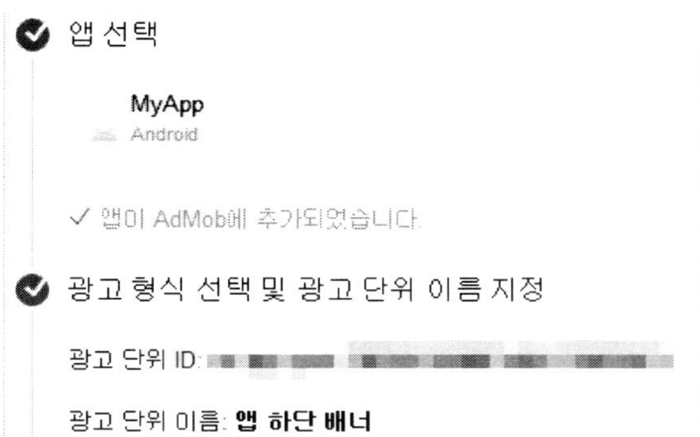

그러면 위와 같이 광고 단위 ID가 생성이 됩니다. 이 ID값을 복사합니다. 이제 이 값을 아까 자바스크립트로 옮겨야 됩니다.

```
var ad_units = {
  ios: { banner: '' },
  android: { banner: '' }
};
```

여기서 android객체의 banner속성값에 아까 키값을 넣습니다.

```
var ad_units = {
    ios: { banner: '' },
    android: { banner: ' ' }
};
```

이로써 광고를 달기 위한 작업이 끝났습니다. 이제 이 앱을 실행해보겠습니다. 이클립스를 통해 앱을 실행합니다.

실행 시 애플리케이션 아래 검은 영역이 생성되면 광고가 정상적으로 들어간 것입니다. 하지만 아무리 기다려도 광고가 나오지 않습니다. 왜냐하면 테스트 모드로 실행 중이기 때문입니다. 앱을 종료하고 자바스크립트로 돌아와 아래 내용을 수정합니다.

```
window.plugins.AdMob.setOptions({
  publisherId: admobid.banner,
  interstitialAdId: admobid.interstitial,
  bannerAtTop: false, // set to true, to put banner at top
  overlap: false, // set to true, to allow banner overlap webview
  offsetTopBar: false, // set to true to avoid ios7 status bar overlap
  isTesting: true, // receiving test ad
  autoShow: true // auto show interstitial ad when loaded
});
```

이는 테스트가 아닌 실제 광고를 받아오겠다는 뜻 입니다. 위와 같이 수정하고 실행하면 다음과 같이 정상적으로 광고가 나타납니다.

광고 사용 시 유의해야 할 점은 한 광고를 여러 앱에 넣으면 안 된다는 것과, 개발자 본인이 광고 수익을 올리는 것입니다. 물론 테스트용으로 한두 번 정도 누르는 건 괜찮습니다만 많이 할 경우 수익금을 받지 못할 수 있으니 유의하기 바랍니다.

이로써 광고를 달아 수익을 창출하는 방법을 배워 보았습니다. 여러분이 직접 앱을 개발하고 광고를 달고 플레이 스토어에 올리면 광고 수익을 벌 수 있습니다. 광고 수익을 확인하고 싶으면 애드몹 주소(https://apps.admob.com/)로 들어가면 됩니다. 그러면 수익과 수익률을 그래프 형태로 보여줍니다.

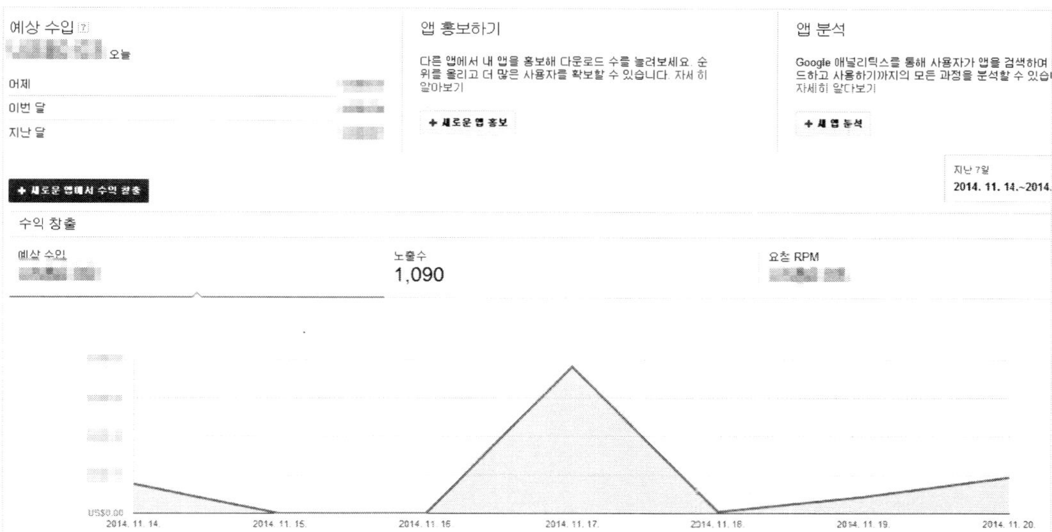

이상으로 제15장을 마치겠습니다.

부록

A1. 비밀번호 암호화

PKBDF 암호화를 이용한 128비트 암호화를 알아본다.

A2. 유용한 컴포넌트 개발

로딩 이미지나 마스크, 사용자 정의 입력 상자 및 경고창 등을 만들고 실행해본다.

A3. Android Export시 오류 해결

이클립스에서 완성된 하이브리드 앱을 배포하기 위해 Export기능을 할 때 오류가 나면서 안 되는 경우가 종종 있다. 이를 고치는 방법에 대해 알아본다.

Appendix

비밀번호 암호화 1

비밀번호와 같은 민감한 개인 정보는 보관해야 한다면 반드시 암호화를 통해 피해를 최소화해야합니다. 보통은 데이터베이스에 넣기 전에 암호화를 하고, 암호화한 결과를 데이터베이스에 넣습니다. PHP같은 서버언어나 데이터베이스 측에서는 여러 가지 암호화 함수를 제공합니다. 하지만 이러한 함수들은 대부분이 더 이상 사용하면 안 되는 위험한 함수들입니다. 따라서 이번 부록에서는 PHP에서 사용가능한, 세계적으로 검증된 방법을 통해 암호화를 해보도록 하겠습니다. 바로 PBKDF2 암호화 알고리즘입니다.

먼저, 암호화 라이브러리를 다운받습니다. 아래 사이트에 접속합니다.

https://gist.github.com/kijin/a8582ebd233d6bb18e3b#file-pbkdf2-compat-php

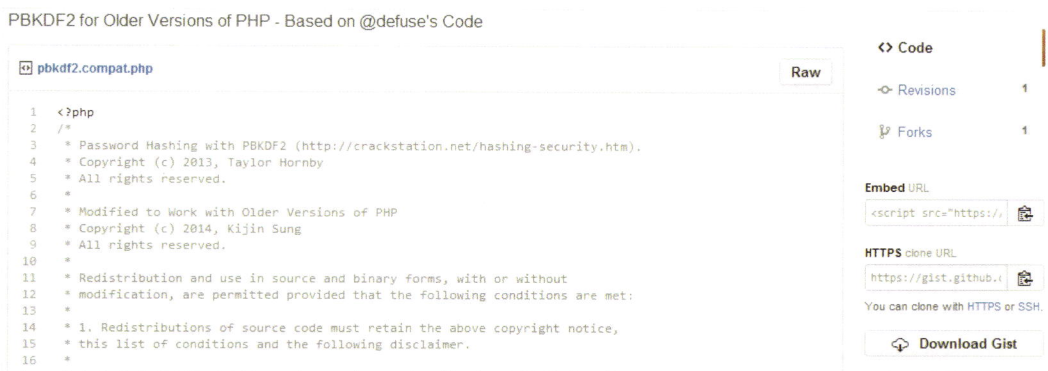

우측에 [Download Gist]를 누르면 다운로드가 됩니다. 압축을 풀면 안에 PHP파일이 있습니다. 이 파일을 사용할 것입니다. Sublime Text 2 편집기를 열고, PHP파일을 하나 만듭니다. 그리고 위의 PHP파일을 같은 경로에 둡니다.

그럼 예제 작성에 들어가 보겠습니다. 보시다시피, 우리가 사용할 라이브러리는 PHP 형태로 작성되어있습니다. PHP에서는 다른 PHP파일을 불러올 수 있는 함수를 제공합니다.

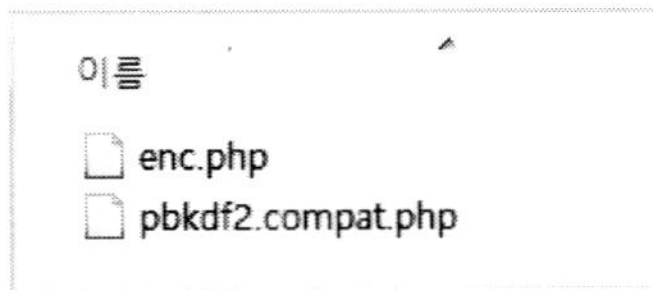


```
<?php
  require_once('pbkdf2.compat.php');
?>
```

PBKDF2 알고리즘을 사용하려면 위 라이브러리에서 제공하는 함수에 대해 알아야 됩니다. 위 라이브러리에서는 암호화를 위한 create_hash 함수와 암호 비교를 위한 validate_password 함수를 제공합니다.

먼저, 암호화를 해보도록 하겠습니다.

```
<?php
  require_once('pbkdf2.compat.php');

  $myPassword = "12345678";
  $encypted = create_hash($myPassword);

  echo "원본 패스워드 : " . $myPassword . "<br />";
  echo "암호화된 패스워드 : " . $encypted;
?>
```

먼저 임의의 패스워드를 $myPassword변수에 넣고, $encrypted변수에 $myPassword를 create_hash함수로 암호화한 값을 넣고 있습니다. 그리고 이 두 변수를 각각 화면에 출력합니다.

파일을 저장하고 서버에 업로드한 후 접속해보겠습니다.

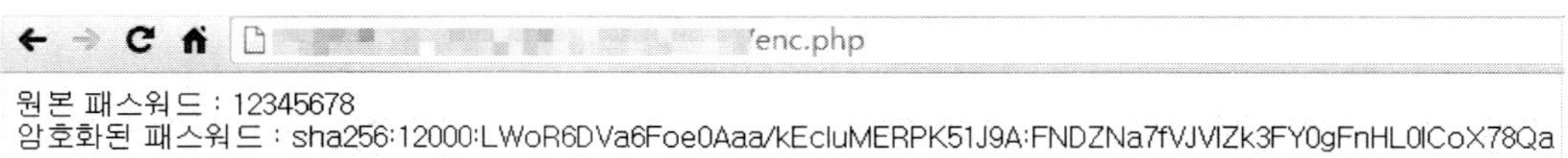

12345678이 다른 문자로 변경되었습니다. 위 화면과 달리 실행 시 마다 다른 암호가 나오니 다른 값이 나와도 신경 쓰지 않으셔도 됩니다. 우리는 이러한 값을 데이터베이스

에 저장하는 것입니다. 이렇게 암호화된 문자는 운영자도 알 수 없습니다. 이러한 방법을 쓰는 이유는 공격자가 사용자의 정보를 빼내었을 때 암호를 추측할 수 없게 하기 위함입니다. 물론 공격자가 정보를 빼낼 수 없도록 하는 것이 가장 중요하지만 위와 같은 암호화도 상당히 강력한 보안 기법입니다.

암호화를 했으니 비교를 해야 합니다. 원래 비밀번호와 새로 생성된 비밀번호는 완전히 다르므로 비교를 하면 당연히 다릅니다. 따라서 라이브러리에서 제공하는 비교 함수를 사용해보겠습니다.

```
<?php
  require_once('pbkdf2.compat.php');

  $myPassword = "12345678";
  $encypted = create_hash($myPassword);

  echo "원본 패스워드 : " . $myPassword . "<br />";
  echo "암호화된 패스워드 : " . $encypted . "<br />";

  //비교 1
  $inputPassword = "123456";
  echo "<br />입력 : " . $inputPassword . "<br />";

  if (validate_password($inputPassword, $encypted)) {
     echo "비밀번호가 일치합니다~<br />";
  } else {
     echo "비밀번호가 일치하지 않습니다!<br />";
  }

  //비교 2
  $inputPassword = "12345678";
  echo "<br />입력 : " . $inputPassword . "<br />";

  if (validate_password($inputPassword, $encypted)) {
     echo "비밀번호가 일치합니다~<br />";
  } else {
     echo "비밀번호가 일치하지 않습니다!<br />";
  }
?>
```

```
원본 패스워드 : 12345678
암호화된 패스워드 : sha256:12000:LWoR6DVa6Foe0Aaa/kEcluMERPK51J9A:FNDZNa7fVJVlZk3FY0gFnHL0lCoX78Qa

입력 : 123456
비밀번호가 일치하지 않습니다!

입력 : 12345678
비밀번호가 일치합니다~
```

이상으로 데이터 암호화에 대한 부록을 살펴보았습니다.

Appendix

유용한 컴포넌트 개발 2

이번 부록에서는 하이브리드 앱 개발 시 유용한 각종 컴포넌트를 직접 개발해보겠습니다. 여기서 말하는 컴포넌트란 특정 기능을 수행하기 위해 만들어진 특정 요소 등을 말합니다.

직접 개발해볼 컴포넌트는 사용자 정의 Alert입니다. alert는 자바스크립트의 window객체 내에 내장되어있습니다. 기본적으로 내장된 기능을 쓰는 것이 문제가 되는 것이 아니지만 개발자가 원하는 형태로 변경하고 싶을 경우에 많이 만들어 사용하게 됩니다(기본 제공되는 alert, prompt, confirm같은 경우 디자인을 변경할 수 없으며 기능을 추가할 수도 없습니다). 또한 위 함수들은 활성화되는 동안 브라우저를 락(Lock)시켜 사용자가 이용할 수 없게 합니다. 따라서 좀 더 사용자에게 친화적이고 대화하는 형식으로 만들기 위해서는 비동기식으로 동작하는 컴포넌트를 만들 필요가 있습니다.

Sublime Text 2 편집기를 켜고 아래와 같은 HTML문서를 만듭니다.

```
<html>
  <head>
    <title>커스텀 컴포넌트</title>
<meta charset="utf-8" />
        <meta name="viewport" content="width=device-width, user-scalable=no"
/>

<script src="./jquery-2.1.1.min.js"></script>
    <script>

    </script>
    <style>

    </style>
  </head>
```

```
  <body>
    <input type="button" class="btn1" value="window.alert 호출" />
    <input type="button" class="btn2" value="mingyu.alert 호출" />
  </body>
</html>
```

실행모습입니다.

그 다음 각각 버튼의 이벤트를 연결하겠습니다.

```
<script>
  $('.btn1').click(function(){
    window.alert('안녕하세요!');
  });
  $('.btn2').click(function(){
    mingyu.alert('안녕하세요!!');
  });
</script>
```

커스텀 컴포넌트의 특징은 웹 요소를 컴포넌트처럼 보이게 디자인하는 것입니다. 즉 활성화시에도 다른 웹 요소에 접근이 가능합니다. 만약 여러분이 글을 작성하고 작성중인데 또 작성을 누른다던지 다른 기능을 사용할 수 있게 된다면 분명 문제가 될 것입니다. 따라서 다른 요소를 접근할 수 없도록 막을 필요가 있습니다. 이를 위해서 예제에서는 반투명한 백그라운드로 다른 요소를 덮어 누를 수 없도록 하고 그 위에 컴포넌트를 띄울 것입니다.

우선 스타일 시트를 통해 화면에 가득 차도록 해야 합니다. 그리고 초기화 작업도 합니다.

```
*{
  padding: 0;
margin: 0;
}
html, body{
  width: 100%;
  height: 100%;
}
```

먼저 반투명한 배경을 칠해야 합니다. 아래와 같이 HTML 태그를 작성합니다.

```
<body>
  <div class="output">값 : </div>
  <input type="button" class="btn1" value="window.alert 호출" />
  <input type="button" class="btn2" value="mingyu.alert 호출" />

  <div class="MyAlert">

  </div>
</body>
```

그 다음 MyAlert의 스타일을 지정합니다.

```
.MyAlert{
  position: absolute;
  top: 0;
  left: 0;
  width: 100%;
  height: 100%;
  background-color: rgba(0,0,0,0.25);
}
```

background-color 속성에 사용된 rgba는 함수입니다. 4개의 인자를 받는데 앞쪽부터 빨강(Red), 초록(Green), 파랑(Blue), 투명도입니다. 앞의 RGB값은 각각 0 ~ 255의 값을, 투명도 값은 0.0 ~ 1.0의 값을 가집니다. RGB값이 각각 0이면 검은색이 되고 불투명도는 25%(0.25)가 됩니다. 실행하면 검은색의 흐릿한 배경이 추가됩니다.

버튼들이 구석에 붙은 것은 초기화 과정에서 여백을 제거했기 때문입니다.

그 다음은 사각형 박스를 만들어보겠습니다.

```
<div class="MyAlert">
  <div class="MyAlertBox">

  </div>
</div>
```

스타일을 추가합니다.

```
.MyAlertBox{
  position: absolute;
  top: 32px;
  left: 50%;
  min-height: 64px;
  width: 300px;
  margin-left: -150px;
  background-color: #FFF;
  border: 1px solid #A8A8A8
}
```

너비는 300px에 높이는 150px로 지정했습니다. 위쪽으로 부터 32px아래로 이동시켰으며 왼쪽은 50% 이동시켰습니다. 50% 이동시킨 이유는 너비 크기의 50%를 이동시키고 (너비/2)의 값을 빼주면 화면의 중앙으로 오기 때문입니다. 높이 속성으로 height가 아닌 min-height를 사용했는데 차이점은 min-height는 최소 높이로, 내부 태그들의 사이즈가 커지면 height도 증가하게 됩니다. 이를 이용한 이유는 Alert에 출력될 글이 길어질 경우 자동으로 길어지게 하기 위함입니다. 비슷한 속성으로 너비를 위한 min-width가 있습니다.

실행화면은 오른쪽과 같습니다.

Alert창은 글자와 [확인] 버튼 하나만 있으면 됩니다. 따라서 각각의 요소를 배치합니다.

```
<div class="MyAlert">
  <div class="MyAlertBox">
    <div class="Padding">
      <p>글자가 나올 영역</p>
      <div class="Buttons">
        <input type="button" value="확인" />
      </div>
    </div>
  </div>
</div>
```

여백을 주기 위해 글자와 버튼을 배치하기 전에 div태그를 추가하고 내부 여백(padding)을 주었습니다. 다음으로 스타일을 적용하겠습니다.

```
.Padding{
  padding: 8px;
}
.MyAlertBox p{
  margin-top: 16px;
  font-size: 14px;
  text-align: center;
}
.Buttons{
  text-align: right;
  margin-bottom: 16px;
}
.Buttons > input{
  background-color: #FFF;
  border: 1px solid #A8A8A8;
  padding: 4px;
  min-width: 64px;
}
```

실행모습입니다.

디자인과 태그를 완성했습니다. min-height속성을 지정했으므로 높이가 늘어난 것을 확인할 수 있습니다. 이제 p내용을 지우고 MyAlert의 display속성을 추가한 다음 none을 지정하여 화면에서 보이지 않도록 합니다.

```
.MyAlert{
  display: none;
  position: absolute;
  top: 0;
  left: 0;
  width: 100%;
  height: 100%;
  background-color: rgba(0,0,0,0.25);
}
```

이제 자바스크립트로 화면에 나타날 수 있도록 해야 합니다. 앞서, 버튼들을 배치할 때 mingyu.alert와 같은 방법으로 호출한다고 적어놓았습니다. 따라서 mingyu객체를 먼저 만들어야합니다.

```
<script>
  $(document).ready(function(){
    var Mingyu = function(){
      this.alert = function(txt){
        var Alert = $('.MyAlert');
        var Txt = $('.MyAlertBox p');
        var ButtonOk = $('.AlertBtnOk');
```

```
            Alert.show();
            Txt.text(txt);

            ButtonOk.unbind('click');

            ButtonOk.click(function(){
               Alert.hide();
            });
         };
      };

      var mingyu = new Mingyu();

      $('.btn1').click(function(){
         window.alert('안녕하세요!');
      });

      ...
   });
</script>
```

먼저 Mingyu 객체타입을 정의합니다. 안에는 alert라는 속성이 있습니다. 그리고 이 속성은 함수이며 내부에 Alert, Txt, ButtonOk라는 속성이 있습니다. 인자로 txt를 받아 .MyAlert의 후손 태그들 중 p태그의 텍스트 값에 넣습니다. 그리고 MyAlert를 화면에 보이도록 show메서드를 호출합니다. ButtonOk에 이용된 unbind메서드는 기존의 연결된 이벤트를 제거할 때 사용하는 메서드인데, 이 메서드를 사용하지 않으면 mingyu.alert를 호출할 때마다 클릭 이벤트가 중첩되게 됩니다. 따라서 기존에 있던 이벤트를 제거하는 것입니다. 한번만 호출되게 하려면 밖으로 빼내서 이벤트를 연결하면 됩니다. 위 코드에서는 alert내부에서 처리하기 위해 위와 같이 작성하였습니다.

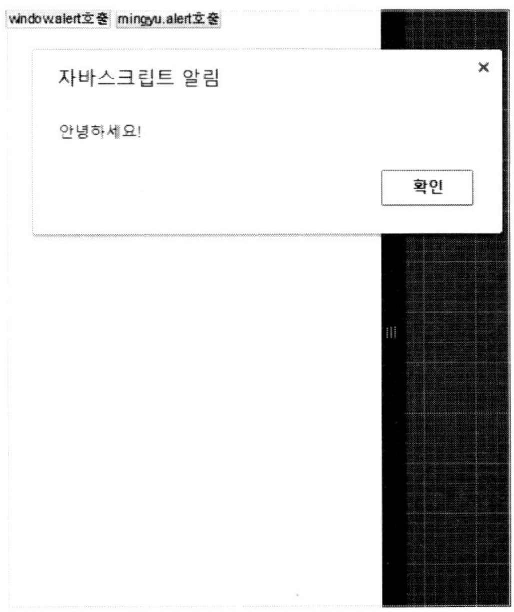

저장하고 예제를 실행한 후 위쪽의 두 버튼을 각각 눌러봅니다. 아래는 왼쪽 버튼을 클릭했을 때 화면입니다.

오른쪽은 오른쪽 버튼을 클릭했을 때 화면입니다.

이것으로 사용자 정의 컴포넌트를 개발하고 사용해보았습니다. 사용자 정의 컴포넌트는 어떤 것이든 개발할 수 있습니다. 단순히 기존의 alert, confirm, prompt 이외에도 로딩 화면이라든지 회원가입 폼, 로그인창 등 여러 가지 용도로 활용할 수 있습니다. 여러분이 필요할 때마다 개발하여 사용하면 됩니다.

Appendix

Android Export 시 오류 해결 3

이번 부록에서는 이클립스에서 APK파일로 저장할 때 발생하는 각종 오류에 대한 해결 방법을 알려드리겠습니다.

❶ 메모리 부족 현상 해결

직접 USB로 연결한 핸드폰에서 Run하거나 AVD에서는 잘 구동되지만 APK파일로 변환할 때 ERROR: 'Java heap space'와 같은 문구가 나타난다면 작업에 필요한 메모리 공간이 부족한 것입니다. 따라서 이클립스 설정에서 할당할 메모리 공간을 추가해주어야 합니다. 우선 이클립스를 종료한 후 이클립스가 설치된 폴더로 이동합니다.

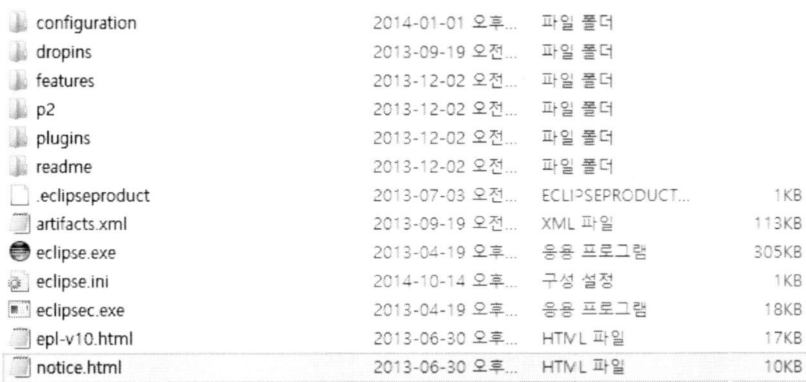

파일들을 보시면 eclipse.ini 파일이 있습니다. 이 파일을 Sublime Text 2 편집기로 엽니다.

```
-startup
plugins/org.eclipse.equinox.launcher_1.3.0.v20130327-1440.jar
--launcher.library
plugins/org.eclipse.equinox.launcher.win32.win32.x86_64_1.1.200.v20130807-1835
-product
org.eclipse.epp.package.standard.product
--launcher.defaultAction
openFile
--launcher.XXMaxPermSize
1024M
-showsplash
org.eclipse.platform
--launcher.XXMaxPermSize
1024m
--launcher.defaultAction
openFile
--launcher.appendVmargs
-vmargs
-Dosgi.requiredJavaVersion=1.6
-Xms1024m
-Xmx1024m
```

항목들 중 XXMaxPermSize라는 값이 있습니다. 이 값들을 둘 다 1024M으로 바꿔주고 제일 아래의 값도 Xms1024m, Xmx1024m으로 변경해줍니다. 저장하고 이클립스를 실행하여 다시 Export 작업을 시도해봅니다.

❷ conversion to dalvik format failed with error 1 오류가 나타나는 경우

이 경우는 발생 가능성이 여러 가지인데, 대표적인 이유가 중복된 라이브러리를 참조하거나 올바르지 않은 Android API 사용, 그리고 proguard라는 프로그램에서 발생하는 오류입니다.

먼저 중복된 라이브러리가 있는지 점검합니다. 프로젝트 속성에서 Android에 여러 개가 체크 되었는지 확인합니다. 만약 그렇다면 Google APIs만 체크합니다. 이것을 체크하면 잘못된 Android API사용도 해결됩니다.

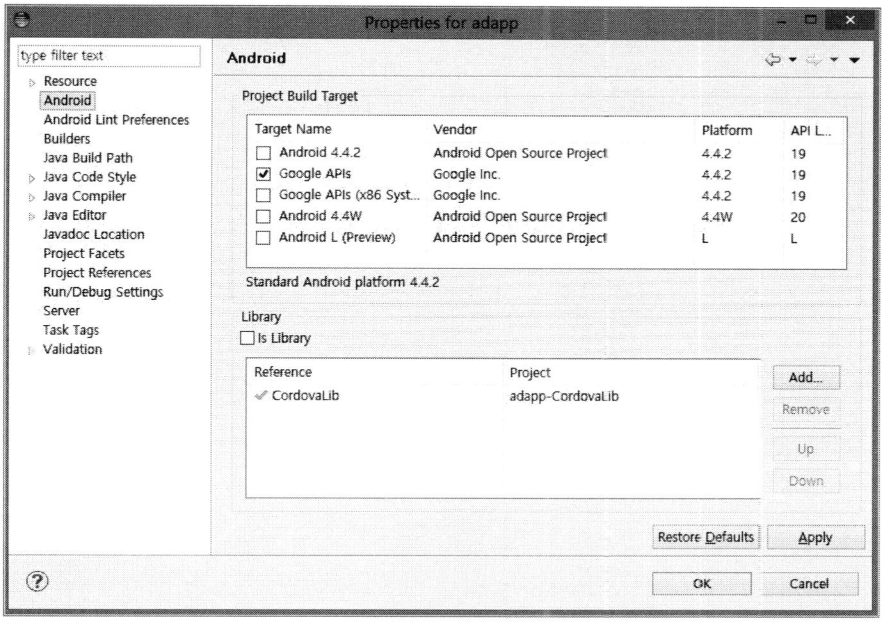

이래도 해결이 안 된다면 proguard를 수동으로 업데이트해야 합니다. 원래 Android SDK Manager를 통해 업데이트를 다운받으면서 같이 다운로드 되지만 가끔씩 오류가 발생하기도 합니다. 먼저 파일을 다운받습니다(http://sourceforge.net/projects/proguard/files/latest/download?source=files).

압축 파일이 곧 다운로드 될 것입니다. 다운로드가 끝나면 압축을 풉니다.

다운 받은 파일 중에 bin폴더와 lib폴더가 있을 것입니다. 이 파일들을 복사한 후 Android SDK가 설치된 경로로 이동합니다.

이름	수정한 날짜	유형	크기
add-ons	2014-10-14 오후...	파일 폴더	
build-tools	2014-03-20 오후...	파일 폴더	
docs	2014-09-19 오후...	파일 폴더	
extras	2014-03-20 오후...	파일 폴더	
platforms	2014-10-14 오후...	파일 폴더	
platform-tools	2014-09-12 오전...	파일 폴더	
samples	2014-09-19 오후...	파일 폴더	
sources	2014-09-19 오후...	파일 폴더	
system-images	2014-09-19 오후...	파일 폴더	
temp	2014-10-14 오후...	파일 폴더	
tools	2014-10-31 오후...	파일 폴더	
AVD Manager.exe	2014-03-20 오후...	응용 프로그램	352KB
SDK Manager.exe	2014-03-20 오후...	응용 프로그램	352KB

tool폴더로 이동합니다.

이름	수정한 날짜	유형	크기
ant	2014-10-14 오후...	파일 폴더	
apps	2014-10-14 오후...	파일 폴더	
lib	2014-10-14 오후...	파일 폴더	
proguard	2014-10-14 오후...	파일 폴더	
support	2014-10-14 오후...	파일 폴더	
templates	2014-10-14 오후...	파일 폴더	
android.bat	2014-10-14 오후...	Windows 배치 파일	4KB
ddms.bat	2014-10-14 오후...	Windows 배치 파일	3KB
draw9patch.bat	2014-10-14 오후...	Windows 배치 파일	2KB

proguard폴더로 이동합니다. 그 다음 아까 복사한 두 파일을 붙여 넣습니다.

이름	수정한 날짜	유형	크기
ant	2014-10-14 오후...	파일 폴더	
bin	2014-10-15 오후...	파일 폴더	
docs	2014-10-14 오후...	파일 폴더	
examples	2014-10-14 오후...	파일 폴더	
lib	2014-10-14 오후...	파일 폴더	
license.html	2014-10-14 오후...	HTML 파일	3KB
proguard-android.txt	2014-10-14 오후...	텍스트 문서	2KB
proguard-android-optimize.txt	2014-10-14 오후...	텍스트 문서	3KB
proguard-project.txt	2014-10-14 오후...	텍스트 문서	1KB
README	2014-10-14 오후...	파일	2KB

복사했다면 프로가드를 업그레이드한 것입니다. 이클립스를 실행 중이었다면 종료하고 다시 실행한 후 Export를 합니다.

Note

저 자 소 개

전 현 민

2000년 경일대학교 제어계측공학과 학사
2003년 경일대학교 컴퓨터공학과 석사
2015년 국립금오공과대학교 전자공학과 박사재학
2004년 3월 ~ 현재 경남도립거창대학 컴퓨터정보시스템과 겸임교수
2011년 3월 ~ 현재 영진전문대학 전자정보통신계열 외래교수
2014년 9월 ~ 현재 영산대학교 전기전자학과 외래교수
2001년 1월 ~ 현재 (주) 티.게케이.피 개발팀 실장

김 재 완

2003년 고려대학교 전기전자전파공학부 학사
2005년 고려대학교 전자컴퓨터공학과 석사
2013년 2월 고려대학교 전자컴퓨터공학과 통신네트워크공학 박사
2006년 8월 ~ 2013년 2월 (주)쏠리드 디지털1팀 선임연구원
2013년 3월 ~ 현재 영진전문대학교 전자정보통신공학과 조교수
관심분야: WSN, Ad-Hoc, WBAN, VANET

15주만에 완성되는 앱 이야기 I

안드로이드 앱 개발

1판 2쇄 2016년 8월 10일

저 자 전현민 / 김재완
발행인 송광헌
발행처 복두출판사
주 소 서울특별시 영등포구 경인로82길 3-4
센터플러스 807호 (우) 07371
전 화 02-2164-2580~1
FAX 02-2164-2584
등 록 1993. 11. 22. 제 10-902 호

정가 : 24,000원

ISBN : 979-11-86333-28-0 93000

한국과학기술출판협회 회원사